AF389670

ANNE, LA MAISON AUX PIGNONS VERTS

Lucy Maud Montgomery

Traduit par Amanda Cauquil

Table des matières

CHAPITRE I. La surprise de Rachel Lynde

La maison de Mme Lynde se trouvait, précisément, là où la grande route d'Avonlea s'enfonçait dans un vallon, jouxté d'aulnes et de fuchsias, où coulait un ruisseau qui prenait sa source dans les bois, derrière la vieille maison des Cuthbert. Il se disait que sa course effrénée débutait par quelques méandres, serpentant entre d'obscures mares et cascades que renferment les bois, jusqu'à déboucher dans le vallon des Lynde, renonçant soudainement à sa fougue, et se cantonnant à n'être plus qu'un paisible et docile cours d'eau. Sans doute, était-il conscient que Mme Lynde se trouvait là, assise derrière sa fenêtre, guettant la moindre activité étrange ou inhabituelle, si bien que les ruisseaux, comme les enfants, savaient qu'il valait mieux se tenir à carreaux lorsqu'ils croisaient le chemin de sa maison, sans quoi elle était prête à faire des pieds et des mains pour en découvrir le pourquoi du comment.

Pour beaucoup au sein d'une communauté, il est pour coutume d'aller fourrer son nez dans les affaires de ses voisins à défaut de s'occuper des siennes. Les habitants d'Avonlea n'échappaient pas à cette règle, à l'exception de l'étrange Mme Lynde qui parvenait toujours à être à la page, sans jamais manquer à sa besogne. C'était une véritable fée du logis : pas la moindre tâche domestique ne lui résistait. Elle dirigeait l'Atelier de Couture, aidait à l'organisation des cours de catéchisme le dimanche, et elle était le pilier de l'association caritative de sa paroisse, et de l'équipe d'action missionnaire pour un évangile sans frontières. Pourtant, en dépit d'un tel engagement, Mme Lynde venait toujours à trouver le temps de rester assise, des heures durant, à la fenêtre de sa cuisine, à tricoter des dessus-de-lit en coton – elle en avait tricotés pas moins de seize, comme aimaient le rappeler les ménagères d'Avonlea d'un ton admiratif – tout en gardant un œil attentif sur la route qui s'enfonçait dans le vallon, et remontait aussitôt la colline rouge qui se dressait non loin de là. Avonlea occupait une petite péninsule triangulaire débordant dans le golfe du Saint-Laurent ; de ce fait, et car elle était entourée d'eau de part et d'autre, quiconque arrivait ou quittait l'île n'avait nul choix que d'emprunter la route pentue qui l'exposait irrémédiablement au regard fureteur de Mme Lynde.

Un après-midi du début de juin, elle était assise à la fenêtre, comme à son habitude. Le soleil étincelant réchauffait la vitre de la cuisine. Le verger, en contrebas de la maison, florissait produisant des teintes rouges et blanchâtres, à l'image d'une mariée rougissante, et d'innombrables abeilles venaient y bourdonner. Thomas Lynde – un petit homme doux surnommé « le mari de Rachel Lynde » par les habitants d'Avonlea – semait des graines de navets tardifs dans le champ de la colline, par–delà la grange, tout comme devait en être affairé Matthew Cuthbert, au même moment, dans le champ rouge du côté du ruisseau, vers les Pignons Verts. Ça, Mme Lynde le savait car elle l'avait entendu dire à Peter Morrison, la veille, dans le magasin de William J. Blair à Carmody, qu'il comptait s'y atteler le lendemain après-midi. Bien entendu, c'était Peter qui le lui avait demandé, car jamais Matthew Cuthbert n'eût partagé la moindre information à son égard avec qui que ce soit, à moins qu'on l'interrogeât à ce sujet.

Pourtant, aux coups de trois heures et demie, en plein après-midi d'une journée chargée, Mme Lynde l'avait aperçu traversant, calmement, le vallon en direction de la colline. Qui plus est, celui–ci portait un col blanc ainsi que son plus beau costume, ce qui acheva d'ôter le moindre doute de Mme Lynde sur ses intentions : l'homme quittait Avonlea. Enfin, il se déplaçait en charrette, tracté par sa jument alezane, ce qui semblait indiquer qu'il embarquait pour un long trajet. Mais où diable Matthew Cuthbert se rendait–il, et à quelle fin ?

S'il eût s'agit d'un autre homme, ces interrogations auraient sans doute déjà trouvé réponse dans la tête de Mme Lynde qui avait le don de croiser les informations à sa disposition pour en percer le mystère. Or, il était exceptionnel de voir Matthew quitter son foyer, sans doute avait–il été incombé de régler une affaire aussi urgente qu'inhabituelle. C'était, en effet, l'homme le plus timide qui fût, et il avait en horreur de fréquenter des étrangers, comme de se rendre dans un lieu où l'on eût attendu de lui qu'il parle. Rien n'était plus inhabituel que de voir Matthew, dans son élégant col blanc, aux rênes d'une charrette. Mme Lynde eut beau ressasser cet intriguant événement, elle n'y trouva pas d'explication, si bien que son après-midi s'en trouva gâché.

— J'irai faire un saut du côté des Pignons Verts, après le thé, et je ferai cracher le morceau à Marilla, pensa la digne femme. Matthew ne se rend généralement pas en ville, à cette période, et jamais il ne rend visite à qui que ce soit. S'il manquait de graines de navets, il n'aurait pas pris la peine d'enfiler un tel accoutrement et d'emprunter la charrette pour aller en quérir de nouvelles. À en juger par la vitesse du chariot, il ne se rend probablement pas non plus chez le médecin. Et pourtant, quelque chose avait dû arriver, dans la soirée d'hier, pour que l'homme change ses plans de cette manière. C'est une véritable énigme, c'est le moins qu'on puisse dire, et je n'arriverai pas à fermer l'œil tant que je n'aurai pas découvert le pot aux roses.

Comme prévu, après l'heure du thé, Mme Lynde quitta sa place. Le trajet n'était pas bien long, la grande demeure des Cuthbert, pleine de coins et de recoins, se situait à quelques cinq-cents mètres sur la route, par–delà le vallon des Lynde, entourée de vergers. Bien sûr, la vaste allée donnait l'illusion d'un trajet bien plus long. À l'image de son fils, le père de Matthew Cuthbert, était un homme timide et silencieux, si bien qu'il avait établi sa propriété, le plus à l'écart possible du monde, en bordure de la forêt, pour prendre ses distances avec ses semblables, sans s'isoler pour autant. Il avait érigé la demeure des Pignons Verts tout au bout des terres agricoles du domaine, et à ce jour, la famille y était toujours installée. Depuis la route principale, le long de laquelle tous les habitants d'Avonlea vivaient, la bâtisse des Cuthbert, elle, était à peine visible. Un tel mode de vie, ce n'était, tout bonnement pas, l'idée que se faisait Mme Lynde de ce en quoi consistait la vie.

— Ils se contentent d'habiter là, rien de plus, disait–elle en empruntant le chemin recouvert d'herbes et d'ornières, bordé de buissons de rosiers sauvages. Pas étonnant que Matthew et Marilla soient quelque peu étranges en vivant reclus de cette façon. Les plantes ne font pas très bonne compagnie, et quand bien même ce serait le cas, ils ne sauraient même plus quoi en faire ! Rien ne vaut le contact avec autrui, c'est mon avis. À vrai dire, les Cuthbert ont l'air ravis de mener une telle vie, peut–être s'en sont–ils simplement accommodés. Après tout, tout est une question d'habitude, et on s'habituerait même à se faire pendre, comme dirait l'autre. »

Sur ces bonnes paroles, Mme Lynde s'écarta du chemin, puis déboucha dans la cour des Pignons Verts. D'un côté du jardin, on pouvait apercevoir d'imposants saules, usés par le temps, et de l'autre, des peupliers noirs minutieusement entretenus. La cour des Cuthbert était aussi verdoyante qu'impeccable, si bien que Mme Lynde ne pouvait apercevoir l'ombre d'un bout de bois ou ne serait-ce que la moindre pierre de travers. En son for intérieur, elle se disait que Marilla Cuthbert devait balayer cette cour aussi souvent que le sol de sa maison. On aurait pu y manger à même le sol sans tomber sur le moindre grain de poussière.

Mme Lynde cogna d'un coup sec à la porte de la cuisine, et pénétra à l'intérieur une fois qu'elle fut invitée à entrer. La cuisine des Pignons Verts avait tout d'une pièce accueillante, si l'on faisait abstraction de son étouffante propreté, qui lui donnait l'air d'une salle de réception qui n'avait jamais reçue quelconque invité. Une des fenêtres donnait à l'est tandis que l'autre était orientée vers l'ouest. La douce lumière du soleil de juin pénétrait dans la cuisine par cette première, qui donnait sur la cour arrière. L'autre, en revanche, ne laissait entrevoir que les fleurs blanches des cerisiers, dans le verger de gauche, ainsi que les graciles bouleaux penchés, dans le creux près du ruisseau, à cause de quelques vignes enchevêtrées qui recouvrait partiellement la vitre. C'est à cet endroit-là que s'asseyait Marilla Cuthbert, du moins, lorsqu'elle daignait se reposer. Celle-là même qui se méfiait toujours quelque peu du soleil qu'elle jugeait trop insouciant, et dansant, pour ce monde qui se devait d'être pris au sérieux. C'est là qu'elle était assise, occupée à tricoter, le dos tourné à une table déjà dressée pour le souper.

Avant même d'avoir fermé la porte, Mme Lynde avait déjà pris note de tout ce qui se trouvait sur cette table, à commencer par les trois assiettes vides qu'elle avait aperçues. La preuve que les Cuthbert attendaient quelqu'un pour prendre le thé, pensa-t-elle. Pourtant, le couvert n'avait rien d'extravagant, et il n'y avait que de la confiture de pommes sauvages, ainsi qu'un unique gâteau pour le dessert. Cela ne pouvait vouloir dire qu'une seule chose : l'invité en question devait être quelqu'un de relativement banal. Mais alors, qu'en était-il du col blanc de Matthew, et de la jument alezane ? Mme Lynde se sentait quelque peu déboussolée face à ce mystère hors-norme qui planait au-dessus du domaine des Pignons Verts, d'ordinaire si tranquille et insignifiant.

— Bonsoir, Rachel, s'exclama sèchement Marilla. C'est une belle soirée, vous ne trouvez pas ? Asseyez-vous, donc. Comment se porte votre foyer ?

En dépit de leurs différences – ou peut-être, justement, pour cause –, il avait toujours existé une chose entre Marilla Cuthbert et Rachel Lynde, que l'on pourrait, à défaut de terme plus adéquat, qualifier d'amitié.

Marilla était grande et mince, son corps était dépourvu de courbe, si bien qu'il formait des angles. Sa chevelure noire était striée de mèches grises, et elle portait toujours un petit chignon, très serré, dans lequel elle enfonçait, avec ardeur, deux épingles à cheveux. Elle avait l'air d'une femme en manque d'expérience, rigide dans ses idées, ce qui se trouvait être vrai. Or, en l'observant de plus près, on pouvait apercevoir un infime rictus, qui aurait pu, supposé qu'elle n'eût chercher à le réprimer, attester d'un certain sens de l'humour.

— Tout le monde se porte à merveille, répliqua Mme Lynde. À vrai dire, j'étais plutôt inquiète à votre sujet depuis que j'ai aperçu Matthew prendre la route plus tôt dans la journée. J'ai pensé qu'il allait peut-être visiter le médecin.

Marilla, compris immédiatement, et plissa les lèvres aussitôt. Elle s'était doutée que Mme Lynde lui rendrait visite car elle savait pertinemment que le départ soudain de Matthew susciterait en sa voisine l'envie irrépressible d'assouvir sa curiosité.

— Oh non, je me porte très bien, même si j'ai eu un violent mal de tête la veille, rétorqua-t-elle. Matthew est parti en direction de Bright River. Nous allons recueillir un jeune garçon orphelin de Nouvelle-Écosse, il arrive à la gare ce soir.

Cette nouvelle fit un tel effet bœuf, que Mme Lynde n'aurait pas plus été surprise si Marilla venait de lui annoncer que Matthew était parti à Bright River chercher un kangourou d'Australie. Pendant quelques secondes, elle resta bouche bée. Marilla n'avait tout bonnement pas pu se moquer d'elle, et pourtant, Mme Lynde ne put s'empêcher de considérer cette possibilité.

— Vous êtes sérieuse, Marilla ? reprit-elle lorsqu'elle eut retrouvé sa voix.

— Bien sûr, lui répondit Marilla, comme si recueillir un jeune garçon venu tout droit d'un orphelinat de Nouvelle-Écosse était une chose de l'ordinaire, le printemps venu, dans les fermes bien rangées d'Avonlea, et non pas une initiative des plus inédites.

Cette réponse agit comme une décharge électrique sur Mme Lynde. Son esprit ne pouvait plus formuler la moindre pensée sans points d'exclamation. Un garçon ! Marilla et Matthew Cuthbert, adopter un garçon ! D'un orphelinat ! Décidément, le monde ne tournait pas aussi rond que l'on pouvait le croire ! Jamais plus elle ne serait surprise par quoi que ce soit ! Plus jamais !

— Bon sang, qu'est-ce qui vous a mis pareille idée en tête ? demanda-t-elle, d'une voix désapprobatrice.

Puisque cette décision avait été prise sans qu'ils ne l'eussent consulté au préalable, elle devait, bien entendu, s'y opposer fermement.

— Eh bien, l'idée mûrissait dans nos têtes depuis quelque temps, en vérité, nous y avons songé tout l'hiver, répliqua Marilla. Mme Spencer a passé le réveillon de Noël ici, et à cette occasion, elle nous a confié qu'elle allait adopter une petite fille de l'orphelinat de Hopetown, au printemps. Elle a rendu visite à sa cousine, qui vit là-bas, et elle est, désormais, très renseignée sur le sujet. Depuis, Matthew et moi, avons abordé la question sous tous les angles, et cela, à maintes reprises. Nous avons décidé de recueillir un petit garçon. Matthew prend de l'âge, vous savez, il a soixante ans, et il n'est plus aussi vif qu'à l'époque : son cœur lui cause beaucoup de souci. Et vous savez bien combien il est ardu de mettre la main sur du personnel pour aider à la ferme. La seule main d'œuvre disponible, ce sont ces stupides demi-portions de français, fraîchement naturalisés. À l'instant, où vous finissez de les former, sur ce que vous attendez précisément d'eux, voilà qu'ils vous filent entre les doigts, et trouvent du travail ailleurs, dans des conserveries de homards ou aux États-Unis. Au début, Matthew a suggéré d'adopter un petit garçon britannique. Pour moi, c'était hors de question. « Ce sont peut-être de braves jeunes hommes, je ne dis pas le contraire, mais les gamins des rues, très peu pour moi, ai-je dit. J'aimerais, au moins, qu'il soit né ici. Bien sûr, le risque nul n'existe pas, qu'importe l'enfant que nous prendrons. Mais, je pense que j'aurais l'esprit plus tranquille, je dirais même que je dormirais sur mes deux oreilles, si nous jetions plutôt notre dévolu sur un enfant Canadien. » En fin de compte, nous avons décidé de confier à Mme Spencer la mission de nous en choisir un lorsqu'elle irait chercher sa petite fille. Nous avons appris qu'elle s'y rendait la semaine dernière, alors on a chargé les gens de Richard Spencer, à Carmody, de lui faire passer ce message : « Ramenez-nous un garçon, gentil et intelligent, d'environ dix ou onze ans. » Nous avons pensé que ce serait l'âge idéal : ni trop jeune ni trop âgé. Non seulement, il pourra s'occuper des corvées dès son arrivée, mais surtout, son jeune âge nous permettra de le mettre au pas comme il faut. Nous comptons lui offrir un bon foyer, ainsi qu'une bonne éducation. Nous avons reçu un télégramme de Mme Spencer dans la journée – le facteur nous l'a apporté de la gare –, nous informant qu'elle, et le petit garçon, devraient arriver, ce soir, par le train de cinq heures et demie. Voilà pourquoi Matthew a pris la route pour Bright River, il est allé chercher le garçon. Mme Spencer l'attendra là-bas, avec l'enfant, avant de reprendre son chemin, seule, jusqu'à la gare de White Sands.

Mme Lynde s'était toujours targuée de ne pas avoir la langue dans sa poche, alors, maintenant qu'elle avait assimilé cet incroyable nouvelle, elle jugea que ce fut le bon moment de le démontrer une fois de plus.

— Eh bien, Marilla, permettez-moi de vous parler franchement. À mon sens, vous commettez une grave erreur, je dirais même que vous vous mettez en danger. Vous ne savez ni à qui ni à quoi vous vous exposez. Vous accueillez un enfant inconnu à bras ouverts dans votre foyer, sans rien savoir de lui, ni de son caractère, ni de celui de ses parents, et vous n'avez pas idée de comment il sera en grandissant ! Tenez, j'ai lu dans le journal, pas plus tard que la semaine dernière, qu'un couple, installé à l'ouest de l'île, avait adopté un garçon d'orphelinat. Pendant la nuit, l'enfant a mis le feu à la maison, il avait tout manigancé Marilla, et les pauvres ont presque brûlé vifs dans leur lit ! Et j'ai entendu une histoire similaire : celle d'un enfant adopté qui gobait des œufs crus ; sa famille d'accueil n'a jamais réussi à l'en empêcher. Si seulement vous m'aviez consulté à ce propos, ce que vous n'avez pas fait, soit dit en passant, je vous aurais conjuré d'oublier une telle idée, tout simplement.

Ces lamentations ne semblaient pas le moins du monde déranger Marilla ni même l'inquiéter ne serait-ce qu'un peu. Elle tricotait, calmement.

— J'entends vos craintes, Rachel. J'ai, moi-même, émis quelques réserves, mais Matthew était résolu à cette idée. Je l'ai rarement vu aussi déterminé, alors j'ai cédé. Je me dis toujours que c'est mon devoir de le lui concéder. Quant aux risques, cela fait partie des choses de la vie. Tout compte fait, avoir des enfants constitue déjà un risque en soi : ils ne deviennent pas toujours de braves citoyens. Et puis, la Nouvelle-Écosse n'est pas loin de l'île. Ce n'est pas comme s'il venait d'Angleterre ou des États-Unis. Il ne doit pas être bien différent de nous.

— Bien, j'espère que tout se déroulera comme vous le souhaitez, lâcha Mme Lynde d'une voix faussement rassurée. Mais ne venez pas dire que je ne vous ai pas prévenue si l'on retrouve le domaine des Pignons Verts incendié ou s'il verse de la strychnine dans le puits – j'ai entendu dire que c'était arrivé, au Nouveau-Brunswick, la famille de l'enfant était morte dans d'atroces souffrances. Bien que, dans cette histoire, il s'agissait d'une petite fille.

— Eh bien, pour notre part, c'est un garçon que nous allons accueillir, rétorqua Marilla, comme si les petites filles étaient intrinsèquement capables d'un tel acte que l'on n'avait pas à redouter de la part des garçons.

Personnellement, je ne m'imaginerais jamais adopter une fille. Mme Spencer doit avoir les épaules solides. Après tout, elle adopterait un orphelinat au complet, et sans la moindre hésitation, si jamais l'idée lui traversait la tête.

Mme Lynde aurait souhaité rester jusqu'à ce que Matthew revienne avec l'orphelin fraîchement arrivé. Mais, elle songea aux deux bonnes heures d'attente avant son retour, et à la place, elle se décida à prendre la route en direction de la maison de Robert Bell pour lui faire part de cette nouvelle. Une chose est sûre : l'annonce ne manquera pas de faire effet, et rien au monde ne l'emplissait plus de joie que de faire sensation. Elle prit donc congé, au plus grand bonheur de Marilla, qui sentait ressurgir en elle les doutes et craintes qu'elle avait réussi à balayer, et ceci, à cause du grave pessimisme dont faisait preuve Mme Lynde.

« Un orphelin, ça par alors ! s'exclama Mme Lynde une fois qu'elle se trouva dans l'allée, hors de portée de Marilla. Ça ne peut être qu'un mauvais rêve. Mais, c'est surtout pour ce jeune garçon que je m'inquiète, le pauvre ! Matthew et Marilla ne connaissent rien aux enfants, et ils vont attendre de lui qu'il fasse preuve d'encore plus de sagesse et d'intelligence que son propre grand-père – si tant est qu'il n'en ait jamais eu un, rien n'en est moins sûr. L'idée même qu'un enfant puisse vivre aux Pignons Verts semble si saugrenue ; il n'y en a jamais eu, puisque Matthew et Marilla étaient déjà adultes quand la demeure avait été érigée. Ces deux-là ont-ils même déjà été enfants ? Difficile à croire, à les regarder maintenant. Pour rien au monde, je ne voudrais me retrouver à la place de cet orphelin. Seigneur, je plains cet enfant, vraiment ! »

Ainsi déclarait Mme Lynde aux buissons de rosiers sauvages ; elle parlait avec le cœur – ou du moins elle déballait ce qu'elle avait sur le cœur. Pourtant, si elle avait pu voir l'enfant qui attendait alors, patiemment, sur le quai de la gare de Bright River, sa pitié aurait été plus sincère et plus profonde encore.

CHAPITRE II. La surprise de Matthew Cuthbert

Matthew Cuthbert, et la jument alezane, parcourait, au trot, les treize kilomètres qui les séparaient de Bright River. Ils empruntèrent une jolie route qui serpentait entre les fermes douillettes traversant, par moments, un petit bois de sapins ou un vallon couvert des vaporeuses fleurs des pruniers sauvages. Les nombreux vergers de pommes embaumaient l'air de leur délicat parfum, tandis que les prés s'étalaient dans un horizon de brumes perle et pourpre. Au même moment, « le chant des oiseaux résonnait tout autour, comme si l'été n'avait duré qu'un jour ».

À sa manière, Matthew appréciait ce voyage, excepté lorsqu'il croisait des femmes, car dans ces moments, il lui fallait les saluer d'un signe de tête. C'était la coutume sur l'Île-du-Prince-Edouard : on devait saluer tout le monde ainsi, même lorsque l'on ne connaissait pas la personne.

À l'exception de Marilla et de Mme Lynde, Matthew craignait toutes les femmes, en présence de qui il ne se sentait pas à l'aise, convaincu que ces mystérieuses créatures riaient secrètement de lui. Peut-être ses craintes étaient-elles fondées, car il avait l'air d'un curieux personnage à la silhouette dégingandée. Matthew avait de longs cheveux gris métalliques qui tombaient jusqu'à sur ses épaules, à l'image de celles-ci, ainsi qu'une barbe brune, douce et touffue, la même qu'il portait depuis ses vingt ans. En vérité, il n'avait pas tant changé depuis son vingtième anniversaire ; malgré ses soixante ans, il était le même homme, à la seule différence que ses cheveux étaient désormais grisâtres.

Lorsqu'il arriva à Bright River, il ne vit pas le moindre train. L'homme pensa être arrivé en avance, alors il attacha la jument, dans la cour du petit hôtel de ville, et partit en direction de la gare. Le quai était pratiquement désert ; il n'y avait qu'une fillette, assise tout au bout, sur un tas de bardeaux.

Quand Matthew eut compris qu'il s'agissait d'une fille, il passa rapidement son chemin, sans lui adresser un regard. S'il s'était davantage attardé dessus, il lui aurait été impossible de ne pas remarquer l'impatience et l'attitude profondément tendue de la petite fille. À la manière dont elle était assise, on pouvait voir qu'elle attendait quelqu'un ou quelque chose. Et, puisqu'elle ne pouvait rien faire d'autre que de rester là, assise à attendre, elle tâchait de le faire avec la plus grande des applications.

Matthew interpella le chef de gare – l'homme était en train de fermer le guichet avant de retrouver sa famille pour le souper –, et le questionna à propos du train de cinq heures et demie pour savoir si celui-ci allait bientôt arriver.

— Le train de cinq heures et demie est arrivé et reparti il y a, déjà, une demi-heure, lui répondit sèchement l'homme. Mais quelqu'un en est descendu pour vous, c'est une petite fille. Elle est assise là-bas, sur un tas de bardeaux. Je lui ai demandé de s'installer dans la salle d'attente des dames, mais elle m'a déclaré, d'un ton des plus sérieux, qu'elle préférait rester dehors. Elle m'a dit, je cite : « Mon imagination en sera davantage stimulée ». C'est une fillette très excentrique, si vous voulez mon avis.

— Mais, je n'attends pas une fille, répondit Matthew d'une voix perplexe. C'est un petit garçon que je suis venu chercher. Il devrait être là. Mme Alexandre Spencer devait l'amener ici, depuis la Nouvelle- Écosse.

Le chef de gare émit un sifflement.

—Je vois, il y a dû avoir une erreur quelque part, reprit-il. Mme Spencer est, effectivement, descendue du train, mais c'est cette fillette qu'elle m'a confiée. Elle m'a dit que vous, et votre sœur, alliez la recueillir, qu'elle venait d'un orphelinat, et que vous étiez en route pour venir la chercher. Je n'en sais plus que ça, et je n'ai, malheureusement, pas d'autres orphelins sous la main pour vous, M. Cuthbert.

— Je suis perdu, lui répondit Matthew d'une voix impuissante, regrettant que sa sœur, Marilla, ne puisse être là, à cet instant, pour gérer ce malentendu.

— Eh bien, vous n'avez qu'à demander à la fillette, rétorqua le chef de gare d'un ton détaché. Je suis certain qu'elle pourra tout vous expliquer, elle n'a pas la langue dans sa poche celle-là, c'est le moins qu'on puisse dire. Peut-être que l'orphelinat n'en avait plus, des jeunes garçons comme vous l'aviez demandé.

L'homme s'éloigna d'un pas leste, son estomac le torturait bien trop pour qu'il ne restât là plus longtemps. Alors, il abandonna le pauvre

Matthew à son sort, forcé d'affronter la plus terrifiante des missions – plus encore que de traquer un lion dans sa tanière –, à savoir : approcher la fillette, qui plus est, se trouvait être une étrange orpheline. C'était le seul moyen de faire lumière sur ce mystère : pourquoi était-elle assise là, elle, plutôt qu'un garçon ? Matthew se mit à grogner dans sa barbe, retourna sur ses pas, et s'approcha de la fillette tout en traînant des pieds.

La fillette l'avait observé depuis l'instant où il était passé devant elle, et désormais, elle ne le quittait plus des yeux. Matthew, lui, ne lui accordait pas un regard, de toute façon, il n'aurait pas vu à quoi elle ressemblait vraiment, si tant est qu'il eût essayé de l'observer. Si, à cet instant, il y avait eu quelqu'un d'autre sur ce quai, voici comment cette personne aurait décrit la petite fille : c'était une enfant d'environ onze ans, vêtue d'une robe très courte, très serrée, et très laide, faite de mi-laine d'un gris jaunâtre. Sur sa tête, un chapeau de marin d'un brun passé, en dessous duquel tombaient, jusqu'en bas du dos, deux épaisses tresses d'un roux profond. Elle avait un petit visage, fin et pâle, recouvert, de part et d'autre, de taches de rousseur. Sa bouche était aussi large que ses yeux tantôt verts, tantôt gris, selon la lumière et son humeur.

Voici donc ce que la personne aurait déclaré. Mais, en l'observant de plus près encore, elle aurait pu voir que son menton était très pointu et prononcé ; que ses grands yeux débordaient d'esprit et de vivacité ; qu'elle avait de douces et expressives lèvres, et que son front était large et dégagé. En bref, cet observateur hors pair aurait pu arriver à la conclusion suivante : l'âme qui animait le corps de cette créature égarée, mi-adulte, mi-enfant, n'avait rien de banal, ce qui avait pour ridicule conséquence de terrifier le timide Matthew Cuthbert.

Matthew, cependant, fut épargné du calvaire qu'était, pour lui, la lourde tâche d'engager la conversation. Aussitôt que la fillette fut convaincue qu'il venait pour elle, elle se leva, agrippa, de sa petite main brune, la poignée d'un sac de voyage, aussi miteux que démodé, puis tendit l'autre main à Matthew.

— Vous devez être Monsieur Matthew Cuthbert des Pignons Verts ? dit-elle d'une voix étonnamment claire, mais douce. Je suis ravie de vous rencontrer. Je commençais à redouter que vous ne veniez pas me chercher, j'ai même songé à toutes les raisons qui auraient pu vous en empêcher.

J'avais pris la décision que si vous ne veniez pas me chercher ce soir, je me serais rendue jusqu'à ce grand cerisier sauvage, là-bas, au détour du virage, et j'aurais grimpé dedans pour y passer la nuit. Je n'aurais pas eu peur du tout, au contraire ! Ça aurait été charmant de s'endormir dans un cerisier sauvage, tout de fleurs blanches, sous la lueur de la lune, vous ne pensez pas ? J'aurais pu m'imaginer endormie dans une chambre de marbre blanc, ce n'est pas vrai ? Quoi qu'il en soit, si vous aviez eu un empêchement, vous seriez venu me chercher dans la matinée au plus tard, j'en suis sûre.

À son tour, Matthew lui tendit la main, et se saisit, d'un geste maladroit, de celle de l'enfant ; elle était toute petite et maigre. Soudainement, il prit une décision : il ne comptait pas informer la fillette, elle et ses yeux si pétillants, de l'erreur qui avait été commise. Il allait la ramener au domaine, mais ce sera Marilla qui le lui annoncera. De toute manière, il ne pouvait pas la laisser là, à Bright River, malentendu ou pas. Dès lors, ils pouvaient bien attendre d'être rentrés aux Pignons Verts pour apporter réponse à toutes ces interrogations.

— Pardon pour mon retard, déclara-t-il timidement. Monte donc ! Le cheval est là-bas, dans la cour. Donne-moi ton sac, je vais le prendre pour toi.

— Oh, je peux le porter, répondit gaiement la fillette. Il n'est pas lourd. Tout ce qui m'appartient se trouve là-dedans, bien qu'il soit plutôt léger. En plus, il faut le porter d'une certaine manière, sinon la poignée se détache. C'est pourquoi je préfère le porter moi-même, car je sais exactement comment m'y prendre. C'est un très vieux sac de voyage. Oh, je suis si contente que vous soyez venu, bien que cela ne m'aurait pas déplu de passer la nuit dans ce cerisier. La route s'annonce plutôt longue, n'est-ce pas ? Les Pignons Verts se trouvent à treize kilomètres d'ici, c'est ce que m'a dit Mme Spencer. Cela m'emplit de joie, j'adore les balades en chariot ! Oh, l'idée de vivre avec vous m'émerveille autant que de m'imaginer être la vôtre. Je n'ai jamais appartenu à personne, pas vraiment. Mais le pire, c'était l'orphelinat. Je n'y suis restée que quatre mois, mais c'était déjà bien trop. J'imagine que vous n'étiez pas un enfant de l'orphelinat, vous, donc vous ne devez pas tout à fait comprendre ce que ça fait. C'est pire que tout ce que vous pouvez imaginer. Mme Spencer m'a déjà répété que ce genre de choses ne se disaient pas, pourtant je ne le dis pas méchamment. C'est si facile de tenir de vilains propos sans s'en rendre compte, ne trouvez-vous pas ? Ce sont de braves enfants, les orphelins, là-bas, vous savez. Mais, ce n'est pas un endroit où on peut laisser place à son imagination, à moins de s'inventer une vie. C'était très intéressant, ça, de s'imaginer des choses au sujet des autres orphelins. J'aimais à croire, par exemple, que la fillette qui s'asseyait à mes côtés était secrètement la fille d'un compte puissant, et qu'elle avait été enlevée dans son enfance par une nourrice cruelle, décédée avant de pouvoir confesser son crime. Je passais des nuits entières, éveillée, à m'imaginer de tels scénarios, à défaut de pouvoir le faire de jour par manque de temps. C'est probablement pour cela que je suis si chétive, c'est vrai que je le suis, n'est-ce pas ? Je n'ai que la peau sur les os. Mais, j'aime imaginer mon corps, plein de courbes, avec des petits coudes potelés.

Sur ces mots, la nouvelle amie de Matthew se tut, en partie parce qu'elle était tout essoufflée, mais aussi parce qu'ils étaient arrivés à la charrette. La petite fille resta silencieuse jusqu'à qu'ils eussent quitté le village et que la charrette n'eût amorcé la pente d'une petite butte raide, dans laquelle, la terre molle avait été avait été creusée si profondément à force de passage, que les rebords, sur lesquelles poussaient des cerisiers sauvages en fleurs et de fins bouleaux blancs, formaient comme un plafond végétal au-dessus de leur tête.

La fillette tendit la main, et arracha une branche de prunier sauvage qui se cognait contre un flanc de la charrette.

— N'est-ce pas merveilleux ? Que vous évoque cet arbre tout blanc comme de la dentelle, penché sur le côté ? demanda-t-elle.

— Eh bien, qu'est-que j'en sais, moi, répondit Matthew.

— Mais voyons, c'est une mariée, bien sûr ! Une mariée, toute vêtue de blanc avec son élégant voile vaporeux. Je n'en ai jamais vu en vrai, de mariée, mais je peux très bien m'imaginer à quoi elle ressemblerait. Je ne pense pas me marier un jour. Je suis la plus ordinaire de toutes filles, et les garçons n'aiment pas ça. Je pense que je n'intéresserais personne, à part, peut-être, un missionnaire. J'imagine que ce sont le genre de choses avec lesquelles les missionnaires ne s'embêteraient pas. Mais, j'espère quand même, qu'un jour, j'en aurai une, de robe blanche. C'est mon plus grand souhait sur cette terre. En fait, j'adore les beaux vêtements, mais je crois n'en avoir jamais eus, pas même une jolie robe. Ce qui ne veut pas dire que ça n'arrivera jamais, n'est-ce pas ? J'aime m'imaginer dans la plus élégante des robes. J'avais tellement honte, en quittant l'orphelinat ce matin, d'être habillée dans cette horrible robe de mi-laine. À l'orphelinat, nous avons tous la même, c'est, en quelque sorte, notre uniforme. L'hiver dernier, un marchand venu de Hopetown, a fait don à l'orphelinat de trois-cents mètres de mi-laine. Certains prétendaient que c'était parce qu'il n'arrivait pas à le vendre, mais je préfère croire que c'était par pure générosité de sa part, ne pensez-vous pas ? Quand nous sommes montées dans le train, j'ai eu l'impression que tous les regards étaient rivés sur moi, empreints de pitié. Alors, je me suis mise à rêver que j'étais vêtue de la plus somptueuse robe de soie bleu pâle qui soit, agrémentée d'un grand chapeau orné de fleurs et de plumes, et d'une montre en or, sans oublier les gants de cuir et les bottes assorties. Autant imaginer quelque chose qui en vaille la peine, n'ai-je pas raison ? Instantanément, je me suis sentie revigorée, et j'ai savouré chaque instant de mon périple vers l'Ile. Je n'ai pas été malade du tout pendant le voyage, vous savez, et Mme Spencer non plus, d'ailleurs, bien que cela lui arrive habituellement. Elle disait qu'elle était tellement occupée à veiller à ce que je ne passe pas par-dessus bord qu'elle n'avait même pas eu le loisir de se sentir malade. Elle a même dit qu'elle n'avait jamais vu quelqu'un tenir aussi peu en place que moi à bord. Mais si, grâce à moi, elle n'a pas eu le mal de mer, alors ma curiosité a été bénéfique, ne croyez-vous pas ? J'avais envie d'observer tout ce qu'il y avait à voir sur ce bateau, car je ne savais pas si l'occasion se représenterait un jour. Oh, et ces cerisiers en fleurs, il y en a tant d'autres ! Cette île est l'endroit le plus fleuri du monde ! Je l'aime déjà tant, je suis infiniment heureuse à l'idée d'y vivre. J'ai toujours entendu dire que l'Île-du-Prince-Édouard était le plus bel endroit au monde, et bien que je me sois souvent imaginée y vivre, je n'ai jamais osé penser que mon rêve devienne réalité. N'est-ce pas merveilleux lorsque nos rêves se concrétisent ? Que ces routes rouges sont rigolotes ! Alors que l'on quittait la gare de Charlottetown, j'ai vu défiler ces étranges routes devant mes yeux. Elles m'ont intriguée, alors j'ai demandé à Mme Spencer si elle savait pourquoi elles étaient de cette couleur. Elle m'a simplement répondu qu'elle l'ignorait, et m'a suppliée de cesser mes interrogations incessantes. Selon elle, je lui avais déjà posé mille questions. Et peut-être avait-elle raison, mais comment pourrait-on comprendre sans poser de questions ? Vous le savez, vous, pourquoi ces routes sont rouges ?

— Eh bien, qu'est-que j'en sais, moi, répondit de nouveau Matthew.

— Alors, tâchons de le découvrir ! N'est-ce pas fabuleux de penser à toutes ces choses qui n'ont pas encore été découvertes ? Je suis si heureuse de vivre chaque jour, nous vivons dans un monde si intéressant ! Ça ne serait pas aussi passionnant, de vivre, si nous connaissions déjà tout sur tout, ne croyez-vous pas ? Il n'y aurait plus de place pour l'imagination, n'est-ce pas ? Vous trouvez que je suis un moulin à paroles ? On me le dit souvent. Vous préféreriez que je sois silencieuse ? Je peux arrêter de parler, si vous voulez. En fait, je peux m'arrêter, quand je le décide vraiment, même si c'est difficile.

Matthew, à sa grande surprise, prenait du plaisir à l'écouter parler. Tout comme la plupart des gens discrets, il appréciait les bavards, du moins, lorsqu'ils étaient disposés à monopoliser la conversation, sans attendre de lui en retour qu'il ne prenne part à celle-ci. Mais jamais il n'avait jamais pensé pouvoir apprécier la compagnie d'une petite fille. Les femmes étaient déjà assez compliquées à gérer, mais les petites filles étaient encore pires. Il détestait la façon dont elles se glissaient timidement à côté de lui, lançant des regards en coin, comme si elles craignaient qu'il ne les avalât toutes crues si elles osaient lui adresser la parole. C'était comme ça que se comportaient les petites filles bien élevées d'Avonlea. Mais cette petite sorcière rousse était bien différente. Même s'il lui était difficile de suivre un tel rythme de pensées, lui qui était plutôt lent d'esprit, il devait bien avouer qu'il « appréciait son bavardage ». Alors, aussi timidement que d'habitude, il lança :

— Oh, vous pouvez parler autant que vous voulez. Ça ne me dérange pas.

— Oh, cela me fait tant plaisir ! Je sais déjà que vous et moi allons bien nous entendre. C'est tellement libérateur de pouvoir parler dès que l'on en a envie, sans se faire dire que les enfants doivent se taire et rester discrets. On me l'a dit un million de fois, si ce n'est plus. Et les gens se moquent de moi parce que j'utilise de grands mots. Mais quand on a de grandes idées, on doit utiliser de grands mots pour les exprimer, n'ai-je pas raison ?

— Eh bien, oui, cela me semble raisonnable, lui répondit Matthew.

— Mme Spencer a dit que j'avais la langue trop pendue. Mais ce n'est pas le cas, elle est solidement attachée. Elle m'a aussi dit que votre domaine s'appelait les Pignons Verts. Je lui ai posé toutes sortes de questions à ce sujet. Elle m'a dit qu'il y avait des arbres tout autour. Ça m'a rendue encore plus heureuse ! J'adore les arbres, il n'y en avait pas du tout autour de l'orphelinat, à part à l'avant, mais ce n'étaient que quelques pauvres petites troncs rabougris, enfermés derrière des grilles blanches. Ils semblaient orphelins, eux aussi, ces arbres. J'avais presque envie de pleurer rien qu'à les regarder. Je leur disais : « Oh, pauvres petites choses ! Si vous étiez dans une grande forêt, avec d'autres arbres, non loin d'un ruisseau, et que de la mousse et des cloches de juin pousseraient sur vos racines tandis que des oiseaux chanteraient dans vos branches, vous pourriez grandir, n'est-ce pas ? Mais vous ne le pouvez pas, là où vous êtes. Je sais exactement ce que vous ressentez, petits arbres. » Ça m'a fait de la peine de les abandonner, ce matin-là. On s'attache facilement à ces choses-là, ne trouvez-vous pas ? Y a-t-il un ruisseau près du domaine ? J'ai oublié de poser la question à Mme Spencer.

— Eh bien, oui, il y en a un, juste en bas de la maison.

— Parfait. J'ai toujours rêvé de vivre près d'un ruisseau, mais je ne m'attendais pas à vivre ça de sitôt. Et pourtant, c'est assez rare que nos rêves se réalisent, pas vrai ? Ce serait agréable s'ils pouvaient toujours se réaliser. En tout cas, à l'instant présent, je me sens presque parfaitement heureuse. En fait, je ne peux pas être tout à fait heureuse parce que... Dites-moi, de quelle couleur s'agit-il selon vous ?

Elle attrapa l'une des longues tresses brillantes qui pendaient dans son dos, la fit passer par-dessus son épaule, et la tint devant les yeux de Matthew. C'était assez inhabituel, pour lui, de juger la couleur des cheveux d'une jeune fille, mais dans ce cas-là, il n'y avait guère de doute à avoir.

— Ils sont roux, non ? fit-il.

La jeune fille laissa retomber la tresse, laissant échapper un soupir qui semblait venir du plus profond de son être et dévoiler une plaie béante vieille de plusieurs siècles.

— C'est vrai, ils sont roux, répondit-elle avec résignation. Vous comprenez, maintenant, pourquoi je ne peux pas être parfaitement heureuse. Les rouquins, comme moi, n'ont pas le droit à ce bonheur. Les taches de rousseur, les yeux verts, et ma maigreur, tout ça ne me dérange pas. J'arrive à m'imaginer sans, et à la place, je m'imagine avec un teint de rose magnifique, et de beaux yeux violets scintillants. Mais je ne peux tout simplement pas m'imaginer sans ces cheveux-là. Pourtant, j'essaie. Je me dis que mes cheveux sont d'un noir profond, à l'imagine d'un corbeau. Mais dans le fond, je sais qu'ils restent roux, et cela me brise le cœur. Je vivrai avec cette peine jusqu'à la fin de mes jours. Un jour, j'ai lu dans un roman l'histoire d'une fille qui vivait avec une grande peine éternelle, elle aussi, mais ce n'était pas à cause de ses cheveux roux. Sa chevelure à elle était d'un or pur, et elle tombait magnifiquement sur son front d'albâtre. Qu'est-ce qu'un front d'albâtre ? Je n'ai jamais pu le savoir. Vous le savez, vous ?

— Eh bien, je crains que non, dit Matthew qui commençait à se sentir un peu étourdi. Il avait déjà ressenti cela dans sa jeunesse, le jour où un autre garçon l'avait entraîné sur le manège à chevaux lors d'un pique-nique.

— Ce n'est pas grave, quoi que ce soit, cela devait être quelque chose d'agréable car elle était divinement belle. Vous êtes-vous déjà imaginé ce que cela doit faire de se sentir divinement beau ?

— Euh... Pour tout te dire, non, avoua ingénument Matthew.

— Eh bien, moi, j'y pense souvent. Si vous aviez le choix, que préféreriez-vous : être divinement beau, briller d'intelligence ou être doté d'une bonté angélique ?

— J'avoue que... je ne sais pas vraiment.

— Moi non plus ! Je n'arrive jamais à faire mon choix. De toute façon, cela n'a pas vraiment d'importance, car il est peu probable que je ne sois jamais l'un ou l'autre. Il est certain que je ne serai jamais doté d'une bonté angélique. Mme Spencer disait que.... Oh, M. Cuthbert ! Oh, M. Cuthbert !! Oh, M. Cuthbert !!!

Ce n'étaient, bien entendu, pas les mots de Mme Spencer. Pourtant, la fillette n'était pas tombée de la charrette, et Matthew n'avait rien fait d'inhabituel. Ils avaient simplement passé un virage, et avaient débouché sur ce que l'on appelait « l'Avenue ».

Ce sont les habitants de Newbridge qui avaient nommé cette portion de route, qui s'étalait sur quatre à cinq-cents mètres, complètement voûtée par de grands pommiers, plantés là, il y avait des années de cela, par un vieux fermier excentrique. Au-dessus de leur tête s'étendait une longue voûte de fleurs blanches parfumées. Sous les frondaisons, l'air était teinté d'une nuance de pourpre, imprégné des dernières lueurs du crépuscule, qui scintillait tel un immense vitrail rosé à l'extrémité d'une nef de cathédrale.

La beauté d'un tel spectacle acheva de faire taire la fillette. Elle s'installa plus profondément dans le siège de la charrette, tenant ses petites mains frêles croisées devant elle, un sourire imprimé sur son visage tendu au ciel pour contempler la blancheur éclatante qui se jouait au-dessus d'elle. Même une fois l'Avenue quittée, et la longue pente en direction de Newbridge descendue, la fillette demeurait silencieuse et immobile. Le visage toujours illuminé par tant de beauté, elle scrutait l'horizon lointain, baigné par le soleil couchant, ses yeux traversant magnifiquement ce décor incandescent. Ils traversèrent Newbridge, un petit village animé où les chiens aboyaient à leur passage, où les petits garçons lançaient des cris stridents, et où des visages curieux se pressaient aux fenêtres. Et toujours, le silence régnait dans la charrette. Ils venaient de traverser cinq kilomètres supplémentaires, et pendant ce temps-là, la fillette n'avait toujours pas ouvert la bouche. Manifestement, elle savait garder le silence avec autant de détermination qu'elle ne savait parler.

— Tu dois être aussi fatiguée qu'affamée, lâcha finalement Matthew comme pour briser ce long silence. C'était la seule raison à laquelle il pouvait penser qui aurait pu expliquer le mutisme soudain et prolongé de la jeune fille. Le trajet n'est plus très long, nous y serons dans un kilomètre et demi.

Elle émergea de sa rêverie avec un soupir profond, le regardant avec des yeux embués des rêves de ces âmes qui sont emportées très loin du monde par les étoiles.

— Oh, M. Cuthbert, chuchota-t-elle, cet endroit par lequel nous sommes passés, cet endroit tout blanc, c'était quoi ?

— Tu veux sûrement parler de l'Avenue, répondit Matthew après quelques instants de profonde réflexion. C'est comme qui dirait un assez joli endroit.

— Joli ? Oh, joli ne semble pas être le mot juste pour le décrire. Ni même beau, d'ailleurs. Ce ne sont pas des mots assez puissants. Oh, comme c'était merveilleux ! Absolument merveilleux ! C'est la première fois que je vois quelque chose que l'imagination ne pourrait plus embellir. Cet endroit est déjà parfait comme ça, fit-elle en posant la main sur sa poitrine, j'ai ressenti quelque chose de tout drôle, mais c'était une sensation agréable. Cela vous est-il déjà arrivé de ressentir quelque chose du genre, M. Cuthbert ?

— Eh bien, je ne crois pas, non.

— Moi, ça m'arrive souvent, chaque fois que je vois quelque chose de vraiment magnifique. Mais, je trouve que son nom ne fait pas honneur à sa beauté. Ça ne veut rien dire « l'Avenue ». Ils devraient plutôt l'appeler, eh bien, laissez-moi voir, le Chemin Immaculé des Délices. N'est-ce pas un joli nom imaginaire ? Quand je n'aime pas le nom d'un endroit ou d'une personne, j'en imagine toujours un nouveau qui devient, alors, leur nouveau nom officiel, du moins dans ma tête. Il y avait une fille à l'orphelinat nommée Hepzibah Jenkins, mais dans ma tête, c'était Rosalia DeVere. Les autres peuvent bien continuer à appeler cet endroit l'Avenue, mais pour moi, ce sera le Chemin Immaculé des Délices. Avons-nous vraiment seulement encore un kilomètre à parcourir avant d'arriver au domaine ? Je suis contente, mais je suis aussi triste. Triste, parce que cette balade a été si agréable, et je suis toujours triste quand les choses agréables se terminent. Quelque chose de plus agréable pourrait arriver après, peut-être, mais on ne peut jamais être sûr. Et c'est souvent le cas, la suite est rarement plus agréable. En tout cas, ça a toujours été ainsi pour moi. Mais je suis heureuse à l'idée que l'on arrive à la maison. Vous savez, je n'ai jamais réellement eu de maison, du moins aussi loin que je m'en souvienne. Cette sensation agréable que j'ai ressentie plus tôt, je la sens de nouveau, dans ma poitrine, quand je m'imagine arriver dans une véritable maison, un vrai foyer. Oh, comme c'est beau !

Ils avaient franchi le sommet d'une colline. En dessous d'eux se trouvait un étang, qui ressemblait presque à une rivière tellement il était long et sinueux. Un pont le traversait à mi-chemin, et de là jusqu'à son extrémité inférieure, où une ceinture de dunes sableuses l'isolait du golfe d'un bleu profond, l'eau miroitait splendidement, arborant les plus subtiles nuances de couleur – des teintes de jaune violacé, de rose et de vert éthéré, accompagnées d'autres nuances insaisissables qui n'avaient jamais pu être nommées. Au-dessus du pont, la mare serpentait entre les bosquets de sapins et d'érables, reposant dans une translucidité sombre, baigné par leurs ombres tremblantes. Ici et là, un prunier sauvage se penchait depuis la rive, comme une jeune fille vêtue de blanc se penchant sur son propre reflet. De la naissance du marais au bout de l'étang s'élevait le mélancolique, doux et clair chant des grenouilles. Une petite maison grise se tenait là, cachée derrière un verger de pommiers blancs, sur une pente au-delà, et, bien que la nuit ne fût pas encore tout à fait tombée, une lumière brillait à l'un de ses carreaux.

— C'est l'étang des Barry, expliqua Matthew.

— Oh, je n'aime pas non plus ce nom-là. Je vais l'appeler, disons, le Lac aux eaux scintillantes. Oui, ça lui va très bien comme nom. J'en suis sûre, car j'ai eu le fameux petit frisson. Vous voyez, quand je trouve le nom idéal, je le sais, car je peux sentir ce petit frisson traverser mon corps. Cela vous arrive-t-il, parfois, de ressentir ce petit frisson, M. Cuthbert ?

Matthew réfléchit.

— Eh bien, oui, je suppose. Je ressens toujours comme un frisson d'effroi quand je tombe sur un de ces vilains vers blancs, avec ma bêche, dans les plantations de concombres. J'ai horreur de les voir.

— Oh, je ne suis pas certaine qu'il s'agisse du même genre de frisson. Qu'en pensez-vous ? Je ne vois pas vraiment le rapport entre les vers blancs et ce lac aux eaux scintillantes, mais peut-être qu'il y en a un. D'ailleurs, pourquoi les autres appellent cet endroit l'étang des Barry ?

— Je suppose que c'est parce que M. Barry habite là-haut, dans cette maison. La Butte aux vergers, c'est comme ça qu'on l'appelle. On pourrait presque voir le domaine d'ici, si ce gros bosquet, derrière, n'obstruait pas la vue. Mais, d'abord, nous devons passer par le pont et faire le tour par la route. Il reste moins d'un kilomètre, et nous serons arrivés.

— M. Barry a-t-il des filles ? Je veux dire, des petites filles, mais pas non plus trop jeunes, disons, d'environ ma taille.

— Oui, il a une petite fille d'environ onze ans. Elle s'appelle Diana.

— Oh ! s'exclama Anne en inspirant profondément. Quel nom parfaitement ravissant !

— Eh bien, je ne sais pas trop. C'est un prénom un peu trop païen, à mon goût. Je préfère Jeanne, ou Marie, ou un nom sensé du genre. Quand

Diana est née, les Barry hébergeaient un maître d'école sous leur toit. C'est à lui qu'est revenu l'honneur de nommer l'enfant, et il a choisi Diana.

— J'aurais bien aimé qu'il y ait eu un maître d'école comme ça dans les parages quand je suis née. Oh, nous voici au pont. Je vais fermer bien fort les yeux. Je crains toujours de passer sur les ponts. Je ne peux pas m'empêcher d'imaginer qu'au moment où nous arriverons au milieu, le pont se repliera comme un canif, et nous écrasera. C'est pour ça que je ferme les yeux. Mais je finis toujours par les rouvrir quand je sens que nous sommes au milieu, c'est plus fort que moi. Parce que, vous voyez, si le pont se repliait vraiment, je ne voudrais pas manquer ça. Quel bruit agréable, celui des roues sur le pont ! Jamais je ne m'en lasse. N'est-ce pas merveilleux qu'il y ait tant de choses à aimer dans ce monde ? Voilà, c'est fini. Et maintenant, je peux me retourner. Bonne nuit, Lac aux eaux scintillantes que j'aime tant. Je dis toujours bonne nuit aux choses que j'aime, tout comme aux gens, d'ailleurs. Je pense que ça leur fait plaisir. C'est comme si cette eau me souriait pour me remercier.

Lorsqu'ils furent arrivés au sommet de la colline, la charrette pris le virage, et Matthew annonça :

— Nous sommes presque arrivés, maintenant. Voici les Pignons Verts, par là...

— Oh, ne me le dites pas, le coupa-t-elle, haletante, en agrippant le bras de Matthew dans les airs, les yeux fermés pour ne pas voir la direction dans laquelle pointait son doigt. Laissez-moi deviner. Je suis sûre que je peux y arriver.

Elle ouvrit les yeux, et regarda autour d'elle. Ils étaient au sommet d'une colline. Le soleil s'était couché depuis un certain temps déjà, mais le paysage était toujours clair dans la douce lumière du soir. À l'ouest, un sombre clocher d'église se dressait contre un ciel de souci. En bas, il y avait une petite vallée, et au-delà, une longue pente douce longée par quelques fermes douillettes. Le regard de la fillette oscillait d'un côté à l'autre, ses yeux étaient avides et pleins d'espoir. Ils s'arrêtèrent enfin sur une maison, située loin sur la gauche, reculée de la route, couverte tout de blanc par les pétales des arbres en fleurs dans la pénombre des bois environnants. Au-dessus de cette maison, dans le ciel dégagé du sud-ouest, on pouvait apercevoir une grande étoile d'un blanc cristallin, pleine de promesse, briller comme pour guider les voyageurs.

— C'est ici, n'est-ce pas ? dit-elle en pointant une direction du doigt.

Agréablement surpris, Matthew fit claquer les rênes de joie sur le dos de sa jument alezane.

— Ça alors, tu as visé juste ! Mais, je suppose que Mme Spencer avait dû te décrire le domaine pour que tu puisses le deviner si facilement.

— Non, pas du tout, je vous assure ! La description qu'elle m'en a faite aurait pu s'appliquer à la plupart des domaines autour. Je n'avais aucune idée réelle de ce à quoi ça ressemblait. Mais dès que je l'ai vu, j'ai su que c'était chez moi. Oh, j'ai l'impression de rêver de nouveau. Vous savez, je me suis pincée tellement de fois, aujourd'hui, pour vérifier que je ne rêvais pas, si bien que mon arrière-bras doit être recouvert de bleus. De temps à autre, je ressens comme une horrible sensation de malaise qui me laisse penser que tout ça n'est qu'un rêve. Alors, je me pince le bras pour vérifier que ce que je vis est bel et bien réel, puis soudainement, je me dis que même s'il ne s'agit que d'un songe, je ferais mieux d'en profiter pour vivre mon rêve tant que je le peux. Et depuis, j'ai perdu cette habitude de me pincer. Mais là, c'est différent. Tout ceci est réel, et nous arrivons bientôt à la maison.

Après un soupir satisfait, elle retomba dans le silence. Matthew, lui, s'agitait, il était mal à l'aise. C'était à Marilla de lui annoncer, pas à lui. Comment aurait-il pu trouver le courage d'apprendre à cette petite orpheline que la maison dont elle rêvait tant ne serait pas la sienne, après tout ? Ils traversèrent le vallon des Lynde où il faisait déjà assez sombre – mais pas suffisamment pour échapper au regard attentif de Mme Lynde –, puis la charrette entama sa montée jusqu'à la longue allée des Pignons Verts. À mesure qu'ils approchaient de la maison, Matthew se sentait emprunt à une angoisse grandissante : il était bientôt l'heure du moment tant redouté. Ce n'était pas de Marilla ou de lui-même dont il se souciait, ni des ennuis que cette erreur pourrait leur causer, mais bien de la déception qu'allait éprouvait la fillette en apprenant cette terrible nouvelle. L'idée de voir s'éteindre cette lueur enthousiasmée qu'elle portait dans ses yeux le mettait dans un état de malaise profond, comme s'il allait assister à l'extinction de quelque chose de sacré ; c'était un sentiment similaire à celui qui l'envahissait lorsqu'il devait sacrifier un agneau, un veau ou toute autre petite créature innocente.

Ils entrèrent dans la cour, qui était alors déjà plongée dans l'obscurité, accueillis par le doux bruissement des feuilles des peupliers tout autour.

— Écoutez les arbres, ils parlent dans leur sommeil, chuchota-t-elle alors qu'il la déposait à terre. Je suis sûre qu'ils font de beaux rêves !

Puis, agrippant fermement le sac de voyage qui contenait « tous ses biens », elle le suivit dans la maison.

CHAPITRE III. La surprise de Marilla Cuthbert

Marilla bondit vivement vers Matthew aussitôt que celui-ci avait ouvert la porte. Mais, lorsque ses yeux s'arrêtèrent sur cette petite figure étrange affublée d'une robe aussi raide que laide, aux longues tresses rousses, et au regard vif et lumineux, Marilla s'arrêta net ; elle était stupéfaite.

— Matthew Cuthbert, peux-tu m'expliquer qui est cette jeune fille ? s'exclama-t-elle. Où est le petit garçon ?

— Il n'y avait pas de petit garçon, répondit Matthew, d'un ton misérable. Il n'y avait que cette fillette.

Il fit un signe de tête en direction de l'enfant, se rappelant qu'il ne lui avait même pas demandé son nom.

— Comment ça il n'y avait pas de petit garçon ? C'est impossible ! insista Marilla. Nous avions, pourtant, fait remonter à Mme Spencer de nous ramener un garçon.

— Eh bien, ce n'est pas ce qu'elle a fait. À la place, elle a amené cette petite fille. J'ai demandé au chef de gare, mais il fallait bien que je la ramène à la maison. Je ne pouvais pas la laisser là-bas, peu importe d'où vient l'erreur.

— Eh bien, voilà une jolie affaire ! s'exclama Marilla.

Pendant qu'ils s'expliquèrent, la fillette, elle, était restée silencieuse. Tour à tour, elle les suivait des yeux sentant son visage se décomposer. Soudain, elle sembla frapper par la lourde vérité qu'elle venait d'entendre. Lâchant son précieux sac de voyage, elle fit un pas en avant, et joignit les mains.

— Vous ne voulez pas de moi ! cria-t-elle. Vous ne voulez pas de moi, tout ça parce que je ne suis pas un garçon ! J'aurais dû m'en douter. Personne n'a jamais voulu de moi. J'aurais dû savoir que tout ça était trop beau pour durer. J'aurais dû savoir que personne ne voulait vraiment de moi. Oh, que vais-je faire ? Je vais éclater en sanglots !

Et, c'est ce qu'elle fit. Elle s'assit sur une chaise, près de la table, le visage enfoui dans les bras, et se mit à pleurer à chaudes larmes. Marilla et

Matthew se regardèrent d'un air désolé par-dessus le poêle. Aucun d'eux ne savait quoi dire ou faire. Finalement, Marilla prit péniblement la parole.

— Eh bien, eh bien, il n'y a pas besoin de pleurer autant pour ça.

— Si, bien sûr que si !

La fillette leva rapidement la tête : son visage était couvert de larmes, et ses lèvres toutes tremblantes.

— Vous aussi vous pleureriez si vous étiez une orpheline à peine arrivée dans un endroit que vous pensiez être votre nouveau foyer, tout ça pour apprendre, qu'en fait, on ne veut pas de vous parce que vous n'êtes pas un garçon. Oh, c'est la chose la plus tragique qui me soit jamais arrivée !

À l'écoute de ces mots, une sorte de sourire réticent – quelque peu rouillé par sa longue désuétude – se dessina sur le visage de Marilla adoucissant l'habituelle expression austère de la femme.

— Bon, bon, sèche donc tes larmes. Nous n'allons pas te mettre à la porte cette nuit. Tu resteras avec nous le temps que nous fassions la lumière sur cette affaire. Dis-moi, comment t'appelles-tu ?

La fillette hésita un instant.

— Pourriez-vous, s'il vous plaît, m'appeler Cordélia ? répondit-elle avec enthousiasme.

— Cordélia ? C'est comme ça que tu t'appelles ?

— No-non, pas exactement, mais j'adorerais que l'on m'appelle Cordélia. C'est un nom tellement élégant !

— Je ne comprends rien à ce que tu me racontes. Si tu ne t'appelles Cordélia, alors, quel est ton vrai nom ?

— Anne Shirley, balbutia-t-elle à contrecœur. Mais, oh, s'il vous plaît, appelez-moi Cordélia. Cela n'a pas vraiment d'importance si je ne suis là que pour un petit moment, n'est-ce pas ? Et Anne est un nom si peu romantique.

— Ah, le romantisme, quelle baliverne cette chose-là ! s'exclama Marilla d'un ton exaspéré. Anne est un très bon prénom sensé et simple. Nul besoin d'en avoir honte.

— Oh, je n'en ai pas honte, expliqua Anne, seulement j'aime mieux Cordélia. Je me suis toujours imaginé porter ce prénom, du moins j'y pense depuis quelques années déjà. D'ailleurs, quand j'étais jeune, je préférais le prénom Géraldine à Cordélia. En tout cas, si vous m'appelez Anne, s'il vous plaît, appelez-moi Anne avec un *e* final.

— Quelle différence fait-il, cet orthographe-là ? demanda Marilla, tandis qu'elle préparait le thé, le visage marqué, de nouveau, par ce sourire rouillé.

— Oh, vous voyez, cela change tout. C'est bien plus joli écrit ainsi. Quand vous entendez un prénom à l'oral, ne le voyez-vous pas se dessiner dans votre esprit, comme s'il était imprimé ? Parce que moi, oui. Et, je trouve A-n-n tout bonnement affreux, tandis que A-n-n-e a tellement plus de charme. Alors, si vous acceptez de m'appeler Anne avec un *e*, j'essaierai d'oublier avoir déjà voulu que l'on m'appelle Cordélia.

— Eh bien, d'accord, Anne avec un *e*, saurais-tu nous expliquer ce qui a pu se passer pour qu'une telle erreur se produise ? Nous avions envoyé dire à Mme Spencer de nous amener un garçon. N'y avait-il pas de garçons à l'orphelinat ?

— Oh, si, il y en avait même beaucoup. Mais, Mme Spencer a clairement dit que vous vouliez une fille de dix onze ans environ, alors la directrice s'est dit que je conviendrais. Vous ne savez pas à quel point j'étais ravie. Je n'ai pas réussi à fermer l'œil de la nuit tellement j'étais heureuse. Oh, ajouta-t-elle avec reproche, se tournant vers Matthew, pourquoi ne me l'avez-vous donc pas annoncé à la gare ? Au moins, si vous m'aviez laissé là-bas, je n'aurais pas vu le Chemin Immaculé des Délices et le Lac aux eaux scintillantes, et le retour à la réalité n'aurait pas été aussi dur.

— Bonté divine, mais de quoi parle-t-elle ? demanda Marilla, les yeux fixés sur Matthew.

— Elle... Elle fait simplement allusion à une conversation que nous avons eue en chemin, répondit Matthew dans la précipitation. Je vais rentrer la jument, Marilla, prépare le thé pour mon retour.

— Mme Spencer a-t-elle amené quelqu'un d'autre ou n'y avait-il que toi ? continua Marilla lorsque Matthew fut sorti.

— Elle y avait Lily Jones avec nous, c'est la petite fille qu'elle a adoptée. Lily n'a que cinq ans, mais elle est très belle avec ses cheveux couleur noisette. Si j'étais aussi belle qu'elle avec une telle chevelure, est-ce que vous me garderiez ?

— Non. Nous voulons un garçon pour aider Matthew à la ferme, une fille ne nous serait d'aucune utilité. Enlève donc ton chapeau. Je vais le poser sur la table du couloir avec ton sac.

Anne enleva son chapeau docilement. Au même moment, Matthew revenu et ils s'assirent tous ensemble pour souper. Mais Anne ne pouvait se résigner à manger. Elle picorait, çà et là, le pain beurré, et grignotait, d'un air absent, la compote de pommes sauvages, dans une petite coupe de verre ciselé disposée à côté de son assiette, mais son repas n'avançait pas grandement.

— Tu ne manges rien, fit Marilla d'un ton sec, la fixant comme pour lui reprocher son manque d'appétit.

Anne soupira.

— Je ne peux pas. Je suis en proie à un tel désarroi. Pourriez-vous manger si vous étiez aussi désespérée que je le suis actuellement ?

— Je n'ai jamais ressenti une telle chose, alors je ne sais quoi te dire, lui répondit Marilla.

— Vraiment ? Jamais ? Mais, n'avez-vous jamais, au moins, songé à ce que vous ressentiriez si vous étiez plongé dans un tel désespoir ?

— Non, jamais.

— Dans ce cas, je ne pense pas que vous puissiez comprendre ce que je ressens. En vérité, c'est un sentiment tellement désagréable. Quand vous essayez de manger, une boule se forme dans votre gorge, si bien qu'il est impossible d'avaler quoi que ce soit, pas même un caramel au chocolat. J'en ai déjà goûté, une fois, il y a deux ans de cela, et c'était tout simplement délicieux. Depuis, je rêve souvent d'en avoir des tonnes rien que pour moi, mais je me réveille toujours au moment où je m'apprête à les manger. J'espère que mon manque d'appétit ne vous froisse pas. Tout est extrêmement bon, mais je ne peux toujours rien avaler.

— Elle doit être fatiguée, suggéra Matthew, qui n'avait pas dit le moindre mot depuis son retour de la grange. Il vaudrait mieux la mettre au lit, Marilla.

Marilla s'était demandé où Anne allait bien pouvoir coucher. Elle avait bien préparé un divan dans la pièce attenant à la cuisine, mais il était destiné au jeune garçon qu'ils pensaient originellement accueillir. Or, bien que cette pièce fût propre et bien rangée, il ne semblait pas tout à fait convenable d'y faire dormir une fillette. Toutefois, une malheureuse orpheline dans son genre n'avait rien non plus à faire dans la chambre d'amis, si bien qu'il ne restait plus que la chambre du pignon est. Marilla alluma une bougie, et dit à la jeune fille de la suivre. Anne s'exécuta mollement, récupérant au passage son chapeau, et son sac de voyage sur la table du couloir. Si ce couloir lui paraissait déjà parfaitement astiqué, la petite chambre de pignon, dans laquelle elle se trouvait bientôt, l'était plus encore.

Marilla posa la bougie sur une table triangulaire, à trois pieds, et ouvrit le lit.

— Je suppose que tu as une chemise de nuit dans tes affaires ? demanda-t-elle.

Anne hocha la tête.

— Oui, j'en ai deux. La directrice de l'orphelinat les a faites pour moi, mais elles me serrent terriblement. Les asiles n'ont jamais suffisamment de quoi habiller tous les orphelins, donc nos vêtements sont toujours assez étriqués, du moins dans un établissement pauvre comme le nôtre. Je déteste les chemises de nuit trop serrées. Heureusement, on rêve aussi bien dans ces vêtements-là que dans les belles chemises longues, pleines de froufrous au col. Cette idée me console.

— Bon, dépêche-toi de te déshabiller, et va te coucher. Je repasserai dans quelques minutes pour éteindre la bougie, je crains trop de te laisser t'en occuper seule. Tu risquerais de mettre le feu à la maison.

Lorsque Marilla fut partie, Anne inspecta les murs de la chambre avec mélancolie. Ils étaient blanchis à la chaux, ce qui leur conférait un aspect si douloureusement nu et perçant qu'elle pensa qu'ils devaient souffrir de leur propre nudité. Le sol était nu, lui aussi, à l'exception d'un tapis rond tressé au milieu de la pièce. Anne n'avait jamais rien vu de tel auparavant. Dans un coin se trouvait le lit, un lit ancien et haut, constitué de quatre basses colonnes aux teintes foncées. Dans l'autre coin, la table triangulaire à trois pieds, sur laquelle était disposée une imposante pelote à épingles en velours rouge, d'une solidité telle qu'elle émousserait n'importe laquelle des aiguilles osant s'y planter. Au-dessus, était suspendu un petit miroir de quinze par vingt centimètres. À mi-chemin entre la table et le lit se trouvait la fenêtre, voilée par un rideau de mousseline d'un blanc glacial, et en face, on y trouvait le nécessaire de toilette. Toute la pièce était d'une rigidité indescriptible, si bien qu'Anne en fut glacée jusqu'aux os. Aux bords des larmes, elle s'empressa de de se déshabiller, enfila la chemise de nuit étriquée, et se jeta dans le lit où elle se cacha le visage dans l'oreiller tout en tirant les draps par-delà sa tête. Lorsque Marilla revint pour éteindre la bougie, elle eut presque du mal à concevoir qu'elle ne fût pas seule dans cette pièce, si ce n'était pour les quelques vêtements dispersés, çà et là, sur le sol et les draps froissés du lit.

Elle ramassa posément les vêtements d'Anne, les plaça soigneusement sur une chaise jaune des plus classiques, empoigna la bougie, puis se dirigea vers le lit.

— Bonne nuit, dit-elle avec une légère maladresse, mais empreinte de bienveillance.

Le visage blanc et les grands yeux d'Anne surgirent subitement des draps.

— Comment pouvez-vous me souhaiter une bonne nuit alors que vous savez parfaitement que celle-ci est de loin la pire que je puisse imaginer ? lança-t-elle avec reproche.

Aussitôt ces mots dits, elle plongea de nouveau la tête sous les draps.

Marilla descendit lentement à la cuisine, et entreprit de laver la vaisselle du dîner. Matthew, lui, fumait, signe manifeste d'un trouble qui le rongeait. Il ne fumait que rarement, Marilla désapprouvant fermement cette habitude qu'elle considérait comme très néfaste. Cependant, par moments, et dans certaines circonstances, il ressentait le besoin de s'y adonner, et Marilla, consciente de l'importance pour chacun d'avoir un exutoire pour ses émotions, ne lui en tenait par rigueur.

— Eh bien, nous voilà dans de beaux draps ! dit-elle avec colère. Voilà ce qui arrive quand on envoie un message au lieu de se rendre sur place. Les gens de Richard Spencer ont déformé notre demande d'une façon ou d'une autre. L'un de nous devra se rendre chez Mme Spencer demain, c'est certain. Cette fillette doit retourner à l'orphelinat.

— Oui, je suppose, répondit Matthew à contrecœur.

— Tu supposes ! Il n'y a pas de supposition qui tienne !

— Eh bien, tu vois, cette fillette est un vrai petit ange, Marilla. Ce serait bien dommage de la renvoyer à l'orphelinat alors qu'elle désire tant rester vivre ici.

— Matthew Cuthbert, ne me dis pas que tu es d'avis de la garder ici !

Marilla n'aurait guère été plus surprise si Matthew lui avait confié qu'il avait toujours aspiré à marcher sur les mains.

— Eh bien, non, je suppose que non, enfin, pas exactement, balbutia Matthew, qui ne parvenait pas à exprimer le fond de sa pensée. Je suppose qu'il serait difficile d'envisager de la garder.

— Évidemment que nous n'allons pas la garder. En quoi nous serait-elle utile ?

— Peut-être pourrions-nous lui être utile à elle, suggéra abruptement Matthew.

— Matthew Cuthbert, je commence à croire que cette fillette t'a ensorcelé ! Je vois clair dans ton petit jeu, tu voudrais qu'on la garde avec nous, n'est-ce pas ?

— Eh bien, disons que c'était une petite fille des plus intéressantes, persista Matthew. Tu aurais dû l'entendre parler sur le chemin, depuis la gare.

— Oh, ça, pour parler, c'est un vrai moulin à paroles ! Je l'ai remarqué immédiatement. Ça ne joue pas en sa faveur, d'ailleurs, je n'aime pas les enfants bavards. Je n'ai pas voulu d'une orpheline, et quand bien même c'était le cas, je n'aurais pas voulu d'une pipelette dans son genre. Il y a quelque chose que je ne comprends pas chez elle. Il est clair que l'on doit la renvoyer immédiatement là d'où elle vient.

— Je peux toujours engager un petit garçon français pour m'aider à la ferme, rétorqua Matthew, et elle serait là pour te tenir compagnie.

— Je n'ai pas besoin de compagnie, répondit sèchement Marilla. Quoi qu'il en soit, je ne veux pas la garder.

— Très bien, comme tu voudras, Marilla, dit Matthew en se levant et en rangeant sa pipe. Je vais me coucher.

Matthew se retira pour la nuit, et une fois la vaisselle rangée, Marilla, dont le visage était resté marqué par la tension de leur échange, fit de même. Au même moment, dans la chambre du pignon est, une enfant seule que la vie avait privée d'amour, comme d'amis, s'endormit les yeux emplis de larmes.

CHAPITRE IV. Une matinée aux Pignons Verts

La lumière du jour inondait la pièce lorsque Anne s'éveilla, se redressant dans son lit, fixant avec confusion la fenêtre à travers laquelle un flot de soleil rayonnant se déversait, tandis qu'à l'extérieur, quelque chose de blanc et de moelleux ondoyait à travers des éclats de ciel bleu.

Pendant un moment, elle ne put se rappeler où elle était. D'abord, elle fut envahie par un plaisir des plus agréables, puis aussitôt, un terrible souvenir la frappa de plein fouet. Elle prit conscience qu'elle se trouvait aux Pignons Verts, là où on ne voulait pas d'elle, car elle n'était pas un garçon.

Mais, c'était le matin et, oui, c'était bel et bien, un cerisier en fleurs devant sa fenêtre. D'un seul bond, elle se propulsa hors du lit, traversa la pièce, et poussa le battant de la fenêtre. Elle eut du mal à l'ouvrir, tant il était rigide et grinçant, comme s'il n'avait pas été manipulé depuis des lustres, ce qui était effectivement le cas. Lorsqu'elle réussit enfin à l'entrouvrir, la fenêtre resta si fermement en place qu'elle demeura ouverte sans nécessiter le moindre soutien.

Anne s'agenouilla et contempla avec ravissement ce matin de juin. N'était-ce pas magnifique ? N'était-ce pas un endroit charmant ? Même si elle ne devait pas y rester, elle pouvait toujours s'imaginer le contraire. Ici, son imagination pouvait s'exprimer librement.

Un énorme cerisier se dressait dehors, si proche de la maison que ses branches venaient caresser les murs, et il était si dense de fleurs qu'on aurait peine à distinguer les feuilles. De chaque côté de la maison se trouvait un vaste verger, l'un de pommiers, l'autre de cerisiers, tous deux couverts de fleurs, et l'herbe était parsemée de pissenlits. Dans le jardin en contrebas, des lilas emplis de fleurs violettes exhalaient leur parfum enivrant, porté par le vent matinal jusqu'à la fenêtre.

En contrebas du jardin, un champ verdoyant, parsemé de trèfles, descendait vers le creux où serpentait le ruisseau, et où poussaient des dizaines de bouleaux blancs, émergeant gracieusement des broussailles qui semblaient murmurer des promesses de merveilles cachées entre fougères, mousses et autres secrets boisés. Au-delà s'élevait une colline verdoyante et duveteuse, parée d'épicéas et de sapins. Une brèche dans son flanc laissait entrevoir le pignon gris de la petite maison qu'Anne avait aperçue de l'autre côté du Lac aux eaux scintillantes.

À gauche se dressaient les grandes granges et, au-delà d'elles, bien en aval sur des champs verts en pente douce, apparaissait un éclat bleu étincelant de la mer.

Les yeux d'Anne, amoureux de la beauté, parcouraient avidement chaque détail, absorbant tout avec une voracité insatiable. Cette pauvre enfant avait vu tant de lieux laids dans sa vie que celui-ci était aussi beau que ses rêves les plus fous.

Elle resta là, à genoux, absorbée par cette omniprésente beauté, jusqu'à ce qu'une main se posa sur son épaule. Marilla était entrée sans bruit, surprenant la petite fille rêveuse.

— Il est l'heure de s'habiller, lui dit Marilla d'un ton sec.

Marilla ne savait vraiment pas comment s'adresser à la fillette, et son embarras apparent la poussait malgré elle à adopter un ton brusque et cassant.

Anne se leva et prit une profonde inspiration.

— Oh, n'est-ce pas merveilleux ? s'exclama-t-elle, en agitant la main comme pour embrasser le magnifique monde qui s'étendait devant eux.

— C'est un grand arbre, répondit Marilla, ses fleurs sont splendides, mais ses fruits, hélas, sont toujours décevants : petits et infestés de vers.

— Oh, je ne parlais pas uniquement de l'arbre. Bien sûr, il est magnifique, d'une beauté radieuse même. Il fleurit avec une telle grâce, comme s'il le faisait avec passion. Mais je parlais de tout cela, du jardin, du verger, du ruisseau et des bois, de ce vaste et merveilleux monde qui nous entoure. Ne ressentez-vous pas une sorte d'amour pour le monde un matin comme celui-ci ? Le ruisseau rit si fort que je peux l'entendre d'ici. N'avez-vous jamais remarqué à quel point les ruisseaux débordent de joie ? Ils sont constamment en train de rire. Même en hiver, je les ai entendus ricaner sous la glace. Je suis si heureuse qu'il y ait un ruisseau près des Pignons Verts. Peut-être pensez-vous que cela ne fait aucune différence pour moi puisque vous ne comptez pas me garder, mais pour moi cela en fait une. Je garderai toujours, en moi, la douce mémoire de ce ruisseau, même si je ne le reverrai plus jamais. Sans lui, j'aurais ce sentiment troublant qu'il manquerait quelque chose d'essentiel à cet endroit. Je ne suis pas en proie au désespoir ce matin, je ne le suis jamais au réveil. N'est-ce pas merveilleux le commencement d'une nouvelle journée ? Et pourtant, je me sens très triste ce matin. Je venais tout juste d'imaginer que, peut-être, vous me vouliez vraiment, et que je pourrais rester ici pour toujours. C'était une douce consolation, même si elle n'a été que de courte durée. Mais le plus difficile lorsque l'on se perd dans ses rêveries, c'est qu'arrive le moment où il faut en sortir, et cela laisse une douleur profonde.

— Tu ferais mieux de te dépêcher de t'habiller et de descendre, et laisse tes rêveries de côté, dit Marilla dès qu'elle put placer un mot dans la conversation. Le petit-déjeuner est prêt. Lave-toi le visage, et peigne tes cheveux. Laisse la fenêtre ouverte, et replie les draps au bout du lit. Fais-le du mieux que tu peux.

Anne avait visiblement su se montrer efficace, car elle descendit en dix minutes seulement, ses vêtements soigneusement enfilés, ses cheveux brossés et tressés, et le visage propre. Avec tout cela, elle était persuadée d'avoir répondu à toutes les attentes de Marilla. Toutefois, il faut bien le dire, elle avait oublié de défaire son lit.

— Je suis plutôt affamée ce matin, annonça-t-elle en s'asseyant dans la chaise que Marilla lui avait préparée. Le monde ne me semble plus aussi aride et hostile qu'hier soir. Je suis tellement heureuse qu'il y ait du soleil ce matin. Même si, j'aime aussi beaucoup les matins pluvieux. Ne trouvez-vous pas que chaque matinée a son propre charme ? On ne sait jamais ce que nous réserve la journée, de quoi laisser place à son imagination ! Mais je suis soulagée qu'il ne pleuve pas aujourd'hui, car il m'est plus facile d'être heureuse, et de surmonter les épreuves de la journée lorsqu'il fait beau. J'ai le sentiment d'avoir enduré bien des malheurs. Bien qu'il soit enrichissant de lire des histoires chagrineuses, et de s'imaginer les affronter avec courage, la réalité est bien moins plaisante, n'est-ce pas ?

— Pitié, tiens ta langue, éructa Marilla. Tu parles beaucoup trop pour une petite fille.

Là-dessus, Anne s'exécuta si docilement que son long silence finit par rendre Marilla quelque peu nerveuse, comme si elle se trouvait face à quelque chose d'insolite. Matthew, quant à lui, resta silencieux, comme à son habitude, de sorte que le repas se déroula donc dans un silence pesant.

À mesure que le repas progressait, Anne semblait de plus en plus distraite, mastiquant machinalement, ses grands yeux fixés de manière impassible, et absente, sur le ciel à travers les carreaux. Cette attitude engendrait chez Marilla une anxiété grandissante, et bien que le corps de cette étrange fillette fût assis à table, son esprit lui semblait voguer loin, transporté vers quelque nuages, aériens et lointains, par les ailes de son imagination. Qui accepterait d'accueillir une enfant aussi fantasque sous son toit ?

Et pourtant, aussi étrange que cela puisse paraître, Matthew voulait la garder. Marilla discernait clairement que ce matin, encore plus que la nuit précédente, il brûlait du même désir, déterminé et résolu. C'était typique de lui, cette façon de s'emparer d'une idée, de la graver profondément dans son esprit et de s'y accrocher avec une détermination et un silence absolu. Toutefois, cette force silencieuse semblait dix fois plus puissante et efficace que s'il l'avait été exprimée à voix haute.

Lorsque le repas fut terminé, Anne émergea de sa rêverie, et proposa son aide pour la vaisselle.

— Tu es certaine de savoir t'y prendre correctement ? la questionna Marilla avec méfiance.

— À peu près, oui. Mais je suis meilleure pour m'occuper des enfants. J'ai tellement d'expérience dans ce domaine. C'est vraiment dommage qu'il n'y en ait pas ici pour que je m'en occupe.

— Je n'ai pas besoin de plus d'enfants à gérer que ceux que j'ai déjà. Tu es déjà un sacré travail. Que faire de toi, je ne sais pas. Matthew est vraiment ridicule.

— Je le trouve adorable, moi, dit Anne, d'une voix empreinte de reproches. Il fait preuve d'une telle empathie. Peu importe combien je parle, il ne semble pas s'en soucier, il semble même en apprécier chaque mot. Dès que je l'ai vu, j'ai ressenti cette étrange connexion entre nous, comme une affinité particulière. Je pense que lui et moi sommes âmes-sœurs.

— Vous êtes bien singuliers, tous les deux, quoi que vous entendiez par « être des âmes-sœurs », renifla Marilla. Enfin, va donc laver la vaisselle. Mets-y beaucoup d'eau chaude, et assure-toi de bien essuyer les couverts. J'ai assez à faire ce matin, je dois déjà me rendre à White Sands, dans l'après-midi, pour m'entretenir avec Mme Spencer. Tu viendras avec moi et nous réglerons ce qu'il convient de faire de toi. Quand tu en auras fini avec la vaisselle, monte à l'étage, et fais donc ton lit.

Anne s'acquitta assez habilement de la vaisselle, comme le remarqua Marilla qui la surveillait attentivement d'un coin de l'œil. Plus tard, elle s'attaqua à son lit, sans grand succès, n'ayant jamais appris l'art de s'occuper d'un matelas en plumes. Malgré tout, elle parvint à le dompter, d'une manière ou d'une autre, et à le rendre présentable. Alors, comme pour se débarrasser d'elle, Marilla lui annonça qu'elle pouvait sortir s'amuser jusqu'à l'heure du dîner.

Anne se précipita vers la porte, le visage rayonnant, et les yeux pétillants. Mais, une fois sur le seuil, elle s'arrêta net, fit demi-tour, et revint s'asseoir à table. Toute trace de lumière et d'éclat s'était évanouie en un instant, comme si ses yeux étaient des bougies sur lesquelles on venait de souffler.

— Qu'est-ce qu'il se passe encore ? demanda Marilla.

— Je n'ose pas sortir, déclara Anne, d'un ton qui semblait celui d'une martyre ayant renoncé à toutes les joies terrestres. Si je ne peux pas rester ici, à quoi bon m'attacher aux Pignons Verts ? Et, si je sors pour m'immerger dans la beauté de tous ces arbres, ces fleurs, ce verger et ce ruisseau, je ne pourrai m'empêcher de les aimer. Les choses sont déjà assez compliquées comme ça, alors je ne vais pas me rendre la vie plus difficile qu'elle ne l'est déjà. Je brûle d'envie de sortir, comme si tout m'appelait : « Anne, Anne, sors donc dehors ! Anne, Anne, viens jouer avec nous ! » Mais, je sais qu'il vaut mieux résister à cette tentation. À quoi bon tisser des liens avec les choses si l'on risque d'en être déraciné, n'ai-je pas raison ? Il est si difficile de ne pas s'attacher aux choses, comme des racines qui s'entrelacent dans la terre, ne trouvez-vous pas ? C'est pour ça que j'étais si contente quand j'ai pensé que j'allais vivre ici. Je pensais que j'aurais tellement de choses à aimer, et rien pour m'en empêcher. Mais, ce rêve bref est terminé. Je suis résignée à mon sort maintenant, donc je n'ai pas l'intention de m'aventurer dehors, de peur d'entretenir de faux espoirs. S'il vous plaît, pourriez-vous me dire comment s'appelle ce géranium posé sur le rebord de la fenêtre ?

— C'est un pélargonium.

— Oh non, je ne parle pas de ce genre de nom. Je veux dire, un nom que vous avez choisi vous-même. Ne lui en avez-vous pas déjà donné un ? Puis-je lui trouver un nom, dans ce cas ? Que diriez-vous de, voyons voir, Bonnie ? Oui, ça sonne bien. Puis-je l'appeler Bonnie pendant que je serai ici ? S'il vous plaît, dites oui !

— Bon Dieu, je m'en moque. À quoi bon donner un nom à une plante de toute manière ?

— Oh, j'apprécie que chaque chose ait son propre nom, même si ce ne sont que des géraniums. Cela les humanise davantage. Comment pouvez-vous être sûre que chaque géranium ne désire pas porter un nom qui lui soit propre ? Vous n'aimeriez pas que l'on vous traite de « femme » à longueur de journée, vous. C'est décidé, je l'appellerai Bonnie. J'ai aussi nommé le cerisier à l'extérieur de ma fenêtre, ce matin. Je l'ai appelé Sa Majesté des Neiges, parce qu'il est tout blanc. Bien sûr, il ne sera pas en fleurs toute l'année, mais on peut bien l'imaginer, non ?

— Jamais de ma vie, je n'ai été témoin de que ce soit qui puisse rivaliser avec cette enfant, murmura Marilla en se retirant vers la cave pour chercher des pommes de terre. Matthew avait raison, elle a quelque chose d'intriguant cette fillette. Je me surprends, même, à me demander quelle idée farfelue elle va bien pouvoir inventer la prochaine fois. Elle va m'avoir dans ses filets, moi aussi. Elle a déjà eu Matthew. Le regard qu'il m'a lancé en partant n'a fait que renforcer tout ce qu'il m'a asséné la veille. J'aurais aimé qu'il soit comme ces hommes qui parlent, avec qui l'on peut échanger, et le convaincre par la raison. Mais que faire avec un homme qui se contente simplement de vous regarder ?

Anne s'était de nouveau plongée dans ses pensées, le menton dans les mains et les yeux rivés vers le ciel, lorsque Marilla revint de son expédition à la cave. Là, Marilla la laissa à ses pensées, jusqu'à l'heure du déjeuner qu'ils prirent exceptionnellement plus tôt.

— Je suppose que je peux emprunter la jument et la charrette cet après-midi, Matthew ? demanda Marilla.

Matthew hocha la tête, et posa un regard mélancolique sur la jeune Anne. Marilla avait bien vu ce regard, alors elle déclara d'un air grave :

— Je vais à White Sands régler cette affaire. Je prendrai Anne avec moi, et Mme Spencer organisera sans doute son retour en Nouvelle-Écosse sans plus attendre. Je te prépare ton thé, et je serai de retour à temps pour la traite des vaches.

Matthew demeura silencieux, et Marilla eut le sentiment d'avoir dépensé en vain ses paroles et son souffle. Il n'y a rien de plus agaçant qu'un homme qui ne pipe pas mot, à part peut-être une femme qui décide de faire de même.

Le moment venu, Matthew attela la jument alezane à la charrette, et aussitôt, Marilla et Anne prirent la route. Matthew leur ouvrit la barrière de la cour, et alors qu'elles passaient lentement près de lui, il lâcha, comme s'il se parlait à lui-même :

— Le petit Jerry Buote du ruisseau était ici ce matin. Je lui ai dit que je songeais à l'engager pour m'aider cet été.

Marilla ne répondit pas, mais elle asséna à la malheureuse bête un coup de fouet si cinglant que la jument, habituée à des traitements plus doux, s'élança furieusement sur le chemin à toute allure. Alors que la charrette rebondissait sur le chemin cahoteux, Marilla lança un ultime regard en arrière, et surprit Matthew, l'air mélancolique, appuyé contre la barrière, les observant s'éloigner.

CHAPITRE V. Le tragique destin d'Anne

— Savez-vous, Anne murmura d'une voix confidentielle, j'ai décidé de tirer le meilleur parti de cette promenade en charrette. J'ai appris que l'on peut, presque toujours, voir le bon côté des choses, à condition de le vouloir fermement. Je vais mettre de côté toute pensée concernant l'orphelinat pendant notre trajet. Oh, regardez, une rose sauvage a déjà fleuri ! N'est-elle pas ravissante ? Ne pensez-vous pas qu'elle doit être heureuse d'être sauvage cette rose ? Ne serait-ce pas merveilleux si les roses pouvaient parler ? Je suis convaincue qu'elles pourraient nous dire des choses fantastiques. Et le rose n'est-il pas la couleur la plus enchanteresse du monde ? J'adore le rose, mais je ne pourrais pas en porter. Les rousses ne peuvent pas porter de rose, même dans leur imagination. Avez-vous déjà rencontré quelqu'un dont les cheveux roux ont changé de couleur en grandissant ?

— Non, jamais, répondit Marilla, d'un air impassible. Et, je doute que cela t'arrive.

Anne poussa un soupir.

— Eh bien, un espoir de plus s'envole. Ma vie est un véritable cimetière d'espoirs défunts. C'est une expression que j'ai lue dans un livre autrefois, et je la répète pour me consoler à chaque déception.

— Je ne vois pas ce qu'il y a de réconfortant là-dedans, remarqua Marilla.

— C'est parce que cela sonne si beau, si romantique. C'est comme si j'étais de l'héroïne d'un roman, vous comprenez ? J'ai un faible pour les choses romantiques, et un cimetière rempli d'espoirs défunts est à peu près la chose la plus romantique que l'on puisse imaginer, n'est-ce pas ? Je suis heureuse d'avoir le mien. Allons-nous traverser le Lac aux eaux scintillantes, cette fois-ci ?

— Non, nous n'allons pas vers l'étang des Barry, si c'est ce que tu crois. Nous allons plutôt emprunter la route côtière.

— La route côtière, quelle expression charmante ! s'exclama Anne, déjà plongée dans ses rêveries. Est-ce aussi pittoresque que son nom le suggère ? Dès que vous avez mentionné cette route côtière, j'ai immédiatement imaginé à quoi cela pouvait bien ressembler, comme par magie ! C'est aussi un joli nom, ça, White Sands, mais je préfère encore Avonlea. C'est tellement enchanteur comme nom, Avonlea. Une véritable mélodie ! White Sands est-il encore loin ?

— C'est à huit kilomètres d'ici. D'ailleurs, puisque tu es d'humeur si loquace, tu ferais mieux de me parler un peu de toi, ne crois-tu pas ?

— Oh, à vrai dire, le peu que je connaisse à mon sujet ne mérite pas vraiment d'être raconté, répondit Anne avec empressement. Mais, si vous me le permettez, je peux plutôt vous raconter la vie que je me suis créée dans ma tête, je suis sûre que cela vous intéressera davantage.

— Non, tes histoires farfelues ne m'intéressent que très peu. Restes-en aux faits, et rien qu'aux faits. Tu n'as qu'à commencer par la base. D'où viens-tu ? Et, quel âge as-tu, au fait ?

— J'ai eu onze ans le mois de mars dernier, soupira Anne qui s'était résignée à parler seulement de ce que Marilla voulait bien entendre. Je suis née à Bolingbroke, en Nouvelle-Écosse. Ma mère s'appelait Bertha et mon père Walter, il était enseignant à l'école secondaire de Bolingbroke. Walter et Bertha Shirley, ce sont de charmants noms, ne trouvez-vous pas ? Je suis reconnaissante d'avoir eu des parents qui portaient de jolis noms. Ça aurait été bien dommage si mon père s'était appelé, disons, quelque chose comme Jedediah, n'ai-je pas raison ?

— Notre nom n'a que peu d'importance, pourvu que nous nous comportions en bon citoyens, fit remarquer Marilla, qui estimait nécessaire d'inculquer à la jeune fille des valeurs morales solides et pragmatiques.

— Eh bien, je ne sais pas trop quoi en penser.

Anne semblait pensive.

— Un jour, j'ai lu quelque part qu'une rose, même si elle était nommée différemment, garderait toujours son délicat parfum, mais je ne suis pas certaine d'y croire. Si au lieu de parler de rose, on parlait plutôt de « chardon » ou de « pied-de-veau », je pense qu'elles nous paraîtraient moins splendides, ces fleurs-là. Mon père aurait, sans doute, été une bonne personne si tant est qu'il se soit appelé « Jedediah », mais je pense que cela lui aurait porté préjudice. Quant à ma mère, elle enseignait aussi à l'école secondaire avant d'épouser mon père. Mais une fois mariée, elle a laissé tomber sa carrière. Un mari, c'était une responsabilité suffisante pour elle. Mme Thomas racontait souvent qu'ils étaient encore des adolescents, en plus d'être fauchés comme les blés. Ils ont emménagé dans une petite maison toute jaune à Bolingbroke. Je n'ai jamais vu cette maison, mais je me la suis inventée dans ma tête. J'imagine qu'il y avait du chèvrefeuille près de la fenêtre du salon, des lilas dans la cour, et du muguet près de la clôture, sans oublier les rideaux de mousseline à chaque fenêtre. Je trouve que cela agrandit tellement une pièce ! Je suis née là-bas, dans cette maison.

Mme Thomas disait que j'étais le bébé le plus banal qu'elle ait jamais vu, si chétive, si petite, avec de grands yeux. Mais pour ma mère, j'étais le plus beau des bébés. Ma mère devait bien mieux savoir de quoi elle parlait qu'une simple femme de ménage, ne croyez-vous pas ? Je suis heureuse qu'elle m'ait trouvée belle, comme elle le souhaitait. L'inverse aurait été plutôt triste, surtout car elle est décédée peu de temps après ma naissance. La fièvre l'a emporté quand je n'avais encore que trois mois. J'aurais aimé qu'elle vive assez longtemps pour que je puisse l'appeler « maman ». Oh, ça doit être si doux de pouvoir appeler quelqu'un ainsi, ne croyez-vous pas ? Père est décédé quatre jours plus tard, de la même fièvre. Je me suis retrouvée orpheline, et personne ne savait quoi faire de moi, à part Mme Thomas. Vous voyez, à l'époque déjà personne ne semblait vouloir de moi, peut-être est-ce simplement mon destin ? Mes parents n'avaient plus de famille, ils étaient venus de loin. Finalement, Mme Thomas a décidé de m'héberger, bien qu'elle vécût dans la pauvreté, et que son mari avait un penchant pour l'alcool. Elle m'a nourrie au biberon. Vous êtes-vous déjà demandé si le simple fait d'être nourri au biberon pouvait influencer le caractère d'une personne ? Je me pose la question car, à chaque fois que je me montrais désobéissante, Mme Thomas insistait bien sur ce fait-là.

Plus tard, nous avons déménagé à Marysville, et j'ai vécu là-bas, avec eux, jusqu'à mes huit ans. Ils avaient quatre enfants, tous plus jeunes que moi, dont je m'occupais, même si ce n'était pas toujours une mince affaire. Un jour, M. Thomas est décédé dans un terrible accident de train, alors la mère de Mme Thomas a proposé de l'accueillir chez elle, elle et les enfants, mais pas moi. Mme Thomas ne savait plus quoi faire de moi, elle l'a dit elle-même. Heureusement, Mme Hammond, qui vivait en amont de la rivière, s'est proposée de m'adopter à son tour. Elle savait que j'étais bonne avec les enfants, alors je suis partie vivre avec elle dans une clairière au milieu des bois. C'était un endroit tellement isolé, heureusement qu'il me restait mon imagination pour pouvoir supporter toute cette solitude. M. Hammond avait une petite scierie près de la maison, et Mme Hammond, elle, avait huit enfants, dont trois paires de jumeaux. J'aime bien les bébés, dans une certaine mesure, mais des jumeaux trois fois de suite, c'était vraiment trop à gérer. Je lui ai fermement dit ce que j'en pensais lorsque les derniers sont nés, tellement j'étais épuisée à force de les porter partout.

J'y suis restée deux ans, jusqu'à ce que M. Hammond décède, et que Mme Hammond décide de mettre fin à sa maisonnée. Elle a confié ses enfants à différents membres de sa famille, et est partie s'installer aux États-Unis. J'ai donc été envoyée à l'orphelinat de Hopetown, car personne ne voulait de moi. Même là-bas, ils n'étaient pas très enthousiastes à l'idée de m'accueillir, car l'orphelinat était déjà surpeuplé. Mais, ils n'avaient pas d'autre choix que de m'accepter, alors j'y suis restée quatre mois, jusqu'à l'arrivée de Mme Spencer.

Lorsqu'Anne conclut son récit, elle laissa échapper un soupir de soulagement. Bien entendu, elle n'avait guère l'envie de se replonger dans les tourments d'un passé où tout monde semblait l'avoir rejetée.

— Es-tu déjà allée à l'école ? demanda Marilla, tandis qu'elle pilotait la jument alezane en direction de la route côtière.

— Pas vraiment. J'y allais, de temps en temps, lors de ma dernière année chez Mme Thomas. Quand je suis allée vivre dans le haut de la rivière avec Mme Hammond, l'école était trop éloignée pour que je puisse m'y rendre à pied en hiver. Et l'été, eh bien, c'était les vacances. Alors, je n'y allais qu'au printemps et en automne. Bien sûr, j'ai suivi des cours à l'orphelinat. Je sais lire correctement, et j'ai mémorisé bon nombre de textes en vers : « La bataille de Hohenlinden [1] », « Édimbourg après Flodden [2] », « Bingen sur le Rhin [3] », et je connais de nombreux extraits de *La Dame du lac*, et je peux réciter *Les Saisons* de James Thompson presque dans son intégralité. Ne la trouvez-vous pas délicieuse cette poésie qui vous donne des frissons jusqu'en bas du dos ? Un jour, j'ai lu ce poème, « La Chute de la Pologne [4] », dans le manuel de lecture des élèves de cinquième année. C'était tellement beau que ça m'a ému aux larmes. Officiellement, je devais me limiter au programme de quatrième année, mais les plus grandes me prêtaient leurs livres.

— Dis-moi, ces femmes, Mme Thomas et Mme Hammond, étaient-elles gentilles avec toi ? questionna Marilla, tout en jetant un discret coup d'œil à la fillette.

— Oh, eh bien, fit Anne, visiblement troublée. Ses joues devinrent écarlates, et ses sourcils se froncèrent d'embarras. Oh, je suppose qu'elles essayaient d'être gentilles, oui. Je suis sûre qu'elles aspirent à être aussi aimantes et bienveillantes que possible. Lorsque les intentions sont bonnes, on pardonne volontiers les erreurs. Elles avaient leurs propres soucis, vous savez. J'imagine qu'avoir un mari alcoolique peut causer bien des problèmes, et qu'avoir trois paires de jumeaux à sa charge doit être épuisant, n'est-ce pas ? Mais je suis convaincue qu'elles voulaient mon bien.

Sur ces belles paroles, Marilla ne lui posa plus de questions, et Anne se laissa bercer par le silence profitant du paysage qui défilait sous ses yeux. Marilla, perdue dans ses pensées, dirigeait machinalement la jument quand, soudainement, elle fut frappée par une vague de compassion. Quelle existence austère, dépourvue d'affection et de consolation, avait vécu cette enfant. Une vie jonchée de corvées, de misère et de négligence. Marilla n'était pas dupe, elle lisait en Anne comme dans un livre ouvert, et elle percevait clairement les sentiments que son passé éveillait réellement en elle. Pas étonnant qu'elle ait été si ravie à l'idée d'avoir enfin un vrai chez-soi. Il était tellement regrettable qu'ils fussent contraints de la renvoyer à l'orphelinat. Et si, succombant à l'étrange caprice de Matthew, Marilla se laissait convaincre ? Après tout, il en avait terriblement envie, et cette petite semblait être une âme charmante, disposée à apprendre.

— Une chose est sûre, elle a beaucoup à dire, cette enfant, pensa Marilla, mais je suis sûre qu'elle apprendra à se canaliser. Après tout, elle n'avait jamais été grossière, et encore moins, vulgaire. En fait, je la trouve même plutôt distinguée, ce qui me laisse penser que ses parents devaient être des gens respectables.

La route côtière serpentait à travers une nature sauvage et boisée. Sur la droite, des sapins robustes, marqués par les rudes assauts des vents marins, formaient des groupes denses. Sur la gauche, on pouvait apercevoir d'abruptes falaises de grès rouge, longeant, par endroits, la route de si près qu'une bête moins assurée que la jument alezane aurait suffi à mettre à l'épreuve les nerfs des ses passagères. En contrebas, à la base des falaises, on trouvait soit des tas de rochers érodés par le ressac, soit de petites criques sablonneuses incrustées de galets semblables à des joyaux marins. Au loin, la mer s'étalait, étincelante et azurée, sous le ciel où s'amusaient les mouettes, leurs ailes captant la lumière argentée du soleil.

— La mer n'est-elle pas une chose ravissante ? s'émerveilla Anne, rompant soudainement le long silence dans lequel elle était plongée, les yeux toujours rivés sur le paysage. Un jour, quand je vivais à Marysville, M. Thomas avait loué une grande calèche pour nous emmener passer une journée à la mer à quinze kilomètres d'ici. J'ai savouré chaque moment de cette journée, même si j'étais occupée à surveiller les enfants sans arrêt. Pendant des années, j'ai revécu ces instants précieux dans mes rêves avant de m'endormir. Mais, je trouve cette côte bien plus splendide encore que celle de Marysville. Ne trouvez-vous pas ces mouettes magnifiques ? Dites, cela vous plairait-il d'être une mouette ? Moi, je pense que oui. Enfin, je veux dire, à défaut de pouvoir être une petite fille. Ne serait-ce pas merveilleux de se réveiller au lever du soleil, de plonger au-dessus de l'eau et de survoler cette merveilleuse étendue bleue toute la journée ? Et ensuite, le soir venu, de retourner paisiblement à son nid ? Oh, je m'imagine déjà en train de le faire. Dites-moi, quelle est cette grande maison là-bas, s'il vous plaît ?

— Ça là-bas, c'est l'hôtel White Sands, expliqua Marilla. M. Kirke en est le patron, mais à cette période, la saison touristique n'a pas encore commencé. En été, c'est le paradis des Américains, ils débarquent ici en masse pour leurs vacances.

Anne laissa échapper un soupir empreint de tristesse.

— Je craignais que ce soit la maison de Mme Spencer, avoua-t-elle. Je n'ai vraiment pas hâte que l'on arrive. D'une certaine manière, cela marquera la fin d'un monde, du moins du mien.

46

CHAPITRE VI. La décision de Marilla

Marilla, Anne et la jument alezane finirent, cependant, par arriver chez Mme Spencer. Celle-ci vivait dans une grande maison jaune dans la crique de White Sands, et elle quand elle les vit arriver, elle s'avança vers la porte pour les accueillir, le visage marqué par la surprise et la bienveillance.

— Oh, ça alors, s'exclama-t-elle, vous êtes les dernières personnes que je m'attendais à recevoir aujourd'hui, c'est un plaisir de vous voir ! Voulez-vous que j'accompagne votre jument à l'écurie ? Oh, mais c'est la petite Anne ! Comment vas-tu ?

— Je me porte aussi bien que possible, merci, répondit Anne, le visage morne comme si une malédiction s'était abattue sur elle.

— Je pense que nous allons rester là un petit moment le temps de laisser la jument se reposer, bien que j'aie promis à Matthew de ne pas rentrer trop tard, déclara Marilla. Voyez-vous, Mme Spencer, une erreur des plus étranges s'est produite, et j'espérais que vous pourriez m'aider à éclaircir ce mystère. Nous vous avons transmis un message, Matthew et moi, par l'intermédiaire de votre frère Robert. Nous lui avons demandé de vous faire savoir que nous voulions un jeune garçon de dix ou onze ans.

— Oh, Marilla, dites-moi que ce n'est pas vrai ! s'exclama Mme Spencer, complètement désemparée. J'ai bien reçu votre message, mais c'est Nancy, la fille de mon frère, qui est venue me l'annoncer, n'est-ce pas vrai, Jeanne-Fleur ? lança-t-elle à sa fille qui descendait des escaliers au même moment.

— Oui, c'est la vérité, Mme Cuthbert, confirma la jeune fille sur un des tons des plus sérieux.

— Je suis terriblement désolée, déclara Mme Spencer. C'est une situation parfaitement regrettable, j'en conviens, mais je ne pense pas qu'il faille me blâmer pour ça. Mettez-vous à ma place, Marilla, tout ce que j'ai fait, ça a été suivre les consignes que l'on m'a donnée, et je l'ai fait du mieux que j'ai pu. Nancy est, décidément, une véritable tête de linotte. Elle est si étourdie, cette petite, j'ai souvent dû la réprimander à ce sujet.

— En vérité, tout est notre faute, avoua avec résignation Marilla. Nous aurions mieux fait de passer par vous directement plutôt que de s'en remettre au bouche à oreille de cette manière. Enfin bon, ce qui est fait est fait, et il ne nous reste plus qu'à corriger le tir. Pensez-vous que nous pourrions la renvoyer à l'orphelinat ? Je présume que la porte lui est toujours ouverte, n'est-ce pas ?

— Eh bien, oui, j'imagine, répondit Mme Spencer d'un air pensif. Mais, réflexion faite, je ne pense pas qu'il soit nécessaire de la renvoyer là-bas. J'ai reçu la visite de Mme Blewett hier, et nous discutions justement d'à quel point une petite fille lui serait d'une grande à la maison. Elle m'expliquait combien elle aurait souhaité que je lui en ramène une de l'orphelinat. Elle a une famille nombreuse, cette femme-là, vous savez, et elle a bien de la peine à trouver de l'aide pour gérer tout ce beau monde. Je pense qu'Anne ferait parfaitement l'affaire. Cela tombe à pic, on croirait à un véritable don du ciel !

Marilla n'était pas du même avis. Voilà que l'on venait de lui apporter une solution toute trouvée pour se débarrasser de cette petite orpheline dont elle ne voulait pas, et pourtant, cela ne soulageait en rien ses peines.

Il faut dire que cette femme, Mme Blewett, Marilla la connaissait – du moins de vue. C'était une dame de petite carrure, au visage acariâtre, et maigre comme un sac d'os. Marilla avait entendu dire qu'elle était « une travailleuse acharnée et exigeante ». Les domestiques, congédiées de son foyer pour manque d'application, la décrivaient comme une femme tempétueuse et avare, qui régnait en tyranne sur sa famille de mioches plus impertinents et querelleurs les uns que les autres. Soudainement, Marilla eut des scrupules à l'idée de confier Anne à une telle femme.

— Tout compte fait, je vais y aller, et nous en discuterons une prochaine fois, annonça Marilla.

— Oh, ça alors, n'est-ce pas Mme Blewett que j'aperçois justement dans l'allée ? s'exclama Mme Spencer pressant ses invitées vers le salon où, toutes deux, firent frapper de plein fouet par le froid glacial qui régnait dans la pièce – l'air avait dû être filtré pendant si longtemps à travers le contrevent vert sombre, toujours étroitement fermés, qu'il ne restait plus le moindre soupçon de chaleur dans ce salon. Quelle bonne surprise, nous allons pouvoir régler la question sans plus attendre ! Asseyez-vous, donc, sur ce fauteuil, Marilla. Anne, tu n'as qu'à t'asseoir sur le divan, et par pitié, arrête de gigoter ! Donnez-moi vos chapeaux, je vais m'en occuper. Jeanne-Fleur, veux-tu aller faire chauffer la bouilloire ? Bonjour, Madame Blewett. Nous discutions justement d'à quel point vous tombiez à pic. Permettez-moi de vous présenter, mesdames. Madame Blewett, Mademoiselle Cuthbert. Excusez-moi un instant, j'ai oublié de dire à Jeanne-Fleur de sortir les petits pains du four.

Mme Spencer ouvra le contrevent, et fila discrètement vers la cuisine. Anne était assise sur le divan, les mains étroitement croisées sur ses genoux, pas un mot ne sortait de sa bouche, elle était concentrée à dévisager Mme Blewett. Cette femme-là, aux traits du visage et au regard perçant la fascinait. Allait-elle bientôt être sous sa garde ? Elle sentait les larmes monter, craignant de ne plus pouvoir les retenir, lorsque Mme Spencer revint de la cuisine. Ses joues avaient pris une couleur rouge – son teint était rayonnant –, et elle semblait prête à affronter n'importe quelle difficulté, qu'elle soit physique, mentale ou spirituelle, et à en démêler aussitôt les problèmes.

— Voyez-vous, Mme Blewett, il semble qu'il y ait eu une erreur concernant cette fillette, dit-elle. J'avais cru comprendre que Monsieur et Mademoiselle Cuthbert voulaient adopter une fille, du moins, c'est ce que l'on m'avait rapporté. Mais, il s'est avéré qu'ils voulaient, en réalité, d'un garçon. Alors, si vous n'avez pas changé d'avis depuis la veille, je pense que cette enfant ferait parfaitement l'affaire.

Mme Blewett dévisagea Anne, l'inspectant de la tête aux pieds.

— Comment t'appelles-tu ? Et, quel âge as-tu ? la questionna-t-elle.

— Anne Shirley, bafouilla la fillette d'un ton craintif, n'osant pas exprimer l'importance que revêtait, pour elle, la lettre *e* dans l'orthographe de son prénom. Et, j'ai onze ans.

— Humm ! Tu ne me semble pas être bien robuste, mais tu as l'air plutôt sèche. M'enfin, peut-être que les fillettes dans ton genre sont les plus efficaces. Bon, si je te prends, tu devras être une bonne fille, compris ? Je veux que tu te comportes comme une brave fille, que tu sois gentille et respectueuse. Bien sûr, tu devras travailler pour gagner ton pain, je compte sur toi là-dessus. Eh bien, c'est d'accord, je suppose que je peux bien vous ôter ce poids des épaules, Mademoiselle Cuthbert. Le bébé que j'ai à la maison est terriblement irritable, vous savez, je suis lessivée à force de m'occuper de lui à longueur de journée. Si cela vous convient, je peux ramener la fillette chez moi dès maintenant.

Marilla posa ses yeux sur Anne, et fut attendrie en voyant le visage pâle de l'enfant qui semblait marqué par une misère inexprimée. Elle voyait en la fillette une petite créature impuissante piégée, une fois de plus, dans situation dont elle pensait avoir réussi à s'échapper. Marilla fut prise d'une sensation désagréable, convaincue que si elle ne succombait pas aux doux yeux de la fillette à cet instant, ce regard la hanterait jusqu'à la fin de ses jours. De plus, elle ne portait guère Mme Blewett dans son cœur. Seul un monstre confierait délibérément une enfant aussi sensible et délicate à une femme comme elle ! Non, elle ne pouvait pas lui faire ça !

— Eh bien, je ne sais pas trop, déclara lentement Marilla. Je n'ai pas dit que Matthew et moi avions pris une décision définitive à son sujet. En vérité, je dirais même que Matthew est plutôt d'avis à ce qu'on la garde, cette fillette. Je suis simplement venue pour comprendre l'origine de cette erreur. Je pense qu'elle ferait mieux de rentrer avec moi, après tout, nous devons encore discuter de son cas avec Matthew. Mieux vaut ne pas prendre de décision sans le consulter d'abord. Disons que si d'ici demain, nous décidons finalement de ne pas la garder, nous vous l'amènerons ou nous vous la ferons envoyer directement chez vous. Et, si vous n'avez pas de nouvelle d'ici là, considérez qu'elle reste avec nous. Cet arrangement vous convient-il, Madame Blewett ?

— Si c'est ce que vous voulez, répondit Mme Blewett de façon désobligeante.

Pendant que Marilla parlait, le visage d'Anne semblait s'illuminer à nouveau. La détresse avait disparu de ses grands yeux brillants d'étoiles, laissant place à un espoir naissant. La fillette semblait s'être métamorphosée, et aussitôt que Mme Spencer et Mme Blewett quittèrent la pièce – elles étaient partis chercher une recette que cette dernière était venue emprunter –, Anne bondit vers Marilla.

— Oh, Mademoiselle Cuthbert, avez-vous vraiment dit que, peut-être, vous me laisseriez rester aux Pignons Verts ? demanda Anne, hors d'haleine, et à voix basse comme si le simple fait de parler de vive voix risquait de briser cette excitante possibilité. L'avez-vous vraiment dit ? Ou n'était-ce que mon imagination ?

— Tu ferais mieux d'apprendre à maîtriser ton imagination, ma chère Anne, si tu n'arrives même plus à discerner le réel de l'imaginaire, fit remarquer Marilla d'un ton contrarié. Oui, tu m'as bien entendue dire cela, et rien de plus. De toute façon, notre décision n'est pas encore prise, et peut-être que nous conclurons finalement que ta place est avec Mme Blewett. Il est sûr que tu lui serais bien plus utile qu'à moi.

— Je préfère encore que l'on me renvoie à l'orphelinat plutôt que d'aller vivre avec elle ! lança impétueusement Anne. Cette femme, elle... elle ressemble à une queue de cochon ! Voilà, je l'ai dit !

Marilla réprima un sourire, convaincue qu'Anne devait être réprimandée pour un tel discours.

— Une petite fille comme toi devrait avoir honte de parler ainsi d'une brave dame – d'une inconnue même ! fit-elle sévèrement. Retourne t'asseoir, tiens-toi tranquillement, et comporte-toi comme une petite fille bien élevée.

— Je ferai de mon mieux pour être tout ce que vous voulez de moi, mais à condition que vous vouliez bien me garder, déclara Anne regagnant docilement sa place sur le divan.

Lorsqu'elles rentrèrent aux Pignons Verts, ce soir-là, Matthew les attendait dans la ruelle. Marilla l'avait aperçu, au loin, rôder le long de la ruelle ; cela n'avait rien d'étrange, elle savait pertinemment pourquoi. Elle s'attendait à lire, sur son visage, une expression de soulagement en voyant qu'elle avait, finalement, ramené Anne avec elle. Toutefois, elle ne lui dit rien de ce qui s'était passé avant qu'ils ne fussent tous deux dans la cour, derrière la grange, en train de traire les vaches. C'est là qu'elle lui raconta brièvement, l'histoire d'Anne, et le marché qu'elle avait passé avec Mme Blewett.

— Je n'enverrai même pas mon chien vivre chez cette sorcière de Mme Blewett ! s'écria Matthew avec un entrain

— Moi non plus, je n'apprécie pas grandement sa manière d'être, avoua Marilla, mais Anne ne pourra pas y échapper si nous décidons de la renvoyer, Matthew. Et si tu veux toujours la garder, Matthew, alors je suppose que je le veux aussi. Il faut bien que je m'y fasse. J'ai tellement réfléchi à cette idée que je commence à m'y habituer. C'est un peu comme un devoir, je suppose. Je n'ai jamais élevé d'enfant, encore moins une fille, et je crains de ne pas être à la hauteur, mais je ferai de mon mieux. Quoi qu'il en soit, tu as ma bénédiction, Matthew : elle peut rester ici.

Le visage timide de Matthew s'illumina de joie.

— Eh bien, je me doutais que tu finirais par voir les choses ainsi, Marilla, répondit-il. Elle est si particulière, cette petite.

— Je préférerais qu'elle soit une petite chose utile, rétorqua Marilla, mais je vais faire en sorte qu'elle le devienne. Et, garde-toi bien, Matthew, de te mêler de comment j'éduquerai cette petite. Peut-être qu'une vieille fille ne sait pas grand-chose sur l'éducation d'un enfant, mais je pense qu'elle en sait plus qu'un vieux garçon. Alors, laisse-moi la gérer. Si j'échoue, alors, tu pourras ajouter ta pierre à l'édifice.

— Voyons, voyons, Marilla, tu feras comme bon te semble, déclara Matthew d'un ton rassurant. Sois simplement aussi bonne et aussi douce avec elle que possible. J'ai comme l'impression qu'elle est de celles dont on peut tout obtenir si on parvient à gagner son affection.

Marilla renifla avec mépris, exprimant ainsi son désaccord avec les opinions de Matthew sur tout ce qui touchait au féminin. Qu'est-ce qu'il pouvait bien connaître de la féminité, lui ? C'est sur cette réflexion qu'elle se dirigea vers la laiterie, les seaux à la main.

— J'attendrai demain pour lui annoncer qu'elle peut rester, pensa-t-elle tandis qu'elle versait le lait dans les écrémeuses. Autrement, elle serait bien trop excitée pour réussir à fermer l'œil de la nuit. Marilla Cuthbert, te voilà dans de beaux draps. Qui eût cru que tu adopterais, un jour, une orpheline ? C'est déjà assez surprenant comme ça, mais il y avait plus étrange encore : le fait que Matthew soit à l'origine de tout cela, lui qui semblait toujours avoir une peur bleue des petites filles. Enfin bon, nous avons décidé de nous lancer dans cette aventure, et Dieu seul sait, où cela nous mènera.

CHAPITRE VII. Anne apprend à prier

Ce soir-là, lorsque Marilla mit Anne au lit, elle lui parla avec une certaine raideur :

— Vois-tu, Anne, j'ai remarqué hier soir que tu avais jeté tes vêtements au sol en te déshabillant. Je ne te pensais pas si désordonnée, et j'aimerais que tu corriges cette mauvaise habitude. À l'avenir, dès que tu te déshabilleras, je veux que tu plies soigneusement chaque vêtement, et que tu le poses, là-bas, sur cette chaise. Je n'ai que faire d'une petite fille désordonnée.

— Oh, j'étais tellement bouleversée hier soir que je n'ai pas songé un seul instant à mes vêtements, se justifia Anne. Je les plierai soigneusement ce soir, promis. On nous obligeait à le faire à l'orphelinat, mais une fois sur deux, j'oubliais. En même temps, il faut bien l'avouer, j'étais plus pressée de me glisser dans mon lit, au calme, et de m'imaginer des scénarios en tout genre.

— Eh bien, tâche de ne pas l'oublier, à l'avenir, si tu tiens à rester ici, réprimanda Marilla. Ah, c'est tout de suite mieux, ainsi. Bon, fais ta prière, et mets-toi au lit.

— Mais, je ne fais jamais ma prière, déclara Anne.

Marilla se figea, elle était stupéfaite d'horreur.

— Que dis-tu, Anne ? Ne t'a-t-on jamais appris à faire la prière ? Dieu tient à ce que les petites filles disent leurs prières, toujours. Sais-tu seulement qui est Dieu, Anne ?

— Dieu est un esprit infini, éternel et immuable, dans son être, sa sagesse, sa puissance, sa sainteté, sa justice, sa bonté et sa vérité, répondit aussitôt Anne, comme par automatisme.

Cela sembla soulager quelque peu Marilla.

— Ah, tu connais donc quelque chose, me voilà bien rassurée ! Tu n'es pas si païenne que ça, après tout. Où as-tu appris cela ?

— Oh, eh bien, à l'orphelinat pendant les cours de catéchisme du dimanche. Ils nous ont appris tout ce qu'il y a à savoir là-dessus. Je dois avouer que ça me plaisait plutôt bien. Il y a quelque chose de splendide dans certains de ces mots. « Infini, éternel, et immuable ». N'est-elle pas grandiose cette mélodie ? Elle sonne comme des notes que l'on jouerait sur un grand orgue. On ne peut pas tout à fait qualifier cela de poésie, je suppose, mais c'est assez similaire, ne trouvez-vous pas ?

— Il ne s'agit pas de réciter de la poésie, Anne, mais de dire tes prières. Sais-tu que c'est très mal, pour une petite comme toi, de ne pas faire sa prière du soir ? Cela fait de toi une très vilaine fille.

— Vous trouveriez plus facile d'être méchante que gentille si vous aviez les cheveux roux, comme moi, répondit Anne, d'un ton réprobateur. Vous ignorez les torts que notre chevelure nous cause, nous autres rouquins. Un jour, Mme Thomas m'a dit que Dieu m'avait fait rousse, simplement parce qu'il le voulait, et depuis ce jour-là, je ne lui ai plus accordé beaucoup d'attention. Et puis, de toute façon, le soir je suis toujours trop épuisée pour me préoccuper de ma prière. On ne peut pas sérieusement attendre de quelqu'un qui doit s'occuper de jumeaux qu'il prenne le temps de prier le soir. Pensez-vous que c'est possible, vous ?

Marilla prit la décision que l'éducation religieuse de la fillette devait commencer dès maintenant. Il n'y avait, désormais, plus de temps à perdre.

— Tant que tu vivras sous ce toit, Anne, je veux que tu fasses ta prière.

— D'accord, je le ferai, si c'est ce que vous attendez de moi, consentit gaiement Anne. Je ferai ce que vous voulez pour vous faire plaisir. Mais, pour cette fois du moins, j'ai besoin que vous me guidiez. Une fois au lit, je réfléchirai à une belle prière que je dirai tous les soirs, sans faute. Cela me semble être un exercice très intéressant, maintenant que j'y pense.

— Eh bien, mets-toi à genoux pour commencer, lui ordonna Marilla, quelque peu embarrassée.

Anne s'agenouilla aux pieds de Marilla, et leva consciencieusement les yeux au ciel.

— Pourquoi doit-on s'agenouiller pour prier ? Si je voulais vraiment prier, voilà ce que je ferais : j'irais dans un grand champ, toute seule, ou tout au fond d'un bois, et je lèverai les yeux au ciel – plus haut, plus haut encore, le plus haut possible – face à ce splendide décor sans fin. Et là, seulement là, j'aurais la sensation d'avoir fait ma prière. Bon, eh bien, je suis prête. Que dois-je dire ?

Marilla se sentait plus embarrassée que jamais. Elle avait l'intention d'apprendre à Anne la prière classique des enfants : « En tes mains, Seigneur, je me remets pour reposer dans la paix tout au long de la nuit. ». Mais, – comme nous l'avions déjà établi par le passé –, Marilla était dotée d'un certain sens de l'humour, ou plutôt elle savait parfaitement qu'il convenait d'aborder chaque chose en son temps. Ainsi, elle réalisa soudainement combien il était absurde que cette enfant rouquine, qui ne savait rien de l'amour de Dieu, récite cette simple petite prière. Habituellement réservée aux enfants en robe blanche à genoux près de leur mère, cette prière était parfaitement inadaptée dans son cas. Elle qui n'avait jamais connu l'amour terrestre, qu'en avait-elle à faire de l'amour divin ?

— Tu es suffisamment grande pour prier seule, Anne, déclara finalement Marilla. Contente-toi de remercier Dieu pour ses bénédictions, et demande-lui, humblement, ce que tu désires.

— Bon, eh bien, je vais faire de mon mieux, promit Anne, tout en plongeant son visage dans les genoux de Marilla. Père éternel... C'est comme ça que les pasteurs s'adressaient à lui pendant la messe. Ça ne doit pas être bien différent lorsque l'on prie dans son coin, n'est-ce pas ? lança-t-elle, relevant la tête, le temps d'émettre cette interrogation.

« Père éternel, je vous rends grâce pour le Chemin Immaculé des Délices, et pour le Lac aux eaux scintillantes, et pour Bonnie, et pour Sa Majesté des Neiges. Je vous rends grâce de tout cœur de les avoir mis sur mon chemin. Et, ce sont là tous les remerciements que je peux vous adresser, sur l'instant présent, pour toutes vos merveilleuses bénédictions. Quant aux choses que je désire, elles sont si nombreuses qu'il faudrait beaucoup de temps pour toutes les énumérer, alors je ne mentionnerai que les deux plus importantes. S'il vous plaît, permettez-moi de rester vivre aux Pignons Verts ; et, je vous en prie, faites-en sorte que je sois jolie en grandissant.

Cordialement,

Anne Shirley »

— Alors, diriez-vous que je m'en suis bien sortie ? s'empressa-t-elle de demander à Marilla, tandis qu'elle se relevait. Bien sûr, ma prière aurait été bien plus lyrique si j'avais eu le temps d'y réfléchir davantage.

La pauvre Marilla manqua de s'effondrer, avant de réaliser ce n'était pas là de l'effronterie, mais simplement l'ignorance spirituelle d'Anne qui était responsable de cette prière quelque peu originale. Marilla borda soigneusement la fillette en se jurant que, dès le lendemain, elle lui enseignera une prière appropriée. Alors qu'elle s'apprêtait à quitter la pièce, la bougie en main, Anne l'appela.

— Dites, je viens de penser à quelque chose. Aurais-je dû terminer ma prière par un « Amen », plutôt que « Cordialement » ? C'est ce que faisaient les pasteurs, en tout cas. Je n'y ai pas pensé sur le moment, mais il me semblait bien qu'il me fallait conclure d'une manière ou d'une autre, alors j'ai improvisé. Pensez-vous que cela fasse une grande différence ?

— Eh bien, non... Non, je ne pense pas, répondit Marilla. Bon, sois une gentille fille, et va te coucher maintenant. Bonne nuit.

— Ce soir, je peux vous dire bonne nuit avec l'esprit tranquille, souffla Anne, se blottissant confortablement contre ses oreillers.

Marilla se retira dans la cuisine, déposa fermement la bougie sur la table, et lança un regard noir à Matthew.

— Matthew Cuthbert, il était grand temps que quelqu'un prenne en charge cette enfant et lui inculque les valeurs de la vie. Rends-toi compte, elle n'avait jamais fait la moindre prière de sa vie avant ce soir ! Elle n'est pas loin d'être une totale païenne. Dès demain, je l'emmènerai faire un tour au presbytère et nous emprunterons la série d'ouvrage des *Naissance du jour*, il le faut. Elle ira aussi à l'école du dimanche, enfin, dès que je lui aurai trouvé des vêtements adéquats. Une chose est sûre : je vais avoir du pain sur la planche avec cette petite. Enfin bon, chacun a son lot de misère. Et puis, jusqu'à présent, j'ai eu une vie plutôt tranquille, donc il est tout naturel que je finisse par rencontrer quelques embûches sur mon chemin. Quoi qu'il en soit, il me faudra bien faire avec.

CHAPITRE VIII. Sur le chemin de l'éducation

Le lendemain après-midi, pour des raisons qu'elle seule connaissait, Marilla n'avait toujours pas annoncé à Anne qu'elle allait rester vivre ici, aux Pignons Verts. Toute la matinée, elle occupa l'enfant à différentes tâches, tandis qu'elle la surveillait d'un œil attentif. Vers le coup de midi, Marilla conclut qu'Anne était une petite fille intelligente et obéissante qui apprenait rapidement, en plus d'avoir la volonté de travailler. En revanche, elle avait un grave défaut : il lui arrivait souvent de rêvasser au milieu d'une tâche, au point d'oublier ce qu'elle était en train de faire. Généralement, elle ne revenait à la réalité que lorsque sa rêverie avait causé une catastrophe ou que l'on était en train de la réprimander à ce sujet.

Aussitôt qu'Anne eut fini avec la vaisselle de ce midi, elle décida qu'il était temps de confronter Marilla. Sur son visage, on pouvait lire l'expression désespérée de quelqu'un qui redoutait le pire, son petit corps frêle tremblait de la tête aux pieds, elle avait le visage tout rouge, et ses grands yeux étaient si dilatés qu'on ne voyait plus que le noir de sa pupille. Elle serra très fort les mains, et demanda d'une voix misérable :

— Oh, Mademoiselle Cuthbert, s'il vous plaît, j'ai besoin de savoir. Allez-vous, oui ou non, me garder ici avec vous ? J'ai essayé de faire preuve de patience toute la matinée, mais je ne pense pas pouvoir attendre plus longtemps, c'est au-dessus de mes forces. Répondez-moi, je vous en prie !

— Tu n'as pas rincé le torchon à l'eau claire chaude, comme je te l'avais demandé, rétorqua Marilla, imperturbable. Va donc t'en occuper avant de me poser davantage de questions, Anne.

Une fois le torchon rincé, la fillette revint vers Marilla, et posa ses grands yeux implorants sur elle.

— Bon, déclara Marilla, qui ne parvenait pas à expliquer pourquoi elle ne l'avait toujours pas informé de sa décision. Autant que je te l'annonce : Matthew et moi avons choisi de te garder ici, mais seulement, et seulement si, tu te comportes comme une brave jeune fille et que tu te montres reconnaissante. Eh bien, ma petite, que t'arrives-t-il ?

— Je pleure, répondit Anne, d'un ton perplexe. Je ne comprends pas ce qu'il m'arrive, je ne pourrais pas être plus heureuse qu'à cet instant, pourtant. Oh, en réalité, le mot « heureuse » n'est pas assez fort pour exprimer ce que je ressens actuellement. J'étais heureuse quand j'ai découvert le Chemin Immaculé des Délices et les fleurs de cerisier, c'est vrai, mais là, c'est encore plus fort ! Je suis comblée de joie ! J'essaierai d'être la plus sage des petites filles, même si ça risque d'être difficile. J'en suis sûre, car Mme Thomas m'a souvent dit que j'étais une vilaine fille, mais je ferai de mon mieux. Pourquoi est-ce que je pleure au juste, vous le savez, vous ?

— J'imagine que cette nouvelle t'a quelque peu bouleversée, alors maintenant tu es tout agitée, suggéra Marilla, d'un ton désapprobateur. Assieds-toi là et essaye donc de te calmer. Tu pleurniches aussi vite que tu éclates de rire, à ce que je vois. Enfin bon, c'est acté maintenant : tu peux rester ici, et Matthew et moi essayerons de faire de notre mieux pour toi. Nous t'enverrons à l'école, mais comme il ne reste que quinze jours avant les vacances, tu ne commenceras qu'en septembre à la rentrée des classes.

— Comment voudriez-vous que je vous appelle ? demanda Anne. Devrai-je toujours dire Mademoiselle Cuthbert ? Oh, j'ai une meilleure idée ! Puis-je vous appeler tante Marilla ?

— Non. Appelle-moi Marilla, tout court. Je n'ai pas l'habitude que l'on m'appelle Mlle Cuthbert, cela me rendrait plus nerveuse qu'autre chose.

— Mais, j'aurais l'impression de vous manquer de respect en ne vous appelant que par votre prénom, protesta Anne.

— Eh bien, je suppose que ça ne sera pas le cas, à condition que tu le fasses toujours avec respect. Tout le monde à Avonlea m'appelle Marilla, les jeunes comme les plus vieux. Enfin, à part le pasteur qui m'appelle parfois Mlle Cuthbert, du moins quand il y pense.

— Oh, j'aimerais tant vous appeler tante Marilla, souffla Anne, d'un ton mélancolique. Je n'ai jamais eu de tante ni quelconque famille, vous savez, pas même une grand-mère. J'aurais l'impression d'être à vous, si vous me laissiez vous appeler ainsi. Êtes-vous sûre ? Ne voulez-vous pas être ma tante Marilla ?

— Certaine. Je ne suis pas ta tante, et d'ailleurs, je trouve ça ridicule de s'inventer des titres et des noms imaginaires.

— Mais, nous pourrions simplement imaginer que vous êtes ma tante.

— Je ne m'y résoudrais pas, répondit Marilla, d'un air grave.

— Cela ne vous arrive-t-il jamais d'imaginer que les choses sont différentes de la réalité ? demanda Anne, les yeux écarquillés.

— Non.

— Oh ! fit Anne, laissant échapper un profond soupir. Oh, Mademoiselle... Marilla, je veux dire, vous ne savez pas ce que vous ratez !

— Ce ne sont là que des sornettes, répliqua Marilla. Le Seigneur décide des choses telles qu'elles sont, et il est complètement incongru d'imaginer qu'il puisse en être autrement. D'ailleurs, j'y pense. Va donc au salon, assure-toi d'avoir les pieds propres, ne laisse rentrer aucune mouche, et ramène-moi la carte illustrée sur le manteau de la cheminée, celle où il est inscrit « Notre Père ». J'aimerais que tu consacres ton temps libre, cet après-midi, à l'apprendre par cœur. Je ne veux plus t'entendre prononcer de telles prières, comme tu l'as fait hier soir.

— Oh, comme j'ai dû être maladroite, fit Anne, d'un air désolé. Mais, c'était ma toute première prière, vous savez. Est-il seulement possible de prononcer une prière parfaite dès son premier essai ? Hier, dans mon lit, j'ai réfléchi à une jolie prière, comme j'avais promis de le faire. Elle était si poétique, presque aussi longue que celle du pasteur. Mais, devinez quoi ? Au réveil, je l'avais complètement oublié, et je crains de ne jamais réussir à en inventer une aussi belle que celle-là. Curieusement, les choses ne sont jamais aussi splendides lorsqu'on y pense une seconde fois. Avez-vous déjà songé à cela ?

— Non, mais sais-tu ce à quoi je songe, Anne ? Quand je te demande de faire quelque chose, j'aimerais que tu t'exécutes sans discuter, plutôt que de rester planter là à tergiverser. Va donc faire ce que je t'ai demandé.

Aussitôt, Anne se dirigea à toute allure vers le salon situé à l'autre bout du couloir. Dix minutes s'écoulèrent, et la petite fille n'était toujours pas revenue. Marilla, en colère, posa son tricot et partit à sa recherche. Elle trouva Anne immobile, debout entre les deux fenêtres de la pièce, des étoiles pleins les yeux, absorbée par un cadre qui était accroché au mur. La lumière blanche et verte, qui filtrait à travers les pommiers et les vignes entrelacés à l'extérieur, enveloppait cette petite figure ravie d'un éclat presque surnaturel.

— Anne, à quoi es-tu encore en train de penser ? demanda brusquement Marilla.

Anne sursauta, et redescendit sur terre aussitôt.

— Oh, je regardais juste ce tableau, fit-elle en pointant le cadre du doigt – c'était un chromo plutôt vif intitulé « Le Christ bénissant les petits enfants ». Je m'imaginais être une de ces petites filles, plus particulièrement, celle en robe bleue, car elle se tient à l'écart et n'a pas l'air d'appartenir à qui que ce soit, tout comme moi. Elle semble si triste et si solitaire, ne trouvez-vous pas ? J'imagine qu'elle n'a pas de parents. Mais, elle aussi voulait être bénie, alors elle s'est timidement réfugiée derrière la foule, en espérant qu'Il serait le seul à la voir. Je suis certaine de savoir ce qu'elle ressentait, cette petite fille. Elle devait sentir son cœur battre si fort et ses mains devaient être gelées, tout comme les miennes l'étaient, tout à l'heure, lorsque je vous ai demandé si j'allais bien pouvoir rester ici. Elle craignait trop qu'Il ne la remarque pas. Mais, Il l'a probablement vue, ne pensez-vous pas ? J'ai essayé d'imaginer toute la scène : comment elle s'est avancée vers Lui, pas à pas, jusqu'à sentir Son regard se poser sur elle, et Sa main passer dans ses cheveux. Oh, comme ça dû être excitant pour elle ! Mais j'aurais préféré que l'artiste ne le peigne pas avec une moue si triste. Il est toujours représenté ainsi, l'aviez-vous remarqué ? Mais je ne crois pas qu'Il ait vraiment eu l'air si triste, sinon les enfants auraient eu peur de Lui.

— Anne, fit Marilla qui se demandait pourquoi elle n'avait pas interrompu ce discours plus tôt, tu ne devrais pas parler de cette façon. C'est profondément irrespectueux.

Anne ouvrit de grands yeux écarquillés.

— Je pensais, pourtant, être aussi respectueuse que possible. Je suis certaine n'avoir voulu manquer de respect à personne.

— Eh bien, j'imagine que ce n'était pas volontaire de ta part, mais il me semble tout à fait inapproprié de faire preuve d'une telle familiarité envers de tels sujets. D'ailleurs, Anne, quand je t'envoie chercher quelque chose, je veux que tu t'exécutes sur-le-champ, plutôt que de rêvasser et te perdre dans ton imagination à la moindre occasion. Je ne le répéterai pas : prends cette carte, et viens dans la cuisine. Maintenant, assieds-toi dans le coin, et apprends cette prière par cœur.

Anne déposa la carte contre un pichet qui contenait des fleurs de pommier qu'elle avait elle-même ramenées pensant qu'elles embelliraient la cuisine – Marilla ne partageait pas cet avis, mais elle l'avait laissé faire. Pendant plusieurs minutes silencieuses, Anne se mit à étudier attentivement la carte, le visage dans les mains, et les coudes posés sur la table de la cuisine.

— Je l'aime beaucoup cette prière, déclara-t-elle enfin. Elle est grandiose. Je l'avais déjà entendue, une fois à l'orphelinat ; le responsable de l'école du dimanche l'avait récitée, mais elle ne m'avait pas plu à l'époque. Sa voix était si cassée et emplie de tristesse. J'étais certaine que, pour lui, prier était un devoir désagréable. Ce n'est pas de la poésie, mais ça me fait exactement le même effet. « Notre Père qui est aux cieux, que ton nom soit sanctifié », comme c'est musical ! Oh, Mademoiselle... Je veux dire Marilla, je suis si heureuse que vous ayez jugé bon de me faire apprendre cette si jolie mélodie.

— Tâche de la mémoriser, dans ce cas, et essaye de tenir ta langue, rétorqua sèchement Marilla.

Anne pencha le pichet vers elle, déposa délicatement un doux baiser sur le bourgeon d'une rose, puis se remit à étudier, diligemment, pendant quelques instants.

— Marilla, demanda-t-elle finalement, croyez-vous que je me ferai un jour une amie de cœur à Avonlea ?

— Une amie de cœur ? Que veux-tu dire par là ?

— Une amie de cœur ! Une amie proche, si vous préférez. Une véritable âme-sœur à qui je pourrais confier mes secrets les plus intimes. J'ai rêvé de la rencontrer toute ma vie, et je pensais, justement, qu'elle n'existait que dans mes rêves. Mais, ces derniers temps, tant de mes souhaits les plus doux se sont réalisés, alors peut-être que celui-ci aussi se réalisera. Vous y croyez, vous, Marilla ?

— Eh bien, il y a cette petite fille qui vit à la Butte aux vergers, Diana Barry, il me semble qu'elle a à peu près ton âge. Elle est adorable cette fillette, tu n'auras qu'à jouer avec elle à son retour de Carmody. J'ai entendu dire qu'elle était partie visiter sa tante, là-bas. Mais, je veux que tu fasses attention à comment tu te comportes, car Mme Barry est une femme très particulière : elle tient à ce que Diana ne joue qu'avec de bonnes et gentilles jeunes filles.

Anne regarda Marilla à travers les fleurs de pommier ; ses yeux brillaient d'intérêt.

— À quoi ressemble Diana ? Elle n'a pas les cheveux roux, n'est-ce pas ? Oh, j'espère que non. Je ne peux pas me permettre d'avoir une amie de cœur qui porte le même fardeau que moi !

— Diana est une très jolie petite fille. Ses yeux et ses cheveux sont noirs, et elle a de belles joues roses, mais elle est aussi très gentille et intelligente, ce qui, à mon avis, est encore mieux que d'être jolie.

Marilla était aussi attachée aux leçons de morale que la Duchesse dans le Pays des Merveilles, si bien qu'elle était fermement convaincue qu'il fallait en ajouter une à chaque remarque faite à un enfant. Cependant, pour Anne, les moindres possibilités d'émerveillement prévalaient toujours sur la morale.

— Oh, je suis heureuse de savoir que Diane est jolie. Étant donné que je ne suis pas jolie, malheureusement, le seul réconfort que je puisse espérer, c'est d'avoir une amie de cœur qui, elle, soit belle. Je me rappelle le salon de Mme Thomas, il y avait une bibliothèque avec des portes en verre, c'est là qu'elle rangeait sa plus belle vaisselle en porcelaine et ses conserves, enfin, quand elle en avait. Une des portes était cassée, car M. Thomas l'avait brisée une nuit où il était légèrement ivre. Heureusement, l'autre était intacte, alors et il m'arrivait de prétendre que mon reflet était, en réalité, celui d'une autre petite fille qui vivait dedans. Je l'avais prénommée Katie Maurice, et nous étions très proches l'une de l'autre. Je lui parlais pendant des heures, surtout le dimanche, et je lui racontais tout sur tout. Katie me réconfortait tellement, elle était la grande joie de ma vie. Nous étions convaincus que cette bibliothèque était ensorcelée. Je m'imaginais qu'avec le bon mot magique, on pouvait quitter les étagères de porcelaine et de conserves de Mme Thomas pour entrer dans le monde merveilleux de Katie Maurice. Et alors, elle m'aurait pris par la main et m'aurait conduit dans un endroit merveilleux, tout rempli de fleurs et de soleil, avec des fées, et nous aurions vécu là heureuses pour toujours. Quand je suis partie habiter chez Mme Hammond, cela m'a brisé le cœur de quitter Katie Maurice. Elle en a terriblement souffert, je le sais, car elle pleurait quand je lui ai dit au revoir à travers la porte de la bibliothèque. Il n'y avait pas de bibliothèque chez Mme Hammond. Mais juste en haut de la rivière, non loin de la maison, il y avait une petite vallée verte et longue, c'est là que vivait le plus joli des tous les échos. Quoi que je lui dise, il le répétait, même lorsque je parlais très bas. Alors, j'imaginais que cet écho était, en fait, une petite fille. Je l'avais surnommé Violetta. Nous étions de grandes amies, elle et moi, et je l'aimais presque autant que Katie Maurice, enfin, pas tout à fait, mais presque. Le dernier soir à la maison du lac, avant d'aller à l'orphelinat, j'ai dit au revoir à Violetta, et l'écho de son adieu m'a paru si triste, terriblement triste, même. Je m'étais tellement attachée à elle que je n'ai pas eu le cœur de m'imaginer une nouvelle amie de cœur à l'orphelinat. Enfin, encore aurait-il fallu que l'on puisse s'imaginer quoi que ce soit là-bas.

— Je suppose que c'était un mal pour un bien, lâcha Marilla, d'un ton sec. Je n'approuve nullement ce genre d'histoires, Anne. Tu sembles croire à tes propres rêveries. Cela te fera le plus grand bien de fréquenter une jeune fille qui ne sort pas de ton imaginaire. Peut-être, cela t'aidera-t-il même à chasser de ta tête toutes ces absurdités. Enfin, bon, garde-toi bien de parler de ces histoires de Katie Maurice et Violetta devant Mme Barry, sinon elle pensera que tu racontes des bêtises.

— Oh, je ne le ferai pas. Je n'en parle quasiment pas, le souvenir que j'ai de chacune d'entre elles est bien trop précieux pour être partagé à n'importe qui. Mais, j'avais envie de le partager avec vous. Oh, regardez, un gros bourdon vient de tomber d'une des fleurs du pommier ! Oh, comme ça doit être merveilleux de vivre dans une de ces fleurs ! Imaginez-vous vous endormir dedans, bercée par le vent. Si je n'étais pas une petite fille, je pense que j'aimerais être une abeille et vivre parmi les fleurs.

— Hier, tu voulais être une mouette, renifla Marilla. Je pense que tu ne sais pas ce que tu veux. Bon, revenons-en à cette prière, je t'ai demandé de l'apprendre, et de rester silencieuse. Mais, visiblement, tu ne peux pas t'empêcher de parler aussi longtemps que quelqu'un est là pour t'écouter. Alors, monte dans ta chambre et fais-moi le plaisir d'apprendre cette prière, comme je te l'ai demandé.

— Oh, mais je l'ai déjà presque retenue entièrement, il ne me reste plus que la dernière ligne à apprendre.

— Qu'importe, je veux que tu fasses ce que je t'ai demandé. Monte dans ta chambre, et finis de l'apprendre par cœur. Et, je ne veux pas te voir descendre jusqu'à ce que je t'appelle pour m'aider à préparer le thé.

— Puis-je emmener les fleurs de pommier avec moi pour avoir de la compagnie ? demanda Anne, suppliante.

— Non, je ne veux pas que tu encombres ta chambre de fleurs. Et d'ailleurs, tu n'aurais pas dû les arracher, tout court.

— J'ai pensé la même chose, dit Anne. Je me suis dit que je n'aurais pas dû raccourcir leur si belle vie en les cueillant comme je l'ai fait. Enfin, à leur place, je n'aurais pas voulu que l'on me cueille ainsi. Mais, c'était plus fort que moi. Que faites-vous, vous, quand vous êtes envahie par une envie irrépressible de la sorte ?

— Anne, m'as-tu entendue ? Je t'ai demandé de monter dans ta chambre.

Anne soupira, se retira dans sa chambre du pignon est, et s'assit dans une chaise près de la fenêtre.

— Et voilà, je la connais cette prière ! J'ai appris la dernière phrase en montant les escaliers. Maintenant, j'ai envie de redécorer cette pièce à l'aide de mon imagination. Pour commencer, j'aimerais que le sol soit recouvert d'un tapis de velours blanc avec des roses couleur carmin partout, et qu'il y ait des rideaux en soie rose aux fenêtres. Les murs seraient ornés de tapisseries de brocart or et argent, et les meubles seraient en acajou. Je n'ai jamais vu d'acajou, mais ça a l'air si luxueux. Je m'allongerais gracieusement sur le divan couvert de magnifiques coussins de soie rose, bleue, rouge et dorée. Je contemplerais mon reflet dans le splendide grand miroir accroché au mur. Je serais grande et royale, vêtue d'une robe à traîne de dentelle blanche, avec une croix de perles sur ma poitrine et des perles dans mes cheveux. D'ailleurs, j'aurais des cheveux d'un noir profond, et une peau couleur ivoire. Je m'appellerais Lady Cordélia Fitzgerald. Non, ça ne sert à rien. Rien de tout ça ne sera jamais réel.

Elle se dirigea d'un pas dansant vers le petit miroir et y vit le reflet de son visage anguleux, constellé de taches de rousseur, et celui de ses grands yeux gris, d'une gravité démesurée.

— Tu es seulement Anne, la petite fille des Pignons Verts, dit-elle d'un ton solennel, et chaque fois que j'essaye de m'imaginer en Lady Cordélia, à la place, c'est toi que je vois dans le miroir, comme en ce moment même. Après tout, mieux être Anne des Pignons Verts qu'Anne-de-rien-du-tout, n'est-ce pas ?

Elle se pencha en avant, embrassa affectueusement son reflet, et se dirigea vers la fenêtre ouverte.

— Chère Majesté des Neiges, je te souhaite un bon après-midi. À vous aussi, chers bouleaux en contrebas du vallon. De même, chère maison grise en haut de la colline. Je me demande si Diana sera mon amie de cœur. J'espère que oui, et si c'est bien le cas, je l'aimerai énormément. Mais, je ne devrais jamais tout à fait oublier Katie Maurice et Violetta. Elles seraient si tristes que je les oublie, et je m'en voudrais terriblement de blesser qui que ce soit, même s'il ne s'agit là que de personnes imaginaires. Je veillerai à ne jamais les oublier, et chaque jour, je penserai à leur envoyer, à toutes deux, un baiser.

Du bout des doigts, Anne envoya quelques baisers dans les airs, au-delà des fleurs de cerisier, puis, la tête dans les mains, elle se laissa aller luxueusement à une mer de rêveries.

CHAPITRE IX. La très mauvaise surprise de Mme Lynde

Quinze jours après l'arrivée d'Anne aux Pignons Verts, Mme Lynde entreprit de rendre visite à ses chers voisins pour procéder à une petite inspection. Soyons honnête, si elle ne s'y était pas rendue plus tôt, c'était à cause d'une sévère et inopportune attaque de grippe qui l'avait clouée au lit depuis la

dernière fois qu'elle s'était entretenue avec Marilla. Mme Lynde tombait rarement malade, et elle méprisait tout particulièrement les plus souffrants, mais la grippe, affirmait-elle, n'était comme aucune autre maladie sur terre, et par conséquent, son mal-en-point ne pouvait être qu'un signe la Providence. Dès que son médecin lui eut permis de mettre le pied dehors, elle se précipita aux Pignons Verts, bouillonnante de curiosité à l'idée de rencontrer l'orpheline que Matthew et Marilla avait recueillie, et à propos de laquelle toutes sortes d'histoires et de rumeurs couraient à Avonlea.

Anne, quant à elle, avait profité pleinement de ces quinze derniers jours depuis son arrivée chez les Cuthbert. Au cours de ces deux semaines, elle avait appris à connaître tous les arbres et arbustes du domaine ; elle avait découvert l'existence d'un sentier, en contrebas du verger de pommiers, qui serpentait à travers la ceinture boisée des alentours ; et elle avait déjà arpenté jusqu'au bout ses chemins, zigzagué dans tous ses coins et recoins traversant des ruisseaux, franchissant des ponts, s'enfonçant dans des sapinières touffues et des arceaux de cerisiers sauvages, s'aventurant dans des sous-bois débordant de fougères, et explorant des carrefours d'érables et de sorbiers.

Elle s'était liée d'amitié avec la source qui provenait du vallon, cette merveilleuse source profonde, claire et glaciale, entourée de grès rouges lisses et bordée de grands massifs de fougères aquatique, au-delà duquel, se trouvait un pont de rondins qui enjambait le ruisseau.

Anne dansait le long de ce pont, se laissant guider jusqu'à une colline boisée située au-delà, où un clair-obscur perpétuel régnait sous les sapins et les épicéas d'allure droits et denses. Dans ce bosquet, seules les délicates « cloches de juin » égayaient le sous-bois, offrant leurs parures modestes et douces, et foisonnant en abondance, accompagnées ici et là de quelques « belle-d'onze-heure », dont la teinte aérienne rappelait timidement les floraisons passées. Des « fils de la Vierge », scintillants comme des traînées d'argent, sillonnaient l'espace entre les arbres, tandis que les branches des sapins et les glands semblaient chuchoter dans une langue amicale.

Pendant les brèves demi-heures de jeu qu'on lui octroyait, Anne se lançait dans ces expéditions enchantées, puis rentrait narrer avec éclat ses découvertes à Matthew et Marilla. Matthew écoutait ses récits sans jamais se plaindre qu'ils ne soient trop longs, et à chaque fois, on pouvait voir un sourire de plaisir se dessiner sur son visage silencieux. Marilla tolérait ce flot de paroles jusqu'à ce qu'elle sente son propre intérêt s'y engager trop profondément, alors, d'un ton sec, elle interrompit la fillette en lui intimant de se taire.

Anne se trouvait dans le verger lorsque Mme Lynde fit son apparition. Parcourant les touffes d'herbe luxuriante à sa guise, baignée par les derniers rayons dorés du soleil couchant, cet endroit semblait parfait pour que Mme Lynde se laisse aller à une description complète de sa maladie, exposant minutieusement à Marilla chaque symptôme dont elle avait souffert. Son récit était si animé, ses descriptions des douleurs et des battements de pouls si vivantes, que Marilla en vint à penser que même la grippe avait peut-être ses bons côtés. Une fois ce sujet épuisé, Mme Lynde aborda enfin la véritable raison de sa visite.

— J'ai entendu des choses surprenantes à propos de vous et de Matthew, déclara-t-elle, d'un air détaché.

— Oh, j'en suis la première surprise, vous savez, répondit Marilla. J'en reviens à peine moi-même.

— Comme il est fâcheux qu'une telle erreur ait pu se produire, compatit Mme Lynde. Ne pouvez-vous pas la renvoyer à l'orphelinat ?

— Eh bien, je suppose que nous aurions pu, mais nous en avons décidé autrement. Matthew s'était attaché à elle, et je dois dire que je l'aime bien moi-même malgré ses quelques défauts. La maison semble déjà si différente depuis qu'elle y a mis les pieds pour la première fois. C'est une petite fille vraiment brillante, vous savez.

À ces mots, Marilla remarqua le regard quelque peu désapprobateur de Mme Lynde, ce qui l'a poussa à en dire plus.

— C'est une lourde responsabilité que vous avez prise sur vos épaules, lui répondit sa voisine, d'un air sombre, d'autant plus que vous n'avez jamais eu d'enfant à charge jusqu'ici. Vous ne savez pas grand-chose d'elle, et vous connaissez encore moins son véritable caractère, enfin, je suppose. Et puis, vous n'avez pas idée de comment évoluera cette petite. Enfin, bon, je ne cherche pas à vous décourager, soyez-en sûre, Marilla.

— Je ne suis nullement découragée, répondit sèchement Marilla. Quand je prends une décision, c'est pour de bon. Alors, j'imagine que vous aimeriez rencontrer la petite Anne. Je vais l'appeler.

Anne arriva en courant, et on pouvait lire sur son visage, étincelant, tout le bonheur que lui avait procuré ses déambulations dans le verger. Mais dès qu'elle franchit le seuil de la porte, elle se sentit prise au dépourvu en voyant cette inconnue, ce qui la figea sur place. Aux yeux de Mme Lynde, Anne apparaissait assurément comme une étrange petite créature, vêtue de cette courte robe de mi-laine qu'elle portait depuis son départ de l'orphelinat, ses jambes fines maladroitement longues sous le tissu. Ses taches de rousseur semblaient plus nombreuses et plus accentuées que jamais, d'autant plus que le vent, en désordonnant sa chevelure, avait amplifié leur teinte rousse.

— Eh bien, une chose est sûre, ils ne t'ont pas choisie pour ton apparence, déclara Mme Lynde, d'un ton désobligeant – il faut dire qu'elle faisait partie de ces personnes, charmantes et populaires, qui tenaient à dire ce qu'elles pensaient sans aucune réserve. Elle est terriblement maigre et laide, Marilla. Viens ici, mon enfant, et laisse-moi te regarder. Par la sainte pudeur, a-t-on jamais vu tant de taches de rousseur ? Et des cheveux aussi roux que des carottes ! Viens ici, mon enfant, te dis-je.

Anne s'exécuta, mais pas de la manière dont Mme Lynde s'y attendait. D'un bond, elle traversa la cuisine et se planta devant cette inconnue, le visage rouge de colère, les lèvres tremblantes, son petit corps frêle tout autant agité.

— Je vous déteste ! s'écria-t-elle, la voix étranglée par l'émotion, trépignant sur place à chaque mot qu'elle prononçait. Je vous déteste ! Je vous déteste ! Je vous déteste !

— Comment osez-vous dire que je suis maigre et laide ? De quel droit parlez-vous de mes cheveux roux et de mes taches de rousseur ? Vous êtes une femme grossière, impolie et sans cœur !

— Anne ! s'écria Marilla consternée.

Mais, rien n'y fait, Anne restait imperturbable, affrontant Mme Lynde avec assurance, la tête haute, les yeux brillants, les poings serrés, animée par une indignation passionnée qui l'enveloppait comme les éclairs d'un orage.

— Comment osez-vous dire de telles choses sur moi ? répéta-t-elle véhémentement. Vous aimeriez, vous, que l'on parle de vous de cette façon ? Imaginez que l'on vous dise, en pleine face, que vous êtes une femme grossière et maladroite, dépourvue de toute imagination. Peu m'importe si cela vous blesse ! D'ailleurs, j'espère bien que mes mots vous blessent, car vous m'avez fait plus de mal que n'importe qui ne m'en a jamais fait. Même le mari ivrogne de Mme Thomas n'a jamais osé parler de moi de la sorte ! Je ne vous pardonnerai jamais pour ça, jamais, jamais !

Pendant qu'elle déversait sa colère sur Mme Lynde, elle continuait de tambouriner furieusement le sol de ses pieds. Paf ! Pas ! Paf !

— A-t-on jamais vu un tel tempérament ! s'exclama Mme Lynde, complètement horrifiée par la situation.

— Anne, monte dans ta chambre sur-le-champ ! Attends-moi là-bas, et ne t'avises pas d'en sortir ! fit Marilla, retrouvant difficilement l'usage de la parole.

Anne, éclatant en sanglots, se précipita vers la porte du couloir, et la claqua si fort que les pots d'étain, suspendus au mur de la véranda, s'entrechoquèrent bruyamment en signe de solidarité. Comme un tourbillon, elle traversa le couloir, et grimpa les escaliers vers le pignon est. Aussitôt, une sorte de claquement atténué se fit entendre au-dessus indiquant qu'elle avait refermé la porte de sa chambre avec la même violence.

— Eh bien, je n'aimerais pas être celle qui l'éduquera cette petite, fit Mme Lynde, d'un ton très hautain.

Marilla, submergée par la situation, ouvrit la bouche pour parler, mais les mots lui échappèrent pour exprimer pleinement son embarras, et tenter de réparer ce qui venait de se passer. Cependant, lorsque les mots lui revinrent finalement, elle fut surprise par les premières paroles qu'elle laissa échapper, bien que ce genre d'initiative devînt de plus en plus courant chez elle.

— Vous n'auriez pas dû la taquiner sur son apparence, Rachel.

— Marilla Cuthbert, ne me dites pas que vous cautionnez un tel comportement ! s'étonna Mme Lynde visiblement indignée.

— Non, répondit lentement Marilla, je ne cherche pas à l'excuser. Elle a été particulièrement odieuse, et je vais devoir lui en toucher quelques mots à ce sujet. Mais, réfléchissez-y, elle n'a jamais appris les bonnes manières, et il faut bien le dire, vous avez été trop dure avec elle, Rachel.

Marilla se surprit à ajouter cette dernière phrase, bien qu'à nouveau, elle s'en étonnait de moins en moins. En réaction, Mme Lynde, que ces paroles avaient clairement offensée dans sa dignité, se leva.

— Eh bien, je vois que je devrai désormais peser mes mots, Marilla, puisque, visiblement, la sensibilité d'une orpheline sortie d'on ne sait trop où, semble primer sur tout le reste. Oh, ne vous en faites pas, je ne suis pas blessée. Je suis bien trop navrée à votre sujet pour me soucier de ma propre colère ! Bien que je doute que vous preniez en considération mes conseils, je peux vous dire que j'ai élevé dix enfants, dont deux ne sont plus parmi nous. Mais si vous me permettez de vous donner un conseil, je suggérerais que vous ne vous contentiez pas de simplement « lui en toucher quelques mots », mais plutôt que vous preniez des mesures éducatives plus sévères, peut-être avec une solide verge de bouleau. Je suis convaincue que c'est ce langage-là qu'il faut adopter avec les enfants dans son genre. Elle est aussi rebelle que ses cheveux, cette petite. Sur ce, Marilla, je vous souhaite une bonne soirée. J'espère que vous me rendrez visite aussi souvent qu'auparavant, mais ne vous attendez pas à me voir ici de sitôt, du moins, tant que je serais accueillie de cette façon. Pour moi, c'est une expérience tout à fait inhabituelle.

Sur ces mots, Mme Lynde sortit prestement, avec une certaine majesté, du moins autant qu'une femme forte, la démarche dandinante, puisse l'être. Quant à Marilla, elle se dirigea vers la chambre du pignon est, le visage empreint de solennité. En montant les escaliers, elle réfléchissait à la marche à suivre. Ce n'était pas simple. Elle ne pouvait nier à quel point la scène l'avait consternée. Oh, mais quel malheur qu'Anne ait choisi, parmi toutes les personnes possibles, de déchaîner sa colère sur Mme Lynde ! Mais alors qu'elle réfléchissait, Marilla réalisa qu'elle regrettait davantage l'humiliation subie devant cette femme que la conduite d'Anne, aussi navrante soit-elle. Et maintenant, que fallait-il faire ? L'idée d'avoir recours à la violence, comme Mme Lynde le préconisait – ses enfants devaient sûrement en garder un vif souvenir – ne lui plaisait guère. Non, il fallait trouver une autre forme de punition pour faire comprendre à Anne l'énormité de son acte.

Une fois à l'étage, Marilla trouva Anne allongée sur son lit, en larmes. Ses bottes avaient laissées des traces boueuses sur le dessus-de-lit, mais cela ne la préoccupait guère.

— Anne, appela une première fois Marilla, d'une voix douce.

Pas de réponse.

— Anne, insista-t-elle, cette fois plus sévèrement, lève-toi immédiatement et écoute ce que j'ai à te dire.

Anne se tortilla pour se lever du lit, et entreprit d'asseoir son corps raide sur une chaise disposée à côté du lit. Son visage était bouffi, sillonné de larmes, et elle fixait obstinément le plancher.

— Tu as agi d'une façon bien étrange tout à l'heure. N'as-tu donc pas honte de ton comportement ?

— Elle n'avait pas le droit de me dire que j'étais laide et rousse, répondit Anne, méfiante, les yeux fuyants.

— Tu n'avais pas le droit, toi non plus, de te mettre dans une telle colère et de lui répondre de cette manière, Anne. J'ai été honteusement embarrassée, vraiment. Je voulais que tu te comportes convenablement en présence de Mme Lynde, mais au lieu de ça, tu m'as couverte de honte. Je ne comprends pas pourquoi tu as perdu ton sang-froid à ce point, juste parce que Mme Lynde t'a dit que tu étais une petite rousse bien ordinaire. D'ailleurs, tu le dis toi-même assez souvent...

— Oui, c'est vrai, mais il y a une grande différence entre le dire soi-même et l'entendre de quelqu'un d'autre, plaida Anne, au bord des larmes. Même si on est conscient de quelque chose, cela ne signifie pas qu'on souhaite que les autres le voient aussi. Vous devez penser que j'ai juste un très mauvais caractère, mais je vous assure, quelque chose en moi s'est rebellé, tout à l'heure lorsque Mme Lynde m'a dit toutes ces méchancetés. Je me suis sentie presque étouffée par ses mots. C'était plus fort que moi, je n'ai pas pu me retenir.

— Eh bien, tu t'es bien donnée en spectacle, je dois l'admettre. Mme Lynde saura sûrement tirer profit de ce qui s'est passé tout à l'heure pour te dénigrer, crois-moi.. Se laisser aller ainsi est une chose terrible, Anne.

— Comment réagiriez-vous si l'on vous lançait en pleine figure que vous étiez maigre et laide ? continua Anne, au bord des larmes.

Un vieux souvenir remonta soudain dans l'esprit de Marilla. Elle était encore une enfant quand elle avait entendu l'une de ses tantes dire à une autre : « Quel dommage que cette enfant soit si brune et si ordinaire. » Cinquante ans plus tard, le souvenir lui était encore douloureux.

— Je ne dis pas qu'elle a eu raison de te dire tout cela, Anne, admit-elle d'une voix plus douce. Mme Lynde parle trop franchement, mais ça n'explique en rien ta conduite de tout à l'heure. Non seulement, tu ne la connais pas, mais elle est plus âgée que toi, et en plus, elle était mon invitée. Pour toutes ces raisons, tu aurais dû lui montrer un minimum de respect. Tu as été grossière et effrontée, et...

En prononçant ces mots, Marilla eut soudain une brillante idée.

— Et, je veux que tu ailles lui présenter tes excuses. Tu lui demanderas de bien pouvoir te pardonner pour ton effronterie.

— Je ne peux pas faire ça, répondit Anne, d'un ton maussade, mais déterminée. Vous n'avez qu'à m'enfermer dans un cachot sombre et humide, et me nourrir de pain sec et d'eau pour me punir, mais jamais je ne présenterai mes excuses à cette femme.

— Ce n'est pas vraiment dans mes habitudes de faire une telle chose, fit sèchement Marilla, et puis les cachots ce n'est pas vraiment monnaie courante à Avonlea. Qu'importe, je veux que tu présentes des excuses à Mme Lynde. Tant que tu t'y refuseras, je ne veux pas te voir sortir de ta chambre.

— Dans ce cas, j'y resterai éternellement, dit Anne, d'un air lugubre. Je ne peux pas dire que je regrette si ce n'est pas la vérité, n'est-ce pas ?

— Eh bien, tâche de t'imaginer le faire d'ici demain matin, répondit Marilla en se levant. Je te laisse la nuit pour y réfléchir et retrouver la raison. Tu as dit que tu tâcherais d'être une brave petite fille si nous te laissions rester aux Pignons Verts, mais ce soir, ça ne semble pas être le cas.

Marilla venait là de décocher une flèche empoisonnée en plein dans le cœur d'Anne, elle le savait bien. Elle descendit à la cuisine, troublée jusqu'au plus profond de son être, abandonnant la petite fille impertinente dans sa chambre. Elle était autant en colère contre elle-même que contre Anne. Et pourtant, il lui suffisait de repenser à l'expression abasourdie de Mme Lynde pour voir un sourire naître sur ses lèvres, si bien qu'il lui fallut réprimer cette envie de rire.

CHAPITRE X. Anne présente ses excuses

Ce soir-là, Marilla ne toucha pas un mot à Matthew au sujet de l'accident. Mais, le lendemain matin, Anne semblait toujours aussi renfrognée que la veille, et il fallut bien justifier son absence à la table du petit-déjeuner. Marilla raconta toute l'histoire à Matthew, prenant soin de lui faire comprendre la gravité du comportement d'Anne.

— C'est une bonne chose que cette Rachel se soit fait remettre à sa place, c'est une vieille commère fouineuse cette femme-là, fit Matthew en guise de solidarité.

— Matthew Cuthbert, tu m'étonnes sur ce coup-là ! Anne a été odieuse avec elle, et pourtant tu prends sa défense ! Et puis, quoi d'autre encore ? Vas-tu m'expliquer qu'un tel comportement ne mérite pas une bonne punition ?

— Eh bien, non, pas exactement, répondit Matthew, mal à l'aise. Anne mérite une petite sanction, oui. Mais, ne sois pas trop dure avec elle, Marilla. Rappelle-toi que jamais personne ne lui a enseigné les bonnes manières. Rassure-moi, tu... tu ne vas pas la priver de repas, n'est-ce pas ?

— Mais enfin, d'où est-ce que tu sors une chose pareille ? demanda Marilla avec indignation. Bien sûr que non ! Elle mangera à sa faim, et je me chargerai moi-même de lui apporter ses repas. Simplement, elle restera dans chambre jusqu'à ce qu'elle se décide à présenter des excuses à Mme Lynde. Ce sera comme ça, et pas autrement, Matthew.

Tous les repas de la journée se déroulèrent dans un silence absolu car Anne s'obstinait : elle ne voulait pas entendre raison. Après chaque repas, Marilla montait au pignon est, amenant un plateau bien garni à la petite fille. Et puis, généralement, elle finissait par redescendre au bout de quelque temps, avec ce même plateau à peine entamé. Quand Matthew aperçut l'état de ce dernier, il fut pris d'inquiétude. Anne avait-elle mangé quelque chose ?

Ce soir-là, lorsque Marilla sortit pour ramener les vaches du près arrière, Matthew, qui l'observait depuis les granges, profita de sa distraction pour s'introduire furtivement dans la maison comme un cambrioleur et monter l'escalier du pignon est. En règle générale, Matthew gravitait entre la cuisine et la petite chambre près du couloir où il dormait, et de temps à autre, il s'aventurait, mal à l'aise, dans le salon ou la salle commune lorsque le pasteur venait prendre le thé. Mais, il n'était pas monté à l'étage de sa propre maison depuis le printemps où il avait aidé Marilla à tapisser la chambre d'amis, il y avait quatre ans de cela.

Il progressa timidement dans le couloir, marchant sur la pointe des pieds, et resta plusieurs minutes devant la chambre du pignon est avant de rassembler son courage, et de frapper du bout des doigts. Il poussa la porte, et jeta un coup d'œil à l'intérieur.

Anne était assise sur la chaise jaune, près de la fenêtre, regardant tristement le jardin. Elle semblait très petite et malheureuse, et le cœur de Matthew se serra. Il referma doucement la porte et s'approcha d'elle.

— Anne, chuchota-t-il, comme s'il craignait d'être entendu, tout va bien ?

Anne sourit faiblement.

— Plutôt bien. Je passe mon temps à imaginer tout plein de choses, cela m'occupe grandement. Bien sûr, je me sens un peu seule. Mais bon, je suppose que je dois m'y habituer.

Anne sourit de nouveau, faisant face courageusement aux longues années d'emprisonnement solitaire qui l'attendaient.

Matthew se rappela qu'il avait un message pour elle et qu'il ne devait pas tarder, de peur que Marilla ne le surprenne ici.

— Eh bien, Anne, ne penses-tu pas qu'il vaudrait mieux que tu t'excuses et qu'on en finisse ? chuchota-t-il. Tu devras le faire tôt ou tard, tu sais, parce que Marilla est une femme terriblement déterminée. J'insiste, il n'y a pas plus déterminé qu'elle. Va donc t'excuser, tu souffriras moins, ainsi.

— Vous voulez dire que je devrais présenter des excuses à Mme Lynde ?

— Oui, des excuses, c'est bien le mot, répondit Matthew avec empressement. Il faut la caresser dans le sens du poil, pour ainsi dire. C'est ce que je voulais te faire comprendre.

— Je suppose que je pourrais le faire pour vous, dit Anne pensivement. Et puis, ce ne serait pas mentir de dire que je suis désolée, car je le suis vraiment maintenant. Hier soir, en revanche, je n'étais pas désolée du tout. J'étais furieuse de bout en bout, et je suis restée en colère toute la nuit.

Je le sais car je me suis réveillée trois fois, et à chaque fois, j'étais furieuse. Mais ce matin, c'était fini. Je n'étais plus en colère, et cela a laissé place à un affreux sentiment de vide. J'avais tellement honte de moi. Mais, je ne pouvais pas envisager d'aller le dire à Mme Lynde. Ça aurait été tellement humiliant. J'ai décidé que je resterais enfermée ici pour toujours plutôt que d'aller m'excuser. Mais, je ferais n'importe quoi pour vous, si c'est vraiment ce que vous voulez.

— Voyons, évidemment que je le veux ! La maison est bien vide sans toi. Va juste arranger les choses. Voilà, mon conseil pour toi : sois une brave fille.

— Bon, eh bien, c'est d'accord, répondit Anne avec résignation. Dès que Marilla sera rentrée, j'irai lui dire que je me suis repentie.

— C'est très bien, Anne. Oui, vraiment très bien. Mais, ne dis pas à Marilla que je t'en ai touché un mot, car elle pensera que je n'ai pas pu m'empêcher de me mêler de ses affaires, alors que je lui avais promis de ne pas le faire.

— Je ne parlerai pas même sous la torture, promit solennellement Anne. Et puis, la torture ça n'existe plus de nos jours, n'est-ce pas ?

Mais, Matthew était déjà parti, effrayé par son propre pouvoir de conviction : il était parvenu à ramener la fillette à la raison. Il s'enfuit précipitamment à l'extrémité de l'enclos des chevaux, de peur que Marilla le soupçonne de quoi que ce soit. Marilla elle-même, lorsqu'elle revint à la maison, fut agréablement surprise d'entendre une voix plaintive l'appeler depuis la rampe.

— Marilla... Marilla..., fit Anne.

— Eh bien ? dit-elle, en entrant dans le couloir.

— Je suis désolée d'avoir perdu mon sang-froid, et d'avoir dit des choses impolies. Je suis prête à présenter mes excuses à Mme Lynde.

— Très bien.

La sécheresse dans le ton de Marilla ne trahissait aucunement le soulagement qu'elle éprouva en voyant la petite fille se résigner. Elle s'était justement demandé ce qu'elle allait bien pouvoir faire si Anne ne cédait pas.

— Nous descendrons chez elle après la traite.

Une fois les vaches traites, Marilla et Anne descendirent la pente, la première droite et triomphante, la seconde accablée et déprimée. Mais à mi-chemin, la déception d'Anne disparut comme par enchantement. Elle redressa la tête et marcha d'un pas assuré, les yeux rivés sur le coucher de soleil, avançant avec une réelle satisfaction, même si elle restait discrète dans son expression. Marilla observa ce changement avec désapprobation. Ce n'était pas là la pécheresse repentante telle qu'elle se devait de présenter à Mme Lynde.

— À quoi penses-tu, Anne ? demanda-t-elle d'un ton sec.

— Je réfléchis à ce que je vais bien pouvoir dire à Mme Lynde, répondit Anne, rêveuse.

Marilla aurait pu se satisfaire de cette réponse, mais une pensée tenace lui taraudait l'esprit : quelque chose ne tournait pas rond dans son plan de punition. Anne n'avait aucune raison de paraître aussi ravie et rayonnante.

C'est donc ravie et rayonnante qu'Anne continua son chemin, jusqu'à tomber nez à nez avec Mme Lynde qui tricotait près de la fenêtre de sa cuisine. Aussitôt, son enthousiasme s'envola net. On pouvait lire comme une pénitence lugubre sur chaque trait de son visage. Soudainement, elle s'agenouilla devant l'étonnée Mme Lynde, tendant ses mains en signe de supplication.

— Oh, Madame Lynde, je suis tellement désolée, dit-elle d'une voix tremblante. Les mots me manquent pour exprimer à quel point je m'en veux, pas même un dictionnaire ne pourrait m'aider. Je me suis terriblement mal comporté avec vous, et j'ai déshonoré mes chers amis, Matthew et Marilla, qui ont bien voulu m'accueillir aux Pignons Verts. Je ne suis pas le garçon qu'ils avaient souhaité, pire je suis une fille affreusement méchante et ingrate, et je mérite d'être punie à jamais, et rejetée par les gens respectables dans votre genre. C'était très vilain de ma part de m'emporter de la sorte, alors que vous n'avez rien de fait mal, si ce n'est dire la vérité. Parce que oui, chaque mot que vous avez dit est vrai. Mes cheveux sont roux, et j'ai bel et bien des taches de rousseur, en plus d'être maigre et laide. Mes mots aussi étaient vrais, mais je n'aurais pas dû les dire. Oh, Madame Lynde, je vous en prie, pardonnez-moi. Si vous refusez, j'éprouverais une peine qui me hantera jusqu'à la fin de mes jours. Vous ne feriez pas cela à une pauvre petite orpheline effrontée dans mon genre, n'est-ce pas ? Non, je suis sûre que vous n'oseriez pas. S'il vous plaît, je veux vous entendre dire que vous me pardonnez, Madame Lynde.

Anne joignit ses mains, baissa la tête et attendit le verdict avec anxiété. Sa sincérité ne pouvait être mise en doute : sa voix était toute tremblante.

Bien que Marilla et Mme Lynde reconnurent toutes deux, sa bonne foi, cette première comprit avec consternation qu'Anne semblait réellement apprécier ce moment d'humiliation, et qu'elle en tirait même un grand plaisir. Où était la punition salutaire que Marilla lui avait concocté ? Anne l'avait transformée en une sorte de jeu qui l'amusait beaucoup.

A contrario, Mme Lynde, dont la perspicacité n'était pas le plus grand fort, ne remarqua pas cela. Elle ne vit que la sincérité d'Anne, et toute rancune disparut de son cœur bienveillant, quoique quelque peu officieux.

— Allons, allons, relève-toi, mon enfant, dit-elle chaleureusement. Bien sûr que je te pardonne. J'ai peut-être été un peu trop dure avec toi, je le reconnais, mais je n'ai pas la langue dans ma poche, c'est comme ça. Ne prends pas mes remarques trop au sérieux, voilà tout. On ne peut pas nier que tes cheveux sont terriblement roux, mais tu sais, je suis allée à l'école avec une fille dont les cheveux étaient aussi roux que les tiens, et en grandissant ils ont pris une magnifique teinte châtain clair. Je ne serais pas du tout surprise si les tiens évoluent de la sorte, je t'assure.

— Oh, Madame Lynde ! lâcha Anne, inspirant profondément tout en se levant. Vous m'avez redonné de l'espoir. À mes yeux, vous serez toujours ma bienfaitrice. Oh, je pourrais endurer n'importe quoi à partir de maintenant, car j'ai espoir qu'un jour mes cheveux prennent une jolie teinte châtain clair. Ce serait tellement plus facile d'être gentille avec des cheveux pareils, ne pensez-vous pas ? Et maintenant, puis-je aller dans votre jardin et m'asseoir sur ce banc, sous les pommiers, pendant que vous et Marilla discutez ? Je pourrais imaginer tant de choses, là-bas.

— Bien sûr, mon enfant, amuse-toi bien. Et, si ça te fait plaisir, tu peux même cueillir un bouquet de ces lis de juin blancs, là-bas, dans le coin.

Alors que la porte se refermait derrière Anne, Mme Lynde se leva vivement pour allumer une lampe.

— C'est une enfant bien curieuse, celle-là. Prenez donc cette chaise, Marilla, elle est plus confortable que la vôtre – je la réserve habituellement au petit garçon que l'on engage. Enfin bon, oui, il est certain que c'est une petite fille étrange, mais après tout, je la trouve plutôt attachante. Je comprends mieux, désormais, pourquoi vous avez tant tenu à la garder. Je n'ai plus tant de peine que ça, finalement. Elle deviendra peut-être une brave fille, après tout. Bien sûr, elle a une façon étrange de s'exprimer, je dirais qu'elle est un peu trop... enfin, un peu trop vigoureuse, vous voyez, mais je suis sûre qu'elle perdra cette fâcheuse habitude maintenant qu'elle vit parmi des gens civilisés. Et puis, elle est plutôt vive, mais je pense que c'est une qualité. Un enfant au tempérament vif, qui s'enflamme et se calme rapidement, n'est jamais enclin à être sournois ou trompeur. Que Dieu me préserve d'un enfant sournois ! Dans l'ensemble, Marilla, je dois dire que je l'apprécie bien cette petite.

Lorsque Marilla décida qu'il était l'heure de rentrer, Anne sortit du verger rempli des parfums du crépuscule, une gerbe de narcisses blancs à la main.

— Je me suis plutôt bien excusée, ne trouvez-vous pas ? dit-elle fièrement en descendant l'allée. Je me suis dit que si je devais le faire, autant le faire correctement.

— Tu t'es plutôt bien appliquée, en effet, commenta Marilla.

Perplexe, Marilla se rendit compte que l'évocation de cette situation lui provoquait un léger rire. Elle ressentait également cette étrange impression qu'elle aurait dû réprimander Anne pour s'être si bien excusée, mais une telle idée semblait absurde ! Alors, pour calmer sa conscience elle reprit d'un ton sévère :

— J'espère que tu n'auras plus à t'excuser de la sorte. À partir de maintenant, je veux que tu essayes de contrôler ton tempérament, Anne.

— Ce ne serait pas si difficile si les gens ne se moquaient pas de mon apparence, soupira-t-elle. Je ne m'énerve jamais en temps normal, vous savez, mais je suis si fatiguée d'être taquinée à propos de mes cheveux. Ça m'exaspère tout bonnement. Pensez-vous réellement que j'aurai de beaux cheveux châtains quand je serai plus grande ?

— Tu ne devrais pas tant penser à ton apparence, Anne. Je crains que tu ne deviennes une petite fille très vaniteuse.

— Comment pourrais-je être vaniteuse alors que je suis parfaitement consciente d'être laide ? protesta Anne. J'apprécie les belles choses, et voir mon affreux reflet dans le miroir me rend triste, tout comme quand j'aperçois quelque chose de laid. En fait, je plains tout ce qui dans ce monde manque de beauté.

— La beauté de l'âme prime sur la beauté physique, cita Marilla.

— On me l'a déjà dit, mais je ne suis pas si certaine de cela, remarqua Anne avec scepticisme, humant le parfum de ses narcisses. Oh, ces fleurs ne sont-elles pas délicieuses ? Comme c'était gentil de la part de Mme Lynde de me laisser les cueillir ! Je ne lui en veux plus du tout, désormais. Il y a quelque chose de réconfortant et d'agréable dans le fait de présenter ses excuses et de se voir pardonner, ne trouvez-vous pas ? Oh, les étoiles semblent plus brillantes que jamais ce soir ! Dites-moi, Marilla, si vous pouviez vivre dans une étoile, laquelle choisiriez-vous ? Personnellement, je choisirais cette grande étoile claire, là-bas, au-dessus de la colline toute noire.

— Anne, je t'en prie, cesse de jacasser, dit Marilla, complètement épuisée à force d'écouter le flot de pensées de la petite fille.

Anne resta silencieuse jusqu'à ce qu'elles atteignissent l'allée des Pignons Verts. Un léger vent coquin, embaumant l'air du parfum épicé des jeunes fougères humides de rosée, les surprit. Au loin, la lueur chaleureuse de la cuisine des Pignons Verts brillait à travers les arbres. Soudain, Anne s'approcha de Marilla et glissa sa main dans la paume rugueuse de la vieille femme.

— Oh, comme c'est merveilleux de rentrer à la maison et de savoir que l'on est chez soi, murmura-t-elle. J'aime déjà les Pignons Verts, plus que je n'ai jamais aimé aucun endroit auparavant. En fait, je n'ai jamais eu la sensation d'être chez moi nulle part. Oh, Marilla, je suis tellement heureuse. Je pourrais me mettre à prier, là tout de suite, que cela ne me semblerait même pas difficile.

Un sentiment chaleureux et agréable envahit le cœur de Marilla lorsque la fine petite main d'Anne se glissa dans la sienne, peut-être un écho de la maternité qu'elle n'avait jamais expérimentée. Cette sensation inhabituelle et douce la perturba. Elle s'empressa de retrouver son calme habituel en inculquant à la jeune fille une leçon de morale.

— Si tu te comportes comme une bonne fille, Anne, tu seras toujours heureuse. Par ailleurs, tu ne devrais jamais trouver qu'il ait difficile de faire ta prière.

— Faire sa prière, ce n'est pas exactement la même chose que de prier, dit Anne, d'un air concentré. Mais, je vais imaginer que je suis le vent qui souffle, là-haut, dans la cime des arbres. Quand je m'en lasserai, je m'imaginerai onduler doucement ici, parmi les fougères. Ensuite, je volerai jusqu'au jardin de Mme Lynde, et je ferai danser les fleurs, avant de traverser le champ de trèfle d'un seul bond. Puis, je soufflerai sur le Lac aux eaux scintillantes, si fort qu'on verra se former de petites vagues scintillantes à la surface. Oh, le vent est une véritable source d'imagination ! Ça y est, j'ai fini de jacasser, Marilla.

— Dieu merci, enfin ! répondit Marilla, laissant échapper un soupir soulagé.

CHAPITRE XI. L'école du dimanche

— Eh bien, comment les trouves-tu ? demanda Marilla.

Anne, debout dans la chambre du pignon est, regardait gravement les trois nouvelles robes étalées sur le lit. La première était confectionnée dans un tissu vichy couleur tabac, que Marilla avait acheté auprès d'un colporteur l'été dernier, car il lui semblait être de bonne facture. Le tissu de la seconde robe était un satin à damier qu'elle avait déniché lors des soldes d'hiver. Quant à la troisième, elle était confectionnée dans une toile raide d'un bleu affreux, achetée la semaine précédente dans une boutique de Carmody.

Marilla les avait cousues de ses propres mains : des jupes droites et ajustées, des corsages simples et étroits, des manches aussi étroites que possible.

— Je n'ai qu'à imaginer que je les aime, dit sobrement Anne.

— Je ne veux pas que tu l'imagines, répondit Marilla, offensée. Je vois bien qu'elles ne te plaisent pas, mes robes. Qu'est-ce qui ne va pas avec elles ? Ne sont-elles pas propres, soignées et neuves ?

— Si.

— Alors, pourquoi ne les aimes-tu pas ?

— Elles... elles ne sont pas... jolies, dit Anne à contrecœur.

— Jolies ! s'écria Marilla avec indignation. Je n'ai pas pris tout ce mal pour te confectionner de jolies robes. Je ne veux pas d'une petite fille vaniteuse, Anne, je te le dis tout de suite. Ces robes sont de bonne qualité, solides et pratiques, sans fioritures ni fanfreluches. Tu les porteras cet été, point final. Le vichy brun et la toile bleue seront parfaits pour l'école. Quant à la robe en satin, elle est réservée pour l'église et l'école du dimanche. J'attends de toi que tu les gardes propres et soignées, et que tu ne les déchires pas. Je pensais que tu serais reconnaissante d'avoir de nouveaux vêtements plutôt que ces affreuses et étroites robes de mi-laine que tu portais en arrivant.

— Oh, mais je suis reconnaissante ! protesta Anne. Simplement, je pense que je le serai davantage si, eh bien, disons, si l'une d'entre elles avait de jolies manches bouffantes. C'est si à la mode, ces derniers temps. Oh, comme ce serait excitant, Marilla, de porter une robe avec de telles manches !

— Eh bien, malheureusement, tu vas devoir t'en passer. Pourquoi gaspillerais-je du tissu pour des manches bouffantes ? Je trouve cela complètement ridicule, de toute façon. Rien ne vaut des manches simples et commodes.

— Je crois que je préfère encore avoir l'air ridicule avec tout le monde, plutôt que d'être la seule à être simple et commode, persista Anne, d'un air mélancolique.

— Oh ça, je n'en doute pas ! Enfin, bon, va donc les accrocher soigneusement dans ta penderie, et ensuite, je veux que tu t'asseyes et que tu apprennes ta leçon de catéchisme. M. Bell m'a remis un livret de catéchèse que tu devras étudier. Et, prépare-toi, car dès demain, tu iras à l'école du dimanche, dit Marilla, d'un ton irrité, tout en disparaissant dans les escaliers.

Anne joignit les mains, et contempla de nouveau les robes.

— J'espérais qu'il y en aurait une blanche avec des manches bouffantes, murmura-t-elle, avec désolation. J'ai prié, sans grand espoir, pour en avoir une. Je me disais que Dieu n'aurait certainement pas le temps de se soucier d'une simple histoire de robe. Je savais que je devais plutôt compter sur Marilla pour cela. Heureusement, je peux toujours me consoler en imaginant qu'une de ces robes est faite de mousseline blanche, avec des volants en dentelle et des manches triplement bouffantes.

Le lendemain matin, un mal de tête chronique empêcha Marilla d'accompagner Anne à son cours de catéchisme.

— Tu devras descendre de toi-même chez Mme Lynde, Anne, dit-elle. Elle veillera à ce que tu sois dans la bonne classe. Et, tâche de te tenir à carreau. Aussi, je veux que tu restes pour le sermon, après l'école ; Mme Lynde t'indiquera notre banc. Voici un sou pour la quête. Ne fixe pas les gens dans les yeux, et tiens-toi tranquille. À ton retour, je veux que tu me résumes tout ce que tu auras appris.

Sur ces mots, Anne, irréprochable, s'en alla chercher Mme Lynde. Elle avait enfilé la robe rigide à damier, d'une longueur parfaitement adaptée et d'une largeur tout aussi convenable, bien que celle-ci soulignait chaque coin et angle de sa mince silhouette. En guise de couvre-chef, elle portait un petit canotier, brillant et neuf, dont l'extrême simplicité avait également beaucoup déçu Anne, qui s'était imaginé porter un beau chapeau à rubans décoré de jolies fleurs. Cependant, le souhait d'Anne ne tarda pas à se réaliser, car avant même qu'elle n'atteigne la route principale, elle tomba nez à nez, à mi-chemin de l'allée, avec une frénésie de boutons d'or agités par le vent, ainsi que sur un splendide parterre de roses sauvages. Elle entreprit aussitôt de décorer abondamment son chapeau avec ces magnifiques fleurs. Peu importe ce que les autres auraient pu penser de sa création, Anne en était ravie. Elle continua joyeusement son chemin, portant fièrement sa tête rousse désormais ornée de splendides teintes roses et jaunes.

En arrivant chez Mme Lynde, elle trouva cette dame absente. Rien ne la découragea, et elle continua son chemin seule jusqu'à l'église. Sous le porche, elle tomba sur un groupe de petites filles, toutes plus ou moins gaiement vêtues de blancs, de bleus et de roses, et toutes regardant avec des yeux curieux cette étrangère au milieu d'elles, avec son étonnant couvre-chef coloré. Les petites filles d'Avonlea avaient déjà entendu des histoires étranges sur Anne : Mme Lynde avait raconté qu'elle était exécrable au possible, et Jerry Buote – le garçon qui travaillait aux Pignons Verts – prétendait qu'elle parlait tout le temps seule, quand elle ne s'adressait pas directement aux arbres ou encore aux fleurs. Aux yeux de tous, elle était folle. Alors, ces petites filles la regardaient, et chuchotaient entre elles, cachées derrière leur livret de catéchèse. Aucune n'entreprit d'aborder Anne, et ce, même une fois les premiers exercices terminés. Par la même occasion, elle apprit qu'elle faisait partie de la classe de Mlle Rogerson.

Mlle Rogerson était une dame d'âge moyen qui enseignait à l'école du dimanche depuis vingt ans. Elle avait une méthode bien à elle qui consistait à reprendre les questions du livret, et à foudroyer du regard, la fillette qu'elle avait en ligne de mire. Ses regards se posaient fréquemment sur Anne, qui, grâce à l'entraînement assidu de Marilla, répondait promptement aux questions, laissant entendre qu'elle n'en saisissait peut-être pas tout à fait le sens.

Anne n'appréciait pas grandement Mlle Rogerson, et elle se sentait très misérable, car toutes les autres petites filles de la classe, elles, avaient des manches bouffantes. Elle se disait que la vie ne valait pas vraiment la peine d'être vécue sans manches bouffantes.

— Alors, comment s'est passé ta première journée à l'école du dimanche ? demanda Marilla à Anne lorsqu'elle rentra enfin.

Sa couronne de fleurs ayant fané au cours de la journée, Anne avait dû la jeter dans l'allée, et Marilla n'en entendit pas parler.

— Je n'ai pas du tout aimé. C'était affreux.

— Anne Shirley ! s'exclama Marilla, d'un ton réprobateur.

Anne s'écroula dans le fauteuil à bascule, laissant échapper un long soupir. Elle embrassa une des feuilles de Bonnie, et fit signe de la main à un fuchsia en fleurs.

— Ils se sont peut-être sentis seuls en mon absence, expliqua-t-elle. Enfin, bon, revenons-en à ma journée. J'ai été très sage, comme vous me l'avez demandé. Mme Lynde n'était pas chez elle, alors je m'y suis rendue seule. Je suis entrée dans l'église, avec plein d'autres petites filles, et je me suis assise au bout d'un banc, près de la fenêtre, pendant que les premiers exercices commençaient. M. Bell a récité une prière terriblement longue. Je serais probablement morte d'ennui avant qu'il ne termine, si je n'avais pas été assise près de cette fenêtre. Heureusement, elle donnait sur le Lac aux eaux scintillantes, alors j'ai profité de la vue, et je me suis imaginée toutes sortes de choses splendides.

— Anne, je ne suis pas fière de toi. Tu aurais mieux fait d'écouter M. Bell.

— Mais il ne me parlait pas, protesta Anne. Il parlait à Dieu, et ça n'avait pas l'air de l'intéresser beaucoup, lui non plus, si vous voulez mon avis. Sûrement devait-il penser que Dieu était trop loin, et que sa prière ne lui parviendrait jamais. Il y avait une longue rangée de bouleaux blancs qui se dressaient au-dessus du lac, baignés par les rayons du soleil qui pénétraient profondément, très profondément, dans l'eau. Oh, Marilla, c'était si beau ! Je pensais être dans un rêve. Je me suis sentie frissonner de joie, si bien que deux ou trois fois, je me suis dit : « Merci pour cela, mon Dieu ».

— Seigneur, j'espère que les autres enfants ne t'ont pas entendu, fit Marilla avec anxiété.

— Oh, non, personne ne l'a entendu, sauf moi. Ensuite, M. Bell a finalement terminé, et on m'a annoncé que j'allais intégrer la classe de Mlle Rogerson. Il y avait neuf autres filles avec moi, et je tiens à le dire, elles avaient toutes des manches bouffantes. Pourtant, j'ai bien essayé de m'imaginer avec des manches bouffantes, moi aussi, mais je n'y suis tout simplement pas arrivé. Je ne comprends pas pourquoi, d'ailleurs. C'était terriblement facile de m'imaginer ainsi quand j'étais seule dans ma chambre, mais tout à l'heure, au milieu de ces autres filles, cela m'était impossible.

— Tu n'aurais pas dû t'encombrer l'esprit avec des bêtises pareilles. Je t'envoie à l'école du dimanche pour que tu étudies, ne l'oublie pas. J'espère, au moins, que tu connaissais ta leçon du jour.

— Oh, oui, très bien même. Mlle Rogerson m'a interrogé dessus à plusieurs reprises. Je dirais, même, qu'elle m'a posé des tonnes de questions, ça ne m'a pas semblé bien juste de m'asséner d'interrogations de la sorte. J'avais beaucoup de questions à lui poser, moi aussi, mais je n'ai pas osé parce qu'elle ne m'a pas semblé qu'elle soit une âme-sœur. Ensuite, toutes les autres petites filles se sont mises à réciter des vers sacrés, et Mlle Rogerson m'a demandé si j'en connaissais, moi aussi. Je lui ai dit que non, mais que, si elle le souhaitait, je pouvais réciter « Le chien sur la tombe de son maître [5] ». Je l'avais lu dans le troisième livre de lecture, à l'école, et même s'il ne s'agit pas d'un vrai poème religieux, c'est si triste et mélancolique que ça pourrait aussi bien l'être. Elle m'a répondu que ça n'irait pas, et elle m'a plutôt demandé d'apprendre le dix-neuvième psaume pour dimanche prochain. Je l'ai lu à l'église, plus tard dans la journée, et je le trouve splendide. Il y a deux vers, en particulier, qui me donnent des frissons :

Aussi vite que tombèrent les escadrons abattus
Au jour de malheur de Midian

J'ignore ce que les termes « escadron » et « Midian » signifient, mais ça a l'air si tragique. Je ne peux pas attendre jusqu'à dimanche prochain pour le réciter, alors je vais m'entraîner toute la semaine. Après le cours de catéchisme, j'ai demandé à Mlle Rogerson de m'indiquer votre banc, à défaut d'avoir pu me référer à Mme Lynde. J'ai été aussi sage que possible, vous savez, alors que l'on écoutait un très long texte tiré de l'*Apocalypse*, chapitre trois, second et troisième versets. Si j'étais pasteur, je choisirais des textes plus courts, et plus percutants. Le sermon, lui aussi, était terriblement long, je suppose que le pasteur cherchait à ce que ce soit cohérent. Je ne l'ai pas du tout trouvé intéressant, cet homme-là. À mon avis, il manque bien trop d'imagination. Je ne l'ai que très peu écouté parler. À la place, j'ai préféré laisser vaguer mes pensées, et imaginer des choses aussi surprenantes que merveilleuses.

Marilla sentait impuissamment que tout cela devait être fermement réprimandé. Pourtant, elle était gênée par le fait indéniable que certaines des choses qu'Anne avait dites, en particulier sur les sermons du pasteur et les prières de M. Bell, étaient ce qu'elle avait elle-même éprouvé pendant des années, mais qu'elle n'avait jamais pu exprimer. Il lui semblait presque que ces pensées avaient soudain trouvé une voix dans les paroles directes de cette enfant abandonnée, si bien qu'à cet instant, elle éprouva un mélange de remords et de confusion au plus profond de son être.

CHAPITRE XII. Un serment et une promesse

Ce n'est que le vendredi suivant que Marilla entendit parler de cette histoire de couronne de fleurs qu'Anne avait porté à l'école du dimanche. C'était Mme Lynde qui lui en avait touché deux mots, et aussitôt qu'elle fût revenue de chez cette dernière, elle convoqua Anne pour la confronter à ce sujet.

— Anne, d'après Mme Lynde, dimanche dernier, tu as osé te rendre à l'église avec un chapeau grotesquement affublé de fleurs roses et jaunes que tu as ramassées à même le sol. Qu'est-ce qui a bien pu te passer par la tête ? Tu devais avoir l'air bien ridicule !

— Oh, je sais bien que ces couleurs ne me mettent pas en valeur, commença Anne.

— Balivernes ! Ce n'est pas la couleur qui pose problème, mais bien cette couronne de fleurs que tu portais, c'est tout bonnement ridicule ! Tu es vraiment exaspérante, ma petite.

— Je ne comprends pas pourquoi ce serait plus ridicule d'avoir des fleurs sur mon chapeau que sur ma robe, protesta Anne. Certaines petites filles portaient des bouquets accrochés à leur robe. En quoi est-ce différent ?

Il était vain de tenter d'éloigner Marilla de ses préoccupations principales pour l'entraîner dans des questionnements abstraits et incertains.

— Ne me réponds pas comme ça, Anne. C'était très sot de ta part de faire une telle chose. Que je ne te reprenne jamais à faire pareille farce. Mme Lynde m'a raconté qu'elle était morte de honte en te voyant arriver toute pomponnée comme ça à l'église. Elle a bien essayé de te demander de l'enlever, mais la cérémonie avait déjà commencé. Selon elle, tout le monde ne parlait que de ça. Ils ont dû penser que je manquais clairement de bon sens en te laissant sortir de cette façon, j'en suis certaine.

— Oh, je suis tellement désolée, fit Anne, les larmes aux yeux. Je ne pensais pas à mal. Les roses et les boutons d'or étaient si doux et jolis, je me suis dit qu'ils auraient l'air magnifique sur mon chapeau. D'ailleurs, j'ai vu beaucoup de petites filles porter des fleurs artificielles sur leur chapeau, elles aussi. J'ai bien peur de vous avoir causé du tort, Marilla. Peut-être vaudrait-il mieux que vous me renvoyez à l'orphelinat. Ce serait terrible, et pour être honnête, je ne pense pas que je pourrais le supporter ; peut-être même que je finirais par contracter la tuberculose là-bas, après tout, je suis déjà si maigre. Mais, si cela évite que je vous cause davantage de tort, je suis prête à le faire.

— Ce ne sont là que des bêtises que tu racontes, Anne, dit Marilla qui s'en voulait de l'avoir fait pleurer. Je n'ai aucunement l'intention de te renvoyer à l'orphelinat, crois-moi. Tout ce que je veux, c'est que tu te comportes comme les autres petites filles, et que tu cesses de te tourner en ridicule. Allons, bon, sèche donc tes larmes. D'ailleurs, j'ai une nouvelle pour toi : Diana Barry est rentrée cet après-midi. Je vais rendre visite à Mme Barry, pour lui emprunter le patron d'une jupe dont j'ai besoin. Tu n'as qu'à venir avec moi, si tu en as envie, ce sera l'occasion que tu fasses la connaissance de Diana.

Anne bondit aussitôt de son siège, les mains serrées, et les joues encore pleines de larmes. Dans son élan, elle laissa négligemment tomber le torchon qu'elle était en train d'ourler, le laissant glisser jusqu'au sol.

— Oh, Marilla, j'ai si peur ! J'ai tant attendu ce moment, mais maintenant qu'il est sur le point d'arriver, j'ai terriblement peur ! Et si elle ne m'aimait pas ? Ce serait la plus tragique déception de ma vie.

— Allons, bon, ne te mets pas dans tous tes états. Par ailleurs, j'aimerais que tu cesses d'utiliser des grands mots, comme tu aimes tant le faire. C'est assez dérangeant d'entendre une petite fille dans ton genre s'exprimer de la sorte. Enfin, bon, je suis certaine que Diana t'appréciera. Quant à sa mère, c'est moins certain. Si elle ne t'estime pas, peu importe combien Diana t'apprécie, c'est elle qui aura le dernier mot. Si elle a entendu parler de ton altercation avec Mme Lynde, et de cette histoire de couronne de fleurs à l'église, je me demande bien ce qu'elle doit penser de toi. Alors, sois polie, comporte-toi bien en sa présence, et surtout, évite de te lancer dans l'un de tes grands discours, comme tu as l'habitude de le faire. Pour l'amour du ciel, Anne, tu trembles de la tête aux pieds !

Anne, en effet, tremblait de tout son corps. Elle avait le visage tout pâle et tendu.

— Oh, Marilla, vous seriez tout autant nerveuse à ma place. Imaginez-vous être sur le point de rencontrer une petite fille qui pourrait devenir votre amie de cœur, mais dont la mère risque de vous répudier, dit-elle en se dépêchant de prendre son chapeau.

Sur ces mots, elles se dirigèrent vers la Butte aux vergers par le raccourci qui traversait le ruisseau et montait la colline boisée de sapins. Marilla toqua à la porte, et aussitôt, Mme Barry vint leur ouvrir. C'était une grande femme, aux yeux et aux cheveux noirs, et à la bouche résolue. Elle avait la réputation d'être très stricte avec ses enfants.

— Comment allez-vous, Marilla ? dit-elle cordialement. Entrez donc. Oh, cela doit-être la petite fille que vous avez adoptée, n'est-ce pas ?

— C'est exact, son nom est Anne Shirley, dit Marilla.

— Anne avec un *e*, souffla la petite fille, qui, tremblante et excitée, était déterminée à ce que cette nuance qui lui tenait tant à cœur soit respectée.

Peut-être n'avait-elle pas entendu ou n'avait-elle tout simplement pas compris, quoi qu'il en soit, Mme Barry se contenta de lui serrer la main et lui demanda gentiment :

— Comment vas-tu ?

— Je vais bien physiquement bien que mon esprit, lui, soit considérablement perturbé, je vous remercie de vous en soucier chère madame, répondit Anne gravement.

Aussitôt qu'elle eût fini de prononcer ces mots, elle se tourna vers Marilla et lui chuchota :

— Il n'y avait rien de dérangeant là-dedans, n'est-ce pas, Marilla ?

Diana était assise sur le canapé lisant un livre qu'elle abandonna, aussitôt, qu'elle vit ces invitées rentrer. C'était une très jolie petite fille aux joues roses, ayant hérité des grands yeux et des cheveux noirs de sa mère, ainsi que des traits enjoués de son père.

— Voici Diana, ma petite fille, annonça Mme Barry. Diana, tu n'as qu'à emmener Anne dans le jardin pour lui montrer le joli parterre de fleurs. Cela vaudra mieux pour toi plutôt que de te fatiguer les yeux sur ce livre. C'est un véritable rat de bibliothèque, ajouta-t-elle à voix basse en se tournant vers Marilla, tandis que les deux fillettes se dirigeaient vers le jardin, et je ne peux rien y faire, car son père l'encourage. Elle a toujours la tête plongée dans un livre. Je suis contente qu'elle s'amuse avec d'autres enfants pour une fois, peut-être cela la poussera-t-elle davantage à sortir s'amuser.

Dehors, dans le jardin, baigné de la lumière dorée du coucher de soleil qui filtrait à travers les vieux sapins sombres à l'ouest, se tenaient Anne et Diana, se regardant timidement au-dessus d'un massif de magnifiques lis tigrés.

Le jardin des Barry était un fouillis de fleurs qui, d'ordinaire, aurait enchanté le cœur d'Anne. Or, à cet instant précis, elle faisait preuve de nervosité. Le jardin était entouré de grands vieux saules et de très hauts sapins, sous lesquels fleurissaient des plantes sensibles à l'ombre. Des allées droites, bordées proprement de coquillages, le traversaient comme d'humides rubans rouges, et entre les plates-bandes proliféraient des fleurs d'antan. Il y avait là des Cœurs de Jeannette roses, de splendides pivoines cramoisies, des narcisses blancs odoriférants, de doux mais épineux rosiers à feuilles de pimprenelle, des ancolies roses, bleues et blanches, et des saponaires officinales lilas. On y trouvait également des massifs d'armoise, de ruban de bergère, et de menthe, des gouets tachetés couleur pourpre, des jonquilles, et toute une ribambelle de mélilots blancs aux grappes délicates et parfumées. Une lumière écarlate embrassait délicatement les sages et blanches fleurs de musc. C'était un jardin où le soleil ne se couchait jamais réellement, où les abeilles bourdonnaient gaiement, et où les vents, séduits par la beauté des lieux, aimaient ronronner et bruisser tranquillement.

— Oh, Diana, dit enfin Anne, les mains crispées et parlant presque à voix basse, penses-tu pouvoir m'apprécier suffisamment pour devenir mon amie de cœur ?

Diana rit. Elle riait toujours avant de parler.

— Bien sûr, pourquoi pas ! dit-elle franchement. Je suis vraiment ravie que tu sois venue vivre aux Pignons Verts, tu sais. Ça sera amusant d'avoir quelqu'un avec qui jouer ! Aucune autre petite fille ne vit près d'ici, alors je n'avais personne avec qui m'amuser. J'ai bien mes sœurs, pourtant, mais elles sont encore trop petites pour ça.

— Est-ce que tu peux me jurer que tu seras mon amie pour toute la vie ? demanda Anne, d'un ton nerveux.

Diana parut véritablement stupéfaite par ce qu'elle venait d'entendre.

— C'est terriblement vilain de jurer, protesta-t-elle.

— Oh non, mais je ne parlais pas de ce genre de jurons. « Jurer » peut signifier plus d'une chose, ne le savais-tu pas ?

— Eh bien, non, répondit Diana, d'un air dubitatif.

— Jurer, cela veut aussi vouloir dire « faire une promesse solennelle », ça n'a rien de vilain, je t'assure !

— Oh, je vois. Dans ce cas, oui je veux bien te le jurer, acquiesça Diana, soulagée. Mais, comment est-ce que ça marche au juste ?

— Nous devons nous donner la main... comme ça, répondit Anne qui prenait la chose très au sérieux. Normalement, il faut se tenir au-dessus d'une eau vive pour jurer, mais comme il n'y en a pas dans les parages, nous n'avons qu'à imaginer que cette allée est, en réalité, une rivière. Je vais prononcer le serment en premier. Je jure solennellement fidélité à mon amie de cœur, Diana Barry, aussi longtemps que le soleil et la lune existeront. C'est à toi, maintenant. Répète simplement ce que j'ai dit, mais à la place de ton nom, tu devras dire le mien.

Diana répéta le serment en riant de bon cœur, puis déclara :

— Tu es une fille bien curieuse, Anne. Les gens avaient raison à ton sujet. Mais, je crois que je t'apprécie déjà.

Quand Marilla et Anne entreprirent de rentrer, Diana les accompagna jusqu'au pont en bois. Les deux petites filles marchèrent, bras dessus, bras dessous, jusqu'à la rivière où elles se séparèrent en se promettant de passer l'après-midi suivant ensemble.

— Alors, as-tu trouvé en Diana une amie de cœur ? demanda Marilla tandis qu'elles remontaient la pente qui traversait le jardin des Pignons Verts.

— Oh, ça oui ! soupira Anne qui manqua de relever le ton sarcastique de Marilla. Oh, je suis la plus heureuse de toutes les petites filles de cette île, en ce moment même. Je vous assure que je vais prier de tout cœur ce soir. Demain, Diana et moi allons construire une cabane dans la sapinière de M. William Bell. Me laisseriez-vous récupérer ces morceaux de vaisselle cassée qui traînent dans la remise à bois ? Diana est née en février, et moi au mois de mars. Quelle étrange coïncidence, ne trouvez-vous pas ? Vous savez combien Diana aime lire, eh bien, elle a dit qu'elle me prêterait un de ses livres fétiches. Selon ses dires, c'est la plus magnifique et la plus passionnante histoire qu'elle ait pu lire. Elle a aussi dit qu'elle m'emmènerait dans un endroit superbe, dans les bois, pour voir des nénuphars. Ne trouvez-vous pas que Diana a de grands yeux très expressifs ? J'aimerais tant avoir les mêmes. Oh, elle a aussi dit qu'elle m'apprendrait les paroles de cette chanson, *Nelly au vallon des noisetiers* [6]. Et puis, elle a dit qu'elle tenait à m'offrir une gravure pour décorer ma chambre. Il paraît que c'est la plus belle des gravures, elle représente une jolie dame dans une robe de soie bleu pâle. C'est un vendeur de machines à coudre qui la lui a donnée. J'aimerais avoir quelque chose à lui offrir, moi aussi. Je suis plus grande que Diana de deux centimètres, vous savez, mais elle a plus de formes que moi. Elle prétend vouloir être plus mince, c'est plus gracieux, m'a-t-elle dit, mais je crains qu'elle n'ait dit cela que pour me réconforter. Un jour, nous irons à la plage pour ramasser des coquillages. Nous nous sommes mises d'accord pour baptiser le ruisseau près du pont en bois la « Source des nymphes ». N'est-ce pas un nom parfaitement élégant ? J'ai lu une histoire, une fois, dans laquelle un ruisseau s'appelait ainsi. Il me semble que les nymphes sont des sortes de fée, mais qu'elles sont adultes.

— Eh bien, tout ce que j'espère, moi, c'est que Diana ne se lassera jamais de tes tirades interminables, fit Marilla. Enfin, bon, avoir une amie de cœur, c'est très bien, Anne, mais je ne veux pas que tu passes tout ton temps à jouer avec elle. N'oublie pas que tu as du travail à faire, et il faut que cela reste ta priorité.

Anne était déjà au comble du bonheur, pourtant, Matthew parvint à sublimer davantage son extase. Il revenait de la boutique de Carmody, de laquelle, il avait ramené un petit paquet qu'il sortit discrètement de sa poche. Tout en lançant un regard précautionneux en direction de Marilla, il tendit le mystérieux paquet à Anne.

— J'ai entendu dire que tu aimais les bonbons au chocolat, alors je t'en ai ramené, dit-il.

— Hmmm, lâcha Marilla. C'est très mauvais pour les dents et la digestion. Allons, allons, mon enfant, ne sois pas si morne. Puisque

Matthew les a achetés, tu as le droit d'en manger, même si j'aurais préféré qu'ils ramènent des pastilles à la menthe à la place ; c'est bien meilleur pour la santé. Enfin, bon, régale-toi, mais n'avale pas tout en une seule poignée, tu risquerais de te rendre malade.

— Oh non, bien sûr ! répondit Anne, avec enthousiasme. Je n'en mangerai qu'un seul ce soir, et puis, je pourrais donner la moitié à Diana, n'est-ce pas ? J'aurais d'autant plus de plaisir à les partager avec elle que si je gardais tout pour moi. Oh, je suis si ravie d'avoir quelque chose à lui offrir à mon tour !

— Je dois admettre que cette petite est vraiment généreuse, déclara Marilla une fois qu'Anne eut regagné sa chambre. Me voilà bien soulagée, car qu'il n'y a rien de pire qu'un enfant égoïste. Mon dieu, trois semaines seulement se sont écoulées depuis son arrivée, mais il semble qu'elle ait toujours été là. Je ne sais plus à quoi ressemblent les Pignons Verts sans elle. Oui, Matthew, je sais, tu avais raison, pas besoin de me rebattre les oreilles avec ça. Les « je-te-l'avais-dit » venant d'une femme sont déjà suffisamment pénibles, alors venant d'un homme, c'est encore pire ! Oui, je reconnais que c'était une bonne idée de la garder ici, avec nous, et d'ailleurs, il est vrai que je commence à m'attacher à elle, mais garde-toi bien de trop t'en vanter, Matthew Cuthbert.

CHAPITRE XIII. Le plaisir d'attendre

— Il est temps qu'Anne rentre faire sa couture, déclara Marilla en jetant un coup d'œil à l'horloge, puis tournant la tête vers l'extérieur, profitant de ce magnifique après-midi d'août, où tout semblait somnoler sous la chaleur dorée. Cela fait trente minutes que je lui ai demandé de rentrer, mais elle a préféré ignorer mes appels pour continuer à jouer avec son amie Diana, et la voilà maintenant, perchée là-bas sur le tas de bois, à piailler avec Matthew, alors qu'elle sait parfaitement qu'elle devrait être en train de travailler à cette heure-ci. Et bien sûr, il l'écoute comme un parfait nigaud. Je n'ai jamais vu un homme aussi attaché à une petite fille que lui. Plus elle parle et s'envole dans des élucubrations étranges, plus il semble ravi. Anne Shirley, rentre ici tout de suite, tu m'entends !

Une série de coups saccadés provenant de la fenêtre ouest fit surgir Anne du jardin, et elle déboucha aussitôt dans la cour, les yeux brillants, les joues légèrement rosées, les cheveux dénoués flottant au vent dans un torrent de lumière.

— Oh, Marilla, s'exclama-t-elle à bout de souffle, Mme Bell, la directrice de l'école du dimanche, organise un pique-nique la semaine prochaine dans le champ de M. Harmon Andrews, non loin du Lac aux eaux scintillantes. Il paraît qu'elle et Mme Lynde prépareront de la crème glacée. Vous rendez-vous compte Marilla ? De la crème glacée ! Oh, s'il vous plaît, puis-je y aller ?

— Anne, sais-tu au moins quelle heure il est ? À quelle heure t'ai-je dit de rentrer ?

— Vous m'avez demandé de rentrer à deux heures, Marilla. Mais, revenons-en au pique-nique, ne trouvez-vous pas cette idée formidable ? Alors, vous êtes d'accord ? J'ai le droit d'y aller ? Oh, je n'ai jamais été à un pique-nique, vous savez. Enfin, j'en ai déjà rêvé, certes, mais je n'ai jamais—

— Oui, je t'ai demandé de rentrer à deux heures. Et, il est trois moins le quart. J'aimerais savoir pourquoi tu ne m'as pas obéi, Anne.

— J'ai essayé Marilla, je vous le promets, mais vous n'avez pas idée d'à quel point Sylvécœur est fascinant. Et puis, bien sûr, je devais raconter cette histoire de crème glacée à Matthew ; il est toujours très à l'écoute. Alors, s'il vous plaît, pourriez-vous me laisser y aller à ce pique-nique ?

— À l'avenir, j'aimerais que tu m'écoutes quand je t'appelle plutôt que d'aller gambader dans ce bois de Sylvécœur, ou je ne sais trop quoi. Quand je te demande de rentrer à une certaine heure, je veux que tu t'exécutes en temps voulu. Par ailleurs, tu n'as aucune raison de t'arrêter discuter avec le premier venu. Quant à cette histoire de pique-nique, bien sûr que tu peux y aller. Tu te rends à l'église tous les dimanches, comme les autres petites filles, je ne vois pas pourquoi je t'interdirais d'y aller.

— Mais, mais... bafouilla Anne, Diana dit que tout le monde doit apporter un panier de nourriture, mais, comme vous le savez, je ne sais rien cuisiner, Marilla. Et, je n'ai peut-être pas besoin de manches bouffantes pour assister à ce pique-nique, mais je me sentirais terriblement humiliée si je devais y aller sans panier. Je n'arrête pas d'y penser depuis que Diana m'en a parlé, je suis très nerveuse.

— Voyons, apaise-toi donc, je te préparerai un panier.

— Oh, Marilla, comme vous êtes bonne avec moi ! Oh, je te suis tellement reconnaissante.

Une fois qu'elle eût terminé avec ses « Oh ! » incessants, Anne se jeta dans les bras de Marilla, et déposa avec enthousiasme un doux baiser sur sa joue cireuse. C'était la première fois de sa vie que les lèvres d'une enfant frôlaient volontairement son visage. Une fois de plus, elle se sentit soudainement envahie par une sensation de douceur. Pleine de joie secrète face à cette démonstration d'affection spontanée, elle se hâta de l'interrompre brusquement :

— Allons, allons, cesse donc ces embrassades ridicules. Je préférerais que tu t'en tiennes à ce que je te demande, mais puisque tu en parles, j'avais, effectivement, l'intention de t'apprendre à cuisiner un de ces jours. Mais, tu es si tête en l'air, Anne. J'attendais que tu deviennes une enfant plus calme et que tu apprennes à être sérieuse quand il le faut. En cuisine, il faut savoir garder la tête sur les épaules, et rester concentrée pour ne pas laisser son esprit vagabonder. Maintenant, remets-toi à ta couture, et tâche de finir ton carré avant l'heure du thé.

— Je déteste la couture, dit Anne d'un ton morne, alors qu'elle fouillait dans son panier à ouvrage et s'asseyait devant un petit tas de losanges rouges et blancs. Enfin, par moments, j'apprécie coudre, mais je trouve qu'il n'y a rien de très créatif à assembler des carrés de tissu en un patchwork ; j'ai l'impression de ne jamais en voir le bout. Bien entendu, je préfère être Anne, la petite fille des Pignons Verts occupée à sa couture plutôt qu'Anne d'on-ne-sait-trop-où qui n'a vraiment rien à faire de ses journées, elle. Si seulement le temps passait aussi vite quand je couds que quand je m'amuse avec Diana dehors. Oh, Marilla, nous passons de si bons moments ensemble, elle et moi, vous savez. Elle manque un peu d'imagination, c'est vrai ; je dirais que c'est son seul défaut, mais ça ne me dérange pas de faire marcher la mienne pour nous deux. Vous savez, ce petit coin de terre, de l'autre côté du ruisseau, qui segmente notre ferme de celle de M. Barry. Il appartient à M. William Bell, et là-bas, à l'extrémité, se trouve un cercle de bouleaux blancs. C'est l'endroit le plus romantique, Marilla. Avec Diana, nous l'avons baptisé Sylvécœur, et y avons aménagé notre cabane. N'est-ce pas charmant comme nom ? Cela fait écho à la nature sauvage. J'y ai longtemps réfléchi, vous savez ! J'ai passé toute une nuit éveillée à me creuser les méninges pour trouver le nom parfait. Puis, juste au moment où j'allais m'endormir, l'inspiration est venue. D'ailleurs, Diana a adoré mon idée, alors nous l'avons gardée. Vous devriez voir comment nous avons arrangé si coquettement la cabane. Vous viendrez, Marilla, n'est-ce pas ? Pour commencer, nous avons aménagé de grosses pierres recouvertes de mousse pour servir de sièges, et des planches traversant d'un arbre à l'autre comme étagères pour notre vaisselle. Certes, elle est quelque peu endommagée, mais nous n'avons qu'à imaginer qu'elle est en parfait état. Nous avons trouvé ce morceau d'assiette, avec une branche de lierre rouge et jaune dessus, que j'aime tout particulièrement. Comme il est si élégant, nous l'avons disposé dans le salon, aux côtés du cristal féerique. Ah oui, je ne vous ai pas encore parlé du cristal ! C'est Diana qui l'a trouvé dans les bois, derrière le poulailler de sa maison ; il est aussi beau qu'un rêve. Si vous l'observez bien, vous pourrez apercevoir plein de petits arc-en-ciel. Mme Barry nous a raconté qu'il s'agissait d'un morceau d'une lampe suspendue qu'ils avaient autrefois. Mais, je préfère imaginer qu'il appartenait à des fées qui l'ont égaré un soir de bal. C'est pour cela, que nous l'avons baptisé le cristal féerique. Matthew a dit qu'il nous construirait une table pour notre cabane. Oh, d'ailleurs, nous avons aussi renommer le petit bassin rond dans le champ de M. Barry. Diana et moi avons décidé de l'appeler l'Étang aux saules ; je l'ai lu dans le livre qu'elle m'a prêté. Oh, il était passionnant ce livre, Marilla. L'héroïne avait cinq amants. Pourtant, en avoir un, c'est déjà bien suffisant, n'est-ce pas ? Elle était très belle, et il lui arrivait toutes sortes de folles histoires. Par exemple, il lui arrivait souvent de tomber dans les pommes. Oh, cela doit procurer une sensation si étrange, ne pensez-vous pas Marilla ? Moi, je trouve ça très romantique. Mais, cela ne risque pas de m'arriver, je suis en plutôt bonne santé, après tout. Je crois que je prends du poids, cependant. Ne trouvez-vous pas ? Tous les matins au réveil, j'examine mes coudes dans l'espoir d'y voir apparaître des petits plis. Diana se fait confectionner une nouvelle robe à demi-manches, elle m'a dit qu'elle comptait la porter pour le pique-nique. Oh, j'espère qu'il fera beau mercredi prochain. Je ne pense pas que je pourrais supporter la déception si quelque chose m'empêchait d'assister à ce pique-nique. Enfin, je suppose que j'y survivrais, oui, mais je serais inconsolable. Peu importe si j'allais à cent pique-niques par la suite, aucun n'aurait le même goût que celui-ci, j'en suis certaine. Il y aura de jolis bateaux qui flotteront sur le Lac aux eaux scintillantes, et on pourra même manger de la crème glacée, enfin ça, je l'ai déjà dit. Je n'en ai jamais goûté, vous savez. Diana a bien essayé de me décrire le goût, mais je suppose que c'est si bon, que même l'imagination ne saurait en capturer toute la saveur.

— Anne, cela fait déjà dix minutes que tu parles, tu n'as pas pris une seule pause ! fustigea Marilla. Maintenant, fais-moi plaisir, et essaye donc de tenir ta langue pendant autant de temps.

Anne resta silencieuse, comme Marilla le lui avait demandé. Mais, le restant de la semaine, elle ne parlait que de ce pique-nique, et ne pensait qu'à cela, si bien que ses rêves ne tournaient plus qu'autour de cette journée. Le samedi, la pluie se mit à tomber, plongeant Anne dans un état d'anxiété profonde, craignant qu'elle ne persiste jusqu'à mercredi. Alors, pour apaiser ses nerfs, Marilla lui fit coudre un carré de patchwork supplémentaire.

Le dimanche, en rentrant de l'église, Anne confia à Marilla qu'elle avait ressenti comme un frisson d'excitation parcourir tout son corps pendant le sermon, lorsque le pasteur venait d'annoncer le pique-nique de mercredi.

— Oh, si vous aviez vu combien j'étais excitée, Marilla ! Je crois que jusqu'ici, j'étais persuadée que ce pique-nique n'était que le fruit de mon imagination. Mais, le pasteur lui-même en a parlé, et quand il prononce un sermon, on doit bien le croire.

— Tu prends toujours les choses trop à cœur, Anne, dit Marilla, en soupirant. J'ai bien peur qu'il y ait de nombreuses déceptions qui t'attendent dans la vie.

— Oh, Marilla, c'est tout là le plaisir d'attendre ! s'exclama Anne. Peut-être que la vie en décidera autrement, mais le simple fait d'avoir nourri mon enthousiasme m'aura apporté de la joie. Mme Lynde m'a un jour confié que selon elle, les personnes les plus heureuses sont celles qui n'attendent rien, car elles ne seront jamais déçues. Mais moi, je suis plutôt d'avis qu'il est préférable d'espérer quelque chose plutôt que de vivre sans attente, ce qui serait plus décevant encore.

Ce jour-là, comme à son habitude, Marilla porta sa broche en améthystes ; elle l'avait toujours sur elle quand elle se rendait à l'église. À ses yeux, c'était presque un sacrilège de ne pas le porter, pire encore que d'oublier sa Bible ou bien même les dix sous pour la quête. C'était là son bien le plus précieux ; un oncle marin l'avait donné à sa mère, qui l'avait ensuite légué à Marilla. C'était une ancienne broche de forme ovale qui contenait une mèche de cheveux de sa mère encadrée par une fine bordure d'améthystes. Marilla en savait trop peu sur les pierres précieuses pour se rendre compte de la finesse de ces améthystes-là, mais elle les trouvait ravissantes. Bien qu'elle fût la seule à ne pas pouvoir le voir, elle savait combien la broche brillait à son cou, reflétant une lueur violette, au-dessus de sa bonne robe de satin brun.

Anne avait été frappée d'admiration lorsqu'elle avait aperçu cette broche pour la première fois :

— Oh, Marilla, comme votre broche est ravissante ! Si je portais un bijou pareil, je pense que je serais incapable d'écouter le sermon et la prière du pasteur. Les améthystes sont si douces, ne trouvez-vous pas ? Quand j'étais petite, j'étais persuadée que les diamants ressemblaient à cela. Oui, à mes yeux, ça ne pouvait être que cela un diamant : une jolie pierre mauve scintillante. Et puis, un jour, j'ai vu une véritable bague en diamant, et la réalité m'a tellement déçue que j'ai fondu en larmes. Bien sûr, elle était très belle cette bague, mais ça ne correspondait pas du tout à l'idée que je m'en faisais. Marilla, s'il vous plaît, pourriez-vous me laisser la tenir dans mes mains un instant ? Pensez-vous que les améthystes reflètent l'âme des fleurs de violette ?

CHAPITRE XIV. Anne passe aux aveux

Le lundi soir, deux jours avant le pique-nique, Marilla descendit de sa chambre, l'air soucieux, et s'adressa à la petite fille qui était occupée à écosser des petits pois sur la table immaculée de la cuisine tout en chantant *Nelly au vallon des noisetiers*, maintenant qu'elle en connaissait les paroles.

— Anne, dit-elle, as-tu vu ma broche en améthystes ? Je pensais l'avoir planté dans la pelote à épingles quand je suis rentrée de l'église hier soir, mais je ne la trouve nulle part.

— Oui... je l'ai aperçue cet après-midi lorsque vous étiez occupée à l'église, déclara Anne, lentement. Je passais devant votre porte quand je l'ai vue sur la pelote à épingles, et je n'ai pas pu m'empêcher d'aller l'observer de plus près.

— Anne, dis-moi que tu n'y as pas touché ! fit Marilla, d'un ton sévère.

— Eh bien, si... admit Anne, je l'ai prise, et je l'ai épinglée sur ma poitrine juste pour voir si elle m'irait bien.

— Bon sang, mais qu'est-ce qui t'as pris de faire une chose pareille ? C'est un très vilain défaut d'aller trifouiller les affaires des autres, tu sais. Primo, tu n'avais rien à faire dans ma chambre, et deuzio, tu n'aurais pas dû toucher à ma broche. Où l'as-tu mise ?

— Oh, je l'ai remise à sa place. Je ne l'ai gardée qu'une minute. Je n'ai pas voulu trifouiller vos affaires, Marilla, je vous le promets. Je ne pensais pas à mal sur le moment, mais je reconnais maintenant que c'était idiot de ma part de faire une telle chose. Promis, je ne recommencerai plus. Je ne fais jamais deux fois la même bêtise, je pense que c'est ma plus grande qualité.

— Eh bien, visiblement, tu ne l'as pas fait, rétorqua sèchement Marilla, car elle n'est plus à sa place. Je suis certaine que tu l'as emporté avec toi, Anne.

— Mais non, je vous assure ! Je l'ai bien remise à sa place, pourtant ! s'empressa de répondre Anne, non pas sans un certain aplomb, pensa Marilla. Je ne me souviens pas exactement si je l'ai replanté dans la pelote à épingles, là où je l'avais trouvée, ou si je l'ai posée dans le plateau en faïence. Mais je suis parfaitement sûre de l'avoir remise.

— Si tu le dis, dans ce cas, je vais vérifier une dernière fois, répondit Marilla, qui choisit de croire la petite fille. Mais, sache que si je ne la retrouve toujours pas, je considérerai que tu es fautive, un point c'est tout !

Marilla regagna sa chambre et fouilla méthodiquement chaque recoin, en quête de la broche. Mais aucun signe du bijou en vue, alors elle retourna à la cuisine.

— Anne, la broche a disparu. Tu as toi-même reconnu être la dernière personne à l'avoir vue. Alors, où l'as-tu mise ? Je veux que tu me dises la vérité, Anne. Tu l'as perdue, c'est ça ?

— Non, non, rien de tout cela, répondit Anne solennellement, soutenant fermement le regard en colère de Marilla. Je l'ai laissé là où je l'avais trouvée, je vous le promets. Faites-moi monter sur l'échafaud si vous ne me croyez pas – bien que je ne sois pas certaine de savoir ce qu'est un échafaud. Voilà, Marilla, je n'ai rien de plus à ajouter.

Anne devait penser que son « voilà » suffirait à la convaincre, mais cela eut plutôt l'effet inverse : Marilla le prit comme un défi.

— Je ne crois pas un mot de ce que tu me racontes là, Anne, fit-elle, d'un ton tranchant. Je sais que tu mens. Je ne veux plus t'entendre parler jusqu'à ce que tu sois décidée à dire la vérité. Monte dans ta chambre, et ne t'avises pas de revenir tant que tu n'auras pas avoué.

— Et les petits pois, alors ? demanda Anne, d'un ton timide.

— Je vais prendre le relais. Fais ce que je te dis, un point c'est tout.

Une fois la fillette dans sa chambre, Marilla s'attela à ses tâches du soir, l'esprit en ébullition. Elle était tourmentée par le sort de sa précieuse broche. Et, si Anne l'avait perdue ? Elle trouvait déconcertante la manière dont l'enfant niait l'avoir prise, alors que tout semblait l'accuser ! Son visage innocent n'aidait en rien à dissiper ses doutes.

— C'est la pire chose qui aurait pu m'arriver, se lamenta-t-elle, écossant nerveusement les petits pois. Bien sûr, je ne l'accuse pas de l'avoir volée. À mon avis, elle l'a simplement prise pour jouer avec ou pour alimenter son imagination débordante. Mais il est clair qu'elle l'a prise, puisqu'elle est la seule à être entrée dans la chambre jusqu'à mon retour, comme elle l'a elle-même reconnu. Et maintenant ma broche a disparu, c'est certain.

Je suppose qu'Anne l'a égarée, et qu'elle craint d'avouer par peur des représailles. Cela me brise le cœur de penser qu'elle puisse mentir ainsi.

C'est bien plus grave que la fois où elle a piqué une crise contre Mme Lynde. C'est une tâche ardue que d'accueillir chez soi un enfant auquel on ne peut même pas faire confiance. Son comportement sournois et trompeur me préoccupe bien plus que la simple disparition de ma broche. Si seulement elle avait dit la vérité dès le début, je ne m'en soucierais pas autant.

Marilla se rendit plusieurs fois dans sa chambre tout au long de la soirée, scrutant chaque recoin à la recherche de la broche, en vain. À l'heure du coucher, elle se dirigea vers le pignon est dans l'espoir d'y retrouver sa broche, mais une fois de plus, elle ne trouva rien. Malgré les dénégations d'Anne, Marilla était plus que jamais convaincue qu'elle en savait quelque chose.

Le lendemain matin, elle raconta l'histoire avec Matthew. Celui-ci était déconcerté et perplexe. Bien qu'il peinât à concevoir la nécessité de se méfier d'Anne, il dût reconnaître que les circonstances l'accablaient quelque peu.

— Tu es sûre qu'elle n'aurait pas pu tomber derrière le bureau ? suggéra-t-il timidement.

— Je l'ai déplacé, fouillé dans les tiroirs, et inspecté chaque recoin, impossible de mettre la main dessus ! répondit Marilla avec assurance. Anne l'a dérobée à mon insu, et elle a menti. Il ne peut en être autrement, Matthew, rien ne sert de se voiler la face plus longtemps.

— Eh bien, que comptes-tu faire maintenant ? demanda Matthew, le regard désolé, secrètement soulagé que ce soit Marilla qui doive gérer la situation ; il n'avait aucune envie de s'en mêler cette fois-ci.

— Elle restera dans sa chambre jusqu'à ce qu'elle avoue, déclara Marilla d'un ton ferme, après tout, cela avait fonctionné la dernière fois, pensa-t-elle. Ensuite, nous aviserons. Peut-être pourrons-nous retrouver la broche si elle finit par avouer sa culpabilité, mais quoi qu'il en soit, elle devra être sévèrement punie, Matthew.

— Eh bien, tu t'en chargeras toi-même, dit Matthew, attrapant son chapeau. Je n'ai rien à voir avec ça, souviens-toi. Tu me l'as bien dit toi-même.

Marilla se sentit abandonnée de tous. Elle ne pouvait même pas se tourner vers Mme Lynde pour obtenir des conseils. Elle monta les escaliers du pignon est d'un air grave, et les redescendit plus consternée que jamais. Anne continuait obstinément à nier toute implication. L'enfant avait visiblement pleuré, si bien que Marilla ressentit une pointe de compassion qu'il lui fallut réprimer fermement. À la tombée de la nuit, elle était, comme elle avait l'habitude de le dire, morte de fatigue.

— Tu resteras dans cette chambre jusqu'à ce que tu passes aux aveux, Anne. Ce sera comme ça, et pas autrement, déclara-t-elle fermement.

— Mais le pique-nique est demain, Marilla ! s'écria Anne. Vous n'allez pas m'empêcher d'y aller, n'est-ce pas ? Oh, s'il vous plaît, pourriez-vous au moins me laisser sortir pour l'après-midi de demain ? Ensuite, je resterai ici aussi longtemps que vous le voudrez, et sans rechigner, promis ! Mais, je ne louperais ce pique-nique pour rien au monde.

— Tu n'iras ni au pique-nique ni nulle part ailleurs tant que tu n'auras pas avoué, Anne.

— Oh, Marilla, gémit-elle.

Mais, Marilla était déjà sortie et avait fermé la porte derrière elle.

Le mercredi matin se leva, baigné dans une lumière éclatante et une douceur printanière ; toutes les conditions étaient réunies pour un pique-nique idéal. Les oiseaux chantaient autour des Pignons Verts ; les lis de la Madone dans le jardin émettaient des bouffées de parfum qui entraient par des vents invisibles à chaque porte et fenêtre, et erraient dans les couloirs et les pièces comme des esprits de bénédiction. Les bouleaux dans le creux agitaient joyeusement les mains comme s'ils attendaient le salut matinal habituel d'Anne depuis le pignon est. Mais Anne n'était pas à sa fenêtre. Lorsque Marilla lui apporta son petit déjeuner, elle trouva l'enfant assise sagement sur son lit, pâle et résolue, les lèvres serrées et les yeux brillants.

— Marilla, je suis prête à avouer.

— Ah ! Marilla posa son plateau en soupirant.

Encore une fois, sa méthode avait porté ses fruits, mais le triomphe était amer.

— Vas-y, Anne. Je t'écoute.

— J'ai pris la broche en améthystes, répéta Anne comme si elle récitait une leçon qu'elle aurait apprise par cœur. Je ne voulais pas Marilla, je le jure, mais elle était si belle ; quand je l'ai épinglée sur ma poitrine, j'ai succombé à la tentation. Je m'imaginais l'emmener à Sylvécœur. Elle est véritablement magique cette broche, vous savez, elle me donnait plus que jamais la sensation d'être Lady Cordélia Fitzgerald. Avec Diana, nous nous amusions à confectionner des colliers de baies rouges, mais nos créations n'avaient aucune valeur comparée à une telle broche ornée d'améthystes. Alors je l'ai prise, mais je comptais la ramener avant votre retour. Je voulais pouvoir la porter autant que possible, alors j'ai fait un détour par la grande route. En traversant le pont qui enjambe le Lac aux eaux scintillantes, je l'ai admirée une dernière fois. Elle brillait de mille feux au soleil ! Et puis, je me suis penchée sur le pont, et elle m'a échappé des doigts ! J'ai vu son reflet violet et étincelant s'enfoncer le plus profondément possible dans l'eau pour disparaître à jamais dans ces eaux scintillantes. C'est tout ce que je peux vous dire, Marilla.

À nouveau, Marilla sentit son cœur bouillir de colère. Cette enfant avait pris et perdu sa précieuse broche en améthystes, puis récitait ces détails avec calme, sans le moindre signe de remords.

— Anne, c'est inadmissible, dit-elle en essayant de parler calmement. Tu es la fille la plus vilaine que j'aie jamais connue.

— Oui, vous avez raison, Marilla, admit Anne d'un ton léger. Je mérite d'être punie pour ça. Alors, allez-y, punissez-moi, Marilla. Mais, s'il vous plaît, pourriez-vous me punir tout de suite ? J'aimerais avoir la conscience tranquille avant d'aller pique-niquer.

— Tu oses encore me parler de ce pique-nique, vraiment ! Je t'interdis d'y aller. La voilà ta punition, ma chère Anne. Et, ce n'est même pas la moitié de ce que tu mérites pour ce que tu as fait !

— Pas de pique-nique ! s'exclama Anne en se levant d'un bond, agrippant fermement la main de Marilla. Mais vous aviez promis de me laisser y aller ! Oh, Marilla, je ne peux pas louper ce pique-nique ! C'est pour ça que j'ai tout avoué ! J'accepterais n'importe quelle punition, mais s'il vous plaît, laissez-moi y aller. Oh Marilla, Marilla, je vous en prie, par pitié, laissez-moi y aller ! Je me languissais tant à l'idée de goûter à cette crème glacée ! Peut-être que l'occasion ne se représentera plus jamais à moi ! Vous ne pouvez pas me faire cela !

Marilla, imperturbable, dégagea sa main de celle d'Anne.

— Tes lamentations n'y changeront rien, Anne. Tu es privée de pique-nique, un point c'est tout. Et, c'est non négociable.

Anne comprit que Marilla ne reviendrait pas sur sa décision. Dans un accès de désespoir, Anne se tordit les mains, laissant échapper un cri déchirant, puis s'effondra sur le lit, secouée de larmes hystériques, abandonnant toute retenue à son immense chagrin.

— C'est absurde ! s'exclama Marilla, stupéfaite, alors qu'elle se hâtait de quitter la pièce. Je crains que cette enfant ne soit devenue folle. Aucune personne saine d'esprit ne se comporte de la sorte. Si ce n'est pas de la folie, alors c'est de la pure malice. Oh, le destin cruel ! Rachel avait peut-être raison dès le départ. Mais, il est trop tard pour revenir en arrière.

Ce fut une matinée pénible. Marilla s'efforça de s'occuper, frottant le plancher de la véranda et astiquant les étagères de la laiterie par simple besoin d'occupation. Puis, elle sortit pour ratisser la cour.

Lorsque le déjeuner fut prêt, Marilla appela Anne depuis le bas de l'escalier. Un petit visage baigné de larmes apparut timidement au-dessus de la rampe.

— Viens déjeuner, Anne, dit-elle.

— Je ne peux pas, Marilla, répondit Anne d'une voix sanglotante. Mon cœur est brisé. Peut-être regretterez-vous un jour tout le chagrin que vous m'avez causé. Mais je ne vous en veux pas. Cela dit, je ne vois pas encore réussir à avaler quoi que ce soit, surtout pas du porc bouilli et des légumes verts. Dans les moments de grande tristesse, c'est la dernière chose dont j'ai envie. C'est si peu romantique comme plat.

Marilla, exaspérée, retourna à la cuisine, déversant ses soucis sur le pauvre Matthew, partagé entre son sens de la justice et sa tendresse pour Anne.

— Eh bien, peut-être qu'elle n'aurait pas dû prendre cette broche, admit-il, regardant tristement son assiette de porc et de légumes verts à la manière d'Anne – c'était là, en effet, l'assiette la moins romantique qui fut.

Elle est si jeune, et pleine d'entrain. Ne penses-tu pas que tu es trop dure en lui interdisant d'aller à ce pique-nique ? Elle en a tant rêvé, Marilla.

— Matthew Cuthbert, tu m'étonnes, répliqua Marilla. Je pense que j'ai déjà fait preuve de trop d'indulgence envers elle. Elle n'a pas l'air de mesurer la gravité de son geste : c'est ce qui me préoccupe le plus. Si elle avait exprimé de vrais remords, j'aurais été moins sévère avec elle. Mais, toi non plus, tu n'as pas l'air de comprendre. Tu ne cesses de lui trouver des excuses.

— Elle est si jeune... Elle n'a jamais reçu d'éducation, fit faiblement Matthew.

— Eh bien, considère que cette punition fait partie de son éducation, conclut Marilla.

Cette remarque laissa Matthew sans voix, bien qu'elle ne l'ait pas convaincu.

Ils prirent le déjeuner dans une ambiance si morose que seule l'arrivée de Jerry Buote – le jeune garçon qui aidait Matthew à la ferme – parvint à briser cette maussaderie ambiante. Le jeune homme était si jovial que Marilla le prit comme insulte personnelle.

Après avoir lavé la vaisselle, préparé un « gâteau éponge » et nourri les poules, Marilla se souvint du léger trou qu'elle avait aperçu sur son plus beau châle de dentelle noire, celui qu'elle portait les lundis après-midi quand elle se rendait au Cercle des dames. Il était temps de le raccommoder, pensa-t-elle.

Le châle se trouvait dans une boîte au fond du coffre de Marilla. Quand elle s'en saisit, la lumière du soleil, filtrant à travers l'enchevêtrement de vignes à la fenêtre, fit refléter quelque chose qui était pris dans la dentelle. Marilla identifia immédiatement cet étincelant reflet violet, et s'en empara aussitôt. Sa mâchoire se décrocha presque d'étonnement : c'était bien là sa broche en améthystes accrochée par le fermoir !

— Sainte Mère de Dieu, murmura Marilla, encore sous le choc. Comment est-ce possible ? La voilà, ma broche, saine et sauve ! Qu'est-ce que cela signifie ? Quand Anne a prétendu l'avoir prise et perdue, que voulait-elle dire ? À croire que cet endroit est ensorcelé ! Je me souviens maintenant l'avoir posé sur la commode lundi après-midi. La broche a dû s'accrocher dans la dentelle.

Marilla se précipita vers le pignon est, sa broche en améthystes dans la main. Anne qui était épuisée à force de pleurer était assise près de la fenêtre, l'air abattu.

— Anne Shirley, déclara Marilla d'une voix solennelle, j'ai retrouvé ma broche, accrochée à mon châle de dentelle noire. Maintenant, j'attends une explication à toute cette histoire abracadabrante que tu m'as racontée ce matin.

— Eh bien, vous avez dit que vous ne me laisseriez pas sortir tant que je n'avouerai pas, répondit Anne d'un ton lasse. Alors, j'ai avoué car je voulais tant aller à ce pique-nique. J'ai créé cette histoire de toute pièce, hier soir, et je me la suis répétée jusqu'à me convaincre que tout cela s'était vraiment passé. Mais ça n'a pas marché, puisque vous m'avez privée de pique-nique malgré mes aveux.

Marilla ne put s'empêcher de rire, même si sa conscience la tourmentait.

— Tu es vraiment unique, Anne ! J'ai eu tort, je le reconnais maintenant. Je n'aurais pas dû douter de toi. Bien sûr, tu n'aurais jamais dû confesser quoi que ce soit, puisque tout cela était un mensonge. Mais, c'est moi qui t'y ai poussé. Alors, si tu me pardonnes, je te pardonne aussi. Oublions tout cela. Prépare-toi pour le pique-nique.

Anne bondit de joie.

— Oh, mais Marilla, n'est-il pas trop tard ?

— Non, il est seulement deux heures. Les gens commencent à arriver, mais le thé ne sera servi que dans une heure environ. Commence par te laver, peigne tes cheveux, puis enfile ta robe de guingan. Je vais préparer ton panier. Tu n'as qu'à emporter quelques-unes des pâtisseries que j'ai préparées. Je vais aller chercher Jerry, pour qu'il attelle la jument alezane. C'est lui qui te conduira jusqu'au pique-nique.

— Oh, Marilla ! s'exclama Anne qui était déjà partie se préparer. Il y a quelques instants à peine, j'étais si accablée de tristesse que je regrettais presque d'être née, mais à présent, je ne troquerais ma vie contre aucune autre, même celle d'un ange !

Ce soir-là, Anne revint aux Pignons Verts, épuisée mais ravie de sa journée.

— Marilla, c'était merveilleux ! J'ai appris le mot « épatant » aujourd'hui. Je crois que c'est Mary Alice Bell qui l'a employé. Je trouve ce mot si expressif, pas vous ? Oh, comme tout était si charmant ! Nous avons pris le thé – il était délicieux –, puis M. Harmon Andrews nous a emmenés en barque sur le Lac aux eaux scintillantes. Nous étions six par barque, et Jane Andrews a presque chaviré en essayant de cueillir des nénuphars. Heureusement, M. Andrews l'a rattrapée juste à temps, autrement, elle aurait pu se noyer. Oh, comme j'aurais aimé être à sa place ! Quelle sensation romantique cela doit procurer de tomber la tête la première dans l'eau. À sa place, je raconterais à qui veut bien l'entendre la fois où j'ai failli mourir noyée. Et, bien sûr, nous avons mangé de la crème glacée. C'était divin, Marilla, croyez-moi.

Ce soir-là, pendant qu'elle reprisait des bas, Marilla raconta toute l'histoire à Matthew.

— J'admets mon erreur, fit-elle, cela me servira de leçon. Je ne peux m'empêcher de rire en pensant à l'histoire rocambolesque qu'Anne est venue me conter. Mais je ne dois pas l'inciter à mentir, après tout, ce n'est pas bien. Bien sûr, ça aurait été plus grave si tout cela s'était avéré être vrai. Enfin, bon, je reconnais avoir une part de responsabilité dans tout cette histoire. Cette enfant est difficile à comprendre, mais je suis sûre qu'elle deviendra quelqu'un de bien. Et une chose est certaine, on ne s'ennuie jamais avec elle.

CHAPITRE XV. Une simple histoire de cour d'école

— Quelle journée éclatante ! s'écria Anne, inspirant à pleins poumons. N'est-ce pas merveilleux d'être en vie, surtout en une journée comme celle-ci ? Oh, comme je les plains ces braves gens qui ne sont pas témoins de ce moment ! Peut-être vivront-ils de belles journées de leur côté, eux aussi, mais je pense qu'aucun moment ne sera jamais tout à fait aussi beau que celui-ci. Quelle joie de se rendre à l'école par un chemin si enchanteur, n'ai-je pas raison ?

— Oh, je suis bien d'accord. Habituellement, nous devons faire le tour par la route, c'est un chemin si étouffant et poussiéreux. Celui-ci est bien plus agréable, répliqua Diana d'un ton pragmatique.

Elle jeta un regard dans son panier, et évalua le nombre de bouchées auxquelles elle aura le droit, une fois les trois tartes aux framboises, juteuses et alléchantes, qu'elle avait apportées équitablement partagées entre elles, et les neuf autres petites filles. Les fillettes de l'école d'Avonlea avaient l'habitude de partager leur déjeuner. Celle qui aurait osé engloutir seule ses trois tartes, ou même ne les aurait partagées qu'avec sa meilleure amie, se verrait étiqueter comme une enfant égoïste. Mais une fois les tartes divisées en dix, chacune en avait juste assez pour éveiller ses papilles.

Diana et Anne avaient emprunté le plus splendide des chemins en direction de l'école. Même l'imagination débordante d'Anne ne parvint pas à songer à une expérience plus plaisante que celle de se rendre à l'école en compagnie de Diana. Le trajet habituel de l'école était bien trop peu romantique à son goût. Elle préférait se perdre au détour du Sentier de l'amour, puis longer l'Étang aux saules, la Vallée des violettes et enfin le Chemin des bouleaux blancs. C'était sa vision d'un trajet romantique.

Le Sentier de l'amour débutait un peu plus bas que le verger des Pignons Verts, et se prolongeait profondément dans les bois, jusqu'aux confins de la ferme des Cuthbert. Anne l'avait baptisé ainsi dès son premier mois à Avonlea – elle avait trouvé ce nom dans un des livres passionnants qu'elle lisait avec Diana.

— Il n'y a pas que des couples qui viennent s'y promener, expliqua-t-elle à Marilla, mais nous lisons un livre magnifique, Diana et moi, qui parle d'un sentier réservé aux amoureux. Nous aussi, nous voulions avoir notre propre Sentier de l'amour. Et le nom est plutôt évocateur, ne trouvez-vous pas ? Oh, je le trouve tellement romantique, moi ! Avec un nom pareil, rien de plus facile que d'imaginer un couple s'y balader ! J'aime tellement ce chemin, car là-bas, je peux réfléchir à voix haute, et personne ne trouve cela étrange.

Ainsi, chaque matin, Anne descendait seule le Sentier de l'amour jusqu'au ruisseau, où Diana la rejoignait. Les fillettes progressaient le long du sentier sous les branches d'érables, qui semblaient former une voûte protectrice. « Les érables sont des arbres si sociables ! Ils frissonnent toujours à notre passage, c'est comme s'ils nous murmuraient des secrets », faisait régulièrement remarquer Anne. Et puis, comme chaque matin, toutes deux continuaient leur chemin jusqu'à atteindre un pont rustique.

À cet endroit, elles quittaient l'allée, traversaient le pré derrière chez les Barry, et continuaient leur chemin au-delà de l'Étang aux saules. Elles arrivaient, ensuite, à la Vallée des violettes, une simple clairière verdoyante à l'ombre des grands bois de M. Andrew Bell.

— Bien sûr, il n'y a plus de violettes à cette saison, mais Diana m'a assuré qu'au printemps, il y en a des millions. Oh, Marilla, arrivez-vous seulement à concevoir qu'un tel paysage puisse exister ? C'est à couper le souffle. Son nom vient de toutes ces violettes qui fleurissent un peu partout. Diana dit que j'ai un vrai don pour baptiser ce genre de lieux. C'est agréable d'être douée en quelque chose, n'est-ce pas ? Diana, elle, n'a pas autant d'inspiration. C'est elle qui a décidé de nommer le Chemin des bouleaux blancs ainsi, mais c'est tout. Ce n'est pas très original, si vous voulez mon avis. Mais cela reste l'un des plus beaux endroits du monde, Marilla.

Anne avait raison de le penser. Le Chemin des bouleaux blancs était un sentier étroit, entouré de méandres sinueux, serpentant le long d'une longue pente, et traversant les bois de M. Bell avec la plus grande économie, là où la lumière, filtrant à travers la dense canopée émeraude, s'imbibait de la pureté cristalline d'un diamant. Les jeunes bouleaux élancés, aux troncs immaculés et aux frondaisons souples, bordaient le sentier de part et d'autre, parmi les fouillis de fougères, d'ornithogales en ombelle, de muguet sauvage et de touffes écarlates de rivine humble, qui s'épanouissaient en épais bouquets d'une exubérance dense. Un parfum d'épices flottait dans l'air, tandis que le chant des oiseaux, mêlé à la douce mélodie des vents rieurs, se déployait dans les hautes branches. De temps à autre, un lapin s'aventurait à traverser le chemin, d'un bond léger, interrompant ainsi les rares moments de silence qu'Anne et Diana s'autorisaient. En bas, dans la vallée, le sentier fusionnait avec la grande route. À sa vue, les deux fillettes savaient qu'il ne leur restait plus qu'à gravir cette colline hérissée de sapins pour rejoindre l'école.

L'école d'Avonlea se dressait au sommet de celle-ci. On reconnaissait ce bâtiment, d'un blanc de chaux, à ses avant-toits modestes et ses larges fenêtres laissant entrevoir une salle de classe jonchée de vieux pupitres, robustes mais accueillants, sur lesquels figuraient des initiales et autres hiéroglyphes soigneusement gravés par les trois précédentes générations d'écoliers. L'école se dressait à l'écart du chemin, et derrière s'étendait une sombre clairière de sapins, ainsi qu'un ruisseau dans lequel, chaque matin, les enfants venaient déposer leur bouteille de lait pour que celle-ci conserve sa fraîcheur jusqu'à l'heure du déjeuner.

Au mois de septembre, le jour de la rentrée, Marilla avait observé Anne avec une appréhension muette tandis que la fillette se préparait pour son premier jour d'école. Cette fillette était si singulière ! Comment s'adapterait-elle aux autres enfants ? Et comment diable parviendrait-elle à rester silencieuse pendant la classe ?

Toutefois, sa rentrée se déroula pour le mieux. Ce soir-là, Anne revint à la maison, rayonnante :

— Je crois que je vais apprécier cette école, déclara-t-elle, bien que je n'apprécie pas vraiment le maître. Il passe son temps à se frotter la moustache et à faire des œillades à Prissy Andrews. C'est Tillie Boulter qui m'a confié que le maître était éperdument épris d'elle. Prissy est déjà grande, elle a seize ans. J'ai entendu dire qu'elle préparait l'examen d'entrée de la Queen's Academy – vous savez, l'université de Charlottetown –, dans l'espoir d'y étudier l'année prochaine. Elle a une peau éclatante, des boucles brunes, et je dois le dire, une certaine prestance. Sa place est tout au fond de la classe, elle a un long banc rien qu'à elle, et généralement, le maître en profite pour s'asseoir à ses côtés et l'aider à étudier, du moins c'est ce qu'il prétend faire. Ruby Gillis m'a affirmé avoir vu le maître écrire quelque chose sur l'ardoise de Prissy, et quand elle y a jeté un œil, son visage est devenu tout rouge, et elle a éclaté de rire ! Ruby n'a jamais su ce que le maître avait bien pu écrire sur cette ardoise, mais étant donné la réaction de Prissy, ce n'était certainement pas en rapport avec la leçon du jour.

— Anne Shirley, je ne veux plus t'entendre parler de ton maître d'école en ces termes, réprimanda Marilla d'un ton sec. Je ne t'envoie pas à l'école pour les commérages. Et puis, je suis certaine que c'est un très bon professeur, cet homme. Tu as certainement beaucoup à apprendre de lui. Je ne le répéterai pas, Anne, je ne veux plus t'entendre colporter ces rumeurs à propos de ton maître d'école sous mon toit. Bien, j'espère au moins que tu as été sage.

— Oh, mais oui, répondit Anne sans hésitation. Ce n'était pas aussi difficile que ce que je pensais. En classe, je suis assise à côté de Diana. Notre banc est près de la fenêtre, et nous avons une jolie vue sur le Lac aux eaux scintillantes en bas de l'école. J'ai fait connaissance avec plein de fillettes, toutes très gentilles, et nous nous sommes beaucoup amusées à l'heure de la pause. C'est si génial de pouvoir jouer avec d'autres filles de mon âge ! Même si Diana reste ma camarade de jeu préférée, et ce n'est pas près de changer. Je l'aime tant ma Diana. Mais, vous savez, je suis tellement en retard par rapport aux autres élèves. Ils étudient déjà le cinquième manuel du programme, alors que moi, je n'en suis encore qu'au quatrième. C'est humiliant, je dois l'admettre. Heureusement, personne à l'école n'a une imagination aussi développée que la mienne ; ça je m'en suis rendu compte très vite. Aujourd'hui, nous avons étudié la littérature, la géographie, l'histoire du Canada, et le maître nous a même donné une dictée. M. Phillips a fait remarquer que j'étais très mauvaise en orthographe, et il a même montré mon ardoise à toute la classe. J'avais si honte, Marilla ! Il aurait pu être plus agréable avec moi, je suis nouvelle dans cette école, après tout. Heureusement, après cet incident, Ruby Gillis m'a offert une pomme, et Sophia Sloane m'a fait passer une jolie carte rose, où il était écrit : « Veux-tu passer à la maison ? ». Elle m'a demandé de lui adresser ma réponse d'ici demain. Oh, et j'allais oublier : Tillie Boulter m'a prêté sa bague, celle avec une perle, toute l'après-midi. Dites, pourrais-je récupérer quelques-unes des perles de la pelote à épingles qui traîne dans la mansarde ? Oh, s'il vous plaît, j'aimerais tant me confectionner une bague avec ! Et oh, devinez quoi ! Jane Andrews m'a rapporté que Minnie MacPherson lui avait dit que Prissy Andrews avait dit à Sara Gillis que j'avais un joli nez. Marilla, c'est le premier compliment que l'on ne m'ait jamais fait ! Oh, comme c'est étrange de se faire complimenter, je suis tout émue ! Vous trouvez que j'ai un joli nez, vous aussi ? Je sais que vous ne mentiriez jamais, Marilla.

— Ton nez est très bien tel qu'il est, répondit Marilla sobrement, même si en son for intérieur, elle trouvait le nez d'Anne remarquablement mignon, sans avoir l'intention de l'admettre.

C'était il y a trois semaines déjà, et depuis lors, tout se passait à merveille. Ce matin-là donc, par une fraîche journée de septembre, Anne et Diana descendaient d'un pas léger le Chemin des Bouleaux Blancs. Elles avaient l'air des fillettes les plus heureuses d'Avonlea.

— Je parie que Gilbert Blythe sera là aujourd'hui, fit Diana. J'ai entendu dire qu'il avait passé l'été chez ses cousins, dans le Nouveau-Brunswick, et qu'il était rentré à Avonlea samedi soir. Tu sais, c'est un très beau garçon, mais il passe son temps à taquiner les filles de l'école, c'est vraiment insupportable ! Il n'y a pas moyen d'être tranquille quand il est dans les parages !

Malgré ce qu'elle pouvait en dire, sa voix trahissait une pointe d'excitation à l'idée que le garçon soit de retour.

— Gilbert Blythe ? questionna Anne. Oh, je me souviens avoir vu ce nom gravé sur le mur du porche à côté d'un autre nom, celui d'une jeune fille. Je crois qu'il était inscrit : « Gilbert Blythe + Julia Bell ».

— C'est bien lui, acquiesça Diana en hochant la tête, mais je ne crois pas qu'il soit réellement amoureux de cette fille. Je l'ai entendu dire qu'il n'aimait pas toutes ses taches de rousseur. « Elle en a tellement, on ne ferait même pas la différence entre son visage et une robe à pois », a-t-il dit.

— Oh, ne me parle pas de taches de rousseur, supplia Anne. Tu sais bien que je suis la première à en souffrir. Enfin, bon, je trouve que c'est incroyablement stupide comme inscription. Qu'ils s'amusent à inclure mon nom dans une de ces opérations mathématiques idiotes, je leur expliquerai à quel point ce concept n'a aucun sens ! Même si, il faut bien reconnaître que cela a peu de chance d'arriver, ajouta-t-elle précipitamment.

Anne laissa échapper un soupir. Elle n'avait aucunement envie de voir son nom inscrit sur le mur du porche accolé à celui d'un garçon. Pourtant, elle se sentait humiliée à l'idée que quoi qu'elle en pensât, cela ne risquait pas de se produire.

— Tu ne sais pas ce que tu dis, répliqua Diana, dont les yeux noirs et les tresses brillantes lui valurent d'avoir son nom inscrit sur de nombreux porches à côté de celui d'une demi-douzaine de garçons. C'est juste pour plaisanter. Et, ne sois pas si sûre que ton nom n'apparaisse jamais nulle part. Charlie Sloane est tombé sous ton charme si bien qu'il a parlé de toi à sa mère, oui, oui, tu as bien entendu, à sa mère ! Il a dit que tu étais la fille la plus intelligente de l'école. C'est encore mieux que de s'entendre dire que l'on est jolie.

— Non, je ne suis pas d'accord avec toi, fit Anne, féminine jusqu'au bout des ongles. Je préférerais être jolie plutôt qu'intelligente. Et puis, moi, je ne l'aime pas du tout ce Charlie Sloane, il a des yeux trop globuleux. Diana, je suis sérieuse, si quelqu'un s'amusait à écrire « Charlie Sloane + Anne Shirley » sur le mur du porche, je crois que je ne m'en remettrais jamais tout à fait. Enfin, cela ne me déplaît pas que l'on dise de moi que je suis la plus intelligente de la classe.

— Plus pour longtemps, Gilbert est dans notre classe, fit Diana, et je te préviens, aucun élève ne lui arrive à la cheville. Il a presque quatorze ans, mais il continue d'étudier attentivement le quatrième manuel du programme. Il y a de cela quatre ans, son père est tombé malade, ce qui l'a poussé à se rendre en Alberta pour des raisons de santé, et Gilbert l'a accompagné. Ils y sont restés trois ans, et Gil n'est presque pas allé à l'école pendant tout ce temps-là. Enfin, nous verrons si tu parviens à rester première de la classe face à lui.

— Oh, mais j'en suis ravie, répondit Anne aussitôt. Quelle fierté éprouverais-je à être première de la classe si mes camarades sont tous plus jeunes que moi ? Hier, le maître nous a demandé à Josie Pye et moi d'épeler le mot « ébullition ». Il a interrogé Josie en premier, et comme elle ne savait pas l'écrire, elle a jeté un furtif coup d'œil dans son manuel. Bien sûr, M. Phillips n'a rien vu de tout cela – ses yeux étaient rivés sur Prissy comme à leur habitude –, mais moi, je l'ai vue faire. Je lui ai jeté un regard noir, et son visage est devenu tout rouge. Je crois que ça l'a déstabilisé, car elle a épelé les lettres dans le mauvais ordre.

— Oh, ne m'en parle pas ! Les sœurs Pye passe leur temps à tricher, fit Diana avec indignation en escaladant la clôture au bout de la grande route. Devine quoi ? Hier, Gertie Pye a osé déposer sa bouteille de lait dans le ruisseau à la place de la mienne. Depuis, je ne lui adresse même plus la parole.

Comme à son habitude, M. Phillips était assis au fond de la classe, et écoutait religieusement Prissy Andrews réciter sa leçon de latin. Diana saisit cette occasion pour se pencher vers Anne, et lui chuchota ces mots :

— Psst, Anne ! Le garçon assis en face de toi, c'est Gilbert Blythe. Regarde-le, et dis-moi si tu le trouves à ton goût.

Aussitôt, Anne s'exécuta. L'occasion était toute trouvée : Gilbert était occupé à épingler, le plus discrètement possible sur le dossier du banc, la longue tresse blonde de Ruby Gillis, la petite fille qui était assise devant lui. C'était un grand garçon, avec des cheveux bruns bouclés, et des yeux noisette. Il avait un regard espiègle ainsi qu'un sourire taquin en coin de bouche.

Soudainement, Ruby entreprit de rejoindre le maître, au fond de classe, pour lui apporter le devoir qu'elle venait tout juste de finir. Dès qu'elle se leva, elle retomba brusquement sur le banc laissant échapper un petit cri, pensant qu'on venait de lui arracher les cheveux. Toute la classe se tourna vers elle, et M. Phillips lui lança un regard si sévère que la jeune fille éclata en sanglots. Par peur d'être accusé, Gilbert avait fait disparaître l'épingle aussitôt, avant de se plonger dans son manuel d'histoire, d'un air faussement concentré. Lorsque l'agitation retomba, il jeta un regard à Anne, et lui adressa un amusant clin d'œil.

— Il est plutôt beau, c'est vrai, confia Anne à Diana, mais je le trouve très effronté. Ce n'est pas correct de faire un clin d'œil à une fille que l'on ne connaît pas.

Le reste de la matinée se déroula de manière plutôt banale, puis vint l'après-midi. M. Phillips avait repris sa place au fond de classe, et expliquait un problème d'algèbre à Prissy. Pendant ce temps, les autres élèves étaient libres de s'occuper comme bon leur semblait. Certains mangeaient une pomme, d'autres discutaient à voix basse ou dessinaient sur leur ardoise, et certains encore organisaient des courses de grillons qu'ils traînaient avec une ficelle le long des rangs. Quant à Gilbert, il essayait vainement d'attirer l'attention d'Anne, mais rien n'y faisait : elle était plongée dans ses pensées. À ce moment précis, ni lui ni les autres élèves de l'école n'existaient à ses yeux. Le menton posé dans les mains, elle fixait la fenêtre ouest de la salle de classe, celle qui donnait sur le Lac aux eaux scintillantes. Son regard était plongé dans ce reflet bleu, et elle s'imaginait dans un monde merveilleux où seule son imagination régnait.

Il faut dire que Gilbert n'avait pas l'habitude de se donner autant de mal pour attirer l'attention d'une fille, qui plus est, ne lui prêtait aucunement attention. Elle n'avait pas le droit de l'ignorer, cette petite rouquine au menton pointu et aux grands yeux si singuliers. Anne ne ressemblait à aucune autre fille de l'école. Alors, Gilbert tendit le bras pour atteindre le rang d'en face, et se saisit brusquement d'une des tresses rousses d'Anne, la tint à bout de bras et s'écria d'une voix perçante :

— Poil de carotte ! Poil de carotte !

Il voulait l'attention d'Anne, on peut dire que c'était réussi.

Mais, Anne lui offrit plus qu'un simple coup d'œil. Elle se leva d'un bond, abandonnant brusquement ses rêveries, et foudroya le garçon d'un regard noir, les yeux emplis de rancœur et de larmes.

— Espèce d'odieux garçon méprisable ! s'exclama-t-elle passionnément. Comment oses-tu ?

Et puis, bam ! Anne abattit brutalement son ardoise sur la tête de Gilbert, si bien qu'elle se fendit en deux à la violence du coup – l'ardoise, et non pas la tête du garçon.

Les élèves de l'école étaient friands de ce genre de scène, et on peut dire qu'Anne venait là de leur offrir un grand spectacle. Tous poussèrent un « oh ! » de surprise, à la fois indignés mais captivés. Diana resta bouche bée. Ruby Gillis, qui avait tendance à être nerveuse, éclata en sanglots. Tommy Sloane, que la violence de cette scène avait figé sur place, laissa s'échapper son équipe de grillons. M. Phillips, interrogé, se dirigea vers Anne et posa lourdement sa main sur son épaule.

— Anne Shirley, qu'est-ce que c'est que ce cirque ? dit-il en colère.

Anne resta silencieuse.

Rien au monde n'aurait pu la faire parler. C'était bien trop humiliant que d'avoir à expliquer, devant la classe entière, qu'on l'avait traitée de « poil de carotte ».

Gilbert, courageux, décida de mettre fin à ce silence.

— C'est ma faute, M. Phillips. Je voulais simplement la taquiner.

Mais, M. Phillips ne prêta aucune attention au jeune garçon.

— Je suis affligé de voir l'une de mes élèves se laisser emporter ainsi par ses humeurs et manifester un esprit si vindicatif, déclara-t-il d'un ton solennel, comme si le simple fait d'être son aile devait suffire à extirper les mauvaises passions du cœur de tous ces petits êtres humains imparfaits. Anne, je vous prie de vous avancer et de vous tenir debout sur l'estrade, devant le tableau noir, pour le reste de l'après-midi.

Anne aurait préféré mille fois une correction à une telle punition, qui blessait déjà sa sensibilité à vif. Le visage pâle, les yeux fixes, elle obéit. M. Phillips prit une craie et inscrivit au-dessus de sa tête : « Ann Shirley a un très mauvais caractère. Ann Shirley doit apprendre à contrôler son mauvais caractère », puis il lut ces mots à voix haute pour que même les plus jeunes, en première année, puissent les comprendre.

Anne resta debout, avec cette inscription au-dessus de sa tête, pour le reste de l'après-midi. Elle ne pleura pas, ni ne baissa les yeux. La colère qui brûlait en elle lui tint compagnie durant ce moment humiliant. Les yeux pétillants de ressentiment, les joues rougies par la passion, elle affronta à la fois le regard compatissant de Diana et les hochements de tête indignés de Charlie Sloane, mais également les sourires malicieux que lui lançait sa rivale Josie Pye. Quant à Gilbert Blythe, elle ne lui accorda pas le moindre regard. Plus jamais elle ne posera ses yeux sur lui, ni ne lui adressera la parole.

Enfin, la classe prit fin et Anne quitta la salle, la tête haute, toujours rouge de colère. Gilbert se mit en travers de son chemin, la stoppant dans son élan.

— Je suis vraiment désolé de m'être moqué de tes cheveux, Anne, murmura-t-il. Vraiment. Pardonne-moi, je t'en supplie !

Anne l'ignora, et passa son chemin feignant de ne pas l'avoir entendu.

— Anne, comment peux-tu l'ignorer de la sorte ? s'écria Diana, d'un ton admiratif mais réprobateur, tandis qu'elles descendaient la route.

Diana savait qu'à sa place, elle n'aurait jamais pu résister aux supplications de Gilbert.

— Je ne lui pardonnerai jamais, déclara Anne d'un ton ferme. M. Phillips n'a même pas daigné écrire mon nom correctement sur le tableau. Je m'appelle Anne, avec un *e*. Désormais, je serai impitoyable avec tout le monde, Diana.

Diana ne savait pas exactement ce qu'Anne entendait par là, mais elle sentait que cela devait être grave.

— Ne t'en fais pas si Gilbert se moque de tes cheveux, dit-elle en guise de réconfort. Il se moque de toutes les filles, tu sais. Et d'ailleurs, il a déjà ri de mes cheveux noirs, car il les trouve trop foncés à son goût. Il m'a surnommé « le corbeau » plus d'une fois, et il ne s'est jamais excusé auprès de moi pour cela.

— Ton surnom à toi est bien moins méchant que « poil de carotte », répliqua Anne, dignement. Gilbert m'a cruellement blessée, Diana.

Tout aurait pu s'arrêter là, mais lorsque les catastrophes commencent à s'abattre, elles ne s'arrêtent pas de sitôt.

Les élèves d'Avonlea passaient souvent leur pause déjeuner à récolter de la gomme-résine dans le petit bois de M. Bell sur la colline, de l'autre côté de son grand pré. Ils surveillaient la maison d'Eben Wright, là où vivait le maître d'école. Tous les jours, à l'heure du déjeuner, il rentrait chez lui pour manger, avant de reprendre le chemin de l'école. Lorsqu'ils le voyaient sortir, tous se hâtaient de retourner en classe, mais comme ils avaient trois fois plus de trajet à parcourir pour retourner à l'école, ils arrivaient souvent avec quelques minutes de retard. Le lendemain de l'incident, M. Phillips, pris d'un de ces soudain accès de réforme qui le prenaient parfois, déclara avant l'heure du déjeuner, qu'il s'attendait à trouver tous les élèves en classe à son retour. Tout retard serait puni.

Comme à leur habitude, les garçons, et même certaines filles, se rendirent dans le bois de M. Bell, déterminés à ne rester que le temps nécessaire pour récolter la précieuse gomme-résine. Mais, ce jour-là, le bois était si agréable, que les enfants s'attardèrent, jusqu'à finir par se perdre. Comme toujours, le premier signe de rappel à l'ordre fut la voix de Jimmy Glover criant du sommet d'un vieux pin : « Le maître arrive ! ». Les filles, en bas, partirent les premières et réussirent à atteindre l'école juste à temps, mais de peu ! Les garçons, eux, qui durent se contorsionner pour descendre des arbres, arrivèrent en retard. Anne, quant à elle, s'y était rendue pour profiter de la beauté du lieu, et ce jour-là, elle s'était promenée dans le bois, avait plongé dans les fougères jusqu'à la taille, le tout, en fredonnant une chanson qu'elle seule pouvait entendre. Elle s'était confectionné un diadème de lys blancs, qu'elle portait fièrement sur sa tête, lui octroyant un air de déesse sauvage. De tous les élèves qui s'étaient rendus dans le bois, elle fut la dernière à retourner en classe. Anne, agile comme une gazelle, les rattrapa juste devant la porte de la classe, se glissant à l'intérieur avec les garçons au moment même où M. Phillips accrocha son chapeau au portemanteau.

L'accès réformateur dont M. Phillips avait été pris le matin même n'était plus, il ne voulait pas avoir à punir cette douzaine d'élèves en retard, mais il lui fallait bien tenir parole. Alors, il désigna Anne qui venait tout juste de gagner sa place, à bout de souffle, comme bouc émissaire. Elle portait encore sur la tête sa couronne de lys blancs qui lui donnait un air insouciant, quoique désordonné.

— Anne Shirley, puisque vous appréciez tant la compagnie des garçons à l'heure du déjeuner, vous n'avez qu'à en profiter également cet après-midi, déclara-t-il d'un ton sarcastique. Retirez-moi ces fleurs de vos cheveux, et asseyez-vous à côté de Gilbert Blythe.

Les garçons ricanèrent discrètement. Diana, compatissante, retira la couronne des cheveux d'Anne, et lui serra la main. Anne fixa le maître comme pour le défier du regard, à la manière d'une statue.

— Avez-vous entendu ce que j'ai dit, Anne ? insista M. Phillips, d'un ton sévère.

— Oui, monsieur, répondit Anne, lentement. Mais, je ne veux pas croire que vous soyez sérieux.

— Et pourtant, je vous assure que je le suis.

Il y avait dans sa voix cette pointe sarcastique que tous les enfants détestaient, Anne plus que les autres encore, et qui avait le don de la piquer au vif.

— C'est un ordre !

Un instant, il sembla qu'Anne allait désobéir. Puis, comprenant qu'elle n'avait pas d'autre choix, elle se leva fièrement, traversa la salle, s'assit à côté de Gilbert Blythe, et cacha son visage dans ses bras, allongée sur son pupitre.

En fin de journée, Ruby Gillis qui avait pu entrevoir le visage de la fillette, l'espace d'un bref instant seulement, raconta aux autres qu'elle n'avait « jamais rien vu de tel… un visage si pâle, rempli d'affreuses petites taches de rousseur ».

C'était la pire chose qui aurait pu arriver à Anne. Être la seule punie alors que d'autres le méritaient tout autant était déjà pénible, mais être assise à côté d'un garçon, et qui plus est Gilbert Blythe, était une insulte suprême, une humiliation insupportable. Anne sentit qu'elle ne pouvait pas le supporter, et il était inutile de prétendre le contraire. La colère et la honte la secoua de tout son être.

Les autres élèves commencèrent à chuchoter, à se regarder, à rire, à se pousser du coude. Mais voyant qu'Anne ne relevait pas la tête, et que Gilbert était absorbé par ses fractions, ils se replongèrent dans leurs propres affaires, et oublièrent Anne. Lorsque ce fut l'heure du cours d'histoire, Anne aurait dû se lever, mais elle demeura immobile. M. Phillips, qui avait commencé à écrire quelques vers intitulés « Pour Priscilla » avant le début de la classe, était occupé à chercher une rime qui lui échappait, et ne prêta aucune attention à Anne. Alors que personne ne les regardait, Gilbert se saisit d'un petit cœur en sucre rose délicatement posé sur le bureau du maître ; on pouvait y lire inscrit en lettres dorées « Tu es délicieusement adorable ». Il glissa le biscuit sous le bras d'Anne qui se leva aussitôt, agrippa la friandise du bout des doigts, et la laissa tomber par terre avant de l'écraser sous son talon. Enfin, elle se rassit, et enfouit son visage de plus belle dans ses bras, le tout, sans jeter le moindre regard à Gilbert.

À la fin de la journée, lorsqu'il fut presque l'heure de rentrer, Anne rassembla ostensiblement ses affaires : ses manuels, sa tablette pour écrire, sa plume et son encre, son Nouveau Testament et son livre d'arithmétique, tout était là. Elle les empila soigneusement, un à un, sur son ardoise fendue depuis l'incident.

— Pourquoi emportes-tu tout ça à la maison, Anne ? demanda Diana dès qu'elles furent sur le chemin du retour.

Elle n'avait pas osé poser la question plus tôt.

— Je ne retournerai plus jamais à l'école, répondit Anne.

Diana, bouche bée, la regarda, se demandant dans quelle mesure elle devait la croire.

— Mais, qu'en est-il de Marilla ? Es-tu certaine qu'elle respectera ton choix ? demanda-t-elle.

— Je ne lui demanderai pas son avis, répondit Anne. Je ne retournerai jamais à l'école tant que ce Gilbert sera là.

— Oh, Anne ! s'exclama Diana, au bord des larmes. C'est si cruel de ta part ! Que vais-je devenir ? M. Phillips va sûrement me faire m'asseoir à côté de cette horrible Gertie Pye. J'en suis certaine, car elle est seule à son pupitre. Oh Anne, reviens, je t'en prie.

— Je pourrais faire presque n'importe quoi pour toi, Diana, fit tristement Anne. Si cela pouvait t'être utile, j'irais jusqu'à me faire écarteler. Mais retourner à l'école, je suis désolée, mais je ne peux pas. Ne me supplie pas, Diana, je t'en prie. Tu me brises le cœur.

— Pense à tout ce que tu vas manquer, implora Diana. Nous allons construire la plus belle cabane près du ruisseau, et la semaine prochaine, nous allons jouer à la balle. C'est si amusant comme activité, je sais combien tu aimerais cela, Anne. Et, nous allons même apprendre une nouvelle chanson – Jane Andrews est en train de la répéter en ce moment même. La semaine prochaine, nous allons toutes lire à voix haute le nouveau livre qu'Alice Andrews va apporter à l'école. Elle dit qu'il est issu de la collection Pansy, comment peux-tu résister à cela ? Nous allons le lire, chapitre par chapitre, chacune notre tour, près du ruisseau. Je sais que tu adores lire à voix haute, Anne, ne me mens pas.

Mais rien de tout cela ne parvint à la faire changer d'avis, sa décision était prise : elle ne retournerait pas à l'école. Dès son retour aux Pignons Verts, elle l'annonça à Marilla.

— Balivernes, lâcha-t-elle.

— Ce ne sont pas des balivernes, Marilla, fit Anne, la fixant de ses grands yeux graves et accusateurs. Ne comprenez-vous pas ? Ce garçon m'a injurié.

— Ma pauvre enfant, tu es bien naïve de penser que je ne te renverrai pas à l'école dès demain. Ce sera comme ça, et pas autrement.

— Non, je ne suis pas d'accord, dit Anne en secouant doucement la tête. Je n'y retournerai pas, Marilla. Je ferai l'école à la maison, et je serai très bonne élève. Je ne vous dérangerai pas, je vous le promets. Mais, je refuse de retourner à l'école.

Marilla pouvait lire sur le petit visage d'Anne une détermination à toute épreuve. Elle comprit qu'il serait difficile de la faire changer d'avis, alors, elle décida d'opter pour une nouvelle stratégie.

« Je parlerai à Rachel ce soir, songea-t-elle. Je n'arriverai pas à lui faire entendre raison à moi seule. Elle est encore sur les nerfs, et je sais combien elle peut être obstinée. Pour autant que je puisse en juger, M. Phillips a peut-être été un peu trop loin. Mais à quoi bon l'admettre auprès d'Anne ? Je vais plutôt en parler à Rachel. Après tout, elle a élevé dix enfants cette femme-là ; elle en sait plus que moi sur le sujet. De toute façon, elle doit déjà être au courant à cette heure-ci. »

Lorsque Marilla arriva chez Mme Lynde, celle-ci semblait de bonne humeur. Comme à son habitude, elle était affairée à tricoter ses dessus-de-lit en coton.

— Je suppose que vous savez pourquoi je viens vous voir, fit Marilla, d'un ton quelque peu gêné.

Mme Lynde hocha simplement la tête.

— C'est à propos de tout ce remue-ménage à l'école, n'est-ce pas ? Tillie Boulter m'en a parlé en rentrant à la maison.

— Je ne sais pas trop quoi faire d'Anne, expliqua Marilla. Elle dit qu'elle ne retournera pas à l'école. Je ne l'ai jamais vue aussi bouleversée. Je craignais qu'une telle chose arrive, et ce, dès son premier jour d'école. Finalement, tout semblait bien se passer, mais j'aurais dû m'en douter : c'était trop beau pour être vrai. Cette enfant est si nerveuse ! Que me conseillez-vous de faire, Rachel ?

— Eh bien, puisque vous me demandez mon avis, fit jovialement Mme Lynde – elle avait l'air ravie d'être considérée comme une femme de bon conseil –, je commencerais par céder un peu à ses caprices. Je suis d'avis que M. Phillips s'est mal comporté, mais il hors de question de l'admettre devant Anne, cela va de soi. Bien sûr, il a eu raison de la punir pour son accès de colère la veille. Mais aujourd'hui, les circonstances étaient bien différentes. Les autres enfants auraient dû être punis, eux aussi, il n'y a pas de doute là-dessus. D'ailleurs, je trouve que demander à une jeune fille de s'asseoir aux côtés d'un garçon est une punition parfaitement ridicule. Cela manque totalement de pudeur. Tillie Boulter en était toute bouleversée.

Elle a pris le parti d'Anne, du début à la fin, affirmant que les autres enfants étaient d'accord avec elle. Il semble qu'Anne soit plutôt populaire à l'école. Je ne m'attendais pas du tout à ce qu'elle s'entende si bien avec les autres.

— Donc, vous pensez que je devrais la laisser rester vivre ici, répondit Marilla, stupéfaite.

— Oui. Du moins, je ne lui parlerais plus de l'école, en tout cas, pas avant qu'elle revienne elle-même sur le sujet. Croyez-moi, Marilla, dans une semaine, ou même moins, elle se sera calmée et elle sera prête à retourner à l'école de son plein gré, cela ne fait aucun doute. Si, d'ores et déjà, vous cherchez à la confronter, qui sait ce qui pourrait arriver ? Mieux vaut éviter les problèmes, à mon avis. Et puis, de toute manière, je ne suis pas certaine qu'elle manquera grand-chose pendant ces quelques jours sans école. M. Phillips est un bien mauvais maître. Sa pédagogie est, tout simplement, scandaleuse. Il néglige ces jeunes élèves au profit des plus grands qui préparent l'examen d'entrée de la Queen's Academy. Il ne serait jamais resté une année de plus à son poste si son oncle n'était pas membre du conseil scolaire. En fait, son oncle est le seul membre du conseil, car il mène les deux autres par le bout du nez. Je vous le dis franchement : je suis inquiète de la manière dont notre système d'éducation évolue.

Sur ces mots, Mme Lynde se tut et hocha la tête, comme pour symboliser le fait que rien de tout cela ne serait arrivé si elle était elle-même en charge du système d'éducation sur cette île.

Marilla décida d'appliquer les précieux conseils de Mme Lynde, alors elle ne mentionna plus à Anne l'idée de la renvoyer à l'école contre son gré. La fillette tint sa parole, elle étudia studieusement à la maison, fit tous ses devoirs, et trouva même le temps de s'amuser avec son amie Diana dans la lumière pourpre des soirées d'automne. Cependant, lorsqu'elle croisait Gilbert Blythe sur le chemin ou le voyait à l'église le dimanche, elle l'ignorait avec un mépris à glacer le sang, insensible aux tentatives désespérées du garçon d'enterrer la hache de guerre. Même les efforts de Diana, qui jouait le rôle de médiatrice, ne donnèrent rien. Anne était visiblement résolue à le haïr pour le restant de ses jours.

Pourtant, si Anne nourrissait une profonde animosité envers Gilbert, son affection pour Diana était tout aussi intense. Un soir, Marilla rentrant du verger avec un panier de pommes, trouva Anne assise seule dans le crépuscule près de la fenêtre de l'est, en pleurs.

— Mais que se passe-t-il encore, Anne ? demanda-t-elle.

— C'est Diana, sanglota Anne. Je l'aime tellement, Marilla. Je ne peux pas vivre sans elle. Mais, je sais que quand nous serons grandes, Diana va se marier, partir, et m'abandonner. Et alors, oh, que vais-je faire ? Je déteste son mari, je le déteste de tout mon cœur. J'ai déjà tout imaginé, le mariage et tout le reste : Diana en robe blanche, magnifique comme une reine, et moi, la demoiselle d'honneur, le cœur brisé derrière mon sourire. Et puis, je me vois lui dire adieu, oh, comment pourrais-je te dire adieuuu...

Les sanglots d'Anne s'intensifièrent à tel point qu'elle fut incapable de poursuivre son récit.

Marilla, trouvant cette scène hilarante par son absurdité, se retourna brusquement pour dissimuler le sourire qui se dessinait sur son visage, mais en vain, elle s'effondra sur la chaise la plus proche et éclata d'un rire si franc et si inhabituel que Matthew, qui traversait la cour à ce moment-là, s'arrêta net, stupéfait. Quand avait-il entendu Marilla rire de cette manière ?

— Oh Anne, fit Marilla, une fois qu'elle eut retrouvé ses esprits, je sais combien tu aimes te tourmenter l'esprit à la moindre occasion, mais là c'est tout bonnement absurde ! Si tu tiens tant à te chagriner pour quelque chose, pourquoi ne pas plutôt te soucier de choses plus proches et immédiates de ton quotidien ? Ton imagination sans limites me surprendra toujours.

CHAPITRE XVI. Un après-midi thé qui tourne au vinaigre

Le mois d'octobre offrait une splendeur particulière aux Pignons Verts; les bouleaux du vallon, illuminés d'un or éclatant, semblaient capturer la lumière du soleil, tandis que les érables derrière le verger, drapés de cramoisi royal, ajoutaient une touche majestueuse au paysage; de leur côté, les cerisiers sauvages bordant l'allée se paraient de nuances ravissantes de rouge sombre et de vert bronzé, créant un tableau d'automne d'une beauté inégalée, tandis que les champs, baignés de la douce lumière de l'arrière-saison, semblaient s'étirer paresseusement sous le ciel changeant.

Anne se délectait de ce spectacle de couleurs.

— Oh, Marilla ! s'exclama-t-elle un samedi matin en sautillant de partout, les bras chargés de branches splendides, je suis tellement heureuse que le mois d'octobre existe. Ce serait affreux de passer directement de septembre à novembre, n'êtes-vous pas d'accord ? Oh, regardez ces branches d'érable ! Ne vous font-elles pas frissonner de joie ? Parce que moi oui, et pas qu'un peu ! Je vais en mettre partout dans ma chambre.

— Encore des babioles inutiles ! rétorqua Marilla, dont le sens esthétique n'était guère développé. Tu encombres ta chambre avec toutes ces bêtises que tu trouves dehors, Anne. Tu n'as pas besoin de tout cela pour t'endormir.

— Oh, bien sûr que si, Marilla, tous ces souvenirs m'aident à rêver. On rêve tellement mieux dans une chambre joliment décorée, vous savez. Elles iront dans la vieille cruche bleue sur ma table.

— Comme tu voudras, mais garde-toi bien d'égarer des feuilles dans les escaliers. Bon, je vais assister à la réunion de l'association caritative de Carmody cet après-midi. Je ne rentrerai probablement pas avant la nuit, alors je veux que tu prépares le souper pour Matthew et Jerry. N'oublie pas de laisser infuser le thé avant de t'asseoir à table comme tu l'as fait la dernière fois.

— Oh, je n'aurais jamais dû faire cela, Marilla, s'excusa Anne, mais cet après-midi-là, je réfléchissais à un nom pour la Vallée des violettes, et cela m'a fait oublier tout le reste. Matthew a été si gentil avec moi ; il ne m'a pas grondée du tout. Il a mis le thé à infuser lui-même, et a dit que nous pouvions bien attendre un moment. Et, je lui ai raconté une merveilleuse histoire de fées pendant que nous attendions, donc il n'a pas trouvé le temps long du tout. C'était une belle histoire de fées, Marilla, vous savez. J'avais oublié la fin, alors j'ai dû en inventer une de toutes pièces. Matthew a dit qu'il ne se serait jamais douté que cette fin venait de moi si je ne lui avais pas avoué.

— Bien sûr que ça ne l'a pas dérangé, Matthew ne protesterait même pas si on lui servait le dîner au beau milieu de la nuit. Qu'importe, je veux que tu sois plus attentive cette fois-ci. D'ailleurs, tu peux inviter Diana à prendre le thé ici cet après-midi. Je ne sais toujours pas si je fais bien de te l'autoriser, je ne voudrais pas que cela te distraie davantage de tes tâches.

— Oh Marilla, fit Anne en joignant les mains. Quelle merveilleuse idée ! Voyez comme vous pouvez faire preuve d'imagination à votre tour par moments, autrement je doute que vous n'auriez jamais compris combien j'en avais envie ! Ça va être un moment génial, nous nous comporterons comme des grandes, c'est promis. Je n'oublierai pas de laisser infuser le thé sous aucun prétexte, que j'aie une invitée ou non. Oh, dites Marilla, puis-je utiliser le service à thé aux boutons de rose ? J'aimerais tant le montrer à Diana.

— Ah non, c'est hors de question ! Mon précieux service à thé ! Et puis quoi encore ? Tu sais bien que je ne le sors que pour les réunions de l'association caritative ou lorsque le pasteur nous rend visite. Tu n'as qu'à prendre l'ancien service à thé marron. D'ailleurs, je veux que tu te serves du petit pot jaune, celui avec la confiture de cerises. Il est temps de l'utiliser, de toute façon, je crois qu'il commence à fermenter. Et pour le goûter, tu n'as qu'à couper le gâteau aux fruits ; il y a aussi des biscuits et des croquets dans la cuisine.

— Je m'imagine déjà assise en bout de table en train de servir le thé, dit Anne, fermant les yeux avec extase. Oh, et je pourrais proposer un morceau de sucre à Diana, comme c'est excitant ! Bien sûr, je sais déjà qu'elle boit son thé sans sucre, mais je ferai mine de ne pas le savoir. Je me vois déjà lui proposer une autre part de gâteau, et même un peu de confiture. Oh, Marilla, je suis tout excitée rien que d'y penser. Pourrais-je l'emmener dans la chambre d'amis pour y déposer son chapeau à son arrivée ? Oh, et pourrons-nous nous asseoir dans le petit salon ?

— Non, le grand salon suffira pour vous deux. J'y pense, il reste une demi-bouteille de sirop de framboise à finir ; nous l'avions ouvert, l'autre soir, pendant la réunion de la paroisse. Elle est sur la deuxième étagère du placard, dans le grand salon. Tu n'as qu'à la servir à Diana ; ce sera très bon avec les biscuits de la cuisine. D'ailleurs, Matthew risque d'arriver en retard pour le thé, il est occupé à amener les pommes de terre au bateau.

Anne dévala la colline, passa près de la Source des nymphes, et remonta le sentier bordé d'épinettes jusqu'à la Butte aux vergers, pour inviter Diana à prendre le thé. Ainsi, juste après le départ de Marilla pour Carmody, Diana arriva, vêtue de sa deuxième plus belle robe, tout semblait indiquer qu'elle avait été invitée pour « un après-midi thé ». D'ordinaire, elle entrait sans frapper par la cuisine, mais cette fois-ci, elle frappa cérémonieusement à la porte d'entrée. Et quand Anne, elle aussi vêtue de sa deuxième plus belle tenue, lui ouvrit tout aussi solennellement, les deux petites filles se serrèrent la main gravement, comme si elles ne s'étaient jamais rencontrées auparavant. Elles continuèrent ce petit jeu d'un air solennel, jusqu'à ce qu'Anne l'invitât dans sa chambre pour y déposer son chapeau, avant de la guider jusqu'au grand salon. Là, elles s'assirent dix minutes, les pieds bien en place : aucune n'osa bouger.

— Comment va ta mère ? demanda Anne poliment, comme si elle n'avait pas aperçu Mme Barry ce matin même, plus rayonnante que jamais, en train de cueillir des pommes.

— Elle se porte à merveille, je te remercie. Je suppose que M. Cuthbert est parti apporter toutes ces pommes de terre au Lily Sands cet après-midi, n'est-ce pas ? répondit Diana, que Matthew avait conduit ce matin-là jusqu'à chez M. Harmon Andrews dans sa charrette.

— Oui, la récolte de pommes de terre a été très bonne cette année aux Pignons Verts. J'espère que ton père a autant de chance de son côté.

— Tout va pour le mieux, je te remercie. Et qu'en est-il de vos pommes ? La récolte a-t-elle été aussi bonne ?

— Oh, nous en avons déjà cueilli un grand nombre, fit Anne en oubliant sa modestie, et se levant d'un bond. Allons au verger cueillir quelques Reinettes étoilées, Diana. Marilla a dit que nous pouvions prendre toutes celles qui restent. C'est une femme très généreuse, tu sais. Elle nous a laissé du gâteau aux fruits et de la confiture de cerises pour le thé. Oh, comme je suis impolie ! Ce ne sont pas des bonnes manières de que d'annoncer ce que l'on va servir à ses invités. Je vais essayer de ne pas cracher le morceau pour le reste, mais Marilla nous a autorisé à boire quelque chose en particulier. Non, je ne le dirai pas, après tout, il faut bien garder quelques surprises. Juste un indice, sinon ? D'accord, alors, ça commence par un s et un f, et c'est un liquide rouge vif. J'adore quand les boissons ont une jolie couleur rouge vif, pas toi ? Elles ont deux fois meilleur goût que n'importe quelle autre boisson d'une autre couleur.

Le verger, avec ses grandes branches courbées sous le poids des fruits, était si agréable que les petites filles y passèrent une grande partie de l'après-midi, assises dans un coin herbeux épargné par le gel, où le doux soleil automnal persistait chaleureusement. Elles se goinfrèrent de pommes, et bavardèrent sans jamais s'arrêter. Diana avait beaucoup à raconter à Anne sur ce qui se passait à l'école. Elle devait s'asseoir aux côtés de Gertie Pye, cette fille qu'elle détestait tant. Gertie passait son temps à faire crisser sa plume sur le papier, si bien que chaque fois qu'elle entendait cet abominable son, Diana pouvait sentir ses poils se hérisser d'effroi. Elle lui raconta que Ruby Gillis s'était débarrassée de toutes les verrues qu'elle avait sur le corps à l'aide d'un étrange caillou magique que la vieille Mary Joe, qui vivait près du ruisseau, lui avait donné. Elle avait attendu la nouvelle lune pour réaliser ce rituel : il fallait frotter son corps avec le caillou, puis le jeter par-dessus son épaule gauche – attention à ne pas se tromper –, et comme par magie, toutes les verrues devraient s'être volatilisées ; cela avait marché pour elle. Aussi, elle lui parla du mur du porche sur lequel une nouvelle inscription était apparue depuis son départ : « Charlie Sloane + Em White ». Apparemment, la jeune fille était furieuse de voir son nom inscrit sur ce porche. Également, elle lui raconta comment Sam Boulter avait répondu de manière insolente à M. Phillips en classe. Pour le punir, le maître lui avait assené un coup de règle sur les doigts, une correction que le père de Sam n'avait guère appréciée ; il s'était rendu à l'école pour confronter M. Phillips à ce sujet : « Osez encore toucher à l'un de mes enfants, et vous verrez ! », lui avait-il dit. Diana mentionna également le nouveau bonnet rouge et la nouvelle écharpe bleue à pompons de Mattie Andrews, et à quel point cette dernière passait sa journée à se pavaner avec. Puis, elle lui expliqua que Lizzie Wright ne parlait plus à Mamie Wilson, parce que la sœur de cette dernière avait volé le fiancé de son aînée à elle. Diana lui exposa combien tous les élèves réclamait son retour à l'école, puis elle mentionna Gilbert Blythe, et là, Anne la coupa aussitôt.

Elle ne voulait entendre parler de ce garçon sous aucun prétexte. Elle se leva précipitamment, et comme pour changer de sujet, elle proposa d'aller se servir un verre du sirop de framboise que Marilla les avait autorisées à goûter. Anne scruta la deuxième étagère du garde-manger à la recherche du sirop de framboise, mais en vain. Après une recherche plus approfondie, elle le trouva tout au fond de l'étagère supérieure, l'emporta avec elle, le déposa sur la table, et sortit un verre.

— N'hésite pas à te servir Diana, dit-elle poliment. Pour ma part, je ne pense pas en boire pour le moment. Toutes ces pommes ont étanché ma soif.

Diana se servit un verre, observant avec fascination le liquide rouge vif qui coulait de cette bouteille, puis le sirota délicatement.

— Ce sirop de framboise est vraiment délicieux, dit-elle. Je ne savais pas que cela avait si bon goût.

— Je suis ravie qu'il te plaise ; sers-t'en autant que tu le souhaites. Je vais te laisser un instant, je dois sortir aviver le feu. Il y a tant de choses auxquelles penser lorsque l'on tient une maison, ne trouves-tu pas ?

Quand Anne revint de la cuisine, Diana buvait déjà son deuxième verre de sirop ; et, encouragée par son hôte, elle ne manifesta aucune objection particulière à l'idée de se servir une troisième fois. Les verres étaient généreux, ce sirop de framboise était incontestablement délicieux.

— C'est le meilleur sirop que j'aie jamais bu ! s'exclama Diana. Il est tellement meilleur que celui de Mme Lynde, et pourtant, elle passe son temps à en vanter les mérites. Celui-ci est bien plus goûteux.

— Oh, cela ne m'étonne pas, répondit fièrement Anne. Marilla l'a fait elle-même ; c'est une fantastique cuisinière, tu sais. Elle a bien essayé de m'apprendre, je t'assure, mais je trouve que c'est une tâche bien pénible. On ne peut pas vraiment se perdre dans ses pensées lorsque l'on est derrière les fourneaux, ce serait bien trop imprudent. Et puis, il y a toutes ces règles qu'un bon cuisinier se doit de suivre à la lettre. Tiens, par exemple, la dernière fois que j'ai fait un gâteau, j'ai complètement oublié d'ajouter de la farine dans la pâte. Pourquoi me diras-tu ? Eh bien, parce que j'étais en train de m'imaginer la plus merveilleuse des histoires, et d'ailleurs, tu en faisais partie, Diana. Dans cette histoire, tu étais désespérément malade de la variole, et tout le monde t'avait abandonnée, mais moi, je suis allée courageusement à ton chevet, et je me suis occupée de toi jusqu'à ce que tu guérisses. Malheureusement, j'ai attrapé la variole, à mon tour, et j'en suis morte. Mais, j'ai été enterrée sous ces peupliers, ceux dans le cimetière, et toi, tu as planté un rosier près de ma tombe, et tu l'as arrosé de tes larmes, puis tu as vécu le restant tes jours sans jamais oublier cette amie de jeunesse qui a sacrifié sa vie pour toi. Oh, quelle histoire poignante ! Je pouvais sentir des larmes couler le long de mes joues pendant que je préparais le gâteau. Mais, comme j'avais oublié la farine, ce gâteau a été un lamentable échec. C'est un élément indispensable à la réussite d'un gâteau, la farine, tu sais. Marilla était très fâchée, et je la comprends. Je ne suis pas facile à vivre tous les jours, je le sais bien. À ce propos, elle était terriblement navrée pour cette histoire de sauce, la semaine dernière. Je t'explique, mardi dernier, il y avait du pudding aux fruits secs pour le dîner, et à la fin du repas, il nous en restait sur les bras, ça et un peu de sauce. Marilla a suggéré que nous gardions les restes pour un prochain repas, alors elle m'a demandé de bien tout couvrir, et d'aller déposer le tout sur l'étagère du garde-manger. Je voulais bien faire, je t'assure, mais tandis que je m'occupais du pudding, je me suis soudainement imaginé être une nonne — bien sûr, dans la vraie vie, je suis protestante, mais dans cette réalité-là, j'étais catholique —, et je me voyais prendre le voile pour enterrer mon cœur brisé dans la solitude du cloître. Oh, comme ce scénario était réaliste ! Si bien, que j'en ai complètement oublié de couvrir la sauce. Je ne m'en suis rendu compte que le lendemain matin, alors j'ai filé au garde-manger. Diana, tu ne peux pas imaginer à quel point j'ai été horrifiée lorsque j'ai découvert qu'une souris s'était noyée dans la sauce pendant la nuit ! Je l'ai soulevé à l'aide d'une cuillère, et l'ai jetée dans la cour. J'ai astiqué cette cuillère minutieusement à trois reprises après cela. Marilla était dehors à ce moment-là, occupée à traire les vaches. Je comptais attendre son retour pour lui demander ce qu'il convenait de faire de cette sauce. Les cochons, eux, en voudront certainement, ai-je pensé. Mais, lorsqu'elle est revenue de l'étable, mon esprit était occupé à m'imaginer dans la peau d'une fée d'automne dont la mission consistait à peindre les arbres tantôt en rouge tantôt en jaune, selon leur préférence. Malheureusement, j'en ai complètement oublié cette histoire de sauce, puis Marilla m'a envoyée cueillir des pommes. Ce matin-là, M. et Mme Chester Ross de Spencervale étaient venus nous rendre visite ici, aux Pignons Verts. Ce sont des gens très élégants ces deux-là, tu sais, en particulier Mme Chester Ross. Quand Marilla m'a appelée pour le dîner, tout était prêt, et tout le monde était déjà installé à table. J'ai essayé d'être polie et de me comporter le plus modestement possible, car je voulais que Mme Chester Ross pense que j'étais une petite fille de bonne manière, même si je ne suis pas bien belle. Tout allait bien jusqu'à ce que je voie Marilla arriver avec le pudding aux prunes dans une main, et la cruche de sauce dans l'autre. Diana, ce fut un moment terrible. L'image de cette souris m'est revenue soudainement à l'esprit, alors je me suis levée d'un bond, et j'ai crié : « Marilla, il ne faut surtout pas servir cette sauce ! Une souris s'est noyée dedans. J'ai oublié de vous prévenir. » Oh, Diana, je n'oublierai jamais cet affreux moment, je m'en souviendrai même sur mon lit de mort, c'est certain. Mme Chester Ross m'a lancé un regard si désapprobateur que j'aurais voulu disparaître sous terre. Elle est une si parfaite maîtresse de maison, imagine ce qu'elle a dû penser de nous. Marilla est devenue rouge comme une pivoine, et ne savait quoi dire, encore complètement sous le choc de ce qu'elle venait d'entendre. Elle s'est contentée de ramener la sauce et le pudding à la cuisine, et en est ressortie, quelques instants, plus tard avec de la confiture de fraises. Elle m'en a même proposé, mais j'étais incapable d'avaler quoi que ce soit ; j'avais l'impression de marcher sur des charbons ardents. Lorsque le couple s'en est allé, Marilla m'a sévèrement réprimandé pour toute cette histoire. Oh, mais Diana, que se passe-t-il ?

Diana se leva péniblement, puis se laissa retomber sur sa chaise, les mains pressées contre sa tête.

— Je... je me sens terriblement malade, balbutia-t-elle. Je... je dois rentrer... tout de suite.

— Mais, nous n'avons pas encore pris le thé, s'écria Anne, d'un air inquiet. Ne bouge pas, je vais le faire infuser sur-le-champ.

— Non, Anne... Il faut que je rentre, répéta bêtement Diana avec détermination.

— Oh, Diana, laisse-moi, au moins, t'offrir un dessert ! supplia Anne. Je vais te servir une part de ce gâteau aux fruits, et il y a même de la confiture de cerises, si tu en veux. Allonge-toi un moment sur le canapé, cela ira tout de suite mieux, je te promets. Où as-tu mal ?

— Il faut que je rentre, répéta Diana, une fois de plus. Anne l'implora de rester, mais en vain.

— Je n'ai jamais vu une invitée repartir sans avoir pris le thé, se lamenta-t-elle. Oh, Diana, peut-être as-tu réellement contracté la variole ! Si c'est le cas, je serais à tes côtés aussi longtemps que tu seras malade, je te le promets. Je ne t'abandonnerai pour rien au monde. Mais, je voudrais tant que tu restes pour le thé. Dis-moi, où as-tu mal, Diana ?

— J'ai la tête qui tourne, répondit Diana.

Et, en effet, elle marchait en titubant. Anne, les yeux emplis de larmes, agrippa le chapeau de son amie, et l'accompagna jusqu'à chez elle, avant de rentrer aux Pignons Verts, l'air abattu. Une fois rentrée, elle rangea tristement le reste du sirop de framboise dans le garde-manger, et prépara le thé pour Matthew et Jerry, d'un air maussade.

Le lendemain était un dimanche, et comme il plut à torrents du matin au soir, Anne ne quitta pas les Pignons Verts de la journée. Le lundi après-midi, Marilla l'envoya chercher quelque chose chez Mme Lynde. Anne s'exécuta, mais à peine dix minutes plus tard, elle revenait en courant, les joues baignées de larmes. Elle se précipita dans la cuisine et se jeta, visage contre terre, sur le canapé, en proie à une véritable agonie.

— Qu'est-ce qui ne va pas encore, Anne ? demanda Marilla, hésitante et désemparée. J'espère que tu n'as pas encore été impertinente avec Mme Lynde.

Pas de réponse, si ce n'est des larmes et des sanglots encore plus déchirants que jamais.

— Anne Shirley, quand je te pose une question, je veux que tu y répondes. Assieds-toi tout de suite, et explique-moi la raison de tous ces pleurs.

Anne se redressa, d'un air on ne peut plus tragique.

— Mme Lynde a rendu visite aux Barry ce matin, et elle a trouvé la mère de Diana complètement affolée, expliqua Anne, en sanglotant. Elle prétend que j'ai soûlé sa fille, ce samedi, et que je l'ai renvoyée chez elle dans un scandaleux état. Elle dit de moi que je suis une fillette malintentionnée, et que plus jamais elle ne me laissera jouer avec Diana. Oh, Marilla, je suis accablée de chagrin !

À ces mots, Marilla ne sut quoi dire.

— Anne, c'est épouvantable ! s'écria-t-elle, une fois sa voix retrouvée. Es-tu folle ou bien Mme Barry l'est-elle ? Que lui as-tu servi ?

— Rien d'autre que du sirop de framboise, sanglota Anne. Je n'aurais jamais cru qu'un simple sirop puisse la mettre dans cet état, même en en buvant trois grands verres comme l'a fait Diana. Oh, la manière dont elle titubait, on aurait dit le mari de Mme Thomas ! Mais, je n'ai jamais voulu la soûler, Marilla, je vous le jure !

— Cesse de prononcer ce mot, c'est d'un ridicule ! fit Marilla, en se dirigeant vers le garde-manger du salon.

Là, sur l'étagère, se trouvait une bouteille qu'elle reconnut immédiatement : c'était son vin de groseille fait maison. Elle l'avait concocté, trois ans auparavant, et tout le monde à Avonlea l'appréciait pour son goût délicat, à l'exception de quelques têtes réfractaires, dont faisait partie Mme Barry. Soudain, Marilla se souvint qu'elle avait rangé la bouteille de sirop de framboise à la cave, et non dans le garde-manger, comme elle l'avait annoncé à Anne.

Elle regagna la cuisine, la bouteille de vin à la main, et le visage crispé laissant transparaître un certain embarras.

— Anne, tu as vraiment un don pour te mettre dans de beaux draps. Tu as servi à Diana du vin de groseille, et non du sirop de framboise, comme tu le pensais. Comment avez-vous pu ne pas vous en rendre compte ?

— Diana est la seule à en avoir bu, répondit Anne. Oh, quel malheur ! Je pensais vraiment qu'il s'agissait d'un sirop ; j'ai simplement voulu me comporter en bonne hôte. Diana s'est sentie très malade, et j'ai dû la raccompagner chez elle. Selon Mme Barry, elle était complètement ivre en rentrant. Apparemment, elle a ri bêtement quand sa mère lui a demandé ce qui n'allait pas, et elle a dormi de longues heures après cela. Mme Barry n'a eu qu'à sentir son haleine pour comprendre qu'elle était complètement soûle. Aussi, elle a eu un terrible mal de tête toute la journée d'hier. Mme Barry est absolument indignée, elle ne croira jamais que je ne l'ai pas fait exprès.

— Eh bien, je pense qu'elle aurait plutôt intérêt à punir Diana pour sa gourmandise. Cette petite a tout de même accepté d'engloutir trois verres de sirop de framboise, bien que ça n'en était pas réellement, fit sèchement remarquer Marilla. Et puis, de toute façon, trois verres de sirop bien remplis l'auraient aussi bien rendu malade. Finalement, cette anecdote réjouira tous ceux que mon vin maison dérangeait, bien que je n'en aie pas fait depuis trois ans, depuis que j'ai appris que le pasteur le désapprouvait. Comble de l'ironie, je n'avais gardé cette bouteille que si quelqu'un venait à tomber malade. Allons, allons, sèche tes larmes, tu n'as pas à t'en vouloir, tout cela est ma faute.

— Je ne peux contenir mes larmes, répondit Anne. Mon cœur est brisé à tout jamais. Les astres sont contre moi, oui, je le crois bien, Marilla. Jamais plus, je ne serai aux côtés de Diana. Oh, jamais je n'aurais pu imaginer une telle chose lorsque nous nous sommes jurées d'être amies pour la vie.

— Ne sois pas ridicule, Anne. Mme Barry reviendra sur sa décision quand elle apprendra toute la vérité sur cette histoire. Elle doit penser qu'il s'agissait d'une mauvaise plaisanterie ou quelque chose du genre. Tu n'as qu'à lui rendre visite ce soir, et lui expliquer ce qui s'est passé.

— Oh, je suis bien trop nerveuse pour cela ! Comment pourrais-je confronter cette mère indignée après ce que j'ai fait ? soupira Anne. Je préférerais que vous y alliez à ma place, Marilla. Vous saurez mieux y faire que moi. Et puis, je suis certaine qu'elle vous écoutera plus volontiers.

— Si tu y tiens vraiment, alors j'irai personnellement lui en toucher un mot, fit Marilla, qui elle aussi, jugeait cette décision plus sage. Sèche tes larmes, Anne. Tout ira bien.

En revenant de chez les Barry, Marilla ne semblait plus aussi confiante quant à l'issue de cette délicate histoire. Anne l'attendait sur le porche, et accourut à sa rencontre aussitôt qu'elle l'a vue arriver.

— Marilla, votre expression ne me dit rien qui vaille, dit-elle, la gorge déjà nouée par la tristesse. Mme Barry ne me pardonnera pas, c'est bien ça ?

— Cette femme, je ne peux pas la supporter ! répliqua Marilla, d'un ton acerbe. Elle est la personne la plus têtue que j'aie rencontré de ma vie. Je lui ai, pourtant, assuré que ce n'était qu'une erreur, et que tu n'étais en aucun cas coupable, mais elle a simplement refusé de me croire. Et bien sûr, elle n'a pas pu s'empêcher de remettre sur la table cette histoire de vin maison. Elle me reproche d'avoir toujours défendu sa nature inoffensive. Comme elle peut être de mauvaise foi, cette femme ! Je lui ai rappelé qu'il n'était pas fait pour être avalé en aussi grande quantité, et encore moins à raison de trois, et que si j'avais une enfant aussi gourmande sous ma responsabilité, je saurais la remettre à sa place avec une bonne correction.

Sur ces mots, Marilla pénétra dans la cuisine, troublée au plus haut point, laissant Anne, elle aussi complètement désemparée, seule sur le porche. Peu de temps après, Anne s'aventura dans la fraîcheur du crépuscule automnal, négligeant d'emporter avec elle un chapeau, et marcha d'un pas déterminé, mais résolu, vers l'étang des Barry. Elle traversa le champ de trèfles fanés, franchit le pont de rondins, et dépassa le massif d'épinettes, éclairé par la faible lueur de lune qui surplombait l'ouest du bois.

Mme Barry, intriguée par le léger coup qu'elle venait d'entendre à sa porte, s'approcha et l'ouvrit pour découvrir, sur le seuil, une fillette suppliante, aux lèvres blêmes et aux yeux ardents. Aussitôt qu'elle aperçut Anne, son visage se figea. Mme Barry était une femme aux préjugés tenaces, dont la colère, froide et rancunière, était particulièrement difficile à apaiser. S'il y avait bien une chose dont elle était certaine, c'était qu'Anne avait soûlé Diana par pure malice, et elle tenait sincèrement à protéger sa fille d'une telle influence.

— Que me veux-tu ? fit-elle froidement.

Anne joignit les mains.

— Oh, Madame Barry, je vous en prie, pardonnez-moi, supplia-t-elle. Je n'ai jamais voulu causer tout ce tort à Diana, je vous le promets. Comment aurais-je pu ? Imaginez-vous à ma place, ne serait-ce qu'un instant : je ne suis rien qu'une pauvre orpheline recueillie par de braves gens, certes, mais avec pour seule compagnie, ma chère amie de cœur, Diana. Pourriez-vous réellement causer tout ce tort à une telle malheureuse ? Je pensais que c'était un simple sirop de framboise, rien de plus. Je dirais même plus : j'étais absolument convaincue que ce n'était qu'un inoffensif sirop de framboise. Oh, je vous en prie, ne m'interdisez pas de voir Diana. Si nous devions être séparées jusqu'à la fin de nos jours, je pense que je ne m'en remettrai jamais totalement.

Ce discours, qui aurait suffi à apaiser le cœur de la bonne Mme Lynde, n'eut aucun effet sur Mme Barry, si ce n'est de l'irriter davantage. Elle se méfiait des grands mots et des gestes dramatiques d'Anne, elle voyait surtout cela comme un affront.

— Je ne pense pas que vous soyez une petite fille convenable pour Diana. Vous feriez mieux de rentrer chez vous et de vous comporter correctement, répondit-elle, d'un ton froid et cruel.

Les lèvres d'Anne tremblèrent.

— Me permettriez-vous de voir Diana une dernière fois pour lui dire au revoir ? implora-t-elle.

— Diana est partie à Carmody avec son père, rétorqua Mme Barry, tout en regagnant l'intérieur de sa maison, veillant à bien refermer la porte derrière elle.

Sur ces mots, Anne reprit la route des Pignons Verts, arborant un air étonnamment calme qui ne laissait nullement présager la tempête émotionnelle qui allait suivre.

— Mon dernier espoir s'est envolé à tout jamais, dit-elle à Marilla. Je me suis rendue en personne chez les Barry, et j'ai été reçue de la pire des manières ! Cette femme manque cruellement d'éducation, Marilla. Quel espoir me reste-t-il à présent ? Je suppose que je n'ai plus qu'à m'en remettre à Dieu, mais je n'ai que peu d'espoir que cela serve à quelque chose. Oui,

Marilla, je ne crois pas que Dieu Lui-même puisse faire grand-chose face à une femme aussi obstinée que Mme Barry.

— Anne, ce n'est pas bien de parler ainsi, réprimanda Marilla, tentant de contenir l'irrésistible envie de rire qui l'avait soudainement envahie.

Et justement, ce soir-là, en racontant toute l'histoire à Matthew, elle ne put s'empêcher de rire de bon cœur des mésaventures d'Anne. Mais plus tard, lorsqu'elle se glissa discrètement dans la chambre du pignon est, avant de se coucher, et trouva Anne endormie, les joues encore humides de larmes, une douceur inhabituelle se dessina sur son visage. « Pauvre petite âme » murmura-t-elle en écartant une mèche de cheveux du visage rougi de l'enfant. Puis, elle se pencha et déposa un tendre baiser sur la joue enfiévrée d'Anne qui reposait délicatement sur l'oreiller.

CHAPITRE XVII. Une nouvelle étincelle

Le lendemain après-midi, alors qu'Anne était occupée à coudre près de la fenêtre de la cuisine, elle jeta un coup d'œil à l'extérieur, et aperçut Diana en contrebas de la maison, près de la Source des nymphes, lui adressant d'étranges signes de la main. Il n'en fallut pas plus pour qu'Anne se ruât dehors, dévalant le vallon à toute allure, tandis que l'étonnement et l'espoir se livraient en duel dans ses yeux d'enfant. Or, lorsque son regard croisa le visage abattu de Diana, l'espoir en elle s'évanouit aussitôt.

— Ta mère a-t-elle cédé ? s'écria-t-elle.

Diana secoua tristement la tête, comme pour signifier que non.

— Non, malheureusement pas, Anne. Elle dit qu'elle ne veut plus jamais me voir jouer avec toi. Oh, si tu savais combien j'ai pleuré, oui, j'ai pleuré si fort ! J'ai bien essayé de la convaincre que tu n'y étais pour rien, mais rien n'y fait. J'ai dû batailler pour arriver à la convaincre de me laisser venir te voir une dernière fois, tu sais. Elle m'a donné dix minutes, pas une de plus, et je suis sûre qu'elle surveille la pendule en ce moment même.

— Dix minutes, c'est bien trop peu pour se dire adieu, répondit Anne, aux bords des larmes. Oh, Diana, promets-tu fidèlement de ne jamais m'oublier, moi, Anne, ta tendre amie de jeunesse, qu'importe les rencontres que tu feras sur ton chemin ?

— Bien sûr, je te le promets, sanglota Diana. Tu seras ma seule, et unique, amie de cœur pour toujours. Oh, jamais je ne chérirai une amitié de la manière dont j'ai chéri la nôtre.

— Oh, Diana ! s'écria Anne, en joignant les mains. Alors, tu dois beaucoup m'aimer, n'est-ce pas ?

— Évidemment, Anne. Ne le savais-tu pas ?

— Eh bien, non, pas à ce point, fit Anne, en prenant une longue inspiration. Bien sûr, je savais déjà que tu m'appréciais, mais jamais je n'aurais pu imaginer que tu puisses m'aimer. Tu sais, Diana, je ne pensais pas que quelqu'un puisse, un jour, m'aimer, tout court. Pour autant que je m'en souvienne, je crois que personne ne m'a jamais réellement aimée. Oh, comme c'est merveilleux l'amour ! J'aime croire que ce sera notre rayon de lumière au milieu de ce chemin ténébreux qui nous sépare, toi et moi. Oh, Diana, s'il te plaît, j'ai besoin de t'entendre le dire encore une fois.

— Je t'aime d'un amour inconditionnel, Anne, répondit Diana d'un air résolu, et je t'aimerai toujours de la sorte, tu peux en être sûre.

— Moi aussi, Diana, je t'aimerai pour toute la vie, répondit à son tour Anne, en tendant solennellement la main en direction de son amie. Dans quelques années, ton souvenir scintillera toujours, tel une étoile, au-dessus de mon monde solitaire, tu sais, comme dans cette histoire que nous avons lue. Oh, Diana, accepterais-tu de me donner une mèche de tes cheveux ébènes ? Je la chérirai comme le plus grand des trésors !

— Bien sûr, mais as-tu quelque chose pour la couper ? demanda Diana, d'un air soudainement très pragmatique, tandis qu'elle essuyait les larmes que le discours émouvant d'Anne avaient fait couler, de nouveau, sur ses joues.

— Oui, par chance, je crois avoir laissé mes ciseaux de couture dans la poche de mon tablier, répondit Anne.

Sur ces mots, elle se saisit de la paire de ciseaux, et coupa solennellement une des boucles de Diana.

— Adieu, mon amie bien-aimée. Désormais, nous devrons nous comporter comme des étrangères, bien que nous soyons voisines. Mais, mon cœur, lui, vous restera toujours fidèle.

Une fois le rituel d'adieu accompli, Anne regarda Diana progressivement s'éloigner, agitant tristement la main chaque fois que celle-ci se retournait nostalgiquement, comme pour observer, pour la dernière fois, celle qui avait été sa tendre amie. Puis, quelque peu réconfortée par le romantisme de ces adieux, elle rentra à la maison.

— C'est fini, dit-elle à Marilla. Je n'aurai plus jamais d'autre amie. Katie Maurice et Violetta ne sont même plus là pour me réconforter, elles, non plus. Et, quand bien même, elles seraient encore là, on ne peut pas vraiment dire que ce serait pareil. Je crois que, d'une certaine manière, les amies imaginaires ne vaudront jamais une véritable amie, en chair et en os. Diana et moi, nous nous sommes dit adieu de manière si touchante, près de la source. C'était si beau ; ce souvenir restera ancré dans ma mémoire à jamais. Mon discours a été le plus larmoyant possible, à coups de vouvoiement, et d'autres expressions solennelles. Cela a rendu la scène infiniment plus romantique. Diana m'a offert une mèche de ses cheveux ; je pense la coudre dans un petit sac que je porterai autour de mon cou jusqu'à la fin de mes jours. Oh, Marilla, s'il vous plaît, pourriez-vous vous assurer que l'on m'enterre bien avec, le jour de ma mort ? Car, oui, je pense succomber prochainement de mon chagrin. Peut-être qu'en voyant mon corps gisant le sur le sol, à ses pieds, Mme Barry éprouvera du remords pour ce qu'elle a fait, et autorisa Diana à se rendre à mes funérailles.

— Il y a peu de chance que tu meures de chagrin, Anne, tu serais bien trop triste de ne plus pouvoir parler, répondit Marilla, sans trop s'émouvoir.

Le lundi suivant, Marilla fut étonnée de voir Anne descendre de sa chambre, ses livres en main, les lèvres pincées et l'air déterminé.

— J'ai décidé de retourner à l'école, annonça-t-elle. C'est tout ce qu'il me reste dans la vie, maintenant que l'on m'a cruellement arrachée à mon amie. Au moins, à l'école, je pourrai la regarder, et songer à toutes nos aventures passées.

— Tu ferais mieux de te concentrer sur le tableau et sur ton cahier, répondit Marilla, tentant de masquer le soulagement qu'elle éprouvait à l'annonce de cette nouvelle. Si tu retournes à l'école, j'espère que tu ne te mettras plus dans des histoires rocambolesques ; c'en est fini de casser des ardoises sur la tête de tes camarades ! Sois sage, et obéis au maître.

— Je tâcherai d'être une élève modèle, répondit Anne, d'un air quelque peu abattu. L'école sera bien moins amusante ainsi, cela ne fait aucun doute. M. Phillips dit toujours de Minnie Andrews qu'elle est une élève modèle, mais je n'ai jamais vu quelqu'un faire aussi peu preuve d'imagination que cette fille. Elle est ennuyeuse à mourir, fermée d'esprit, et n'a jamais l'air de s'amuser. Mais, tant pis, j'accepte mon sort ; je suis bien trop déprimée, de toute manière. Et puis, peut-être aurais-je plus de facilité à me comporter en élève modèle, ainsi. Je vais faire le tour par la route ; je ne me sens pas capable d'emprunter le Chemin des bouleaux blancs sans Diana. J'éclaterais en sanglots, si je le faisais, c'est certain.

À son retour, tous les élèves de l'école l'accueillirent à bras ouverts. Tous racontaient combien son imagination débordante leur avait manqué lorsqu'ils s'amusaient dans la cour, tout comme le son de sa voix, quand ils chantaient à l'unisson, ou encore lorsqu'ils se retrouvaient pour lire à haute voix des histoires, à l'heure du repas. L'école n'avait plus la même saveur sans elle. Pendant la lecture de l'Écriture sainte, Ruby Gillis lui fit passer trois appétissantes prunes, bien bleues, tandis qu'Ella May MacPherson lui offrit une énorme pensée jaune découpée dans les pages d'un catalogue de fleuriste – tous les élèves de l'école se disputaient pour en avoir une sur leur pupitre. Sophia Sloane proposa de lui montrer comment réaliser un ravissant motif de dentelle au crochet ; c'était exactement ce qu'il manquait à l'ourlet de son tablier pour le rendre plus élégant. Katie Boulter lui offrit un petit flacon de parfum, en guise de récipient pour y conserver l'eau de son ardoise, tandis que Julia Bell lui remit un délicat papier rose pâle, aux bords dentelés, sur lequel elle avait soigneusement écrit ces vers :

POUR ANNE
Quand le crépuscule tire son rideau ;
Et le fixe d'une étoile au dos ;
Souviens-toi que tu as une amie ;
Et quoiqu'elle puisse errer loin, son cœur est ici.

À l'école, les filles n'étaient pas les seules à « apprécier » Anne. Au retour du déjeuner, Anne revint s'installer, à la demande de M. Phillips, aux côtés de Minnie Andrews, l'élève modèle de la classe. Sur son pupitre, elle trouva une grosse et succulente pomme rouge qui trônait là, sans qu'elle ne sache exactement pourquoi. Anne l'attrapa, prête à croquer dedans, puis soudainement, elle se rappela le seul endroit, dans tout Avonlea, où elle avait vu pousser de telles pommes rouges : c'était dans le vieux verger des Blythe, de l'autre côté du Lac aux eaux scintillantes. Aussitôt, elle lâcha brusquement la pomme, comme si celle-ci venait de lui brûler les mains, et entreprit de les essuyer vigoureusement sur son mouchoir. La pomme demeura intacte sur son pupitre jusqu'au lendemain matin, moment où le petit Timothy Andrews, chargé du balayage de l'école et de l'allumage du feu, la remarqua. Anne accueillit avec plus d'enthousiasme le cadeau de Charlie Sloane : un crayon d'ardoise décoré de papier rayé, rouge et jaune, qui semblait plus précieux que n'importe quel crayon ordinaire. Anne accepta gracieusement ce cadeau, et, en échange, elle lui adressa un sourire si éblouissant qu'il dérouta le garçon pour le restant de la journée ; à tel point que dans l'après-midi, il rendit au maître une dictée truffée de fautes qui lui valut de rester après la classe pour la réécrire.

— César, dont la gloire, dépourvue du buste de Brutus, rappelait encore plus vivement à Rome l'absence de son illustre fils...

Alors qu'elle écoutait le maître, Anne ne put s'empêcher de se sentir comme César, trahi par son fils en qui il avait tant confiance. Mais dans son cas, c'était Diana, son amie proche, qui l'avait terriblement déçue : elle ne lui avait offert ni cadeau ni n'avait daigné lui adresser le moindre signe de reconnaissance depuis son retour à l'école. Elle était assise là, aux côtés de Gertie Pye, ne s'attardant pas le moins du monde sur la présence de son amie de cœur dans cette salle de classe.

— C'était si agréable de se sentir appréciée de tous mes camarades, confia-t-elle à Marilla, d'un air extatique. Mais, Diana, elle, ne m'a pas adressé le moindre sourire, je ne comprends pas pourquoi.

Le lendemain matin, Anne reçut d'un de ses camarades une note – pliée et repliée en un si minuscule papier qu'Anne eût de la difficulté à l'ouvrir –, ainsi qu'un tout petit paquet.

Chère Anne,

Maman dit que je ne dois pas jouer avec toi, et elle ne veut pas non plus que je t'adresse la parole à l'école. Je n'y suis pour rien, alors ne m'en veux pas. Je t'aime toujours, tu sais. Tu me manques terriblement. Je n'ai pas seulement perdu une amie, mais une confidente. D'ailleurs, tu sais, je n'aime pas du tout cette Gertie Pye. Je t'ai confectionné un de ces marque-pages en soie rouge, c'est la grande mode en ce moment à l'école, et nous ne sommes que trois filles, dans toute la classe, à savoir comment les faire. J'espère que tu penseras à moi lorsque tu t'en serviras.

Ton amie de toujours, Diana Barry

Anne lut la note, déposa un baiser sur le marque-page, et s'empressa de rédiger une note à son tour.

Ma tendre et chère Diana,

Je ne t'en veux pas, je sais bien que tu ne fait qu'obéir à ta mère. Et puis, nous avons le pouvoire de communiquer par l'esprit. Sache que je garderai précieusement ton cadeau jusqu'à la fin de mes jours. Minnie Andrews est une très gentilleux petite fille, bien qu'elle manque cruellement d'imagination, mais jamais elle ne pourra te remplacer. Pardonne-moi pour les fautes, je ne suis pas encore très bonne en orthographe, bien que je me suis beaucoup améliorée.

Jusqu'à ce que la mort nous sépare, Anne (ou Cordélia Shirley)
P.-S. : Je vais dormir avec ta lettre sous mon oreiller ce soir.
A. ou C. S.

Marilla s'attendait, avec un certain pessimisme, à ce que le retour d'Anne à l'école engendre bien plus de problèmes qu'il n'en résoudrait. Mais, contre toute attente, tout se déroula à merveille. Peut-être Anne avait-elle été influencée par Minnie Andrews, l'élève modèle de classe ; quoi qu'il en soit, elle s'entendit admirablement avec M. Phillips par la suite. Elle se plongea, corps et âme, dans ses études, résolue à ne se laisser dépasser par Gilbert dans aucune matière. Leur rivalité devint rapidement évidente : si Gilbert adoptait une attitude tout à fait bon enfant, ce n'était pas le cas pour Anne, dont la ténacité à nourrir des rancunes était peu louable. Elle détestait son rival avec autant de passion qu'elle aimait ses proches. Pourtant, jamais elle ne voulut admettre qu'elle le considérait comme son rival, car cela aurait été reconnaître son existence, une vérité qu'Anne persister à ignorer. Malgré tout, la rivalité entre eux était palpable, et ils se disputaient régulièrement la meilleure note ou le titre de meilleur élève. Tour à tour, Gilbert dominait en orthographe, puis Anne, d'un geste de ses longues nattes rousses, le surpassait. Un matin, Gilbert réussit brillamment tous ses calculs, et en guise de récompense, son nom fut inscrit en haut du tableau d'honneur. Le lendemain matin, après avoir bataillé toute la soirée avec des décimales, elle reprenait la tête du classement. Un beau jour, une catastrophe s'abattit sur Anne : elle se retrouva à égalité avec Gilbert. C'était presque aussi épouvantable que de voir inscrit sur le mur du porche « Gilbert Blythe + Anne Shirley » ; elle ne pouvait supporter de voir son nom aux côtés de celui de son rival. Anne ne parvint pas à cacher son désarroi, d'autant plus face à Gilbert, qui semblait se délecter de cette situation. À chaque fin de mois, lorsque venaient les examens écrits, le suspense était insoutenable. Le premier mois, Gilbert l'emporta avec trois points d'avance. Le deuxième mois, Anne le surpassa de cinq points. Cependant, son plaisir fut complètement gâché lorsque celui-ci lui adressa ses sincères félicitations devant toute l'école. Cela aurait été tellement plus doux pour elle s'il avait ressenti l'amertume de sa défaite.

Une chose était certaine : M. Phillips n'était pas le meilleur des enseignants. Cependant, avec la détermination inébranlable dont faisait preuve Anne dans ses études, il lui aurait été impossible de ne pas progresser, même avec le professeur le plus défaillant. À la fin du trimestre, Anne et Gilbert intégrèrent, tous deux, la classe de cinquième année, et débutèrent ainsi l'apprentissage de ce qu'on l'on considérait comme les « véritables matières », autrement dit le latin, la géométrie, le français et l'algèbre. Et bientôt, Anne découvrit sa bataille de Waterloo à elle : la géométrie.

— C'est la pire de toutes les matières, se plaignait-elle à Marilla. Je n'y comprendrai jamais rien, c'est certain. Où est la place de l'imagination dans tout ça ? M. Phillips prétend qu'il n'a jamais vu pire élève que moi en géométrie, c'est dire ! Alors que, Gil... enfin, je veux dire, d'autres élèves, eux, s'en sortent à merveille. Je me sens terriblement honteuse, Marilla. À vrai dire, même Diana s'en sort mieux que moi, bien que cela me pose moins problème. C'est mon amie, après tout, pas ma rivale. Même si, désormais, nous faisons mine d'être des étrangères, je l'aime toujours d'un amour inconditionnel. Parfois, cela m'attriste de penser à elle, vous savez. Mais après tout, dans un monde aussi intéressant que le nôtre, la tristesse n'est jamais que passagère, n'est-ce pas ?

CHAPITRE XVIII. Anne se comporte en bon samaritain

On dit que le battement d'ailes d'un papillon peut engendrer un typhon à l'autre bout du monde. Si, au départ, la visite du premier ministre canadien sur l'Île-du-Prince-Édouard, dans le cadre d'une simple campagne électorale, semblait être un événement insignifiant de plus dans la vie de la petite Anne Shirley, le destin en décida autrement.

C'est en janvier que celui-ci arrivât à Charlottetown pour s'adresser à ses loyaux partisans et aux autres citoyens qui répondirent présent au grand rassemblement qui eut lieu en son honneur, ce jour-là. La plupart des habitants d'Avonlea se ralliaient à sa candidature, alors presque tous les hommes, mais aussi un bon nombre de femmes, se rendirent à Charlottetown, à environ cinquante kilomètres de là, pour lui apporter leur soutien. Bien sûr, Mme Lynde, bien qu'elle ne comptât pas parmi les partisans de ce dernier, était une citoyenne engagée dans l'âme, si bien qu'elle ne pouvait concevoir que ce rassemblement puisse se dérouler sans sa présence. Alors, elle se rendit en ville accompagnée de son mari – « Ainsi, Thomas pourra s'occuper du cheval », s'était-elle dit –, et de Marilla Cuthbert. En effet, Marilla avait bien des mystères, parmi lesquels figurait son intérêt pour la politique. Alors, lorsque Mme Lynde lui suggéra de l'accompagner, elle saisit aussitôt l'occasion, redoutant que ce ne soit là sa seule opportunité d'apercevoir un jour un premier ministre en chair et en os. Avant de partir, elle prit soin de confier la garde de la maison à Anne et Matthew, leur annonçant qu'elle serait de retour au plus tard le lendemain.

Ainsi, pendant que Marilla et Mme Lynde profitaient pleinement du rassemblement à Charlottetown, Anne et Matthew, de leur côté, partageaient un moment simple, mais heureux, dans la cuisine des Pignons Verts. Un réconfortant feu vif crépitait au centre de la vieille cuisinière, tandis que des cristaux de givre bleu et blanc se formaient délicatement à la surface de la vitre. Matthew, partiellement assoupi sur le canapé, feuilletait distraitement le *Manifeste des Agriculteurs*, tandis qu'Anne, assise à la table, se plongeait avec ferveur dans son cours de géométrie. Parfois, elle jetait un coup d'œil furtif vers l'étagère où reposait l'horloge, feignant de regarder l'heure, mais en réalité, son regard était surtout attiré par le nouveau livre que Jane Andrews lui avait prêté ce jour-là, et qu'elle brûlait d'envie de commencer. Jane l'avait décrit comme un « roman passionnant », à moins qu'elle ne l'ait qualifié de « stimulant », ou quelque chose du genre. Quoi qu'il en soit, Anne se sentait irrésistiblement attirée par ce livre, mais il lui fallait continuer d'étudier. « Tu ne veux pas accorder cette satisfaction à Gilbert », pensa-t-elle. Alors, elle détourna simplement les yeux de l'étagère, essayant de l'ignorer.

— Matthew, avez-vous étudié la géométrie quand vous étiez à l'école ?

— Eh bien, non, répondit Matthew, que cette question avait fait sursauter dans son sommeil.

— Oh, quel dommage. J'aurais aimé que vous puissiez m'aider, soupira Anne. Au moins, vous auriez compris ma peine. Je pense que vous ne pourriez pas tout à fait comprendre à quel point c'est une matière complexe sans jamais l'avoir étudiée. Oh, cela me rend si triste. Je ne suis vraiment pas faite pour la géométrie, Matthew.

— Eh bien, non, je ne vois pas en quoi, répondit Matthew, cherchant désespérément à la consoler. Je crois, personnellement, que tu es une petite fille très intelligente. Tu sais, j'ai croisé M. Phillips la semaine dernière dans le magasin de William J. Blair à Carmody. Il m'a dit que tu étais la meilleure élève de la classe et que tu te surpassais à chaque nouvelle interrogation. « Je suis impressionné par la rapidité de ses progrès », qu'il m'a dit. Certains ne trouvent pas qu'il soit un très bon enseignant, ce Teddy Phillips, mais moi, je le trouve tout à fait correct.

Matthew pensait que quiconque faisait l'éloge d'Anne était une personne « tout à fait correct ».

— Je suis certaine que la géométrie me causerait moins d'ennui s'il ne changeait pas les lettres à tout va, se plaignit Anne. J'apprends la formule par cœur, telle qu'elle est inscrite dans le manuel, et puis lorsqu'il l'écrit au tableau, il s'amuse à changer toutes les lettres, et alors, je ne m'y retrouve plus du tout ! Je ne pense pas qu'un professeur devrait être si sournois avec ses élèves, n'êtes-vous pas d'accord ? D'ailleurs, en ce moment en géographie, nous étudions l'agriculture, et j'ai enfin découvert ce qui rendait les routes rouges. Oh, quelle satisfaction de trouver réponse à ses questions ! Je me demande si tout se passe bien du côté de Marilla et de Mme Lynde. D'ailleurs, l'autre jour, Mme Lynde m'a dit qu'elle s'inquiétait de la mauvaise gestion à Ottawa, et que selon elle, il valait mieux penser à deux fois avant de voter cette année. Elle pense que si les femmes avaient le droit de vote, elles aussi, les choses changeraient rapidement pour le mieux. Et vous, Matthew, pour qui allez-vous voter ?

— Pour le parti conservateur, bien sûr, répondit aussitôt Matthew.

En effet, voter conservateur était une sorte de devoir pour Matthew.

— Je vois. Alors, je serai conservatrice, moi aussi, déclara Anne, d'un ton résolu. Cela me va très bien, parce que Gilb... enfin, je veux dire, certains garçons à l'école, soutiennent le parti libéral. Je suppose que M. Phillips, lui aussi, est de ce bord-là, car le père de Prissy Andrews affiche fièrement être un de ces libéraux. Et, Ruby Gillis m'a raconté que lorsqu'un homme est intéressé par une fille, il doit toujours être d'accord avec la mère de la fille en matière de religion, et le père en politique. Est-ce que c'est vrai, Matthew ?

— Eh bien, je ne sais pas vraiment, répondit-il bêtement.

— Avez-vous déjà été intéressé par une fille, Matthew ?

— Eh bien, je ne sais pas vraiment, répéta-t-il de nouveau, lui, qui n'avait certainement jamais pensé à une telle chose de toute son existence.

Anne, le menton dans les mains, se mit à réfléchir.

— Cela doit être amusant de chercher à séduire quelqu'un, ne trouvez-vous pas, Matthew ? Ruby Gillis dit que lorsqu'elle sera grande, elle aura des tonnes de prétendants à ses pieds, et qu'ils seront tous fous d'elle. Mais moi, je n'envie pas cette vie-là, je trouve que cela ferait un peu trop pour moi seule. Je préférerais avoir un seul prétendant, mais qui m'aime de manière sincère. Il faut dire que Ruby Gillis est assez renseignée sur le sujet, elle a de nombreuses grandes sœurs, toutes plus âgées qu'elle. D'ailleurs, Mme Lynde prétend que tous les garçons veulent épouser une des sœurs Gillis, c'est dire à quel point elles sont populaires ! Vous savez, j'ai entendu dire que M. Phillips rendait visite à Prissy Andrews presque tous les soirs à son domicile. Il prétend que c'est pour l'aider avec son concours, mais il n'en fait pas tant pour Miranda Sloane. Pourtant, elle aussi prépare l'examen d'entrée de la Queen's Academy, en plus d'être une bien moins bonne élève que Prissy. Il y a beaucoup de choses dans ce monde que je ne comprends pas très bien, Matthew.

— Eh bien, moi non plus, je ne comprends pas tout, tu sais, admit-il.

— Bon, je pense qu'il est temps de me replonger dans ma géométrie. Je ne m'autoriserai pas à ouvrir ce nouveau livre que Jane m'a prêté avant d'en avoir fini avec ma leçon. Oh, mais j'en ai terriblement envie, Matthew ! Même lorsque je lui tourne le dos, je peux l'apercevoir sur l'étagère. Jane m'a dit que la fin était si émouvante qu'elle n'a pas arrêté de pleurer comme une madeleine. Vous savez combien je suis friande de ce genre de livre ! J'ai trouvé : je vais le ranger dans le placard à confitures, celui dans le salon avec une serrure, et je vous confierai la clé. Je vous fais confiance, Matthew, vous ne devrez pas me la rendre tant que je n'aurai pas fini d'étudier. Vous ne devrez pas craquer, même si je vous implore à genoux, c'est compris ? Je crois que sans cela, je ne parviendrai pas à me retenir. Oh, et Matthew, voulez-vous que je ramène des pommes reinettes au passage ? Cela vous ferait-il plaisir ?

— Eh bien, je ne sais pas trop... peut-être, répondit Matthew, qui d'ordinaire ne mangeait jamais de pommes reinettes, mais se sentait d'humeur à faire plaisir à Anne, qui, il le savait bien, en raffolait.

À l'instant où Anne sortit de la cave, un plat rempli de belles pommes reinettes à la main, elle entendit des pas précipités résonner, à l'extérieur, sur le sentier gelé. L'instant d'après, la porte s'ouvrit brusquement, et Diana fit irruption dans la cuisine, le visage pâle, à bout de souffle, un châle mal arrangé autour de la tête. Prise de surprise, Anne laissa tomber sa bougie et le plat plein de pommes qui dévalèrent ensemble l'escalier de la cave. Le lendemain, Marilla retrouva le tout au pied de l'escalier, enduit de graisse fondue, et remercia le ciel que la maison n'ait pas pris feu.

— Qu'est-ce qui ne va pas, Diana ? s'écria Anne. Ta mère a-t-elle finalement cédé ?

— Oh, Anne, viens vite, implora Diana nerveusement. Minnie May est terriblement malade, elle est atteinte du croup, du moins, c'est ce que Mary Joe m'a dit. Mes parents sont partis en ville, et il n'y a personne pour aller chercher un médecin. Elle va terriblement mal, et Mary Joe est complètement dépassée par la situation. Oh, Anne, je suis tellement effrayée !

Matthew, sans dire un mot, attrapa son bonnet et son manteau, passa devant la petite Diana, et s'éloigna dans l'obscurité de la cour.

— Il est parti atteler la jument alezane, il s'en va pour Carmody chercher un médecin, dit Anne, qui à son tour, se dépêcha d'enfiler un bonnet et une veste. Je le sais aussi bien que s'il l'avait dit. Matthew et moi, nous sommes des âmes-sœurs ; les mots ne sont d'aucune utilité entre nous.

— Je ne crois pas qu'il trouvera de médecin à Carmody, sanglota Diana. Je sais que le Dr Blair est à Charlottetown, à l'heure qu'il est, et je ne serais pas étonnée que le Dr Spencer soit de la partie, lui aussi. Mary Joe m'a dit qu'elle n'avait jamais vu cela de sa vie. Si seulement Mme Lynde était chez elle. Oh, Anne ! Qu'allons-nous faire ?

— Allons, sèche tes larmes, ma Didi, fit Anne, d'un ton enjoué. Je sais comment soigner une personne atteinte du croup. Je te rappelle que j'ai dû m'occuper des trois jumeaux de Mme Hammond, alors naturellement, je sais comment gérer une telle situation. Pour tout te dire, il arrivait régulièrement qu'un d'entre eux attrape le croup. Je n'ai besoin que d'une simple bouteille d'ipéca, et le tour sera joué. Oh, mais, tu n'en as peut-être pas chez toi. Peu importe, ne restons pas là !

Sur ces mots, les deux petites filles se précipitèrent dehors, main dans la main ; elles dévalèrent le Sentier de l'amour jusqu'au champ en contrebas, ne pouvant emprunter le raccourci par les bois en raison de la neige trop abondante. Anne, bien que sincèrement attristée par la condition de la pauvre Minnie May, était loin d'être insensible au romantisme de la situation, et à la douceur de partager à nouveau un moment aussi précieux avec son amie de cœur, Diana. La nuit était claire et glaciale, tout d'ébène et d'argent, éclairant faiblement quelques pentes enneigées. De grandes étoiles brillaient au-dessus des champs silencieux, et ici et là, on pouvait apercevoir des sapins pointus recouverts d'une belle robe blanche, le vent sifflant doucement à travers leurs branches. Anne appréciait d'autant plus de partager ce moment avec Diana, après avoir été privée de sa compagnie depuis l'incident du sirop de framboise.

Minnie May, du haut de ses trois ans, était, en effet, très malade. Elle gisait sur le canapé de la cuisine, fiévreuse et agitée, tandis que sa respiration enrouée résonnait dans toute la maison. Mary Joe, une jeune riveraine française, robuste et au visage large, que Mme Barry avait engagée pour rester avec les enfants pendant son absence, se tenait debout devant l'enfant, impuissante et désorientée. Son esprit était bien trop tourmenté par la situation pour qu'elle pût réfléchir à une solution, et de toute façon, elle était bien trop agitée pour pouvoir agir.

Anne entreprit de se mettre au travail, avec sérieux et promptitude.

— Effectivement, cela m'a tout l'air du croup. Cela dit, elle ne semble pas trop en souffrir ; j'ai vu des malades en plus mauvais état que cela. Tout d'abord, j'ai besoin de beaucoup d'eau chaude. Voyons, Diana, cette bouilloire n'est même pas à moitié pleine, que veux-tu que je fasse avec cela ? Voilà, ce sera bien mieux ainsi, maintenant qu'elle est remplie. Quant à toi Mary Joe, j'aimerais que tu ajoutes du bois dans le poêle. Je ne veux pas te vexer, mais il me semble que tu aurais pu y penser de toi-même. Faire preuve d'un peu d'imagination ne te ferait pas de mal. Bon, et maintenant, je vais la déshabiller, et la coucher. Diana, de ton côté, tâche de trouver des draps de flanelle bien doux. Mais, avant tout, il faut que je lui administre une dose d'ipéca.

Anne s'exécuta, mais l'enfant ne sembla guère apprécier les soins qu'elle lui prodiguait. Pour autant, elle ne se laissa pas abattre ; après tout, son expérience avec les trois paires de jumeaux l'avait préparée à affronter une telle situation. Anne répéta l'opération plusieurs fois au cours de la nuit, et dose après dose, elle et Diana se relayèrent au chevet de la pauvre petite Minnie May. La jeune Mary Joe, de son côté, était chargée de raviver le feu, et cherchant à se rendre toujours plus utile, elle chauffait des litres d'eau, bien plus qu'Anne n'en avait réellement besoin.

Matthew ne revint qu'aux alentours de trois heures du matin, ayant dû se rendre jusqu'à Spencervale pour trouver un médecin. Cependant, l'urgence médicale s'était quelque peu atténuée : Minnie May allait visiblement mieux, et respirait paisiblement.

— Oh, Matthew, j'ai frôlé le désespoir, confia Anne. La situation empirait à une vitesse alarmante, même les jumeaux de Mme Hammond n'ont jamais été dans un tel état ! À un moment, j'ai craint qu'elle ne suffoque. Quand j'ai administré la dernière dose d'ipéca, j'ai pensé : « Petite dose, tu es son dernier espoir, mais j'ai bien peur que tu ne suffises pas.

» Bien sûr, je n'ai rien dit à Diana et Mary Joe pour ne pas les alarmer davantage, mais je devais au moins l'admettre pour soulager un peu mon esprit. Puis, en un instant, elle a commencé à tousser, à cracher du mucus, et soudainement, elle semblait aller mieux ! Docteur, vous ne pouvez imaginer le soulagement que j'ai ressenti à ce moment-là ! Certaines émotions sont indescriptibles, n'est-ce pas ?

— Oui, c'est plutôt juste, répondit le médecin.

Sur ces mots, il jeta un regard vers Anne, comme si la simple vue de cette petite tête rousse lui évoquait, en retour, des émotions indescriptibles.

Plus tard, il partagea ses réflexions avec M. et Mme Barry.

— Cette petite rousse est vraiment maline, je vous assure ! Elle a sauvé la vie de ce bébé, avant même que j'arrive. Elle a fait preuve d'une telle intelligence, et d'un sang-froid à toute épreuve malgré son jeune âge, c'est tout à fait remarquable ! Je n'oublierai jamais le regard qu'elle avait pendant qu'elle m'expliquait les soins qu'elle avait prodigués à l'enfant... oh, c'était vraiment fascinant.

Quant à Anne, elle était rentrée par ce matin d'hiver éblouissant, en empruntant la route couverte de givre. Malgré cette nuit éreintante, elle avait discuté inlassablement avec Matthew, sur le chemin du retour, tandis qu'ils traversaient le grand champ éclairé, avançant sous les arches formées par les érables qui bordaient le Sentier de l'amour, scintillant comme toujours.

— Oh, Matthew, n'est-ce pas le plus merveilleux des matins ? Ne pensez-vous pas que Dieu a conçu le monde de manière aussi splendide pour Son propre plaisir ? Oh, Matthew, regardez ces arbres ! Imaginez qu'ils s'envolent à la seule force de mon souffle... pouf ! Je suis tellement heureuse de vivre dans un monde où le givre existe, pas vous ? Vous savez quoi, Matthew ? Je suis aussi très heureuse que Mme Hammond ait eu trois fois des jumeaux. Sans cela, je n'aurais jamais su comment soigner la petite Minnie May. Je regrette vraiment de m'être emportée contre Mme Hammond, je n'aurais pas dû lui reprocher d'avoir eu autant de jumeaux. Oh, Matthew, si vous saviez comme je suis fatiguée ! Je ne peux pas aller à l'école dans cet état ! Mes yeux risqueraient de se fermer tout seul, et je ne ferais que me ridiculiser. Mais, je ne veux pas non plus rater une journée d'école, parce que Gil... enfin, je veux dire, les autres risqueraient de me voler le titre de la meilleure élève, et Dieu sait que j'ai beaucoup travaillé pour l'obtenir ! Enfin, bien sûr, plus c'est difficile, plus la réussite est gratifiante, n'est-ce pas ?

— Eh bien, tu ne devrais pas avoir de mal à le retrouver, enfin, je crois, émit timidement Matthew, posant doucement un regard bienveillant sur le visage fatigué d'Anne. Ne perds pas plus de temps, et va te coucher, tu as besoin de repos. Je m'occuperai du reste.

Anne suivit les conseils de Matthew, monta se coucher et s'endormit si profondément, et paisiblement, que lorsqu'elle se réveilla et descendit à la cuisine, l'après-midi hivernal rosé et enneigé était déjà bien avancé. Pendant ce temps, Marilla était rentrée de son séjour en ville, et tricotait tranquillement.

— Oh Marilla, vous êtes de retour ! s'exclama Anne en la voyant. Alors, avez-vous vu le premier ministre ? Comment était-il ? Je veux tout savoir !

— Eh bien, une chose est sûre, nous ne l'avons pas élu pour son apparence, répondit Marilla. Cet homme a un si grand nez, je n'ai jamais vue une chose pareille ! Mais, qu'importe, il sait y faire avec les mots, c'est ce qui compte. J'étais fière d'être conservatrice. Rachel, bien sûr, n'était pas impressionnée, c'est une libérale, après tout. Enfin bon, ton déjeuner est dans le four, Anne. Tu peux te servir dans le garde-manger, il y a des conserves de prunes bleues, si tu en as envie. Comme tu dois être affamée ! Matthew m'a raconté les événements de la nuit dernière. Heureusement que tu savais quoi faire. Moi, je n'aurais pas su comment réagir face au croup. Allez, cesse de bavarder et mange tranquillement ton repas. Je suis sûre que tu as plein d'histoires à partager, mais elles peuvent attendre un peu.

Marilla avait une nouvelle importante à partager avec Anne, mais elle décida d'attendre que la jeune fille ait fini son repas, de peur que l'excitation ne l'empêche de manger. Elle patienta donc jusqu'à ce qu'Anne ait terminé sa soucoupe de prunes bleues avant de lui annoncer la nouvelle :

— Mme Barry est passée cet après-midi. Elle voulait te voir, mais je n'ai pas voulu qu'on te réveille. Elle dit que tu as sauvé la vie de Minnie May, et elle regrette profondément son comportement à propos de cette histoire de vin de groseilles. Elle a compris, maintenant, que tu n'avais jamais voulu soûler Diana, et elle espère que tu lui pardonneras et que vous redeviendrez amies. Tu peux aller la voir, ce soir, si tu le souhaites, car Diana est clouée au lit par un mauvais rhume attrapé la nuit dernière. Mais, Anne, je t'en prie, garde-toi bien de sauter partout de joie !

Marilla avait anticipé la réaction de la fillette, et à juste titre. Dès qu'elle lui annonça la nouvelle, une joie intense envahit Anne, qui se leva d'un bond, aussi légère et vive qu'une flamme dansante.

— Oh, Marilla, puis-je y aller tout de suite ? Je promets de laver la vaisselle en rentrant. De toute manière, je suis bien trop excitée pour me résoudre à une tâche aussi peu romantique que celle de laver la vaisselle.

— Eh bien, vas-y, fit Marilla, avec indulgence. Mais, Anne ! As-tu perdu la tête ? Reviens tout de suite ici, tu n'as pas enfilé ton manteau ! Trop tard, autant parler à un mur. La voilà partie, sans châle ni bonnet. Elle est belle à voir filante à toute allure dans le verger, sans la moindre couche sur le dos, ses longs cheveux flottant dans le vent glacial. Elle va finir clouée au lit comme son amie, celle-là, c'est certain !

Anne, au crépuscule mauve de ce soir d'hiver, rentra chez elle en virevoltant sur la neige. Au loin, vers le sud-ouest, une grande étoile brillait, perçant le ciel doré et rosé au-dessus des étendues blanches scintillantes, à peine assombries par les vallons d'épinettes. Les clochettes des traîneaux circulant entre les collines enneigées résonnaient dans l'air glacial, mais leur musique n'était pas plus douce que celle qui résonnait dans le cœur d'Anne.

— Marilla, tu as devant toi la plus heureuse des fillettes, déclara-t-elle. Je suis tellement heureuse, oui, même avec mes cheveux roux ! Oh, cela n'a aucune importance à mes yeux, en ce moment même. Mme Barry m'a embrassée ; oh, vous auriez dû la voir, Marilla, elle pleurait à chaudes larmes ! Elle m'a dit qu'elle regrettait sincèrement, et qu'elle ne pourra jamais me rendre tout ce qu'elle me doit. J'étais très embarrassée, Marilla, mais j'ai simplement répondu, avec toute la courtoisie possible : « Je ne vous en veux pas, madame Barry. Je vous assure, à nouveau, que je n'ai jamais eu l'intention de nuire à Diana, et je suis prête à oublier tout cette histoire. » N'était-ce pas une manière noble de s'exprimer, Marilla ? J'avais l'impression de rendre le bien pour le mal à Mme Barry. Diana et moi avons passé un après-midi des plus agréables. Elle m'a montré un nouveau point de crochet décoratif que sa tante de Carmody lui a appris. À Avonlea, seules nous deux connaissons ce point, et nous avons juré de ne le révéler à personne. Diana m'a offert une superbe carte ornée d'une couronne de roses, sur laquelle il est écrit : « Si tu m'aimes comme je t'aime, seule la mort nous séparera. » C'est la vérité, Marilla. Nous allons demander à M. Phillips de nous laisser nous asseoir à côté en classe ; Gertie Pye peut très bien se contenter de Minnie Andrews comme voisine. Oh, et puis nous avons pris le thé ; il était divin ! Mme Barry a sorti son plus beau service en porcelaine, comme si j'étais une invitée de marque. Comme c'était romantique, Marilla ! Je ne peux pas vous dire à quel point cela m'a touchée. Personne n'avait jamais utilisé son plus beau service à thé pour moi auparavant. Nous avons dégusté du gâteau aux fruits, du quatre-quarts, des beignets et deux sortes de confitures. Mme Barry m'a proposé du thé et a dit : « Papa, pourrais-tu passer les biscuits à Anne ? ». Oh, comme cela doit être agréable d'être adulte, Marilla ! En tout cas, je trouve déjà cela merveilleux d'être traitée comme telle !

— Je ne suis pas si sûre de cela, répliqua Marilla, laissant échapper un petit soupir.

— Eh bien, quand je serai adulte, déclara Anne d'un ton déterminé, je traiterai toujours les petites filles comme des grandes, et je ne me moquerai pas d'elles si jamais il leur prend d'utiliser des grands mots. Je sais à quel point c'est blessant, cela m'est arrivé trop de fois par le passé. Après le thé, Diana et moi avons essayé de faire du sucre à la crème ; mais, cela n'a pas très bien fonctionné, parce qu'aucune de nous n'en avait fait auparavant. Diana m'a laissée seule m'en occuper pendant qu'elle s'occupait de beurrer les assiettes. Évidemment, tout a fini par brûler, car j'étais perdue dans mes pensées. Et puis, lorsque l'on a mis le tout à refroidir sur la tablette, le chat a marché dedans, et on a dû tout jeter. Mais malgré tout, on s'est bien amusées. En partant, Mme Barry m'a assuré que je pouvais revenir autant que je le souhaitais, et Diana, de sa fenêtre, m'a envoyé des baisers à profusion pendant que je descendais le Sentier de l'amour. Comme c'était romantique ! Croyez-moi, Marilla, je me sens prête à dire la prière la plus belle qui soit avant d'aller me coucher ; et d'ailleurs, je vais même en inventer une toute nouvelle pour cette occasion.

CHAPITRE XIX. Un spectacle, des ennuis, et des aveux

— Marilla, puis-je aller rapidement rendre visite à Diana ? demanda Anne, un soir de février, tout en dévalant les escaliers du pignon est.

— Je ne vois pas pourquoi tu veux aller traîner dehors après la tombée de la nuit, répondit sèchement Marilla. Vous êtes rentrées de l'école ensemble, et ensuite vous êtes restées, là dehors, à bavarder dans la neige pendant encore une demi-heure. Alors, je ne pense pas que tu aies tant besoin de la revoir que cela.

— Mais, c'est elle qui veut me voir, plaida Anne. Elle a quelque chose de très important à me dire.

— Ah bon, et comment le sais-tu ?

— Parce qu'elle vient de me faire signe depuis sa fenêtre ! Diana et moi avons inventé ce système de communication avec une bougie et un simple morceau de carton : il suffit de placer la bougie sur le rebord de la fenêtre et d'agiter le morceau de carton devant la flamme pour créer un signal lumineux. Si l'une d'entre nous agite le carton plusieurs fois de suite, cela signifie qu'elle a une information importante à transmettre à l'autre. C'est moi qui ai eu l'idée de ce système !

— Oh, ça ne m'étonne aucunement de toi, lâcha Marilla, d'un ton empathique. Sais-tu ce qui ne m'étonnerait pas non plus ? Que tu finisses par mettre le feu aux rideaux avec toutes ces bêtises de signaux lumineux !

— Oh non, Marilla, nous sommes très prudentes, je vous assure. Et, c'est tellement amusant comme manière de communiquer ! Lorsque l'on agite le morceau de carton deux fois de suite, cela signifie : « Es-tu là ? », trois signaux de suite signifient « oui », quatre « non », et évidemment, cinq signaux d'affilée signifient : « Viens le plus vite possible, car j'ai quelque chose d'important à te dire. » Et justement, Diana vient de m'adresser cinq signaux lumineux depuis la fenêtre de sa chambre. Oh, Marilla, je meurs d'envie de savoir ce qu'elle peut bien avoir à me dire !

— Bon, c'est d'accord, concéda Marilla, mais assure-toi d'être de retour dans dix minutes, et pas une de plus. Je t'aurais prévenu, n'oublie pas !

Anne n'oublia pas et revint à l'heure, bien que cela lui parût la tâche la plus pénible d'avoir dû écourter sa discussion avec Diana pour ne pas dépasser les dix minutes convenues. Mais au moins, elle en avait fait bon usage.

— Oh, Marilla, devinez quoi ? Diana fête son anniversaire demain, et Mme Barry a dit qu'elle acceptait de venir me chercher après l'école pour passer la nuit chez eux. Ses cousins viennent spécialement de Newbridge, dans un grand traîneau, pour assister au spectacle organisé par le Club de débat qui aura lieu, demain soir, dans la salle de spectacles. Mme Barry veut nous y emmener, Diana et moi, enfin, si vous êtes d'accord pour que j'y aille, bien sûr. Mais, je suis sûre que cela ne vous pose aucun problème, n'est-ce pas, Marilla ? Oh, comme j'ai hâte, je trépigne sur place rien que d'y penser !

— Eh bien, tu ferais mieux de te calmer tout de suite, mon enfant, parce que tu n'y mettras pas les pieds. Tu es mieux chez toi dans ton propre lit. Un spectacle ! Quelle idée absurde. Et d'ailleurs, je ne crois pas que les petites filles dans ton genre devraient être autorisées à assister à ce genre d'événement.

— Mais enfin, Marilla ! Je suis certaine que le Club de débat n'a rien d'absurde, implora Anne.

— Je ne dis pas le contraire. Mais, je ne veux pas que tu deviennes une de ces filles qui traîne à tout va dans des spectacles, et passent la nuit dehors à la moindre occasion. D'ailleurs, je suis bien surprise que Mme Barry autorise Diana à assister à ce genre d'événement.

— Mais, c'est une occasion très spéciale, se lamenta Anne, au bord des larmes. Un anniversaire, ça ne se fête qu'une fois dans l'année ! Ce n'est pas comme si c'était une fête comme les autres. En plus, Prissy Andrews a prévu de réciter *Le couvre-feu ne sonnera pas ce soir* [7]. C'est un poème des plus édifiants, vous savez, Marilla ; je suis convaincue que cela me serait très bénéfique de l'entendre. De plus, la chorale va interpréter quatre magnifiques et dramatiques chants, tous presque aussi saisissants que l'hymne national. Et oh, Marilla, le pasteur sera de la partie, lui aussi. Il doit prononcer un discours pendant la soirée, et techniquement, ce sera comme écouter une sorte de sermon. Oh, Marilla, s'il vous plaît, laissez-moi y aller !

— Anne, n'ai-je pas été assez claire ? Retire-moi ces bottes en vitesse, et file te coucher. Il est déjà huit heures passées.

— Mais, ce n'est pas tout, Marilla, renchérit Anne, comme si elle venait là de poser la dernière carte de son jeu. Mme Barry a prévu de nous laisser la chambre d'amis pour la nuit. Oh, Marilla, imaginez, un instant, l'honneur que cela représenterait pour moi que d'être reçue avec tant de considération !

— Cela ne me fait ni chaud ni froid, Anne. Allons, va donc te coucher, et je ne veux plus t'entendre piailler de la soirée.

Alors qu'Anne, les joues couvertes de larmes, montait tristement les escaliers du pignon est, Matthew, qui faisait semblant de somnoler sur le fauteuil du salon, ouvrit soudainement les yeux et lança, d'un ton assuré :

— Eh bien, Marilla, je pense que tu devrais laisser Anne aller à ce spectacle.

— Je ne crois pas avoir sollicité ton avis, Matthew, rétorqua Marilla. Et d'ailleurs, qui de nous deux élève cette enfant ?

— Eh bien, c'est toi, admit-il bêtement.

— C'est exact. Alors, cesse de te mêler de mes affaires, mon cher Matthew !

— Eh bien, disons que je ne m'en mêle pas. Après tout, avoir un avis, ce n'est pas vraiment ce que l'on peut appeler « se mêler des affaires des autres ». Voilà ce que je pense : tu devrais laisser Anne passer la nuit chez Diana.

— Bien sûr que tu penses cela ! Tu me laisserais envoyer cette petite sur la lune si tel était son souhait, répondit Marilla avec une certaine douceur. Et puis, je ne m'oppose pas à ce qu'Anne passe la nuit chez Diana ; je ne suis simplement pas d'accord avec cette histoire de spectacle. Elle risquerait d'attraper la crève, sans compter dans quel état elle rentrerait de cette soirée. Je l'imagine déjà déballant, par centaines, toutes les sottises qu'elle aura entendues là-bas. Et puis, elle serait tellement excitée que cela la perturberait pour le restant de la semaine. Je comprends mieux que toi la nature de cette enfant, et je sais ce qui est bon pour elle, Matthew.

— Je pense que tu devrais laisser Anne aller à ce spectacle, répéta Matthew avec fermeté.

La conversation n'était pas son point fort, mais la détermination dont il fit preuve, ce soir-là, était indéniable. Marilla, comprenant que cette discussion ne mènerait à rien, laissa échapper un soupir insatisfait, et préféra se terrer dans le silence pour le restant de la soirée.

Le lendemain matin, alors qu'Anne vaquait à ses corvées dans le garde-manger, Matthew qui se rendait à la grange s'arrêta soudainement net devant Marilla, et une fois de plus répéta :

— Je pense que tu devrais laisser Anne aller à ce spectacle.

L'espace d'un instant, le visage de Marilla fut marqué par une expression, pour le moins, indéfinissable. Puis, elle céda, à contrecœur, et déclara, d'un ton acerbe :

— Bien, puisque tu le désires tant, c'est d'accord. Je l'autorise à y aller.

Il n'en fallut pas plus pour qu'Anne surgisse du garde-manger, une éponge dégoulinante à la main.

— Oh, Marilla, je crois rêver ! J'ai besoin de vous entendre le dire à nouveau, s'il vous plaît !

— Tu te contenteras de cette unique fois. À partir de maintenant, il en va de la responsabilité de Matthew. Quant à moi, je me lave les mains de cette histoire. Si tu attrapes une pneumonie en dormant je ne sais trop où ou en sortant d'une salle surchauffée au beau milieu de la nuit, c'est Matthew qu'il faudra tenir responsable. Anne, enfin, fais attention ! Tu as renversé de l'eau savonneuse partout sur le sol. Bon sang, je n'ai jamais vu une enfant aussi irréfléchie.

— Oh, Marilla, je sais combien je vous cause des tracas, émit Anne, comme pour se repentir de sa maladresse. J'enchaîne bêtise sur bêtise, c'est vrai, mais pensez à toutes celles que je ne fais pas. Je vais chercher du sable pour nettoyer ces taches avant de partir à l'école. Et, Marilla, merci encore. J'avais tellement envie d'aller à ce spectacle, vous savez. Ce sera le tout premier auquel j'assisterai de ma vie. Quand les autres filles parlent de musique à l'école, je me sens tellement exclue. Matthew a compris combien j'en avais envie. Oh, c'est si agréable d'être comprise, Marilla, vous savez.

Ce matin-là, Anne était bien trop agitée pour réussir à se concentrer sur la leçon du jour, si bien que Gilbert Blythe la surpassa en orthographe, et la devança même en calcul mental. Pourtant, l'humiliation fut de courte durée pour cette enfant, bien trop excitée à l'idée d'assister à un spectacle et de passer la nuit dans la chambre d'amis des Barry. Le restant de la journée, elle bavarda sans relâche avec Diana, si bien que n'importe quel maître, pour peu qu'il soit plus sévère que M. Phillips, les aurait rappelées à l'ordre.

Ce jour-là, tous les élèves ne discutèrent que du spectacle, et Anne comprit, plus que jamais, combien il était crucial qu'elle y assistât. Une semaine sur deux en hiver, le Club de débat d'Avonlea se réunissait pour discuter de leur prochain projet ; par le passé, ils avaient déjà monté quelques spectacles gratuits, pour la plupart somme toute oubliables, mais cette fois-ci, le plan était différent. L'entrée du spectacle serait fixée à dix sous, et la recette de la soirée servirait à financer la bibliothèque municipale d'Avonlea. Depuis des semaines, tous les jeunes du coin se préparaient à assister à cette grandiose soirée, et les enfants, eux aussi, désiraient plus que tout au monde être de la partie aux côtés de leurs aînés. Tous les écoliers de plus de neuf ans seraient présents, à l'exception de la petite Carrie Sloane qui passa le reste de l'après-midi à pleurer sur son manuel de grammaire, se répétant que la vie ne valait plus la peine d'être vécue. En effet, son père, tout comme Marilla, s'opposait drastiquement à l'idée de laisser sa fille vagabonder à l'extérieur, une fois la nuit tombée.

Lorsque la classe prit fin, Anne se sentit plus que jamais excitée à l'idée que l'heure du spectacle approchait ; mais avant cela, il leur fallait se préparer. Diana et elle commencèrent par prendre le thé – « C'est le meilleur que j'aie jamais bu », avait déclaré Anne –, puis elles montèrent à l'étage, dans la chambre de Diana, pour enfiler leur plus belle tenue de soirée. Anne se fit coiffer façon Pompadour, puis, à son tour, elle noua joliment un ruban dans les cheveux de Diana. Leur mise en beauté aurait pu s'arrêter là, pourtant, aucune de deux n'était pleinement satisfaite. En tout, elles enchaînèrent une dizaine de coiffures allant du chignon, à la queue de cheval, en passant par les tresses, jusqu'à trouver la coiffure idéale. Lorsqu'elles furent enfin prêtes, elles se regardèrent une dernière fois dans la glace, les joues écarlates, et les yeux brillants d'excitation.

Malgré elle, Anne ressentit une pointe de jalousie envers le chic bonnet de fourrure et la ravissante veste de Diana, alors qu'elle-même n'était vêtue que d'un simple béret noir et d'un manteau gris, à la coupe droite et aux manches étriquées, confectionné par Marilla. Heureusement, elle n'avait qu'à s'abandonner à son imagination pour se sentir enveloppée dans les plus somptueux vêtements, et ainsi arriver à oublier cette injustice.

Quelques instants plus tard, les cousins de Diana, les Murray de Newbridge, arrivèrent, et invitèrent les fillettes à prendre place à bord du traîneau, parmi la paille et les couvertures de fourrure. Anne se réjouissait de cette promenade jusqu'à la salle des fêtes, écoutant le crissement de la neige sous les patins, tandis que le traîneau glissait sur les routes satinées. Il y avait un magnifique coucher de soleil, et les collines enneigées, bordées par les eaux bleues du golfe du Saint-Laurent, semblaient encadrer ce paysage splendide comme une énorme coupelle, remplie de perles et de saphirs, de laquelle jailliraient des flammes et des litres de vin rouge. Le tintement des clochettes provenant du traîneau, et les rires lointains, répandaient une ambiance féerique de toutes parts.

— Oh, Diana, murmura Anne en serrant la main de son amie cachée sous la couverture de fourrure. N'est-ce pas un moment merveilleux ? Dis-moi Diana, ai-je l'air différente de d'habitude ? Je me sens bien plus élégante que d'ordinaire, cela doit bien se voir à mon visage, n'est-ce pas ?

— Tu es ravissante, répondit Diana, qui venait de recevoir un compliment d'un de ses cousins et tenait à le partager. Ton teint est resplendissant.

La soirée fut riche en émotions, du moins pour Anne, qui confia à Diana que chaque détail qu'elle remarquât la comblait un peu plus de bonheur. Prissy Andrews, dans son nouveau corsage de soie rose, un collier de perles autour de son cou nacré – Anne avait entendu dire que c'était M. Phillips qui le lui avait offert –, et des œillets plein les cheveux, entreprit de réciter le fameux poème qu'elle avait appris par cœur. « Il gravit l'échelle glissante, sombre, sans un seul rayon de lumière… », commença Prissy. À l'écoute de ces mots, Anne se mit à frissonner de joie. Lorsque la chorale entonna « Loin, au-dessus des douces pâquerettes [8] », Anne leva les yeux, s'attendant presque à voir des anges descendre du ciel. Enfin, lorsque Sam Sloane entreprit d'expliquer l'histoire de « Comment Sockery fit couver une poule », le tout en rejouant la scène, Anne s'esclaffa si fort que ses voisins feignirent de rire par compassion. En réalité, la plupart d'entre eux avait déjà entendu cette histoire plus d'une fois, si bien qu'elle n'avait plus rien de drôle à leurs yeux. Lorsque M. Phillips récita le discours de Marc-Antoine après l'assassinat de César, de la manière la plus déchirante qui soit, tout en échangeant des regards complices avec la jeune Prissy, Anne fut envahie par un sentiment ardent d'injustice. Secrètement, elle espérait qu'un citoyen romain se lève soudainement au milieu de l'assemblée, comme un signe de révolte face à un tel affront.

De toute la soirée, seul un numéro ne sembla guère l'intéresser : lorsque ce fut au tour de Gilbert de monter sur scène pour réciter « Bingen sur le Rhin ». Anne prit le livre de la bibliothèque de Rhoda Murray, et le lut jusqu'à ce que Gilbert ait terminé. Elle resta ensuite assise, rigide et immobile, tandis que Diana applaudissait avec tant d'enthousiasme qu'elle en eut les mains engourdies.

Elles rentrèrent chez les Barry, sur les coups de onze heures du soir, enchantées par cette grandiose soirée. Mais, elles le savaient : la nuit n'était pas encore terminée, car il leur restait encore le doux plaisir de discuter du spectacle en détail. La maison était sombre et silencieuse, si bien qu'elles pensèrent que tout le monde dormait déjà. Sur la pointe des pieds, elles rejoignirent le petit salon, une pièce longue et étroite donnant sur la chambre d'amis ; il y faisait agréablement chaud, et la lumière des braises, dans la cheminée, diffusait une lueur douce.

— Nous n'avons qu'à enfiler notre vêtement de nuit ici, suggéra Diana. Il fait plutôt bon, c'est assez agréable.

— Oh, quelle soirée ! N'était-ce pas un moment délicieux ? demanda Anne, en laissant échapper un soupir, le regard perdu. Comme cela doit être si romantique de réciter un poème sur scène ! Penses-tu que notre tour viendra, Diana ?

— Oui, bien sûr. Ce sont toujours les meilleurs élèves qui sont désignés pour monter sur scène ; Gilbert le fait souvent, et pourtant, il n'a que deux ans de plus que nous. Oh, Anne, comment as-tu pu faire semblant de ne pas l'écouter quand il a récité ce vers : « Il y en a une autre, qui n'est pas une sœur » ? Il t'a regardée droit dans les yeux à ce moment-là, je l'ai vu faire. Comme c'était romantique de sa part !

— Diana, fit Anne, d'un ton digne, tu as beau être mon amie de cœur, je ne te permets pas de me parler de cette personne. Peu importe, es-tu prête à aller dormir ? Faisons la course pour voir qui arrivera au lit en première !

L'idée séduisit Diana, et aussitôt, les deux petites silhouettes, vêtues de blanc, traversèrent la longue pièce en courant, franchirent la porte de la chambre d'amis et sautèrent sur le lit en même temps. Puis, elles sentirent quelque chose bouger sous les draps ; il y eut un souffle, puis un cri, et soudain une voix étouffée s'éleva de sous la couette :

— Bonté divine !

Tout se passa si précipitamment qu'Anne et Diana ne purent jamais se rappeler comment elles avaient quitté ce lit et cette chambre. Tout ce dont elles se souvinrent fut la course effrénée qui s'ensuivit, et le moment où elles se retrouvèrent à grimper à l'étage, frémissantes, sur la pointe des pieds.

— Oh, qui était-ce ? Qu'est-ce que c'était ? chuchota Anne, les dents claquant autant de froid que d'effroi.

— C'était ma tante Joséphine, expliqua Diana, encore hilare de la situation. Oh, Anne, je ne sais pas ce qu'elle faisait dans son lit, mais une chose est sûre, elle doit être furieuse à l'heure qu'il est. Oh, c'est terrible, vraiment terrible, mais en même temps si drôle !

— Qui est-elle cette tante Joséphine ?

— C'est la tante de mon père ; elle vit à Charlottetown. Elle est terriblement vieille, dans les soixante-dix ans, et je ne crois pas qu'elle n'ait jamais été jeune. Nous nous attendions à ce qu'elle nous rende visite, c'est vrai, mais pas aussi tôt ! Elle est terriblement guindée, et je suis certaine qu'elle va me réprimander pour cela. Quoi qu'il en soit, nous allons donc devoir dormir avec Minnie May. Je te préviens, elle a le don d'asséner des coups de bien à tout va dans son sommeil !

Le lendemain matin, la tante de Diana fut absente à l'heure du petit-déjeuner. Mme Barry, de son côté, sourit gentiment aux deux petites filles lorsqu'elle les vit arriver dans la cuisine.

— Alors, comment était votre soirée ? J'ai essayé de rester éveillée jusqu'à ce que vous rentriez à la maison, car je voulais vous dire que tante Joséphine était arrivée, et que vous devriez monter à l'étage après tout, mais j'étais tellement fatiguée que je me suis endormie. J'espère que vous n'avez pas dérangé ta tante, Diana.

Diana resta silencieuse, mais elle et Anne échangèrent un furtif, mais coupable, sourire amusé à travers la table. Après le petit déjeuner, Anne rentra chez elle sans se douter du remue-ménage qui allait suivre chez les Barry. En fin d'après-midi, Marilla l'envoya chercher quelque chose chez Mme Lynde qui, bien entendu, était au courant, et l'en informa promptement.

— Il paraît que la pauvre belle-sœur de Mme Barry a failli faire une attaque hier soir à cause de vous, Diana et toi, déclara Mme Lynde d'un ton sévère, bien qu'elle semblât amusée par la situation. Mme Barry vient tout juste de prendre la route pour Carmody ; elle est vraiment inquiète pour la pauvre dame. Il paraît aussi que Joséphine était terriblement en colère ce matin en se levant. Et, lorsque cette femme est en rogne, il ne vaut mieux pas avoir affaire à elle, je peux te l'assurer. Elle refuse d'adresser la parole à Diana depuis l'incident.

— Mais, Diana n'y est pour rien ! s'écria Anne, d'un ton plein de remords. Tout ceci est ma faute ; j'ai proposé que nous fassions la course jusqu'à la chambre d'amis, et la première arrivée devait sauter sur le lit. Mais, je ne savais pas que la belle-sœur de Mme Barry dormait dedans, je le promets !

— J'en étais sûre ! s'exclama Mme Lynde, avec l'excitation de celui qui devine juste. Je savais que cette idée venait de toi. Eh bien, cela a causé pas mal de soucis, voilà tout. Joséphine devait rester tout ce mois-ci, mais après ce qu'il s'est passé, elle a annoncé qu'elle ne resterait pas un jour de plus, et qu'elle retournera en ville dès demain. « Je me fiche que demain soit un dimanche ! » avait-elle dit. Et d'ailleurs, elle serait partie aujourd'hui si cela avait été possible. Au départ, elle envisageait d'offrir un trimestre de leçons de musique à sa nièce, mais elle a rapidement changé d'avis estimant que cette petite effrontée ne méritait plus un tel cadeau de sa part. Oh, je parie qu'elle a dû passer un sacré savon à cette petite. De plus, M. et Mme Barry doivent se sentir complètement désemparés ; leur tante est plutôt fortunée, et je suppose qu'ils veulent rester en bons termes avec elle. Bien sûr, cela, Mme Barry ne l'a pas dit, mais je ne suis pas dupe, voilà tout.

— Oh, je n'ai vraiment pas de chance ! se plaignit Anne. Je me retrouve toujours dans des situations délicates, et cette fois, j'ai même entraîné ma chère et tendre amie avec moi, alors que je donnerais ma vie pour elle ! Oh, pourquoi la vie est-elle si cruelle avec moi, Mme Lynde ?

— C'est parce que tu es trop insouciante et impulsive, ma chère, voilà tout. Tu ne prends jamais le temps de réfléchir, et tu fais ou dis tout ce qui te passe par la tête sans y penser à deux fois.

— Oh, mais sans cela, la vie serait bien fade, protesta Anne. Quand quelque chose d'excitant me traverse l'esprit, il me le faut l'exprimer aussitôt. Si je prenais le temps d'y réfléchir, j'aurais l'impression de gâcher tout le plaisir de ce moment spontané. N'avez-vous jamais ressenti cela par vous-même, Mme Lynde ?

En l'occurrence, Mme Lynde n'avait jamais ressenti pareille chose. Elle secoua sagement la tête en signe de désapprobation.

— Tu dois apprendre à réfléchir avant d'agir, Anne, voilà tout. Voici un principe de vie qui je pense te sera utile : « Réfléchis toujours à deux fois avant de te jeter la tête la première dans l'inconnu ». Cela est d'autant plus vrai lorsqu'il est question de se jeter la tête la première... eh bien, sur le lit d'une chambre d'amis.

Sur ces mots, Mme Lynde laissa échapper un léger rire, mais Anne resta songeuse. Elle ne voyait rien de drôle dans la situation, qui lui semblait très sérieuse. En quittant la maison des Lynde, elle emprunta le sentier à travers les champs gelés jusqu'à la Butte aux vergers. Diana l'accueillit à la porte de la cuisine.

— Ta tante Joséphine est très fâchée, n'est-ce pas ? murmura Anne.

— Oui, répondit Diana, étouffant un rire tout en jetant un regard appréhensif derrière son épaule pour vérifier que la porte du grand salon était bien fermée. Elle était si furieuse ; elle m'a passé un tel savon ! Elle a dit que j'étais la petite fille la plus mal élevée qu'elle ait jamais vue, et que mes parents devraient avoir honte de m'avoir élevée ainsi. Elle a répété qu'elle allait faire ses affaires sur le champ, et je dois l'avouer, ça m'était bien égal. Mais papa et maman, eux, étaient très contrariés de la voir partir.

— Diana, pourquoi ne leur as-tu pas dit que tout ceci était ma faute ? demanda Anne, d'un air désolé.

— Penses-tu vraiment que j'aurais pu faire une telle chose ? répondit-elle, d'un air vexé. Je ne suis pas une moucharde, Anne, et de toute façon, j'ai aussi ma part de responsabilité dans cette histoire.

— Diana, cette situation est injuste, et tu le sais bien. Ma décision est prise : je vais aller me dénoncer, répondit Anne, d'un ton résolu.

Diana ouvrit de grands yeux étonnés.

— Anne Shirley, mais tu es folle ! Elle te dévorera toute crue !

— Je suis déjà assez terrifiée comme cela, pas la peine d'en rajouter ! s'écria Anne, suppliante. Pour tout te dire, je préférerais affronter la bouche d'un canon ; mais je dois le faire, Diana. C'était ma faute, je dois l'avouer. Mais ne t'en fais pas pour moi, après tout, j'ai l'habitude de passer aux aveux.

— Comme tu voudras, répondit Diana, d'un ton résigné. Elle est dans cette chambre en ce moment même. La porte est ouverte, mais à ta place, je me résignerais tout de suite, car cela ne risque que d'envenimer encore plus la situation.

Encouragée par ces paroles réconfortantes, Anne s'avança, d'un pas résolu, vers l'antre de ce terrible monstre – du moins, c'est ainsi qu'elle l'aurait imaginé dans ses rêves. En réalité, l'avertissement de Diana n'avait fait qu'exacerber sa peur, et elle s'approcha plutôt de la porte de la chambre, d'un pas tremblant, frappant aussi timidement que possible jusqu'à ce qu'une voix sèche lui réponde : « Entrez ».

La vieille tante Barry, mince, raide et rigide, tricotait avec ferveur près du feu. Sa colère était toujours palpable, ses yeux luisaient d'une férocité perceptible derrière ses lunettes à monture dorée. Elle pivota dans son fauteuil, s'attendant à voir Diana, mais au lieu de cela, elle se retrouva face à cette petite fille au teint blême, dont les grands yeux reflétaient un mélange d'angoisse et de détermination.

— Qui êtes-vous ? demanda la vieille dame, d'un ton peu aimable.

— Je suis Anne Shirley des Pignons Verts, répondit la petite visiteuse, d'une voix tremblante, en joignant ses mains comme elle avait l'habitude de le faire. Je suis venue pour me confesser.

— Confesser quoi ?

— Je suis responsable de ce qui s'est passé la nuit dernière... Oui, l'idée venait de moi ; Diana, elle, n'aurait jamais eu une idée aussi idiote, je vous assure ; elle est trop bien élevée pour cela. Je vous en prie, comprenez à quel point il est injuste de la blâmer pour cela !

— Oh, vraiment ? Pourtant, Diana s'en est donnée à cœur joie, elle aussi. De telles facéties dans une maison bien tenue, c'est impensable !

— Mais, nous ne faisions que nous amuser, insista Anne. Pouvez-vous réellement nous en vouloir pour cela ? Quoi qu'il en soit, s'il vous plaît, pardonnez au moins à Diana. Oh, elle tenait tant à suivre ses cours de musique que vous lui aviez promis, et je sais trop bien ce que c'est de désirer quelque chose de tout son cœur et de ne pas l'obtenir. Si vous devez être fâchée contre quelqu'un, que ce soit contre moi. Oh, ne vous en faites pas pour moi, je suis habituée à ce que les gens soient fâchés contre moi depuis ma tendre enfance, contrairement à Diana ; alors, je vous en conjure, pardonnez-lui !

À ces mots, le visage de la vieille dame s'adoucit, laissant entrevoir une lueur amusée dans son regard ; cependant, sa réponse demeura empreinte d'une certaine sévérité :

— Je ne pense pas que ce soit une excuse de prétendre que vous vous amusiez. À mon époque, les jeunes filles ne se livraient pas à de telles fantaisies. Vous ne pouvez pas comprendre ce que c'est que d'être tirée d'un sommeil profond, après un long et fatigant voyage, par deux grandes filles qui vous sautent dessus.

— Vous avez raison, mais je peux bien l'imaginer, s'empressa de répondre Anne, d'un air embarrassé. Je suis sûre que cela a dû être fort perturbant ; simplement, vous n'avez pas entendu notre version de l'histoire. Vous arrive-t-il de faire preuve d'imagination, Mademoiselle Barry ? Si oui, alors prenez un instant pour vous mettre à notre place : nous ne savions pas qu'il y avait quelqu'un dans ce lit ce soir-là, et nous avons été terrifiées en découvrant que vous étiez allongée là. Nous nous en sommes terriblement voulu pour cela. De plus, il était convenu que nous dormirions dans cette chambre d'amis, mais à la place, nous avons passé la nuit avec la petite Minnie May. Peut-être avez-vous l'habitude de dormir dans la chambre d'amis, mais ce n'est pas mon cas. Imaginez juste ce que vous ressentiriez si vous étiez une petite fille orpheline à qui l'on avait promis une telle opportunité, pour qu'elle soit ensuite brutalement retirée. Ce serait terrible, n'est-ce pas ?

À cet instant, toute la colère de la vieille dame sembla s'évanouir, si bien qu'elle laissa même échapper un rire qui soulagea grandement Diana, qui guettait nerveusement près de la porte de la chambre, dans le calme de la cuisine.

— Oh, mon enfant, je crains que mon imagination ne soit un peu rouillée ; cela fait si longtemps que je ne m'en suis pas servie, répondit-elle. Je dois bien admettre que votre version de l'histoire mérite autant de considération que la mienne. Tout est une question de point de vue, après tout. Viens donc t'asseoir un instant, et parle-moi un peu de toi.

— Pardonnez-moi, Mademoiselle Barry, mais je crains de ne pas pouvoir rester plus longtemps, répondit Anne, d'un air affirmé. Oh, pourtant, j'aurais bien voulu, car vous m'avez tout l'air d'être une dame très aimable. Peut-être même que vous pourriez devenir l'une de mes âmes-sœurs, vous aussi, bien que je n'aurais jamais pensé cela possible. Mais je dois rentrer au plus vite chez les Cuthbert ; c'est là où je vis. Je suis sous la garde de Marilla Cuthbert, une femme très gentille qui a accepté de m'accueillir et de m'élever comme il se doit. Elle fait de son mieux, mais je dois admettre que je ne suis pas toujours facile à vivre. Ne lui en tenez pas rigueur pour cette affaire, tout cela est ma faute. Mais, avant de partir, j'aimerais m'assurer que vous pardonnerez à Diana, et que vous n'avez pas l'intention de quitter Avonlea de sitôt, comme vous l'aviez prévu.

— Je te donne ma parole, ma petite. Du moins, si tu acceptes de me rendre visite de temps à autre, répondit la vieille dame, d'un ton apaisé.

Ce soir-là, la vieille tante Barry offrit à Diana un bracelet porte-bonheur en argent, et informa le reste de la famille qu'elle avait défait sa valise.

— J'ai décidé de rester simplement pour faire plus ample connaissance avec cette Anne, expliqua-t-elle franchement. Je la trouve rigolote, et à mon âge, ce n'est pas tous les jours que je rencontre des petites filles aussi amusantes.

Peu de temps après, Marilla fut mise au courant de toute cette histoire. Elle se contenta alors de se tourner vers Matthew, avec un petit sourire, en lui disant : « Je te l'avais bien dit ».

Comme prévu, la vieille tante Barry passa le mois à Avonlea, et prolongea même son séjour de quelques semaines. Les Barry affirmèrent même qu'elle était plus agréable que d'ordinaire, probablement grâce à l'influence positive d'Anne, qui lui rendait régulièrement visite. Au bout du compte, toutes deux devinrent de bonnes amies.

— Souviens-toi, Anne, fit Mlle Barry, le jour de son départ, lorsque tu viendras en ville, passe me rendre visite ; je préparerai la plus belle chambre d'amis, spécialement pour toi.

— Qui eût cru que la vieille tante de Diana serait une de mes âmes-sœurs, elle aussi ? confia Anne à Marilla. Elle n'a pas l'air d'une âme sensible, et pourtant ! Chez Matthew, par exemple, cela sautait aux yeux. J'imagine que cela est moins évident chez certaines personnes. Après tout, les âmes-sœurs ne sont pas aussi rares que je le pensais. Oh, comme c'est merveilleux de découvrir qu'il y en a tant dans le monde, Marilla !

CHAPITRE XX. Des rêveries impertinentes

Le printemps était de retour aux Pignons Verts ; ce magnifique printemps canadien, capricieux et réticent, marqué par ses journées douces et fraîches typiques des soirées d'avril et de mai, ainsi que ses couchers de soleil rosâtres faisant miraculeusement surgir du sol quelques jeunes pousses. Oui, le printemps était bien là. Les érables du Sentier de l'amour étaient recouverts de bourgeons rouges, tandis que de petites fougères frisées poussaient près de la Source des nymphes. Là-haut, dans les terres en friche derrière la propriété de M. Silas Sloane, les fleurs d'aubépine étaient en fleurs ; elles étaient telles des étoiles, roses et blanches, sous les feuilles verdâtres. Les écoliers d'Avonlea avaient passé un après-midi enchanteur à les cueillir, avant de rentrer chez eux sous le crépuscule clair et vibrant, les bras chargés de ce délicat butin.

— Oh, comme je suis désolée pour ces pauvres gens qui n'ont pas la chance d'avoir des fleurs d'aubépine par chez eux, dit Anne. Diana pense qu'ils ont peut-être quelque chose d'encore mieux, ces gens-là, mais rien ne saurait être plus merveilleux que des aubépines, ne pensez-vous pas, Marilla ? Cela dit, s'ils n'en ont jamais vu, comment pourraient-ils être tristes de ne pas en avoir ? C'est Diana qui m'a posé la question, mais à leur place, je pense que je serais tout de même triste ; ce serait si tragique. Savez-vous ce que sont réellement les aubépines, Marilla ? Je pense que ce sont les âmes de toutes ces fleurs qui ont fanées l'été dernier ; les Pignons Verts sont une sorte de paradis pour elles. Enfin, nous avons passé un après-midi splendide, Marilla, vous savez. D'abord, nous avons déjeuné dans ce grand creux moussu près du vieux puits. Oh, comme cet endroit était romantique ! Puis, Charlie Sloane a mis au défi Arty Gillis de sauter par-dessus le puits, et devinez quoi ? Arty ne s'est même pas dégonflé ! Après tout, il ne refuserait jamais un défi, même si à sa place, je pense que personne ne l'aurait fait. C'est la grande mode de lancer des défis en ce moment, à l'école. Quoi d'autre ? Ah oui, M. Phillips a fait cadeau de toutes ses aubépines à Prissy ; je l'ai entendu dire quelque chose du genre : « Voilà quelques douces fleurs, pour ma toute douce. » Mais, cela ne vient pas de lui, je le sais : c'est une citation ; cela prouve au moins qu'il est doté d'imagination, enfin, dans une certaine mesure. D'ailleurs, on m'a offert des aubépines à moi aussi, mais j'ai refusé de les prendre, avec dédain. Malheureusement, je ne peux pas te dire de qui il s'agissait, parce que j'ai juré de ne plus jamais prononcer ce nom. Ensuite, nous avons fait des couronnes de fleurs avec les aubépines, et nous les avons portées sur nos chapeaux. Au moment de rentrer, nous nous sommes mis en rang le long de la route, avec nos bouquets et nos couronnes, en chantant « La maison sur la colline [9] ». Oh, c'était tellement excitant, Marilla. Tout le monde, chez M. Sloane, s'est précipité pour nous écouter chanter, et tous ceux que nous avons rencontrés sur la route se sont arrêtés et nous ont regardés. Nous avons fait sensation !

— Pas étonnant, avec toutes ces niaiseries ! répondit Marilla.

Après les aubépines, vinrent les violettes, et rapidement, le sol de Vallée des violettes fut recouvert de mauve. Tous les matins, Anne traversait la vallée pour se rendre à l'école, des étoiles plein les yeux, comme si elle marchait sur une terre sacrée.

— D'une certaine manière, dit-elle à Diana, peu m'importe quand je traverse cet endroit. Je me fiche royalement que Gil... enfin, je veux dire, que quiconque soit meilleur que moi à l'école. Mais, une fois en classe, cela redevient ma priorité. Oh, j'ai tant de sentiments conflictuels en moi, Diana. Parfois, je pense que c'est pour cela que je suis une petite fille si difficile à vivre. Si je ne ressentais pas tout cela, je causerais sûrement moins de souci à mon entourage, mais je crois que je perdrais aussi une part de mon identité.

Un soir de juin, Anne était assise à la fenêtre du pignon est. Dehors, au même moment, le verger était couvert de fleurs roses, les grenouilles près du Lac des eaux scintillantes croassaient doucement, et l'air était rempli du parfum des champs de trèfle et des bois de sapins. Anne étudia jusqu'à ce qu'il fasse trop sombre pour qu'elle puisse continuer à travailler sur son manuel. Alors, elle se laissa emporter par ses pensées, tout en restant éveillée, fixant par-delà les branches de Sa Majesté des Neiges, à nouveau parsemées de touffes de fleurs blanchâtres.

Dans l'ensemble, la chambre d'Anne n'avait pas bougé depuis son arrivée : les murs étaient aussi blancs, la pelote à épingles aussi dure, les chaises aussi rigides et jaunes que jamais. Pourtant, l'ambiance qui régnait dans la pièce, elle, avait changé. Il y régnait désormais une atmosphère vivante, pleine d'énergie, qui contrastait avec les manuels posés sur le bureau, les robes et les rubans de la penderie, et même le pichet bleu craquelé rempli de fleurs de pommier posé sur la table. C'était comme si tous les rêves, éveillés et endormis, de son occupante avaient pris une forme visible, bien qu'immatérielle, et avaient tapissé la chambre nue de splendides tissus arc-en-ciel et de rayons de lune.

Soudainement, Marilla arriva, d'un pas vif, avec quelques-uns des tabliers d'école fraîchement repassés d'Anne. Elle les accrocha sur une chaise, et en profita pour souffler un instant. Cet après-midi-là, elle avait été prise par un douloureux mal de tête, et bien qu'à cet instant elle n'en souffrait plus, elle se sentait encore faible et « recrue », comme Anne aimait le dire. La fillette l'observa avec des yeux limpides emplis de compassion.

— Oh, comme j'aimerais pouvoir souffrir à votre place, Marilla. J'accepterais cette douleur avec joie, si cela pouvait vous soulager.

— Eh bien, je pense que tu as fait ta part du travail en me laissant me reposer, répondit Marilla. D'ailleurs, tu sembles t'en être assez bien sortie, je constate que tu as fait moins de bêtises que d'ordinaire ; bien qu'il ne fût pas vraiment nécessaire d'amidonner les mouchoirs de Matthew de la sorte. Aussi, la plupart des gens, quand ils mettent une tarte au four pour la réchauffer, la sortent lorsqu'elle est suffisamment chaude au lieu d'attendre qu'elle soit presque complètement carbonisée ; mais, visiblement, cela ne semble pas être ton cas.

Les maux de tête laissaient toujours Marilla quelque peu sarcastique.

— Oh, je suis tellement désolée, fit Anne, penaude. J'ai oublié cette tarte à l'instant où je l'ai enfourné, bien qu'il m'ait semblé étrange de trouver la table à manger complètement vide. J'étais fermement résolue, ce matin lorsque vous m'avez confié cette tâche, à ne pas me laisser emporter par mes pensées. Et, je m'y suis tenue, enfin, jusqu'à ce que je mette la tarte au four, puis que j'imagine telle une princesse enfermée dans une tour d'ivoire, attendant qu'un beau chevalier vienne à mon secours sur son fidèle destrier. Et puis, j'ai fini par en oublier la tarte. Aussi, je ne savais pas que j'avais amidonné les mouchoirs. Lorsque j'étais occupée à repasser, je réfléchissais à un nom pour cette nouvelle île que nous avons découverte en remontant le ruisseau, Diana et moi. Oh, si vous saviez comme cet endroit est ravissant, Marilla ! Il y deux beaux érables au centre, et le ruisseau coule tout autour. Puis, j'ai fini par trouver le nom idéal : l'Île Victoria. Pourquoi ? Tout simplement, parce que nous l'avons trouvée le jour de l'anniversaire de la Reine. Diana et moi sommes très loyales. Enfin, je suis désolée pour cette histoire de tarte ; et pour les mouchoirs de Matthew. Pourtant, je voulais être particulièrement sage aujourd'hui, parce que c'est un jour très spécial. Savez-vous pourquoi, Marilla ?

— Non. Et puis, il ne me semble pas qu'aujourd'hui soit un jour spécial d'une façon ou d'une autre.

— Oh, Marilla ! Aujourd'hui, cela fait un an, jour pour jour, que je suis arrivée aux Pignons Verts. Je ne pourrais jamais oublier cette date ; ce fut un tel tournant dans ma vie. Enfin, peut-être que cela ne signifie pas grand-chose pour vous. Oh, dire que je suis ici depuis un an déjà, cela me rend tellement heureuse ! Bien sûr, j'ai eu mon lot d'ennuis depuis mon arrivée, mais après tout, aucun ennui n'est insurmontable, n'est-ce pas ? Dites, Marilla, regrettez-vous de m'avoir gardée ?

— Non, je ne dirais pas cela, répondit-elle, tout en se demandant comment elle avait pu passer tant de temps sans cette fillette dans sa vie. Je pense simplement ne pas avoir fait le mauvais choix. Quoi qu'il en soit, Anne, si tu en as fini avec tes devoirs, je veux que tu ailles chez Mme Barry, et que tu lui demandes si elle peut me prêter le patron du tablier de Diana.

— Oh, mais Marilla, il fait... il fait bien trop sombre dehors, s'écria Anne.

— Trop sombre ? Mais, la nuit vient à peine de tomber. Et, Dieu sait que tu es sortie plus d'une fois après la tombée de la nuit.

— Je préfère y aller demain de bon matin, répondit Anne avec enthousiasme. Faites-moi confiance, Marilla, je me lèverai au lever du soleil.

— Anne Shirley, que te prend-t-il ? J'ai besoin de ce patron ce soir. Allons, vas-y de ce pas, et ne traîne pas en chemin.

— Dans ce cas, je vais devoir faire le tour par la route, expliqua Anne, à contrecœur, tout en se saisissant de son chapeau.

— Faire le tour par la route ? Et, perdre une demi-heure ? Quelle perte de temps !

— Mais, Marilla, je ne peux pas traverser le Bois hanté ! s'écria Anne, d'un ton désespéré.

Marilla la fixa, d'un air confus.

— Le Bois hanté ? Anne, ma pauvre, tu perds complètement la tête ! Que me chantes-tu là, encore ?

— Vous savez, le bois d'épinettes, celui par-delà le ruisseau, murmura timidement Anne.

— Baliverne ! Il n'y a pas le moindre bois hanté là-bas. Qui t'a raconté de telles bêtises ?

— Eh bien, personne, avoua-t-elle. Diana et moi avons juste imaginé que ce bois était hanté. Les alentours sont si... si... ordinaires ; un peu d'imagination ne fait pas de mal ! Alors, depuis le mois d'avril, nous évitons ce bois à tout prix, comme s'il était réellement hanté. L'idée est si romantique, ne trouvez-vous pas, Marilla ? Nous avons choisi le bois d'épinettes parce qu'il y fait si sombre. « Cela serait amusant d'imaginer qu'il s'y passe des choses épouvantables », avons-nous pensé. Alors, nous prétendons qu'une dame blanche y vit, et qu'elle sort de sa cachette, à la tombée de la nuit, pour errer le long du ruisseau, se tordant les mains et poussant des cris plaintifs. On dit qu'elle apparaît lorsqu'un décès est à prévoir dans la famille. Aussi, nous avons imaginé l'histoire de ce petit garçon assassiné, dont le fantôme hanterait les bois de Sylvécœur ; il se tapit derrière quiconque a le malheur de croiser son chemin, et pose ses doigts froids sur la main du malheureux, comme cela. Oh, Marilla, cela me donne des frissons rien que d'y penser ! Et, il y a aussi cet homme sans tête qui arpente les bois, ainsi que des squelettes qui vous fixent, cachés entre les branches. Oh, Marilla, pour rien au monde, je ne voudrais traverser le Bois hanté après la tombée de la nuit ; je suis sûre que les squelettes finiraient par m'avoir !

— Je n'ai jamais entendu pareilles bêtises ! s'exclama Marilla, stupéfaite. Anne Shirley, ne me dis pas que tu crois à toutes ces sottises sorties tout droit de ton imagination ?

— Eh bien, j'y crois sans trop y croire, hésita Anne. Du moins, je n'y crois pas en plein jour. Mais après la tombée de la nuit, Marilla, c'est différent. C'est à ce moment-là que les fantômes apparaissent.

— Les fantômes n'existent pas, Anne.

— Oh, bien sûr que si, Marilla ! s'écria Anne, avec enthousiasme. Je connais des gens qui en ont vu ; des personnes fiables, je vous assure. Charlie Sloane raconte qu'un soir, sa grand-mère a aperçu son mari ramener les vaches dans la nuit. Le hic ? Cela faisait déjà plus d'un an qu'il avait été enterré ! Vous savez bien que la grand-mère de Charlie Sloane ne mentirait pour rien au monde ; c'est une femme très pieuse. Aussi, le père de Mme Thomas raconte qu'une nuit, il a été poursuivi chez lui par un agneau de feu avec la tête coupée, pendue par une bande de peau. Selon lui, cette bête était, en réalité, l'esprit de son frère, et il s'agissait là d'un signe qu'il ne lui restait plus que neuf jours à vivre. Heureusement, ce ne fut pas le cas, mais il est tout de même décédé deux ans plus tard, donc cela est forcément vrai. Puis, Ruby Gillis m'a raconté que...

— Anne Shirley, interrompit fermement Marilla, je ne veux plus jamais t'entendre raconter ce genre de bêtises. Je n'ai jamais trouvé tes rêveries pertinentes, mais si désormais, tu te mets à inventer des sottises de la sorte, je ne tolérerai plus jamais que tu sois distraite. Va rendre visite aux Barry, un point c'est tout. D'ailleurs, j'exige que tu traverses ce bois d'épinettes pour t'y rendre ; ça te fera les pieds ! C'est la dernière fois que je t'entends parler de cette histoire de bois hanté, c'est bien clair ?

Anne, profondément terrifiée, pouvait supplier et pleurer autant qu'elle le voulait – et, c'est précisément ce qu'elle fit –, mais rien n'y faisait. Persuadée de la véracité de ses propres histoires, elle redoutait mortellement de traverser ce bois d'épinettes après la tombée de la nuit ; mais Marilla était inflexible. Elle conduit la petite impertinente jusqu'à l'entrée du bois, lui ordonnant de traverser le pont, et de pénétrer dans cet endroit redoutable où les dames gémissantes et les spectres sans tête l'attendaient au-delà.

— Oh, Marilla, n'avez-vous donc pas de cœur ? sanglotait Anne. Et si, à l'instant même où je traverse le bois, des squelettes terrifiants m'attrapaient ?

— Eh bien, nous verrons cela, répondit Marilla, sans pitié. Tu sais que je n'aie pas la langue dans ma poche. Je vais te guérir de cette manie d'imaginer des fantômes partout. Allez, va donc, maintenant.

Anne s'exécuta. Tremblante comme une feuille, elle traversa le pont, manquant de trébucher à chaque pas, puis s'aventura en frissonnant sur le sentier sombre et lugubre. « Jamais je n'oublierai ce moment », pensa-t-elle. Soudainement, elle regretta amèrement d'avoir laissé libre cours à son imagination de la sorte. Les créatures de son esprit semblaient se cacher dans chaque recoin, tentant de s'emparer de cette petite fille avec leurs mains froides et squelettiques. Après tout, c'était elle qui les avait invoqués. Lorsqu'elle aperçut un morceau d'écorce blanche virevolter dans le vent, et glisser sur le sol brun du bois, elle eut l'impression que son cœur s'était arrêté. Puis, quelques instants plus tard, l'affreux gémissement de deux vieilles branches se frottant, bruyamment, l'une contre l'autre fit perler quelques gouttes de sueur sur son front. Dans l'obscurité, le vol des chauves-souris semblait être celui de créatures surnaturelles, ce qui terrifia un peu plus la fillette. Lorsqu'elle atteignit enfin le champ de M. William Bell, elle le traversa en courant comme si une horde de spectres la poursuivait, et elle arriva à la porte de la cuisine des Barry, si essoufflée, qu'elle put à peine demander le patron du tablier. Diana étant absente, elle n'avait aucune excuse pour s'attarder, et elle le savait, il fallait affronter le terrible trajet du retour à nouveau. Anne le fit, les yeux fermés, préférant risquer de se cogner contre les branches plutôt que de prendre peur à la vue de la moindre forme blanche semblable à celle d'un squelette. Lorsqu'elle atteignit le pont de rondins, toujours tremblante, elle poussa un long soupir de soulagement.

— Eh bien, tu es toujours en vie, à ce que je vois, lâche Marilla, d'un ton sarcastique.

— Oh, Mar... Marilla, bafouilla Anne, je me contenterai des endroits ordinaires à partir de maintenant.

CHAPITRE XXI. Une saveur inédite

— Pauvre de moi ! s'exclama Anne, d'un ton plaintif, en posant son ardoise et ses livres sur la table de la cuisine. Mme Lynde avait raison, dans ce monde, il n'y a rien d'autre que des rencontres et des séparations. N'était-ce pas une chance, Marilla, que j'aie pensé à emporter un mouchoir supplémentaire en partant à l'école ce matin ? J'avais le pressentiment que j'allais en avoir besoin.

Aujourd'hui marquait le début du mois de juin, ainsi que le départ de M. Phillips, ce qui attrista Anne au point qu'elle dût essuyer ses yeux rougis avec un mouchoir déjà très empli de larmes.

— Je n'aurais pas pensé que ce M. Phillips te manquerait tant, fit remarquer Marilla, d'un ton étonné.

— Oh, je ne m'y attendais pas non plus, expliqua Anne. J'ai surtout pleuré parce que tous les autres le faisaient. Bien sûr, Ruby Gillis s'est mise à pleurer la première. Pourtant, elle a toujours déclaré qu'elle détestait M. Phillips, mais dès qu'il s'est levé pour faire son discours d'adieu, elle a éclaté en sanglots. Puis, toutes les filles ont commencé à pleurer, l'une après l'autre. J'ai essayé de tenir bon, Marilla. J'ai essayé de me rappeler le moment où M. Phillips m'a fait asseoir à côté de Gil... enfin, vous savez qui ; et le moment où il a orthographié mon prénom « Ann » devant toute la classe ; et comment il a dit que j'étais la pire cancresse qu'il n'ait jamais vue en géométrie et a ri de mon orthographe ; et toutes les fois où il avait été si horriblement sarcastique avec moi. Mais, d'une manière ou d'une autre, je n'ai pas pu me retenir de pleurer, moi aussi, Marilla. Andrews parlait depuis un mois de combien elle serait contente quand M. Phillips partirait, et elle a déclaré qu'elle ne verserait pas une larme. Résultat ? Elle a pleuré bien plus que nous toutes réunies, si bien qu'elle a dû emprunter un mouchoir à son frère parce qu'elle n'en avait pas apporté pensant qu'elle n'en aurait pas besoin. Bien sûr, les garçons, eux, ne pleuraient pas. Mais, je vous assure, Marilla, c'était un moment déchirant. M. Phillips a fait un si beau discours d'adieu qui commençait ainsi : « Le moment est venu pour nous de nous séparer » ; c'était terriblement émouvant. D'ailleurs, lui aussi avait des larmes plein les yeux. Oh, je me sentais terriblement désolée et pleine de remords pour toutes les fois où j'avais parlé en classe et dessiné des portraits peu flatteurs de lui sur mon ardoise. Et bien sûr, je m'en veux aussi pour toutes ces fois où je me suis moquée de lui et de Prissy. Vous savez, Marilla, j'aurais voulu être une élève modèle, comme Minnie Andrews ; elle au moins n'a rien à se reprocher. Les filles ont pleuré tout le chemin du retour de l'école. Je crois que le discours de M. Phillips nous a toutes profondément touchées, car chaque fois que Carrie Sloane répétait « Le moment est venu pour nous de nous séparer », nous pleurions toutes de plus belle, et il nous était impossible de penser à autre chose. Je me sens terriblement triste, Marilla. Mais après tout, on ne peut pas rester inconsolables indéfiniment, surtout quand on a deux mois de vacances devant soi, n'est-ce pas ? Oh, et Marilla, devinez quoi ? Nous avons rencontré le nouveau pasteur et sa femme en revenant de la gare. Même si j'étais profondément attristée par le départ de M. Phillips, je ne pouvais m'empêcher d'éprouver une certaine satisfaction à l'idée de les avoir rencontrés tous les deux. Cela semble tout à fait naturel, n'est-ce pas ? D'ailleurs, sa femme est très jolie. Enfin, pas aussi belle qu'une reine, bien sûr, je ne prétends pas qu'elle est d'une telle beauté royale. Et puis, de toute manière, il ne serait sans doute pas approprié que le pasteur soit avec une femme aussi belle qu'une reine ; cela pourrait donner un mauvais exemple.

Par exemple, Mme Lynde affirme que la femme du pasteur de Newbridge donne un très mauvais exemple, car elle s'habille trop à la mode. Mais cette première, la femme de notre pasteur, était vêtue de mousseline bleue avec de ravissantes manches bouffantes, et elle portait un chapeau orné de roses. Jane Andrews a trouvé que les manches bouffantes étaient un peu trop élégantes pour être portées par l'épouse d'un pasteur, mais personnellement, je ne suis pas d'accord. Je comprends tout à fait que l'on puisse avoir envie de porter des manches bouffantes, qu'importe notre statut. De plus, ils ne sont mariés que depuis peu, donc on peut facilement lui pardonner, n'est-ce pas ? D'ailleurs, ils vont loger chez Mme Lynde jusqu'à ce que le presbytère soit prêt.

Si Marilla se rendit chez Mme Lynde ce soir-là, ce n'était pas seulement car elle avait soudainement décidé de lui ramener les cadres à courtepointe qu'elle lui avait emprunté l'hiver précédent, mais aussi parce qu'elle fut prise d'une tendre envie de rendre visite à sa voisine, une sensation étonnamment partagée, au même moment, par la plupart des habitants d'Avonlea. En effet, ce soir-là, nombreux furent ceux qui avaient soudainement décidé de ramener à Mme Lynde des objets qu'elle avait gentiment prêtés, sans réel espoir de les revoir. En réalité, tous s'attroupèrent au vallon des Lynde dans l'espoir d'apercevoir le couple fraîchement marié. En effet, l'arrivée d'un nouveau pasteur, surtout accompagné de sa femme, suscitait une curiosité légitime dans cette petite communauté rurale où les événements se faisaient rares.

Le vieux M. Bentley, le pasteur qu'Anne avait jugé dépourvu d'imagination, avait dirigé la paroisse d'Avonlea pendant dix-huit ans. Veuf à son arrivée, il le resta malgré les rumeurs qui, tout au long de son service, prétendaient qu'il aurait été marié à telle ou telle femme. En février dernier, il avait démissionné de son poste, quittant la localité et laissant derrière lui une paroisse endeuillée. En effet, malgré ses lacunes en tant qu'orateur, tous les fidèles de l'église lui vouaient une affection sincère. Depuis lors, l'église d'Avonlea avait vu défiler chaque dimanche une multitude de prédicateurs en essai, venus se présenter pour le poste. Leurs performances étaient jugées par les anciens de la communauté, ainsi que par cette petite fille rousse, assise discrètement dans le coin du vieux banc des Cuthbert. En effet, à mesure que les postulants défilaient, elle échangeait gaiement ses impressions avec Matthew, tandis que Marilla, fidèle à ses principes, refusait toujours d'émettre quelconque critique sur des hommes d'église.

— Je ne pense pas que M. Smith aurait fait un bon pasteur, Matthew, conclut Anne. Mme Lynde estime qu'il n'est pas assez bon orateur, mais je pense surtout qu'il souffre du même défaut que M. Bentley : il manque cruellement d'imagination. Quant à M. Terry, il en avait bien trop, à mon goût. Il s'est laissé emporter dans ses rêveries, tout comme moi avec cette histoire de Bois hanté. De plus, Mme Lynde a trouvé que ses connaissances théologiques n'étaient pas suffisamment solides. Quant à M. Gresham, c'est un homme d'une grande intégrité et profondément religieux, mais il a tendance à raconter trop d'histoires drôles, ce qui divertit les fidèles pendant les services religieux, ce qui manque bien trop de dignité pour un pasteur. La dignité, c'est important pour un tel poste, n'est-ce pas, Matthew

? J'ai trouvé M. Marshall parfaitement séduisant, mais Mme Lynde assure qu'il n'est pas marié, ni même fiancé, car elle s'est renseignée spécialement à son sujet. Et, selon elle, il ne serait pas approprié d'avoir un pasteur célibataire à Avonlea, car il pourrait être tenté d'épouser une jeune fille du village, ce qui pourrait entraîner des problèmes. Mme Lynde est une femme très perspicace, n'est-ce pas, Matthew ? Enfin, je suis très contente qu'ils aient choisi M. Allan. Je l'ai bien aimé, dès le début, parce que son sermon était intéressant, et il priait comme s'il le pensait vraiment, et non pas juste parce qu'il en avait l'habitude. Mme Lynde estime qu'il n'est pas parfait, mais elle dit qu'on ne peut pas s'attendre à avoir un pasteur idéal pour sept cent cinquante dollars par an. Quoi qu'il en soit, ses connaissances théologiques sont solides, c'est certain. Comment Mme Lynde le sait-elle ? Parce qu'elle l'a interrogé sans relâche sur tous les points délicats de la doctrine. De plus, elle connaît bien la famille de son épouse ; elle les considère comme des personnes très respectables, et d'après elle, toutes les femmes de la famille sont de bonnes ménagères. Et, selon Mme Lynde, un homme bien versé dans la doctrine et une bonne ménagère constituent la base d'une famille de pasteur saine.

Le nouveau pasteur et sa femme formaient un jeune couple charmant, encore dans la période de leur lune de miel, et débordaient d'enthousiasme pour le mode de vie qu'ils avaient choisi ; les habitants d'Avonlea firent immédiatement conquis. Les plus jeunes comme les plus âgés apprécièrent ce jeune homme franc et joyeux avec ses idéaux élevés, et la douce et lumineuse petite dame qui assumait la maîtrise du presbytère. Anne tomba promptement sous le charme de la ravissante Mme Allan, si bien qu'il lui sembla avoir trouvé une nouvelle âme-sœur.

— Mme Allan est absolument charmante, annonça-t-elle un dimanche après-midi. Elle a pris en charge notre classe, et elle est une enseignante formidable. Elle a immédiatement exprimé combien elle trouvait dommage que seul l'enseignant pose des questions, et vous savez, Marilla, j'ai toujours pensé exactement la même chose. Elle a dit que nous pouvions lui poser toutes les questions que nous voulions, et je ne me suis pas gênée ; je lui en ai posé tant ! Je suis douée pour poser des questions, vous savez, Marilla.

— Oh oui, j'ai remarqué cela, déclara Marilla avec emphase.

— Personne d'autre n'a posé de question, à part Ruby Gillis ; elle lui a demandé si l'école du dimanche comptait organiser un pique-nique, comme l'année dernière. Je ne pensais pas que c'était une question très appropriée car elle n'avait aucun lien avec la leçon – nous étudions l'épisode biblique de Daniel dans la fosse aux lions à ce moment-là – mais Mme Allan a simplement souri, et a dit qu'elle pensait que oui. Oh, son sourire est si charmant, et elle a de si jolies fossettes ! J'aimerais en avoir moi aussi, Marilla. Je ne suis plus aussi maigre qu'à mon arrivée ici, mais je n'ai toujours pas de fossettes, malheureusement. Peut-être que si j'en avais, je pourrais influencer les gens positivement. Mme Allan a dit que nous devrions toujours essayer d'influencer positivement les autres ; elle était si aimable dans ses paroles. Je ne savais pas avant que la religion pût être une chose si joyeuse ; je l'ai toujours pensée plutôt mélancolique, mais Mme Allan l'a rendu si jovial. Si cela me permettait de lui ressembler, je serais volontiers une fervente chrétienne. En revanche, je ne voudrais pas ressembler à M. Bell, le surintendant.

— C'est très vilain de parler de M. Bell en ces termes, réprimanda sévèrement Marilla. C'est un homme vraiment bon, tu sais.

— Oh, je le sais bien, concéda Anne, mais il n'a pas l'air bien heureux, pour autant. Si j'étais bonne comme Mme Allan, je danserais et chanterais toute la journée, car je serais si heureuse. Enfin, je ne pense pas qu'elle en fasse autant, elle est certainement trop âgée pour cela, et bien sûr, cela ne serait pas convenable pour la femme d'un pasteur. Mais, on sent qu'elle est simplement heureuse d'être chrétienne, et qu'elle le serait même si elle pouvait aller au ciel sans l'être.

— Eh bien, je suppose que nous pourrions inviter M. et Mme Allan à prendre le thé un de ces jours, déclara Marilla, d'un ton pensif. Ils ont été invités presque partout, sauf ici. Voyons voir. Mercredi prochain serait un bon moment pour les recevoir. Mais, n'en parle pas à Matthew, car s'il apprend qu'ils viennent, il trouvera une excuse pour s'absenter ce jour-là. Il s'était habitué à M. Bentley, et sa présence ne le dérangeait plus, mais il aura du mal à faire connaissance avec un nouveau pasteur ; et sa femme n'en parlons pas !

— Je ne dirai rien, promis, assura Anne. Dites Marilla, me laisseriez-vous préparer un gâteau pour l'occasion ? Je serais tellement ravie de pouvoir l'offrir à Mme Allan, surtout maintenant que vous savez que mes gâteaux sont plutôt réussis.

— C'est d'accord, tu pourras préparer un gâteau à la crème, promit Marilla.

Lundi et mardi, de grands préparatifs eurent lieu aux Pignons Verts. En effet, recevoir le pasteur et sa femme pour le thé était une entreprise sérieuse et importante, et Marilla était déterminée à ne pas être éclipsée par les autres des ménagères d'Avonlea. Anne était folle d'excitation et de joie. Le mardi soir, alors qu'elles étaient assises sur les grands rochers rouges, près de la Source des nymphes, Diana et elle en discutèrent longuement jusqu'au crépuscule, tout en dessinant des arcs-en-ciel à la surface de l'eau à l'aide de petits morceaux de bois trempés dans le baume de sapin.

— Tout est prêt pour leur arrivée. Enfin, sauf les sablés que Marilla préparera juste avant l'heure du thé ; et bien sûr, mon gâteau, mais je m'en occuperai demain matin. Je t'assure, Diana, que Marilla et moi avons eu deux jours bien remplis ; c'est une telle responsabilité de recevoir la famille d'un pasteur pour le thé. Je n'ai jamais vécu quelque chose d'aussi intense. Oh, si tu voyais ce que nous allons leur servir, c'est un véritable spectacle pour les mirettes ! Au menu : du poulet en gelée et de la langue froide. Nous aurons deux sortes de gelée, rouge et jaune, de la crème fouettée, une tarte au citron, une tarte aux cerises, trois sortes de biscuits, du gâteau aux fruits, et les fameuses confitures de prunes jaunes que Marilla réserve aux pasteurs, du quatre- quarts, du gâteau à la crème, et bien sûr, les sablés de Marilla. Quoi d'autre ? Ah oui, du pain frais, mais aussi du pain rassis, au cas où M. Allan souffrirait de trouble digestif, et ne pourrait manger que ce dernier. Mme Lynde dit que c'est courant chez les pasteurs, mais je ne pense pas que M. Allan ait été pasteur assez longtemps pour souffrir de tels problèmes intestinaux. Oh Diana, je n'aurais pas dû songer à cela. Maintenant, je crains que mon gâteau ne soit pas assez bon. J'ai rêvé, la nuit dernière, que j'étais poursuivie par un terrible gobelin avec un énorme gâteau à la crème en guise de tête.

— Ne t'en fais pas, ton gâteau sera délicieux, déclara Diana, d'un ton rassurant, elle qui était une amie très réconfortante. J'en suis certaine, car le gâteau que tu avais préparé pour notre déjeuner à Sylvécœur, il y a deux semaines, était absolument exquis.

Anne soupira.

— C'est vrai ; seulement, les gâteaux ont cette fâcheuse tendance à être ratés, justement lorsque l'on a besoin qu'ils soient parfaits, expliqua-t-elle en lançant, d'un coup sec, une brindille particulièrement odorante dans l'eau. Néanmoins, je suppose que je devrais simplement compter sur le destin, et veiller à bien ajouter la farine. Oh, regarde, Diana, quel magnifique arc-en-ciel ! Crois-tu que la nymphe de la source va sortir, après notre départ, et s'en servir de châle ?

— Anne, tu sais bien que les nymphes n'existent pas, répliqua Diana.

Mme Barry avait découvert cette histoire du Bois hanté, et en avait été très contrariée. Par conséquent, Diana avait renoncé à toute autre fantaisie, et ne jugeait pas prudent de croire à l'existence de nymphes, aussi inoffensives soient-elles.

— Mais c'est si facile d'imaginer qu'elles existent ! insista Anne. Chaque soir, avant de me coucher, je regarde par ma fenêtre, me demandant si la nymphe est là, peignant joyeusement ses cheveux avec des brindilles et se mirant dans la source. Parfois, je cherche ses empreintes dans la rosée du matin. Oh Diana, ne cesse pas de croire en son existence !

Le mercredi matin arriva, et Anne, trop excitée pour trouver le sommeil, se leva aux premières lueurs du jour. Bien qu'elle ait attrapé un vilain rhume la veille en s'amusant dans la source, rien, pas même une pneumonie, ne put l'empêcher de se mettre aux fourneaux. Après le petit-déjeuner, elle se lança dans la préparation de son gâteau, et au moment de refermer enfin la porte du four, elle retint son souffle.

— Je suis certaine de n'avoir rien oublié cette fois, Marilla. Mais pensez-vous qu'il va gonfler ? Imaginez si, par malheur, la levure chimique était périmée ! Je me suis assurée d'utiliser celle qui était rangée dans la nouvelle boîte. Mais, Mme Lynde dit qu'on ne peut jamais être certain de trouver une bonne levure chimique de nos jours, avec toutes ces contrefaçons. D'ailleurs, elle pense que le gouvernement devrait réguler cela, mais elle doute que les conservateurs le fassent un jour. Marilla, qu'allons-nous faire si le gâteau ne gonfle pas ?

— Nous aurons largement de quoi nous rassasier sans ça, répondit Marilla d'un ton impassible, de façon à éviter une autre longue discussion.

Heureusement, le gâteau gonfla correctement, et sortit du four aussi léger et moelleux que de la mousse dorée. Anne, ravie de constater que cela avait fonctionné, assembla le gâteau, couche par couche, appliquant généreusement de la gelée, couleur rubis, entre chaque étage, puis s'imagina Mme Allan le savourer, et peut-être même, en redemander !

— Allez-vous sortir le beau service à thé, Marilla ? demanda-t-elle. Oh, et puis-je décorer la table avec des fougères et des roses sauvages ?

— Non, c'est inutile, répliqua Marilla. À mon avis, ce sont les mets qui comptent, pas les fioritures décoratives.

— Mais, Mme Barry avait une table magnifiquement décorée, et le pasteur l'a beaucoup complimenté pour cela, expliqua Anne, sachant pertinemment ce qu'elle faisait. Il a dit que c'était un véritable régal pour les yeux autant que pour le palais.

— Eh bien, fais comme tu veux, répliqua Marilla, déterminée à être un meilleur hôte que Mme Barry et que toutes les autres maîtresses de maison d'Avonlea. Mais, assure-toi de laisser suffisamment de place pour le couvert, et les plats.

Anne mit tout son cœur à décorer la table d'une manière qui éclipserait celle de Mme Barry. À coup de roses et de fougères soigneusement disposées, et grâce à son sens artistique affirmé, elle transforma cette table de thé en une véritable œuvre d'art. Lorsque le pasteur et sa femme s'y assirent, ils s'exclamèrent d'admiration devant la beauté de cette table.

— C'est le travail d'Anne, déclara Marilla, tout en restant modeste. Anne éprouva une joie presque débordante en voyant le sourire approbateur de Mme Allan.

Matthew, à la grande surprise de Marilla, avait décidé de se joindre à eux, sans que personne ne sache réellement ce qui avait suffi à le convaincre

– du moins, Anne devait sûrement le savoir. D'ordinaire, il était un homme timide et nerveux, mais ce soir, il semblait confiant dans ses beaux vêtements et son élégant col blanc, si bien qu'il engageât même la conversation avec le pasteur de manière plutôt intéressante. Cela dit, il n'adressa pas la parole à Mme Allan de la soirée, ce qui n'avait rien d'étonnant, lui qui avait si peur des femmes.

Tout se déroulait à merveille, jusqu'au moment où Marilla apporta le gâteau à la crème préparé par Anne. Mme Allan, ayant déjà goûté à une variété de mets, déclina poliment. Mais voyant la déception sur le visage d'Anne, Marilla intervint avec un sourire :

— Oh, vous devriez tout de même y goûter, Mme Allan. Anne l'a préparé spécialement pour vous.

— Oh, comme c'est adorable ! Dans ce cas, je veux bien une part, répondit gaiement Mme Allan, se servant un gros morceau, tout comme le firent le pasteur, et Marilla. Mme Allan prit une bouchée, et aussitôt, son visage se figea dans une expression de grande surprise ; elle ne dit pas un mot, et avala sa part d'une traite. Marilla, ayant remarqué cela, en conclut que le gâteau devait être divin et se hâta de prendre une bouchée à son tour.

— Anne Shirley ! s'exclama-t-elle, que diable as-tu mis dans ce gâteau ?

— Eh bien, seulement les ingrédients indiqués dans la recette, répondit Anne, l'air angoissé. Oh, ne me dites pas que mon gâteau est raté, Marilla !

— Eh bien si, dans le mille ! Ce gâteau est tout simplement immangeable ! Madame Allan, je vais vous débarrasser de votre assiette. Tiens, Anne, tu n'as qu'à goûter par toi-même. Bon sang, mais quel arôme as-tu utilisé ?

— De la vanille, répondit Anne, le visage rouge écarlate, constatant par elle-même à quel point le gâteau était raté. Rien que de la vanille, je vous assure ! Oh, Marilla, cela doit être la levure chimique. Je craignais qu'elle ne soit pas bonne, et voilà, que j'avais raison !

— Tu racontes vraiment n'importe quoi ! Ça ne peut pas être la levure chimique le problème. Va me chercher la bouteille de vanille que tu as utilisée.

Anne fila dans le garde-manger, et revint avec une petite bouteille partiellement remplie d'un liquide brun, sur laquelle on pouvait lire, écrit en jaune : « vanille premier choix ».

Marilla s'en saisit, tourna le capuchon, et renifla.

— Je dois rêver ; Anne, tu as aromatisé ce gâteau avec du liniment analgésique ! J'ai cassé la bouteille de liniment, la semaine dernière, et j'ai versé ce qui restait dans une vieille bouteille de vanille vide. Je suppose que c'est en partie de ma faute, j'aurais dû te prévenir, mais bon sang, pourquoi n'as-tu pas pu le sentir ?

Anne, qui venait d'être humiliée une deuxième fois, éclata en sanglots.

— Je... je ne pouvais pas, bégaya-t-elle, j'avais le nez bouché...

Sur ces mots, elle s'enfuit dans sa chambre, se laissa tomber sur le lit et pleura de manière inconsolable. Quelques instants plus tard, des pas légers résonnèrent dans l'escalier, et quelqu'un entra dans la pièce.

— Oh, Marilla, sanglota Anne, les yeux baissés, j'ai si honte. Je ne pourrai jamais me pardonner pour cela. Et puis, cela va se savoir ; tout finit toujours par se savoir à Avonlea. Diana va me demander comment était mon gâteau, et je vais devoir lui avouer la vérité. On se moquera de moi, et je serais connue comme « la fille qui a aromatisé un gâteau au liniment analgésique ». Gil... enfin, je veux dire, les garçons à l'école ne cesseront jamais de rire de ça. Oh, Marilla, s'il y a en vous une once de charité chrétienne, je vous en prie, ne me demandez pas de descendre laver la vaisselle après une telle humiliation. Je m'en occuperai demain, lorsque M. et Mme Allan seront partis. Oh, mais comment vais-je faire ? Je ne pourrai plus jamais regarder Mme Allan dans les yeux, après cela. Peut-être qu'elle pensera que j'ai essayé de l'empoisonner, c'est terrible ! Mme Lynde dit qu'elle connaît une fille orpheline qui a essayé d'empoisonner sa famille d'accueil. Mais le liniment n'est pas toxique, n'est-ce pas ? Certes, il faut l'ingurgiter, mais bon, pas de la sorte. Oh Marilla, je vous en prie, pourriez-vous aller dire cela à Mme Allan pour moi ?

— Et, si tu lui disais de toi-même ? répondit une voix enjouée.

Anne se leva, d'un bon, et trouva Mme Allan, debout près de son lit, la regardant avec des yeux amusés.

— Ma chère petite, tu ne devrais pas pleurer comme ça, dit-elle, véritablement troublée par l'expression tragique d'Anne. C'était juste une drôle d'erreur que n'importe qui aurait pu faire.

— Oh, non, il fallait que ce soit moi qui commette une telle erreur, répondit Anne d'un air désolé. Je tenais tant à ce que ce gâteau soit réussi, Mme Allan, je l'avais préparé spécialement pour vous.

— Oui, je sais, ma chère. Et, je tiens à te dire que j'aurais été tout aussi reconnaissante si le gâteau avait été réussi. Allons, sèche tes larmes et viens plutôt avec moi ; j'adorerais que tu me montres les fleurs de ton jardin. Mme Cuthbert m'a dit que tu avais un petit coin à toi. J'adore les fleurs, tu sais, je ne manquerais cela pour rien au monde.

Anne se laissa consoler, et guida Mme Allan jusqu'au jardin, songeant au fait qu'elle était effectivement, comme elle le pensait, une nouvelle âme-sœur. Plus personne ne mentionna le gâteau au liniment, et lorsque les invités partirent, Anne se rendit compte qu'elle avait passé une soirée bien plus agréable que ce à quoi elle s'attendait, malgré ce terrible incident. Néanmoins, elle laissa échapper un profond soupir.

— Marilla, n'est-il pas agréable de penser que demain est un nouveau jour, cette fois-ci sans aucune bêtise ?

— Oh, ne sois pas si sûre de cela, répondit Marilla. Je n'ai jamais vu personne faire autant de bêtises que toi, Anne.

— Oui, je le sais bien, admit la fillette, d'un air mélancolique. Mais avez-vous déjà songé au fait que cela puisse être une bonne chose, Marilla ? L'avantage, c'est que je ne fais jamais deux fois la même bêtise, même si j'en fais tout de même beaucoup.

— Je ne sais pas si c'est très bénéfique, car après tout, tu en fais toujours de nouvelles.

— Oh Marilla, ne comprenez-vous donc pas ? Il doit bien y avoir une limite au nombre de bêtises qu'une personne peut commettre, et quand j'atteindrai cette limite, je serai enfin délivrée. C'est très réconfortant de penser à cela.

— Si tu le dis. Bon, tu ferais mieux d'aller donner ce gâteau aux cochons, dit Marilla. Même le petit Jerry Buote du ruisseau n'en voudrait pas, c'est certain.

CHAPITRE XXII. Une invitation solennelle

— Anne, que se passe-t-il encore ? Pourquoi as-tu les yeux si exorbités ? demanda Marilla, alors que la fillette venait tout juste de rentrer du bureau de poste. As-tu rencontré une nouvelle âme-sœur en chemin ?

L'excitation enveloppait Anne tel un châle, illuminait ses yeux et animait chacun de ses traits. Elle était arrivée en dansant sur le chemin, telle une fée emportée par le vent, à travers la douce lumière du soleil et les ombres languissantes de cette soirée d'août.

— Non, Marilla, mais oh, devinez quoi ? Je suis invitée à prendre le thé au presbytère demain après-midi ! Mme Allan a laissé une lettre pour moi au bureau de poste : « À l'attention de Mademoiselle Anne Shirley des Pignons Verts », c'est ce qui est écrit sur l'enveloppe. C'est la première fois que l'on m'appelle « mademoiselle ». Comme c'est excitant ; je chérirai cette lettre jusqu'à la fin de mes jours !

— Oh, c'est vrai. Mme Allan m'a confié qu'elle avait prévu d'inviter chacun des élèves de l'école du dimanche à prendre le thé, à tour de rôle, expliqua Marilla, ce qui rendit la nouvelle, tout de suite, bien moins enthousiasmante. Il n'y a franchement pas de quoi se mettre dans un tel état. Tu devrais apprendre à prendre les choses plus calmement, Anne.

Pour Anne, prendre les choses calmement aurait été renier sa nature. « Tout feu tout flammes » comme elle l'était, elle ressentait tous les plaisirs et les peines de la vie avec une intensité folle. Marilla en était consciente et s'en inquiétait, voyant la vulnérabilité de cette âme impulsive, sans saisir pleinement que la capacité d'Anne à ressentir une immense joie pouvait largement compenser ses moments de chagrin. Ainsi, Marilla pensait qu'il était de son devoir d'enseigner à cette enfant une sorte de calme résigné ; une tâche aussi impossible et étrangère pour elle que de parvenir à capturer un rayon de soleil dansant à la surface d'un ruisseau. Bien sûr, Marilla n'y parvenait guère, comme elle l'admettait tristement. Lorsqu'Anne échouait à réaliser ses rêves ou à poursuivre ses espoirs, cela la plongeait dans un profond désespoir. En revanche, lorsqu'elle y parvenait, elle devenait la plus heureuse petite fille que la terre n'ait jamais portée. Marilla en venait presque à désespérer de pouvoir un jour transformer cette enfant abandonnée en petite fille modèle, aux manières posées et au comportement irréprochable. Au fond, bien qu'elle refusât de l'admettre, elle préférait Anne telle qu'elle était, avec toute son exubérance et sa spontanéité.

Ce soir-là, Anne se coucha, muette de chagrin, car Matthew avait prédit que le vent du nord-est apporterait la pluie le lendemain. Le bruissement des feuilles de peuplier autour de la maison l'inquiétait, évoquant le bruit de gouttes de pluie, et le grondement lointain du golfe, qu'elle aimait d'ordinaire écouter pour son rythme étrange et envoûtant, semblait maintenant une prophétie de tempête et de désastre pour cette petite fille qui désirait ardemment que demain soit une belle journée. Tout cela la plongea dans un profond état d'angoisse, craignant que le matin ne vienne jamais.

Heureusement pour elle, le calme suit toujours la tempête, et pour Anne, ce calme signifiait être invitée à prendre le thé au presbytère. Le matin, malgré les prédictions de Matthew, le temps était magnifique, et Anne était plus ravie que jamais.

— Oh, Marilla, il y a quelque chose en moi aujourd'hui qui me fait aimer tout ce que je croise, s'exclama-t-elle en lavant la vaisselle du petit déjeuner. Vous ne pouvez pas savoir combien je me sens légère ! Ne serait-ce pas merveilleux si cela pouvait durer éternellement ? Je crois que je pourrais être une enfant modèle si j'étais invitée à prendre le thé tous les jours. Mais, c'est aussi une occasion fort solennelle, cela me rend tellement anxieuse ! Et si, je ne me comportais pas correctement ? Je n'ai jamais pris le thé dans un presbytère auparavant, et je ne suis pas sûre de connaître toutes les règles de bienséance en un tel lieu, bien que j'aie épluché la section « savoir-vivre » du *Courrier de la Famille* [10] depuis mon arrivée ici. Je crains tellement mal me conduire ou d'oublier quelque chose. Dites, Marilla, est-ce impoli de se resservir si l'on en a très envie ?

— Le problème avec toi, Anne, c'est que tu penses trop à toi-même. Tu devrais simplement penser à Mme Allan et à ce qui lui serait le plus agréable et approprié, répliqua Marilla, qui, pour une fois, venait de prodiguer un conseil très sage et concis.

Anne, visiblement convaincue par ces mots, décida de les mettre immédiatement en pratique.

— Vous avez raison, Marilla. Je vais essayer de ne pas penser à moi-même du tout.

Anne avait visiblement réussi à se comporter avec élégance, car l'invitation s'était déroulée sans aucun manquement grave aux règles de savoir-vivre. Elle était rentrée au crépuscule, sous un vaste ciel orné de traînées de nuages safran et roses, enveloppée d'une béatitude totale. Dès son retour aux Pignons Verts, elle entreprit de tout raconter à Marilla. Assise, épuisée mais heureuse, sur la grande dalle de grès rouge à la porte de la cuisine, ses boucles reposaient sur les genoux couverts du tissu vichy de Marilla.

Un vent frais descendait des champs de moissons depuis les collines de l'ouest bordées de sapins et sifflait à travers les peupliers. Une étoile brillante pendait au-dessus du verger et les lucioles arpentaient le Sentier de l'amour, voltigeant parmi les fougères et les branches bruissantes. En parlant, Anne observait le vent, les étoiles et les lucioles, imprégnée d'une sensation indescriptiblement douce et enchanteresse.

— Oh, Marilla, j'ai passé un moment merveilleux. J'ai le sentiment que mes onze années passées sur cette terre m'ont conduit à ce bonheur simple, même si je ne suis plus jamais invitée à prendre le thé dans un presbytère après aujourd'hui. Quand je suis arrivée, Mme Allan est venue m'accueillir à la porte. Elle portait une ravissante robe en organdi rose pâle, aux manches trois-quarts et ornée de nombreux froufrous, ce qui lui donnait l'air d'une déesse. Je crois que j'aimerais être la femme d'un pasteur quand je serai grande, moi aussi, Marilla. Un pasteur ne se soucierait peut-être pas de mes cheveux roux parce qu'il ne penserait pas à des choses aussi mondaines. Mais bien sûr, il faudrait être naturellement bonne et je ne le serai jamais, alors je suppose que cela ne sert à rien d'y penser. Certaines personnes sont naturellement bonnes, vous savez, et d'autres ne le sont tout simplement pas. Je pense faire partie de ceux-là, Marilla. Un jour, Mme Lynde m'a dit que je devais être l'héritière du péché originel tellement je fais de bêtises.

Peu importe à quel point j'essaie d'être bonne, je ne réussirai jamais autant que ceux qui sont naturellement bons. C'est un peu comme la géométrie, quand on y pense. Mais ne pensez-vous pas que le fait d'essayer si fort devrait compter pour quelque chose ? Mme Allan fait partie des personnes naturellement bonnes, elle. Oh, je l'aime passionnément ! Vous savez, Marilla, il y a des personnes dans ce monde qui sont si faciles à aimer ; c'est le cas Matthew et Mme Allan. Et puis, il y a les autres, comme Mme Lynde, par exemple. On sait qu'on devrait les apprécier parce qu'ils sont très érudits et jouent un rôle crucial au sein de la paroisse, mais il faut toujours se le rappeler, sinon on oublie. Oh, et devinez quoi ? Il y avait une autre petite fille au presbytère pour le thé, elle vient de l'école du dimanche de White Sands. Elle s'appelle Laurette Bradley, et c'est une très gentille petite fille ; pas tout à fait une âme-sœur, mais tout de même très gentille. À l'heure du thé, je me suis efforcée de suivre toutes les règles de bienséance, et je crois m'en être plutôt bien sortie. Oh, d'ailleurs, le thé était divin ! Un peu plus tard, Mme Allan s'est installée devant son piano et nous a invitées, Lauretta et moi, à chanter en chœur avec elle. Elle m'a complimentée sur ma voix et m'a suggéré de rejoindre la chorale de l'école du dimanche dès la semaine prochaine. Oh, Marilla, vous ne pouvez pas imaginer à quel point cette idée m'a enchantée ! J'ai tellement rêvé de pouvoir rejoindre la chorale aux côtés de Diana, mais je redoutais que ce soit un honneur auquel je ne pourrais jamais prétendre. Ensuite, Lauretta a dû rentrer car il y a un grand spectacle ce soir à l'hôtel de White Sands, et sa sœur doit y réciter un poème. Elle m'a expliqué que les Américains de l'hôtel organisent un concert tous les quinze jours au profit de l'hôpital de Charlottetown, et les jeunes de White Sands sont souvent invités à réciter un poème sur scène. Lauretta a dit qu'elle s'attendait à être invitée elle-même un jour ; elle avait l'air si sûre d'elle, j'étais fort admirative. Après qu'elle est partie, Mme Allan et moi avons parlé à cœur ouvert. Je lui ai tout raconté en détail : l'affaire de Mme Thomas et des jumeaux, l'existence de Katie Maurice et de Violetta, mon arrivée aux Pignons Verts, et même à quel point je suis mauvaise en géométrie. Et devinez quoi, Marilla ? Mme Allan elle-même était la plus mauvaise de sa classe en géométrie ! Oh,

Marilla, vous ne pouvez pas imaginer combien cela m'a réconfortée de le savoir. Mme Lynde est arrivée juste après mon départ, et elle nous a annoncé que les administrateurs venaient tout juste d'engager un nouveau professeur. Et, devinez quoi, Marilla ? C'est une femme ! Elle s'appelle Mlle Muriel Stacy. Oh, n'est-ce pas un nom parfaitement romantique ? Mme Lynde ne voit pas cela d'un bon œil ; elle pense que seuls les hommes devraient enseigner. Mais, personnellement, je pense que ce sera merveilleux d'avoir une femme professeur. Oh, je suis si impatiente de la rencontrer, mais l'école ne reprend que dans deux semaines ; je ne sais vraiment pas comment je vais réussir à tenir d'ici là !

CHAPITRE XXIII. Une redoutable affaire d'honneur

Anne ne le savait pas encore, mais elle allait devoir patienter plus longtemps encore avant de pouvoir rencontrer sa nouvelle professeure, Mlle Stacy. En effet, près d'un mois s'était écoulé depuis l'épisode du gâteau au liniment, et il semblait que le moment était venu pour Anne de se retrouver une fois de plus dans une situation délicate. Bien sûr, elle avait rencontré quelques petits contretemps, comme le jour où elle avait vidé une casserole de lait écrémé dans le panier de pelotes de laine au lieu de le verser dans le seau des cochons, ou quand elle était tombée dans le ruisseau en longeant de trop près le petit pont en rondins, tout cela par inadvertance. Cependant, rien de tout cela ne méritait d'être vraiment pris en compte.

Une semaine après l'épisode du thé au presbytère, Diana Barry organisa une fête. Mais, pour qu'Anne puisse s'y rendre, il lui fallait l'accord de Marilla. « Ce sera une tout une petite fête ; seules les filles de la classe sont invitées », lui avait-elle dit pour tenter de la convaincre. Et par chance, Marilla avait fini par accepter.

Ce jour-là, elles s'amusèrent beaucoup, et rien de fâcheux ne se produisit jusqu'après l'heure du thé, lorsqu'elles se retrouvèrent dans le jardin des Barry. Quelque peu lassées de leurs jeux habituels et en quête de sensations fortes, elles décidèrent de jouer à se lancer des « défis ».

En effet, se lancer des défis était assez courant dans la cour d'école d'Avonlea. Initialement un passe-temps réservé aux garçons de l'école, cette pratique s'était rapidement répandue parmi les filles, qui s'y adonnées désormais, à leur tour, si bien que toutes les absurdités commises cet été-là à Avonlea, sous prétexte de défis, auraient suffi à remplir un livre entier.

Pour commencer, Carrie Sloane défia Ruby Gillis de grimper dans le vieux saule majestueux qui s'élevait fièrement devant la porte d'entrée des Barry. Malgré sa peur bleue des grosses chenilles vertes qui infestaient l'arbre, et craignant la réaction de sa mère si elle venait à abîmer sa nouvelle robe en mousseline, la fillette releva le défi avec agilité, au grand désarroi de celle qui l'avait défiée. Plus tard, ce fut au tour de Josie Pye de défier Jane

Andrews : elle la défia de faire le tour du jardin à cloche-pied, sans s'arrêter ni poser le pied à terre. Jane Andrews tenta courageusement de relever le défi, mais après seulement trois tours, elle s'épuisa et dû admettre sa défaite.

Josie Pye, un peu trop fière de sa victoire, ne cessa de se vanter, ce qui eut pour effet d'irriter Anne qui décida de lui lancer un défi à son tour : marcher sur le sommet de la clôture en bois qui séparait le jardin à l'est. Si la tâche semble déjà difficile rien qu'à l'imaginer, elle demande en réalité bien plus d'équilibre et de dextérité que ce que l'on pourrait penser. Cependant, Josie Pye, bien qu'elle fût dépourvue des qualités requises pour être populaire, possédait un talent naturel et inné, soigneusement cultivé, pour marcher sur les clôtures en bois. Ainsi, elle traversa la clôture avec une aisance déconcertante, comme si cela n'avait rien d'un défi pour elle. Les autres filles l'admiraient discrètement, sachant bien la difficulté de cet exploit, car elles avaient souvent échoué dans leurs tentatives similaires. Josie descendit de son perchoir, le visage rougi par la victoire, et lança un regard provocateur à Anne, qui en réponse, secoua ses tresses rousses.

— Je ne trouve pas cela si extraordinaire de marcher sur une petite clôture basse, déclara Anne. Je connaissais une fille à Marysville qui pouvait marcher sur le faîte d'un toit.

— Je ne te crois pas, répliqua Josie, d'un ton sec. Je ne crois pas que quiconque puisse marcher sur un faîte. Toi, en tout cas, tu ne pourrais pas.

— Ah oui ? s'écria imprudemment Anne.

— Si tu es aussi sûre de toi, je te mets au défi de le faire ! s'écria Josie, d'un ton provocateur. Je parie que tu ne peux pas grimper là-haut et marcher sur le faîte de la cuisine des Barry.

Anne pâlit, mais à présent, il était trop tard pour faire machine arrière. Elle se dirigea vers la maison, où une échelle était appuyée contre le toit de la cuisine, et toutes les filles de la classe de cinquième poussèrent un « Oh ! » mêlé d'excitation et d'angoisse.

— Ne le fais pas, Anne, supplia Diana, tu risquerais de te tuer ! N'écoute pas cette sorcière de Josie Pye. Ce n'est pas juste de mettre quelqu'un au défi de faire quelque chose d'aussi dangereux.

— Je n'ai pas le choix, mon honneur est en jeu, répondit Anne solennellement. Je marcherai sur ce faîte ou je périrai en essayant. Et si je viens à y laisser la vie, tâche de récupérer ma bague en perles, Diana. Elle te reviendrait de droit.

Anne grimpa l'échelle dans le silence le plus total, et lorsqu'elle atteignit le faîte, toutes les fillettes retinrent leur souffle. Debout sur cette surface instable, elle lutta pour garder son équilibre, avançant avec une extrême prudence. Elle était pleinement consciente qu'elle souffrait de vertige, qu'elle pouvait à tout moment tomber, et surtout, que son imagination ne lui était d'aucune aide dans cette situation. Malgré tout, elle réussit à faire quelques pas, mais l'incident survint rapidement : elle vacilla, perdit l'équilibre, trébucha, tituba, et finalement chuta, glissant sur le toit chauffé par le soleil pour s'écraser en contrebas à travers l'enchevêtrement de vigne vierges, sous le regard stupéfait des invitées. Aussitôt, les fillettes, prises de stupeur, poussèrent un cri de terreur à l'unisson.

Si Anne avait chuté du côté du toit par lequel elle était montée, Diana aurait probablement hérité de sa bague de perles sur-le-champ. Par chance, elle tomba de l'autre côté, là où le toit rejoignait la véranda, si près du sol qu'une chute de cette hauteur était nettement moins grave. Cependant, lorsque Diana et les autres filles se précipitèrent frénétiquement de l'autre côté de la maison – à l'exception de Ruby Gillis, qui demeura figée sur place, prise de panique –, elles découvrirent Anne gisant toute pâle et inerte parmi les débris du lierre vierge.

— Anne, es-tu morte ? hurla Diana, se jetant à genoux auprès de son amie. Oh, ma chère Anne, parle-moi. Dis-moi que tu es toujours en vie !

À l'immense soulagement de toutes les filles, et surtout de Josie Pye, qui, bien qu'elle manquât d'imagination, avait été prise d'horribles visions d'un futur où elle serait la cause de la mort prématurée et tragique d'Anne Shirley, celle-ci se redressa avec étourdissement et répondit d'une voix incertaine :

— Non, Diana, je ne suis pas morte, mais je crois que je vais m'évanouir.

— Oh, Anne es-tu blessée ? sanglota Carrie Sloane. Anne, dis-nous, où as-tu mal ?

Avant qu'Anne ne puisse répondre, Mme Barry avait fait son apparition. À la vue de cette dernière, Anne essaya de se relever, mais retomba, aussitôt, avec un petit cri aigu de douleur.

— Mais enfin, que se passe-t-il ici ? Anne, où as-tu mal, mon enfant ? demanda, à son tour, Mme Barry.

— Ma cheville me fait terriblement souffrir, répondit Anne, tout haletante. Oh, Diana, s'il te plaît, va chercher ton père, et demande-lui de me ramener chez moi ; je ne pourrai jamais marcher jusque-là. J'en suis certaine, car Jane nous a bien montré, tout à l'heure, qu'il n'est pas possible de traverser le jardin sur un pied.

Marilla se trouvait dans le verger, cueillant des pommes d'été par dizaine, lorsqu'elle vit M. Barry franchir le pont de rondins et gravir la pente, accompagné de Mme Barry, suivi par toute une troupe de petites filles. Dans ses bras, il portait Anne, dont la tête reposait mollement contre son épaule. Marilla eut soudain une révélation, une prise de conscience qui la frappa comme un éclair. Une inquiétude profonde et soudaine l'envahit, lui faisant prendre conscience de l'importance cruciale d'Anne dans sa vie. Alors qu'elle aurait autrefois volontiers admis son affection pour la fillette, voire son profond attachement, à cet instant précis, tandis qu'elle dévalait la pente, elle réalisa avec une intensité nouvelle qu'Anne était devenue la personne la plus chère à son cœur.

— M. Barry, que lui est-il arrivé ? haleta-t-elle, plus pâle et bouleversée qu'elle ne l'avait été depuis de nombreuses années, elle qui était d'ordinaire si posée et raisonnable.

Anne répondit elle-même, levant difficilement la tête.

— Ne vous en faites pas, Marilla, tout est ma faute. J'ai voulu marcher sur le faîte de la cuisine des Barry, et je suis tombée. Je pense que je me suis foulé la cheville. Mais, regardez le bon côté des choses, Marilla, j'aurais pu me casser le cou.

— J'aurais dû m'attendre à ce que tu fasses une telle bêtise en te permettant d'assister à cette fête, répliqua Marilla d'un ton acerbe, son soulagement évident n'atténuant en rien sa sévérité. Amenez-la ici, M. Barry, et allongez-la sur le canapé. Miséricorde, elle s'est évanouie !

Effectivement, la fillette venait de tomber dans les pommes. Surmontée par la douleur de sa blessure, Anne avait vu l'un de ses souhaits se réaliser : elle s'était évanouie.

Matthew, appelé en urgence depuis le champ où il moissonnait, partit aussitôt chercher le médecin, qui arriva en temps voulu pour constater que la blessure était bien plus sérieuse qu'ils ne l'avaient imaginé : la cheville d'Anne était cassée.

Ce soir-là, lorsque Marilla monta à la chambre du pignon est où la fillette, le visage tout pâle, était allongée, une voix plaintive s'éleva depuis le lit pour l'accueillir.

— Oh, n'avez-vous pas pitié de moi, Marilla ?

— C'était ta propre faute, répondit-elle en abaissant le contrevent, et en allumant la lampe.

— Je le sais, Marilla, c'est précisément pour cela que vous devriez avoir pitié de moi, répondit Anne, car le fait de savoir que tout cela est ma faute rend la situation encore plus difficile à supporter. Oh, si je pouvais rejeter la faute sur quelqu'un d'autre, je me sentirais tellement mieux. Mais dites-moi, Marilla, qu'auriez-vous fait, à ma place, si l'on vous avait lancé un tel défi ?

— Je serais restée clouée au sol, sans bouger, laissant les autres me défier. T'entends-tu parler, Anne ? Tout cela est complètement absurde !

Anne poussa un soupir.

— Oh, vous avez une telle force de caractère, que je n'ai pas, Marilla ! Je sentais simplement que je ne pouvais pas supporter le mépris de Josie Pye une seconde de plus. Et puis, si je ne m'étais pas exécutée, elle m'aurait narguée toute ma vie. Je pense avoir été suffisamment punie, alors s'il vous plaît, ne soyez pas fâchée contre moi, Marilla. Et puis, vous savez, s'évanouir n'est vraiment rien de romantique, finalement. Et puis, le médecin m'a terriblement fait mal en remettant la cheville en place. De plus, à cause de ma chute, je serai immobilisée pendant six ou sept semaines, ce qui signifie que je vais rater l'arrivée de Mlle Stacy. Et puis, quand je pourrai enfin retourner à l'école, elle ne sera plus si nouvelle que ça. Pire encore, Gil... enfin, je veux dire, tout le monde en classe aura progressé, sauf moi. Oh, Marilla, je suis empreint à un tel désespoir ! Mais, je m'efforcerai de supporter courageusement tout cela si vous ne vous mettez pas en colère contre moi.

— Allons, allons, je ne suis pas fâchée, fit Marilla, d'un ton apaisé. Tu es une enfant malchanceuse, cela ne fait aucun doute, mais comme tu le dis si bien, tu es celle qui en souffre le plus. Allons, essaye de manger un peu, cela te fera du bien.

— N'est-ce pas une chance, dans une situation comme celle-ci, que je sois dotée d'une telle imagination ? demanda Anne. Oh, le temps semblera passer tellement plus vite ainsi. À votre avis, que font les gens qui n'ont pas d'imagination lorsqu'ils se cassent un os, Marilla ?

Anne eut maintes raisons de bénir son imagination durant les longues et ennuyeuses sept semaines qui suivirent, bien qu'elle ne s'en remit pas uniquement à celle-ci. En effet, chaque jour apportait son lot de visiteurs, en particulier ses camarades d'école qui lui apportaient régulièrement des fleurs et des livres, tout en lui racontant les dernières péripéties de la cour d'école.

— Oh, Marilla, tout le monde a été si bon et aimable avec moi ! s'exclama Anne, le jour où elle put enfin poser le pied à terre. Ce n'est pas très agréable d'être immobilisée, mais il y a un côté positif à cela, vous savez : on découvre combien d'amis l'on a réellement. Figurez-vous, Marilla, que même M. Bell – vous savez, le surintendant –, est venu me rendre visite. C'est vraiment un homme très bien, ce monsieur. Bien sûr, lui et moi ne pourrions jamais être âme-sœur, mais je l'apprécie tout de même, et je regrette terriblement d'avoir critiqué ses prières. Je suis convaincue, maintenant, qu'il les récite avec le cœur, mais qu'il a simplement pris l'habitude de les dire, d'un ton plutôt monotone. Heureusement, il pourrait facilement corriger cela s'il fournissait un petit effort. Je lui ai prodigué un bon conseil pour l'aider : je lui ai raconté combien je m'efforce de rendre mes propres petites prières du soir intéressantes. Oh, et devinez quoi ? Il m'a raconté que, lui aussi, s'était cassé la cheville dans sa jeunesse ; cela semble si étrange de penser que cet homme n'ait jamais été jeune. Finalement, mon imagination a peut-être ses limites, car je n'arrive pas à imaginer une telle chose. Lorsque j'essaye de l'imaginer ainsi, je le vois juste avec ses favoris gris et ses lunettes, tout comme à l'école du dimanche, mais en plus petit. En revanche, je n'ai aucun problème à imaginer Mme Allan en petite fille. D'ailleurs, elle m'a rendu visite quatorze fois ! N'est-ce pas quelque chose dont il faut être fière, Marilla ? Après tout, c'est la femme pasteur, elle doit avoir tant d'autres responsabilités. Oh, j'adorais la recevoir, vous savez, Marilla, elle était toujours si joyeuse ! Elle ne m'a jamais dit que c'était ma faute et qu'elle espérait que je deviendrais une meilleure personne après cet incident. C'était plutôt Mme Lynde qui me répétait cela à chaque visite, d'une manière qui semblait montrer qu'elle n'y croyait pas vraiment. Devinez qui d'autre m'a rendu visite ! La petite Josie Pye : je l'ai reçue aussi poliment que possible, Marilla, car je pense qu'elle regrettait de m'avoir lancé ce défi. Si j'étais morte ce jour-là, elle aurait dû porter ce fardeau pour le restant de ses jours. Oh, et Diana a été une amie si fidèle ; elle m'a rendu visite chaque jour, sans faute. Marilla, j'ai si hâte de retourner à l'école, j'ai entendu des choses si passionnantes au sujet de la nouvelle institutrice. Toutes les filles la trouvent absolument adorable : Diana dit qu'elle a les plus beaux cheveux blonds bouclés qu'elle ait vue de sa vie, et des yeux tellement merveilleux. Elle s'habille magnifiquement bien, et ses manches bouffantes sont plus grandes que celles de quiconque à Avonlea. Un vendredi après-midi sur deux, elle organise des ateliers d'art oratoire, au cours desquels tous les élèves doivent choisir un poème à réciter ou participer à un dialogue. Oh, c'est une idée tout simplement merveilleuse, ne trouvez-vous pas, Marilla ? Josie Pye prétend qu'elle n'apprécie pas du tout ces séances, mais cela ne m'étonne pas d'elle ; après tout, elle manque cruellement d'imagination. Diana, Ruby Gillis et Jane Andrews préparent un dialogue intitulé « Une visite matinale » pour vendredi prochain. Oh, et devinez quoi ? Les vendredis après-midi où ils n'y pas de récitation prévue, Mlle Stacy emmène la classe faire un tour dans les bois pour étudier les fougères, les fleurs et les oiseaux. Ils effectuent également des exercices physiques, tous les matins et tous les soirs. Mme Lynde dit qu'elle n'a jamais entendu parler de telles pratiques, et que tout cela ne serait jamais arrivé s'ils avaient engagé un homme. Mais moi, je trouve cela si génial, et d'ailleurs, je suis certaine que Mlle Stacy sera une âme-sœur, elle aussi.

— Une chose est sûre, Anne, fit Marilla, d'un ton consterné, ta chute n'a pas affecté ta capacité à parler !

CHAPITRE XXIV. La classe de Mlle Stacy monte un spectacle

Lorsqu'Anne pût retourner à l'école, le mois d'octobre était déjà de retour à Avonlea. C'était un mois d'octobre particulièrement splendide, tout de rouge et d'or, avec des matins doux où l'esprit de l'automne semblait remplir les vallées de brumes délicates que le soleil dissipait en rayons d'améthyste, de perle, d'argent, de rose et de bleu fumée. Les rosées étaient si abondantes que les champs scintillaient comme des étoffes d'argent, et des tas de feuilles bruissantes remplissaient les creux des bois aux multiples troncs, offrant une agréable sensation de craquement sous les pieds. Quant au Chemin des Bouleaux Blancs, il s'épanouissait en une voûte dorée, tandis que les fougères, sèches et brunes, bordaient le sentier sur toute sa longueur. Une vivacité dans l'air inspirait le cœur des jeunes filles, les entraînant vers l'école, non pas à la manière des escargots, mais avec gaieté et promptitude. Anne était ravie de retrouver tout ce petit monde : son pupitre brun à côté de Diana, les signes de tête échangés avec Ruby Gillis de l'autre côté de l'allée, les petits mots de Carrie Sloane, et le morceau de gomme de Julia Bell. Tout cela lui avait profondément manqué. Tandis qu'elle taillait son crayon, elle prit une inspiration satisfaite ; puis, en rangeant ses illustrations dans son pupitre, elle songea à quel point la vie pouvait être parfaitement palpitante.

Comme prévu, elle trouva en Mlle Stacy une nouvelle amie sincère et bienveillante. Après tout, Mlle Stacy était une jeune femme brillante et sympathique, dotée d'une heureuse capacité : celle d'arriver à gagner et conserver l'affection de ses élèves tout en faisant ressortir le meilleur d'eux-mêmes, tant sur le plan intellectuel que moral. Anne s'épanouissait comme une fleur sous cette influence bienveillante et rentrait à la maison pour raconter avec émotion ses péripéties scolaires. Matthew, toujours admiratif, l'écoutait avec passion, tandis que Marilla ne pouvait s'empêcher de formuler des critiques acerbes.

— Oh, Matthew, j'aime Mlle Stacy de tout mon cœur ! Elle est si distinguée, et elle a une voix si douce. À la manière dont elle prononce mon nom, je sais qu'elle l'écrit correctement – avec un *e* à la fin. Oh, et devinez quoi ? C'était le jour de l'atelier d'art oratoire, aujourd'hui ! Oh, j'aurais tant voulu que vous soyez là pour m'entendre réciter « Marie, Reine d'Écosse [11] ». J'y ai mis toute mon âme. Sur le chemin du retour, Ruby Gillis m'a confié qu'elle a eu des frissons en m'entendant réciter ce vers : « Maintenant, pour le bras de mon père, dit-elle, mon cœur de femme, vous dit adieu. »

— Eh bien, tu pourrais me le réciter dans la grange, à l'occasion, suggéra Matthew.

— Oh, cela pourrait-être une bonne idée, répondit Anne d'un air pensif, simplement, je n'arriverais jamais à le réciter aussi bien que je l'ai fait tout à l'heure, c'est certain. Et puis, ça ne sera pas aussi palpitant que lorsqu'on a toute une école suspendue à ses paroles. Je sais que je n'arriverais pas à te donner des frissons, comme je l'ai fait avec Ruby Gillis.

— En parlant de frissons, Mme Lynde en a eu en voyant ces garçons grimper jusqu'au sommet des grands arbres sur la colline de Bell pour aller cueillir des nids de corbeaux vendredi dernier, fit remarquer Marilla. Je m'étonne que Mlle Stacy encourage ce genre de comportement.

— Mais, nous en avions besoin pour le cours de sciences naturelles, expliqua Anne, c'était lors de notre après-midi plein air. Oh, si vous saviez combien j'apprécie ces sorties, Marilla ! Mlle Stacy est une si bonne professeure, elle explique tout si magnifiquement. Et puis, après chaque après-midi plein air, nous avons une rédaction à rédiger sur ce que nous avons retenu de cette sortie, et mes rédactions sont les meilleures de la classe.

— Peut-être, oui, mais quoi qu'il en soit, tu ferais mieux de rester modeste, Anne. C'est à ta professeure d'en juger, pas à toi.

— Mais, Mlle Stacy l'a dit elle-même, Marilla ! Et puis, je n'ai vraiment pas de quoi me vanter, étant donné mon niveau en géométrie. Cela dit, j'ai la sensation de m'être quelque peu amélioré, ces temps-ci. Bien sûr, je le dois à Mlle Stacy ; elle parvient à rendre tout si clair, c'est fascinant. Cependant, j'ai bien conscience que je ne serai jamais bonne en géométrie. Vous voyez, je ne peux être plus modeste que cela. Heureusement, j'adore les rédactions.

La plupart du temps, c nous laisse choisir nos sujets de rédaction, mais la semaine prochaine, le sujet est imposé : « Rédigez un texte sur une personne remarquable ». Oh, comme le choix est large ! Il est difficile de choisir parmi toutes les personnes remarquables qui ont foulé cette terre. « N'est-ce pas extraordinaire d'être une personne remarquable et de savoir que l'on parlera de vous après votre mort ? Oh, j'aimerais tellement être une personne remarquable, moi aussi ; Je pense que, quand je serai grande, je deviendrai infirmière, et j'accompagnerai la Croix-Rouge sur le champ de bataille comme messagère de la miséricorde. Enfin, si je ne suis pas envoyée comme missionnaire à l'étranger. Ce serait très romantique, mais cela demande d'être profondément vertueuse, et je crois que je ne le serais jamais suffisamment. Quoi d'autre ? Nous faisons également des séances d'exercice physique chaque jour, grâce auxquelles je me sens plus gracieuse, et j'ai une meilleure digestion.

— Tu crois vraiment à ces sottises ! s'exclama Marilla, qui pensait sincèrement que tout cela n'était que balivernes.

Pourtant, tous les après-midis plein air, les ateliers d'art oratoire et les séances d'exercice physique parurent bien moins excitants face au nouveau projet que Mlle Stacy présenta à la classe en novembre. Son idée était la suivante : tous les élèves de l'école allaient participer à monter un spectacle qui se tiendrait dans la salle des fêtes, le soir de Noël, dans le but louable d'aider à payer un drapeau pour l'école. Les élèves, tous sans exception, acceptèrent gracieusement, et les préparatifs commencèrent sur-le-champ. Parmi tous ceux qui prévoyaient de monter sur scène, Anne était de loin la plus excitée. Elle se jeta corps et âme dans ce projet, malgré la désapprobation évidente de Marilla, qui considérait tout cela comme de la pure folie.

— Cela ne fait que remplir vos têtes de futilités au lieu de vous instruire ! grommela-t-elle. Je m'oppose fermement à ce projet ; les enfants ont bien d'autres choses à faire que de répéter à tout va de la sorte. Sans compter que cela les rend vaniteux et impertinents, et leur inculque le goût des choses superficielles.

— Mais, tout cela à un sens, Marilla, je vous le promets, supplia Anne. Si nous parvenons à collecter suffisamment d'argent avec ce spectacle, l'école pourra s'équiper d'un drapeau, ce qui encouragera l'esprit de patriotisme !

— Balivernes ! Ne me fais pas croire que tu te soucies de promouvoir des valeurs patriotiques. Tout ce que tu veux, c'est t'amuser.

— Eh bien, je ne vois pas où est le mal à combiner patriotisme et plaisir. Oh, comme c'est excitant de monter un spectacle ! Pour commencer, il y aura six chœurs, puis Diana interprétera un solo ; quant à moi, je participerai à deux dialogues : La Société pour la suppression des commérages et La Reine des fées. Les garçons, eux aussi, en présenteront un. J'aurais également deux textes à réciter. Je ne tremble rien qu'à y penser, mais c'est simplement le trac. En réalité, j'ai terriblement hâte de monter sur scène. Enfin, le spectacle se conclura sur le tableau : Foi, espérance et charité. Diana, Ruby et moi-même devons y participer, toutes drapées de blanc, les cheveux flottants. Pour ma part, j'incarnerai l'Espérance ; j'aurais les mains jointes – comme cela –, et les yeux levés au ciel. Je m'entraînerai à réciter mon texte, dans le grenier. Oh, d'ailleurs, ne prenez pas peur si vous m'entendez gémir. Je vous explique : dans un tableau, je dois pousser des gémissements déchirants, mais c'est si difficile de bien les faire, Marilla. Je risque donc de devoir m'y reprendre plusieurs fois. Josie Pye est de mauvaise humeur parce qu'elle n'a pas obtenu le rôle qu'elle souhaitait dans le dialogue. Elle voulait jouer le rôle de la reine des fées, mais cela aurait été ridicule, car qui a jamais entendu parler d'une reine des fées aussi ronde que Josie ? Tout le monde sait que la reine des fées se doit d'être svelte. C'est Jane Andrews qui a obtenu le rôle, et moi, je serai l'une de ses demoiselles d'honneur. Josie pense qu'une fée rousse est tout aussi ridicule qu'une fée ronde, mais qu'importe, elle peut bien penser ce qu'elle veut, cette Josie, cela ne m'affecte pas. J'aurai une couronne de roses blanches dans les cheveux, et Ruby Gillis a dit qu'elle me prêtera ses ballerines, car je n'en ai pas moi-même. Après tout, une fée se doit d'avoir des ballerines, vous savez, Marilla. Une fée qui porte des bottes, ça n'existe pas, et encore moins des bottes avec des talons en cuivre. Pour la décoration, nous allons accrocher des branches d'épinette aux murs, sur lesquelles nous fixerons de petits sapins et des roses en papier crépon. Enfin, le moment venu, nous entrerons dans la salle deux par deux, une fois le public assis, tandis qu'Emma White jouera une marche à l'orgue. Oh, Marilla, je sais que ce spectacle ne vous enthousiasme pas, mais ne souhaitez-vous pas voir votre petite Anne se distinguer, ce soir-là ?

— Tout ce que j'espère, c'est que tu te conduiras bien. Je serai profondément soulagée lorsque ce spectacle sera terminé, et que tu seras enfin apaisée. Ces histoires de dialogues, de gémissements et de tableaux te montent complètement à la tête. Quant à ta langue, n'en parlons pas ! C'est un miracle qu'elle ne soit pas encore tombée.

Anne laissa échapper un soupir, et se dirigea vers l'arrière-cour, où une jeune lune nouvelle brillait à l'ouest, à travers les branches dépouillées des peupliers. Matthew, occupé à fendre du bois, l'aperçut et l'invita à s'asseoir sur une bûche près de lui. Pour une fois, Anne savait qu'elle avait affaire à une oreille attentive et sympathique, alors elle en profita pour discuter du spectacle.

— Eh bien, je suis sûr que ce spectacle sera un succès. Et je suis certain que tu t'en sortiras à merveille, dit-il en souriant à ce petit visage vif et animé.

Anne lui rendit son sourire. Ces deux-là étaient les meilleurs amis du monde, et Matthew remerciait régulièrement le ciel de n'avoir rien à voir avec son éducation. C'était le devoir exclusif de Marilla ; s'il avait dû s'en charger, il aurait été tiraillé entre l'affection qu'il portait à Anne et son devoir parental. Ainsi, il était libre de « gâter » Anne – comme aimait le dire Marilla –, autant qu'il le souhaitait. Mais, après tout, ce n'était pas un si mauvais arrangement ; se sentir apprécié fait parfois autant de bien que toute l'éducation consciencieuse du monde.

CHAPITRE XXV. La jolie surprise de Matthew

Matthew traversait une période difficile. En cette soirée froide et grise de décembre, il était entré dans la cuisine à la tombée de la nuit, s'était assis dans le coin, près du coffre à bois, pour enlever ses lourdes bottes, sans savoir qu'Anne et toute une ribambelle de ses camarades de classe se trouvaient dans le salon, en train de répéter La Reine des Fées. Bientôt, elles traversèrent le couloir en groupe et pénétrèrent dans la cuisine, riant et bavardant joyeusement. Elles ne remarquèrent pas Matthew, qui se recroquevilla timidement dans l'ombre, au-delà du coffre à bois, une botte dans une main, et un tire-botte dans l'autre. Il les observa discrètement pendant les dix minutes qui suivirent, alors qu'elles enfilaient leurs bonnets et leurs vestes en discutant joyeusement du dialogue et du spectacle. Anne se tenait parmi elles, les yeux brillants et aussi animée que les autres, pourtant à ce moment-là, Matthew fut frappé par un sentiment étrange : il y avait quelque chose en elle de différent de ses camarades. Ce qui troublait Matthew, c'était que cette différence n'avait pas de raison d'être. Certes, Anne avait un visage plus lumineux, des yeux plus grands et scintillants, et des traits plus délicats que les autres. Même le timide et peu observateur Matthew avait appris à remarquer cela. Pourtant, ce n'était pas en cela qu'Anne se montrait différente. Mais alors, qu'en était-il ?

Les camarades d'Anne étaient partis depuis un moment déjà, bras dessus bras dessous, le long de l'allée gelée. Pourtant, Matthew, de son côté, ne parvenait à chasser cette pensée qu'il y avait quelque chose de différent en cette petite fille, qui au même moment, étudiait sur la table. Il ne pouvait en parler à Marilla, qui, il le sentait, ne manquerait pas de renifler avec mépris, et de déclarer que la seule différence qu'elle voyait entre Anne et les autres filles était que celles-ci savaient parfois garder le silence. Matthew savait que cela ne mènerait à rien, et préféra ne pas s'y risquer.

Il eut recours à sa pipe, ce soir-là, pour l'aider à y voir clair, au grand désarroi de Marilla. Après deux heures à fumer allègrement tout en se creusant les méninges, Matthew finit par comprendre ce qui clochait chez Anne : elle n'était pas habillée comme les autres petites filles.

Plus il réfléchissait à la question, plus il était convaincu qu'Anne n'avait jamais été habillée comme les autres filles depuis son arrivée aux Pignons Verts. Marilla l'affublait de robes simples et sombres, toutes coupées selon le même patron. Si Matthew savait qu'il existait une mode vestimentaire, ses connaissances en la matière s'arrêtaient là. Toutefois, il était certain que les manches des robes d'Anne ne ressemblaient en rien à celles que portaient les autres filles. Il se remémora le groupe de petites filles qu'il avait aperçu, plus tôt dans la soirée, et songea à quel point elles avaient l'air pimpantes dans leurs robes rouges, bleues, roses et blanches. « Pourquoi Anne est-elle toujours habillée de manière si sobre et austère ? », pensa-t-il.

Bien sûr, il devait y avoir une raison à cela ; Marilla pensait que cela était pour le mieux, et de toute façon, c'était elle qui éduquait Anne. Il y avait certainement une sage et impénétrable raison derrière tout cela, mais il ne ferait assurément aucun mal de laisser l'enfant avoir une jolie robe. Matthew décida donc de lui en offrir une, aussi élégante que celles que portait toujours Diana Barry. Cela n'avait rien à voir avec se mêler de son éducation, et Marilla n'aurait pas son mot à dire. De plus, Noël était dans seulement deux semaines ; une belle robe neuve serait le cadeau parfait. Avec un soupir de satisfaction, Matthew rangea sa pipe et alla se coucher, tandis que Marilla ouvrait toutes les portes pour laisser sortir la fumée.

Dès le soir suivant, Matthew se rendit à Carmody pour acheter la robe, résolu à en finir au plus vite. Cela ne serait, il en était certain, pas une mince affaire. Si Matthew pouvait parfois se montrer redoutable en affaires, il savait qu'en achetant une robe pour fillette, cela allait être une tout autre histoire.

Après mûre réflexion, Matthew résolut de se rendre à la boutique de Samuel Lawson plutôt qu'à celle de William Blair. Certes, les Cuthbert avaient toujours fréquenté le magasin de William Blair : c'était presque devenue une affaire morale, au même titre que de fréquenter l'église presbytérienne ou que de voter conservateur. Mais les deux filles de William Blair servaient souvent les clients, et Matthew les redoutait absolument. Il parvenait à négocier avec elles lorsqu'il savait précisément ce qu'il était venu chercher, et qu'il pouvait aisément le leur indiquer ; mais pour une affaire telle que celle-ci, nécessitant explication et consultation, Matthew estimait qu'il lui fallait absolument un homme derrière le comptoir. Il irait donc chez Lawson, et il serait servi par Samuel ou par son fils.

Hélas, Matthew ignorait que Samuel, qui venait d'agrandir son commerce, avait également engagé une employée. Il s'agissait de la nièce de sa femme, une jeune fille d'une élégance certaine, arborant une grande frange à la Pompadour qui encadrait son front, de grands yeux bruns et ronds, ainsi qu'un sourire à la fois large et déconcertant. Elle était d'une extrême élégance, et portait plusieurs bracelets qui scintillaient, cliquetaient et tintaient à chaque mouvement de ses mains. Matthew fut complètement déconcerté en la trouvant là ; et les bracelets qu'elle portait acheva de faire voler en éclats le peu d'assurance qu'il lui restait.

— Bonsoir, monsieur Cuthbert ! Dites-moi, que puis-je faire pour vous ? demanda jovialement la jeune Lucilla Harris, tapotant le comptoir de ses deux mains.

— Avez-vous des... des... des... eh bien, disons des râteaux de jardin ? balbutia Matthew.

Mlle Harris parut quelque peu surprise, à juste titre, d'entendre un homme lui réclamer un râteau au beau milieu du mois de décembre.

— Eh bien, oui, je crois qu'il nous en reste un ou deux, dit-elle, mais ils sont à l'étage, dans le débarras. Je vais aller voir.

Pendant son absence, Matthew s'efforça de se ressaisir, prêt à tenter à nouveau sa chance. Lorsque Mlle Harris revint avec le râteau, elle demanda, toujours aussi joviale :

— Il vous faudra autre chose, monsieur Cuthbert ?

Matthew prit son courage à deux mains, et répondit :

— Eh bien, tant qu'à faire, je pourrais aussi prendre... euh, voyons... regarder... enfin, plutôt, acheter... des semences de foin.

Mlle Harris avait entendu dire que Matthew Cuthbert était excentrique. Elle conclut désormais qu'il était complètement fou.

— Nous n'en vendons qu'au printemps, expliqua-t-elle avec hauteur. Pour tout vous dire, je doute que vous en trouviez à cette période de l'année.

— Oh, bien sûr... Où... où avais-je la tête ? balbutia le malheureux Matthew, saisissant le râteau et se dirigeant vers la porte.

Arrivé au seuil, il se souvint qu'il n'avait pas payé et, plus misérable que jamais, fit demi-tour jusqu'au comptoir. Pendant que Mlle Harris comptait sa monnaie, il rassembla ses forces pour une ultime tentative désespérée.

— Eh bien, si cela ne vous dérange pas, bien sûr, je pourrais aussi... enfin, je veux dire... j'aimerais regarder le... le sucre.

— Blanc ou brun ? demanda Mlle Harris, pleine de patience.

— Oh, eh bien... disons... brun, répondit faiblement Matthew.

— Il y a un tonneau dans le coin là-bas, expliqua Mlle Harris en secouant ses bracelets. C'est le seul type que nous ayons.

— Eh bien, je... je souhaiterais vous en prendre neuf kilogrammes, dit Matthew, des gouttes de sueur perlant sur son front.

Matthew avait parcouru la moitié du chemin du retour avant d'arriver à retrouver son calme. Cela avait été une expérience effroyable, mais il se dit qu'il l'avait bien méritée pour avoir commis l'hérésie de fréquenter un autre magasin que celui de William Blair. Lorsqu'il arriva aux Pignons Verts, il s'empressa d'aller cacher le râteau dans l'abri à outils, mais apporta le sucre à Marilla.

— Du sucre brun ! s'exclama Marilla. Qu'est-ce qui t'a pris d'en acheter autant ? Tu sais bien que je n'utilise ce sucre que pour le porridge de Jerry ou pour préparer un gâteau aux fruits noirs. Mais voilà, Jerry n'est plus là depuis un moment, et cela fait une éternité que je n'ai pas cuisiné ce genre de gâteau. En plus, ce n'est même pas un bon sucre : il est mal raffiné et trop foncé. C'est bien curieux, d'ailleurs, car le sucre de William Blair n'a pas cette apparence.

— Eh bien, j'ai... j'ai pensé que cela pourrait s'avérer utile un jour, expliqua Matthew, cherchant désespérément une issue à cette situation délicate.

Plus tard, en reconsidérant la question, Matthew en vint à la conclusion qu'il avait besoin de l'aide d'une femme. Marilla ? Non, c'était hors de question de lui demander ; elle risquerait de faire tomber à l'eau tout son projet. Alors, il ne restait plus que Mme Lynde, car de toutes les femmes à Avonlea, il n'aurait osé demander conseil à aucune autre. Il se rendit donc chez elle, et elle prit immédiatement les choses en main, au grand soulagement de Matthew.

— Choisir une robe pour que vous l'offriez à Anne ? Avec grand plaisir ! Je me rendrai à Carmody, dès demain, pour m'en occuper. Avez-vous quelque chose de particulier en tête ? Non ? Eh bien, dans ce cas, je me fierai à mon propre jugement. Je pense qu'un ravissant brun profond serait idéal pour Anne, d'autant plus que William Blair vient de recevoir un nouveau tissu de gloria d'une élégance remarquable. Peut-être préféreriez-vous que je la confectionne, car si Marilla s'en occupait, Anne en entendrait probablement parler avant l'heure, ce qui gâcherait la surprise. Eh bien, c'est d'accord : je m'en occuperai. Non, non, ce n'est pas du tout un problème, j'adore coudre, vous savez. Et puis, je la réaliserai sur mesure en me basant sur ma nièce, Jenny Gillis, car elle et Anne ont des silhouettes quasiment identiques.

— Eh bien, je vous en suis très reconnaissant, dit Matthew, et... et... je ne sais pas vraiment comment le dire, mais j'aimerais... j'aimerais que les manches soient un peu différentes de ce que l'on voit habituellement. Enfin, si ce n'est pas trop demander, bien sûr... Oui, j'aimerais qu'elles soient faites à la nouvelle mode.

— Oh, vous voulez dire, avec des manches bouffantes ? Bien sûr. Vous n'avez plus à vous inquiéter, Matthew. Je la ferai selon la toute dernière mode, répondit Mme Lynde.

Dès que Matthew fut parti, elle se mit à réfléchir : « Oh, comme cela me soulagera de voir cette pauvre enfant porter enfin quelque chose de décent. La manière dont Marilla l'habille est tout simplement ridicule, il faut l'admettre, et d'ailleurs, j'ai failli le lui dire plus d'une fois. Mais, je me suis abstenue, car je vois bien que Marilla ne veut pas de conseils, et qu'elle pense en savoir plus sur l'éducation des enfants que moi, bien qu'elle soit vieille fille. Mais c'est toujours comme ça. Ceux qui ont élevé des enfants savent qu'il n'existe aucune méthode d'éducation stricte qui soit infaillible. Pourtant, ceux qui n'ont jamais été parent auparavant sont persuadés qu'éduquer un enfant est aussi simple que la règle de trois : il suffit de poser ses trois conditions pour obtenir le bon résultat. Mais la chair et le sang n'obéissent pas aux lois de l'arithmétique, et c'est précisément là que Marilla Cuthbert se trompe. Je suppose qu'elle essaye de cultiver un esprit d'humilité chez Anne en l'habillant de cette manière, mais cela risque davantage de cultiver la jalousie et la frustration de cette enfant. Je suis certaine qu'elle doit se sentir bien différente de ses camarades affublée de la sorte. Et, dire que même Matthew s'en est rendu compte ! Il semble qu'il se soit réveillé après un sommeil de plus de soixante ans. »

Marilla savait, durant les deux semaines qui suivirent, que Matthew avait quelque chose en tête, mais elle ne parvenait pas à deviner quoi, jusqu'à la veille de Noël, lorsque Mme Lynde apporta la nouvelle robe. Marilla sut alors garder son calme dans l'ensemble, bien qu'elle nourrît des doutes quant à l'explication diplomatique avancée par Mme Lynde, qui prétendait n'avoir confectionné la robe que pour apaiser les craintes de Matthew, qui ne voulait en aucun cas qu'Anne découvre la surprise trop tôt.

— Donc, c'est pour cela que Matthew avait l'air si mystérieux, et souriait dans son coin depuis deux semaines, n'est-ce pas ? dit-elle un peu sèchement mais avec une certaine tolérance. Je savais qu'il mijotait quelque folie. Eh bien, je dois dire que je ne pense pas qu'Anne avait besoin d'autres robes. Je lui en ai confectionné trois cet automne, des bonnes robes chaudes et pratiques. Pourquoi en aurait-elle besoin d'une troisième ? Je n'en vois pas l'intérêt. Oh, et quel gaspillage ! On pourrait tailler deux corsages, rien qu'avec le tissu qui a servi à coudre ses manches. Tout cela ne fera que rendre cette enfant encore plus superficielle, Matthew, déjà qu'elle aime se pavaner comme un paon. Enfin, j'espère qu'elle sera enfin satisfaite, car je sais qu'elle rêve de ces manches ridicules depuis qu'elles sont à la mode, bien qu'elle n'en ait plus jamais parlé. La mode est aux manches bouffantes les plus larges possibles, c'en est ridicule ! Elles ressemblent à des ballons. L'année prochaine, ceux qui les porteront devront passer les portes de côté.

Le matin de Noël apporta son lot de surprises, lui aussi. Décembre avait été particulièrement doux, et les habitants d'Avonlea s'attendaient à un Noël sans neige. Pourtant, au petit matin, ils eurent la délicieuse surprise de découvrir le sol recouvert d'un léger manteau blanc. Anne, depuis son pignon, contempla l'extérieur à travers le givre qui couvrait sa fenêtre, enveloppant le paysage d'un regard enchanté. Les sapins du Bois hanté étaient tous duveteux et magnifiques ; les bouleaux et les cerisiers sauvages étaient ornés de perles ; les champs labourés semblaient recouverts de neige parsemée de fossettes ; et une fraîcheur vive et exquise flottait dans l'air. Anne dévala l'escalier du pignon, chantonnant si fort que sa voix résonna à travers tous les Pignons Verts.

— Joyeux Noël, Marilla ! Joyeux Noël, Matthew ! N'est-ce pas un Noël magnifique ? Je suis si contente qu'il neige dehors ! Et puis, un Noël sans neige n'en serait pas totalement un, n'est-ce pas ? En tout cas, ce serait bien triste. On appelle ça les « Noël verts ». Le pire dans tout ça, c'est qu'ils ne sont même pas verts ; ils sont juste d'un affreux brun et gris délavé. Dans ce cas, pourquoi les appellent-on ainsi ? Et, pourquoi... Matthew, est-ce que ce cadeau est pour moi ? Oh, Matthew !

Matthew avait déplié la robe avec une certaine timidité, la sortant de son emballage de papier, et la tendant à Anne avec un regard hésitant. Marilla, feignant de remplir la théière avec mépris, observait néanmoins la scène du coin de l'œil avec un air plutôt intéressé.

Anne se saisit de la robe et la contempla en silence, l'air admiratif. Elle était parfaitement élégante, faite d'un magnifique tissu de gloria brun doux, scintillant comme de la soie. La jupe était ornée de délicats froufrous, et le corsage, très à la mode, était minutieusement plissé avec un petit col en dentelle vaporeuse. Bien entendu, la cerise sur le gâteau : les manches bouffantes qui s'étendaient jusqu'aux coudes, avec au-dessus deux magnifiques bouffants séparés par des rangées de fronces et des nœuds de ruban de soie brune.

— Eh bien, voilà ton cadeau de Noël, Anne, fit Matthew timidement. Oh, Anne... ne me dis pas... ne me dis pas que tu ne l'aimes pas !

En effet, Anne venait tout juste de fondre en larmes.

— Oh, Matthew, comment pourrais-je ne pas l'aimer ? s'écria Anne en déposant prudemment la robe sur une chaise, joignant les mains avec émotion. C'est la plus belle robe que j'ai jamais vue de ma vie ! Oh, je ne pourrai jamais vous remercier assez, Matthew. Regardez ces manches ! Oh, je n'en reviens pas, je dois être en train de rêver !

— Eh bien, eh bien, prenons notre petit déjeuner, interrompit Marilla. Je dois dire, Anne, que je ne pense pas que tu aies besoin de cette robe, mais puisque Matthew te l'a achetée, veille à bien en prendre soin. Oh, et Mme

Lynde t'a également laissé un cadeau : un ruban pour les cheveux assorti à la robe. Allez, maintenant, asseyez-vous et venez manger, tous les deux.

— Oh, mais je ne peux pas manger, Marilla, je suis bien trop excitée ! répondit Anne avec enthousiasme. Le petit déjeuner semble si banal en un moment aussi merveilleux. Tout ce que je veux, c'est contempler cette robe toute la journée. Je suis tellement contente que les manches bouffantes soient encore à la mode. Je n'aurais jamais pu m'en remettre si elles étaient passées de mode avant que j'aie une robe comme celle-ci. Je n'aurais jamais été tout à fait satisfaite, vous comprenez. Oh, et c'était vraiment gentil de la part de Mme Lynde de m'offrir ce ruban. J'imagine que je devrais me tenir à carreaux désormais ; c'est dans ces moments que je regrette de ne pas être une petite fille modèle. Et bien que je m'engage à le devenir, il m'est toujours difficile de m'y tenir. Cependant, je vais vraiment fournir un effort supplémentaire après tous ces beaux cadeaux, je vous le promets.

Une fois le banal petit déjeuner terminé, une petite silhouette joyeuse emmitouflé dans un long manteau cramoisi apparut, traversant le pont de rondins blancs dans le creux : c'était Diana. Dès qu'elle l'aperçut, Anne dévala la pente pour la rejoindre.

— Joyeux Noël, Diana ! Oh, ce Noël est absolument merveilleux. Suis-moi, j'ai quelque chose de splendide à te montrer ! Matthew m'a offert la plus belle des robes, avec des manches incroyables. Je crois qu'il n'existe pas plus belle robe dans le monde !

— Moi aussi, j'ai quelque chose pour toi, expliqua Diana, peinant à retrouver son souffle. Ton cadeau est dans cette boîte ; ouvre-la ! Je t'explique : Tante Joséphine nous a envoyé un colis avec plein de cadeaux, et celui-ci est pour toi. Je voulais te l'apporter hier soir, mais le colis est arrivé après la tombée de la nuit, et je ne suis pas très à l'aise à l'idée de traverser le Bois hanté de nuit.

Anne ouvrit la boîte et regarda à l'intérieur. Sur le dessus, se trouvait une carte portant l'inscription « Pour la petite Anne, joyeux Noël ». En dessous, elle découvrit une paire de ballerines en chevreau, adorablement ornées de perles et de rubans de satin, avec de petites boucles brillantes.

— Oh, dit Anne, Diana, c'est trop. Je dois être en train de rêver.

— Considère cela comme un cadeau de la providence, répondit Diana. Tu n'auras plus besoin d'emprunter les ballerines de Ruby désormais. D'ailleurs, je pense que c'est une bénédiction, car elles sont deux tailles trop grandes pour toi, et il serait affreux d'entendre une fée traîner des pieds. Tu ne voudrais pas donner raison à Josie. Figure-toi que Rob Wright est rentré chez lui avec Gertie Pye après la répétition avant-hier soir. N'as-tu jamais entendu quelque chose d'aussi incroyable ?

Ce jour-là, l'excitation était palpable parmi tous les élèves, qui préparaient la salle pour une dernière grande répétition. Le spectacle eut lieu en soirée et fut un succès éclatant. La petite salle était bondée et, bien que tous les élèves aient délivré une performance grandiose, Anne fut sans conteste la star de la soirée, si bien que même Josie Pye, malgré sa jalousie, ne put le nier.

— Oh, n'a-t-on pas passé une soirée splendide ? soupira Anne, une fois le spectacle terminé, alors qu'elle et Diana rentraient chez elles sous un ciel sombre et étoilé.

— Tout s'est déroulé à merveille, dit Diana avec pragmatisme. Je pense que nous avons dû récolter au moins dix dollars. Figure-toi que M. Allan va envoyer un compte rendu aux journaux de Charlottetown.

— Oh, Diana, imagines-tu vraiment voir nos noms imprimés ? Rien que d'y penser, j'en frissonne. Ton solo était d'une élégance parfaite, tu sais. J'étais encore plus fière que toi lorsque le public t'a rappelée sur scène. Je me suis dit : « C'est ma chère amie de cœur qui est ainsi honorée ».

— Eh bien, tes récitations ont littéralement enflammé la salle, Anne. Tu as rendu ce texte si triste, c'était tout bonnement splendide !

— Oh, j'étais si nerveuse, Diana. Quand M. Allan a appelé mon nom, je ne sais vraiment pas comment j'ai réussi à monter sur cette estrade. J'avais l'impression qu'un million d'yeux me fixaient, me transperçaient, et pendant un instant, j'ai bien cru qu'aucun mot ne sortirait de ma bouche. Puis, j'ai pensé à mes magnifiques manches bouffantes, et cela m'a redonné du courage. Je savais que je devais être à la hauteur de ces manches, Diana. Alors j'ai commencé, et ma voix semblait venir de très loin. Je me sentais comme un perroquet. Heureusement que j'avais tant pratiqué ces récitations dans le grenier, sinon je n'aurais jamais pu les terminer. Et mes gémissements, étaient-ils à la hauteur ?

— Oui, tout était parfait, assura Diana.

— J'ai vu la vieille Mme Sloane essuyer des larmes lorsque je me suis assise. C'était merveilleux de penser que j'avais réussi à émouvoir quelqu'un à ce point. Participer à un spectacle est tellement romantique, n'est-ce pas ? Oh, je ne risque pas d'oublier cette soirée de sitôt !

— Le dialogue des garçons n'était-il pas excellent ? renchérit Diana. Gilbert a été vraiment remarquable ce soir. D'ailleurs, Anne, je trouve que tu n'es pas très gentille avec Gil. Écoute ça : quand tu as quitté l'estrade après *La Reine des fées*, une de tes roses est tombée de tes cheveux. J'ai vu Gil la ramasser, et la glisser dans sa poche de poitrine. Voilà, toi qui aimes les choses romantiques, je suis sûre que cela devrait te toucher de le savoir.

— Eh bien, détrompe-toi, car cela ne me fait ni chaud ni froid, répondit Anne avec hauteur. Je n'ai pas la moindre pensée à lui accorder, Diana.

Ce soir-là, Marilla et Matthew, qui revenaient du premier spectacle auquel ils avaient assisté depuis vingt ans, s'assirent un moment près du feu dans la cuisine après qu'Anne fut allée se coucher.

— Eh bien, je suppose que notre Anne s'est aussi bien débrouillée que les autres ce soir, fit Matthew avec fierté.

— Oui, c'est vrai, admit Marilla. C'est une enfant brillante, Matthew. Et elle avait vraiment belle allure aussi. J'étais plutôt opposée à cette idée de spectacle, mais je suppose qu'il n'y a pas de mal à cela après tout. Quoi qu'il en soit, j'étais fière d'Anne ce soir, même si je ne vais pas le lui dire.

— Eh bien, moi j'étais fier d'elle et je le lui ai dit avant qu'elle ne monte, dit Matthew. Nous devons voir ce que nous pouvons faire pour elle un de ces jours, Marilla. Je suppose qu'un jour, l'école d'Avonlea ne suffira plus.

— Nous avons bien le temps d'y penser, répondit Marilla. Elle n'aura treize ans qu'en mars. Bien que ce soir, il m'ait semblé qu'elle ait beaucoup grandi, tant sur le plan physique que mental. Pour le premier, c'est la faute de Mme Lynde, car elle a fait cette robe un peu trop longue, et cela donne à Anne l'air si grande. En revanche, pour le second, ce n'est pas qu'une illusion ; Anne apprend vite, Matthew, et je pense que la meilleure chose que nous puissions faire pour elle sera de l'envoyer à Queen's après quelque temps. Mais il n'est pas nécessaire d'en parler avant un an ou deux.

— Eh bien, cela ne fera pas de mal d'y réfléchir de temps en temps, dit Matthew. Les choses comme ça ne s'en portent que mieux lorsqu'on y pense longuement.

CHAPITRE XXVI. Le club d'écriture

Il fut difficile pour les jeunes d'Avonlea de retrouver une routine monotone. Pour Anne en particulier, la vie semblait effroyablement fade, terne et sans intérêt après l'excitation des dernières semaines. Pourrait-elle retrouver goût aux plaisirs tranquilles des jours d'avant le spectacle ? Au début, comme elle le confia à Diana, elle doutait sérieusement de pouvoir y parvenir.

— Je suis absolument certaine, Diana, que la vie ne pourra jamais redevenir tout à fait comme avant, dit-elle tristement, comme si elle parlait d'une époque lointaine d'au moins cinquante ans. Peut-être qu'avec le temps je m'y habituerai, mais je crains que les spectacles ne fassent que souligner la monotonie des jours ordinaires. Je suppose que c'est pour cela que Marilla s'y oppose tant. Après tout, Marilla est une femme si sensée. Cela doit être bien plus simple d'être raisonnable ; cependant, je ne crois pas que je voudrais vraiment l'être, car les personnes sensées sont si peu romantiques.

Et puis, de toute manière, Mme Lynde affirme qu'il n'y a aucun risque que je ne devienne jamais raisonnable, mais ne sait-on jamais. J'ai l'impression, en ce moment, que je pourrais encore devenir sensé ; mais peut-être est-ce seulement parce que je suis fatiguée. La nuit dernière, je n'ai pas réussi à dormir pendant des heures. Je suis restée éveillée à revivre le spectacle encore et encore. Ce qu'il y a de plus merveilleux avec ce genre d'événement, c'est le plaisir de s'en souvenir.

Avec le temps, l'école d'Avonlea reprit sa routine habituelle et retrouva ses anciens centres d'intérêts. Bien sûr, le spectacle laissa des traces. Ruby Gillis et Emma White, après s'être disputé la meilleure place sur scène, ne s'assirent plus jamais ensemble, mettant fin à trois ans d'amitié. Josie Pye et Julia Bell cessèrent de se parler pendant trois mois après que Josie eut comparé l'inclinaison de la tête de Julia à une poule en train de picorer. Les Sloane évitèrent les Bell, se reprochant mutuellement leur performance lors du spectacle. En effet, les Sloane affirmaient que les Bell n'étaient même pas capables de bien faire le peu qui leur avait été confié. Enfin, Charlie Sloane se battit avec Moody Spurgeon MacPherson parce que ce dernier prétendait qu'Anne se donnait des airs lors de ses récitations. Moody Spurgeon reçut une bonne raclée, et sa sœur, Ella May, n'adresse plus la parole à Anne Shirley pour le reste de l'hiver. Malgré ces petites tensions, le travail dans le petit royaume de Mlle Stacy se poursuivit avec régularité et harmonie.

Les semaines d'hiver s'écoulèrent paisiblement. Cet hiver fut exceptionnellement doux, avec si peu de neige qu'Anne et Diana purent se rendre à l'école presque tous les jours en passant par le Chemin des Bouleaux Blancs. Le jour de l'anniversaire d'Anne, elles s'y promenèrent tranquillement, les yeux et les oreilles en alerte au milieu de leurs bavardages, car Mlle Stacy leur avait annoncé qu'elles devraient bientôt rédiger une composition sur « Une promenade hivernale dans les bois » et qu'il leur fallait être attentives.

— Te rends-tu compte, Diana ? J'ai treize ans aujourd'hui, fit remarquer Anne d'une voix quelque peu craintive. J'ai du mal à réaliser que je suis adolescente, désormais. Quand je me suis réveillée ce matin, il m'a semblé que tout devait être différent. Enfin, comme tu as eu treize le mois dernier, je suppose que tout cela ne te semble pas aussi nouveau qu'à moi. Je trouve la vie d'autant plus intéressante, du haut de mes treize ans. Et, d'ici deux ans, je serai une grande personne, moi aussi. Oh, quelle consolation de penser que je pourrai alors utiliser de grands mots sans être moquée.

— Ruby Gillis dit qu'elle se cherchera un prétendant le jour même de ses quinze ans, expliqua Diana.

— Cette fille ne pense qu'à cela ! répondit Anne, avec dédain. Elle prétend ne pas vouloir figurer sur le mur du porche, mais elle est ravie quand quelqu'un inscrit son nom à côté de celui d'un garçon. Oh, Diane, je crains que ce ne soit pas une remarque très charitable que je viens de faire. Mme Allan dit que nous ne devrions jamais faire de remarques peu charitables ; mais elles nous échappent si souvent avant qu'on ne s'en rende compte, n'est-ce pas ? Je n'y peux rien ; je n'arrive tout simplement pas à parler de Josie sans manquer de charité, alors j'évite autant que possible de la mentionner. Peut-être l'avais-tu remarqué ? Je m'efforce de ressembler à Mme Allan, car je crois qu'elle est la plus merveilleuse des femmes, tout comme M. Allan. Mme Lynde raconte qu'il lui voue presque un culte, et qu'il est tout à fait inacceptable pour un pasteur d'être autant en émoi devant une femme. Pourtant, les pasteurs sont humains eux aussi, avec leurs défauts comme tout le monde. D'ailleurs, j'ai eu une conversation tout à fait passionnante avec Mme Allan à ce sujet, dimanche dernier. Il y a peu de sujets convenables à aborder à l'école du dimanche, et celui-ci en fait partie. Mon défaut, c'est de trop vagabonder dans mon imagination et d'oublier mes devoirs. J'essaie ardemment de le surmonter, et maintenant que j'ai treize ans, peut-être y parviendrai-je mieux.

— Plus que quatre ans avant que nous puissions relever nos cheveux, dit Diana. Alice Bell n'a que seize ans et elle porte déjà les siens relevés, mais je trouve cela ridicule. Pour ma part, j'attendrai d'avoir dix-sept ans.

— Si j'avais un nez aussi crochu que celui d'Alice Bell, commença résolument Anne, je ne... Oh non, voilà que je recommence ! Je ne dirai pas ce que j'allais dire, car c'était extrêmement peu charitable. De plus, je le comparais à mon propre nez, et cela manque de modestie. J'ai bien peur de trop penser à mon nez depuis que l'on m'a complimenté à ce sujet, il y a longtemps. Mais, il faut dire, que cela m'avait fait énormément de bien. Oh, Diana, regarde, un lapin ! Voilà quelque chose à noter pour notre composition sur les bois. Je pense vraiment que les bois sont tout aussi magnifiques en hiver qu'en été. Ils sont si blancs et silencieux, comme s'ils dormaient paisiblement, et faisaient de jolis rêves.

— Cette composition ne devrait pas tant me poser souci, après tout, il y a tant de choses à écrire sur les bois, soupira Diana. Mais celle de lundi, c'est une tout autre affaire. Quelle idée de nous demander d'inventer un récit de toutes pièces ; je me demande bien où Mlle Stacy est allée chercher cela !

— Mais enfin, c'est simple comme bonjour ! s'exclama Anne.

— C'est facile pour toi parce que tu as de l'imagination, rétorqua Diana, mais tout le monde ne peut pas en dire autant. Où en es-tu, d'ailleurs ? Tu as déjà fini de rédiger, n'est-ce pas ?

Anne acquiesça, tentant de paraître modeste, mais échouant lamentablement.

— Je l'ai écrite lundi soir ; elle s'intitule *Rivales jusque dans l'au-delà*. Je l'ai lue à Marilla, qui l'a trouvée parfaitement niaise, puis à Matthew, qui, lui, a beaucoup apprécié. C'est le genre de critique que j'aime entendre. J'ai voulu que ce soit une histoire à la fois triste et douce, et pour tout te dire, j'ai pleuré à chaudes larmes en l'écrivant. C'est l'histoire de deux ravissantes jeunes filles, Cordélia Montmorency et Géraldine Seymour, qui vivaient dans le même village et étaient profondément attachées l'une à l'autre. Cordélia était une majestueuse brune, aux cheveux foncés et aux yeux sombres et étincelants. Géraldine, quant à elle, était une royale blonde, aux cheveux d'or filés et aux yeux violets, semblables à du velours.

— Je n'ai jamais vu personne avoir les yeux violets, fit Diana, d'un ton dubitatif.

— Moi non plus, je les ai simplement imaginés. Je voulais quelque chose d'inhabituel. Oh, et j'allais oublier le front d'albâtre de Géraldine. J'ai enfin appris ce que cela signifie. C'est l'un des avantages d'avoir treize ans : on en sait tellement plus qu'à douze ans.

— Eh bien, qu'est-il advenu de Cordélia et Géraldine ? demanda Diana, qui commençait à s'intéresser à leur sort.

— Elles avaient grandi ensemble jusqu'à leurs seize ans, et étaient devenues de ravissantes jeunes filles. Puis, Bertram DeVere était arrivé dans leur village natal, et avait immédiatement succombé au charme de la belle Géraldine. Comment ? Il lui avait sauvé la vie lorsque son cheval s'était emballé alors qu'elle se trouvait en calèche. Elle s'était évanouie dans ses bras, et il l'avait portée chez elle sur une distance de cinq kilomètres, car, eh bien, la calèche était complètement détruite. J'avoue avoir eu du mal à imaginer la demande en mariage, n'ayant aucune expérience en la matière. J'ai demandé à Ruby Gillis si elle savait comment les hommes s'y prenaient pour faire leur demande, car je pensais qu'elle devait être une experte en la matière, étant donné que la plupart de ses sœurs sont mariées. Elle m'a expliqué qu'elle s'était cachée dans le garde-manger du hall lorsque Malcolm Andres avait demandé sa sœur Susan en mariage. Et, puis elle m'a raconté que Malcolm avait dit à sa sœur que son père lui avait offert une ferme, puis il avait ajouté : « Qu'en dis-tu, ma chère, si nous nous marions cet automne ? ». Et, Susan lui avait répondu : « Oui... enfin, non... je ne sais pas trop, laisse-moi le temps d'y réfléchir ». Et voilà, l'instant d'après, ils étaient fiancés. Mais, il faut bien le dire, cette demande n'avait rien de romantique, alors j'ai dû en imaginer une du mieux que j'ai pu. J'ai écrit une scène très fleurie et poétique, dans laquelle Bertram s'agenouille devant sa bien-aimée – bien que Ruby m'ait expliqué que cela ne se faisait plus trop de nos jours. Bien sûr, Géraldine avait accepté de l'épouser, et à son tour, elle lui avait dévoilé son amour, dans un discours d'une page. Ce passage-là m'a également causé bien des soucis ; j'ai dû le réécrire cinq fois pour en être totalement satisfaite, mais je pense pouvoir affirmer qu'il s'agit de mon chef-d'œuvre. Pour sceller leur amour, Bertram lui avait offert une bague en diamant, ainsi qu'un collier de rubis, et lui avait annoncé qu'ils se rendraient en Europe pour fêter leurs noces. Après tout, il pouvait bien se le permettre : il était immensément riche. Mais hélas, leur mariage avait commencé à flancher, car Cordélia était secrètement amoureuse de Bertram, elle aussi. Ainsi, lorsque Géraldine lui avait annoncé leurs fiançailles, elle était rentrée dans une colère noire, exacerbée par la vue du collier et de la bague en diamant. Toute son affection pour Géraldine s'était transformée en une haine amère, et elle avait juré qu'elle ne la laisserait jamais épouser Bertram. Pourtant, tout ce temps, elle prétendit rester son amie. Un soir, alors qu'elles se tenaient sur un pont au-dessus d'un ruisseau agité, Cordélia pensant être seule avec Géraldine, la poussa dans l'eau avec un rire sauvage et moqueur – une sorte de « Ha ! Ha ! Ha ! » ; oui, quelque chose dans ce genre. Mais Bertram, qui avait tout vu, s'était jeté aussitôt dans le courant, s'exclamant : « Je te sauverai, ma merveilleuse Géraldine. » Hélas, il avait oublié qu'il ne savait pas nager, et tous deux s'étaient noyés, enlacés dans les bras l'un de l'autre. Peu après, leurs corps avaient été rejetés sur le rivage, et ils avaient été enterrés dans une même tombe. Oh, j'ai imaginé qu'ils eurent droit à des funérailles grandioses. C'est tellement plus romantique de conclure une histoire par des funérailles plutôt que par un mariage, ne trouves-tu pas, Diana ? Quant à Cordélia, elle avait perdu la raison sous le poids de la culpabilité, et avait été enfermée dans un asile de fous. J'ai pensé que cela serait une rétribution poétique pour son crime.

— Oh, cette histoire était absolument sublime ! soupira Diana, qui, comme Matthew, appréciait tout ce qui jaillissait de l'imagination d'Anne. Je ne comprends pas comment tu peux inventer des récits aussi captivants. J'aimerais tant avoir une imagination aussi foisonnante que la tienne.

— Tu sais, tu peux toujours cultiver ton imagination, répondit Anne d'un ton encourageant. J'ai une idée, Diana : et si nous créions un club d'écriture, toi et moi ? Ce serait une excellente occasion d'inventer des histoires, et de nous entraîner à les rédiger, ne crois-tu pas ? Je t'aiderai jusqu'à ce que tu te sentes capable de les écrire toute seule. C'est très important de cultiver son imagination, tu sais. Mlle Stacy répète qu'il suffit de trouver la bonne méthode. Quand je lui ai parlé de cette histoire de Bois hanté, elle a dit que nous ne l'avions pas abordé de la bonne manière.

C'est ainsi que le club d'écriture vit le jour. Au début, celui-ci ne comptait qu'Anne et Diana parmi ses membres, mais rapidement, Jane Andrews, Ruby Gillis, ainsi que quelques autres jeunes filles de leur classe souhaitant développer leur imagination, se joignirent à elles. Aucun garçon n'était admis, même si Ruby Gillis pensait que leur présence rendrait le club plus intéressant. Chaque semaine, les membres devaient écrire une histoire qu'elles présenteraient devant les autres à la prochaine séance.

— C'est vraiment fascinant, confia Anne à Marilla. À tour de rôle, nous lisons nos histoires à voix haute, puis nous échangeons nos impressions sur les récits de chacune. Bien entendu, chaque histoire est soigneusement conservée, avec pour objectif de les transmettre aux générations futures. Et puis, nous écrivons toutes sous un nom de plume ; le mien est Rosamond Montmorency. Je dois dire que toutes les filles se débrouillent assez bien, même si Ruby est un peu trop sentimentale, à mon goût. Toutes ses histoires incluent des scènes d'amour, et je crois qu'il est pire d'en avoir trop que pas assez. À l'inverse, Jane n'en met jamais, car elle craint d'être trop ridicule au moment de les lire à voix haute ; à part ça, elle est plutôt bonne écrivaine. Quant à Diana, elle a tendance à inclure trop de meurtres dans ses histoires. Elle dit que la plupart du temps, elle ne sait pas quoi faire des personnages, alors elle les tue pour s'en débarrasser. En général, je leur suggère des sujets sur lesquels écrire, mais cela ne me dérange pas, car je ne suis jamais à court d'idées.

— Je n'ai jamais entendu quelque chose d'aussi absurde que ce club d'écriture, railla Marilla. Vous allez vous remplir la tête de sornettes et gaspiller un temps précieux qui devrait être consacré à vos études. Lire des histoires est déjà une perte de temps, mais les écrire, c'est encore pire.

— Mais, Marilla, nous veillons toujours à y intégrer une morale, expliqua Anne. J'y tiens beaucoup. Toutes les bonnes personnes sont récompensées, tandis que les mauvaises reçoivent leur juste punition. Je suis convaincue que cela a un effet positif. La morale est indispensable dans la vie, comme le dit M. Allan. D'ailleurs, je lui ai fait lire une de mes histoires à lui et à Mme Allan, et ils ont tous deux reconnu que la morale était excellente. Seulement, ils ont ri au mauvais moment. D'habitude, je préfère que mes histoires soient si émouvantes qu'elles fassent pleurer ; Jane et Ruby pleurent presque toujours lorsqu'elles arrivent aux passages poignants. Oh, et Diana a écrit à sa tante Joséphine au sujet de notre club. Devinez quoi, Marilla ? Elle a répondu qu'elle voulait que nous lui envoyions quelques-unes de nos histoires. Nous avons donc recopié quatre de nos meilleures et les lui avons envoyées. Mlle Barry a répondu qu'elle n'avait jamais rien lu d'aussi amusant de sa vie, et je dois avouer que cela nous a quelque peu surprises, car nos histoires étaient toutes très poignantes, et presque tout le monde y mourait. Quoi qu'il en soit, je suis contente que Mlle Barry les ait aimées. Cela montre que notre club fait du bien à certaines personnes. Mme Allan nous a un jour dit que cela devrait être notre objectif en toute chose. Depuis, je m'efforce d'en faire mon objectif, mais j'oublie souvent quand je m'amuse. J'espère être un peu comme Mme Allan quand je serai grande. Pensez-vous que ce soit possible, Marilla ?

— Je n'en suis pas certaine, répondit Marilla, sur un ton aussi encourageant que d'ordinaire. Une chose est sûre, Mme Allan ne devait pas être une enfant aussi sotte et étourdie que toi.

— Non, mais elle n'a pas toujours été aussi bonne, répondit Anne d'un air solennel. Elle m'a avoué elle-même qu'elle était une enfant très malchanceuse et qu'elle se retrouvait souvent dans des situations délicates. J'ai ressenti un grand encouragement en entendant cela. Suis-je une vilaine petite fille, Marilla, de me sentir rassurée en apprenant que d'autres personnes ont été en aussi mauvaise posture que moi quand elles étaient jeunes ? En tout cas, Mme Lynde pense que oui. D'ailleurs, elle dit qu'elle est toujours choquée d'apprendre que quelqu'un a été vilain, peu importe l'âge. Mme Lynde raconte qu'elle a une fois entendu un pasteur avouer que, lorsqu'il était enfant, il avait volé une tarte aux fraises dans le garde-manger de sa tante, et elle n'a plus jamais eu de respect pour lui après cela.

Personnellement, je n'aurais jamais réagi ainsi. J'aurais pensé qu'il était vraiment noble de sa part de l'avouer, et j'aurais trouvé cela encourageant pour les petits garçons d'aujourd'hui qui font des bêtises et qui en sont désolés, de savoir qu'ils peuvent peut-être devenir pasteurs malgré tout. Voilà, ce que j'en pense, Marilla.

— Veux-tu savoir ce que j'en pense, moi ? s'enquit-elle. Je pense, Anne, qu'il est grand temps que tu finisses de laver ces assiettes. Tu as déjà perdu une demi-heure à bavarder ainsi. La prochaine fois, assure-toi de terminer toutes tes tâches, avant de te remettre à bavarder de la sorte.

CHAPITRE XXVII. Orgueil et déception

Marilla, rentrant chez elle par un soir de fin avril après une réunion de soutien, prit conscience que l'hiver était bel et bien révolu. Elle ressentit avec une vive joie le frisson que le printemps ne manque jamais d'apporter, aussi bien aux plus âgés et aux plus tristes qu'aux plus jeunes et aux plus joyeux. Marilla n'était pas encline à une analyse subjective de ses pensées et de ses sentiments. Si d'apparence elle semblait une femme sensée, dont les seules pensées allaient à des choses rationnelles telles que l'association caritative de la paroisse, les fonds de la quête et le nouveau tapis pour la salle du presbytère, en réalité, il arrivait que son esprit vagabonde vers des choses bien plus simples. À l'instant présent, elle songeait à ces champs rouges harmonieux se couvrant de brumes violacées sous le soleil déclinant, aux longues ombres effilées des sapins s'étendant sur la prairie au-delà du ruisseau, aux érables aux bourgeons écarlates entourant une mare boisée semblable à un miroir, à un monde en éveil et aux frémissements cachés sous la terre grise. Le printemps se répandait dans la contrée, allégeant et accélérant l'allure sobre et mature de Marilla, bien qu'en vérité, elle fût portée par une profonde et primordiale allégresse.

Ses yeux se posèrent avec tendresse sur les Pignons Verts, se frayant un chemin à travers les arbres et reflétant la lumière du soleil depuis ses fenêtres en de nombreux petits scintillements de gloire. Marilla, avançant prudemment le long du chemin humide, éprouvait une véritable satisfaction à l'idée de rentrer chez elle pour retrouver un feu de bois pétillant et une table soigneusement dressée pour le thé, plutôt que le réconfort froid des soirées de réunion de l'association caritative de la paroisse avant l'arrivée d'Anne aux Pignons Verts.

Ainsi, lorsque Marilla entra dans sa cuisine et découvrit le foyer éteint, sans aucun signe de la fillette, elle se sentit à juste titre déçue et irritée. Elle lui avait demandé de veiller à ce que le thé soit prêt à cinq heures, mais maintenant, elle devait se hâter d'ôter sa robe de second choix, et préparer elle-même le repas avant le retour de Matthew du labour.

— Je vais mettre les choses au clair avec cette petite demoiselle lorsqu'elle rentrera," dit Marilla avec sévérité, tout en taillant du petit bois avec un couteau à découper, avec plus de vigueur que nécessaire.

Matthew était de retour du labour, et attendait patiemment son thé dans son coin.

— Elle doit probablement flâner quelque part avec Diana, écrire des histoires ou répéter des dialogues, ou quelque autre niaiserie, sans jamais penser à l'heure ou à ses devoirs. Il faut absolument la remettre sur le droit chemin, et de manière abrupte. Peu m'importe si Mme Allan dit qu'elle est l'enfant la plus brillante et la plus douce qu'elle ait jamais connue. Brillante et douce, peut-être, mais sa tête est remplie de fantaisies, et il est impossible de prévoir sous quelle forme elles se manifesteront la prochaine fois. À peine se débarrasse-t-elle d'une lubie qu'elle en adopte une autre. Eh bien, voilà que je me mets à parler comme Rachel ! Elle ne cessait de répéter cela tout à l'heure à l'église, et c'était si agaçant ! J'ai été vraiment soulagée lorsque Mme Allan a pris la défense d'Anne, car sinon, je sais que j'aurais dit quelque chose de trop acerbe à Rachel devant tout le monde. Anne a bien des défauts, Dieu le sait, et je suis loin de le nier. Mais c'est moi qui l'élève, et non cette Mme Lynde, qui trouverait des défauts même à l'ange Gabriel s'il vivait à Avonlea. Malgré tout, elle n'avait pas à quitter la maison ainsi, alors que je lui avais demandé de rester cet après-midi pour veiller sur les choses. Je dois dire que malgré tous ses défauts, je ne l'avais jamais trouvée désobéissante ou indigne de confiance jusqu'à présent, et je suis vraiment désolée de la voir ainsi maintenant.

— Eh bien, je ne sais pas trop quoi en penser, répondit Matthew, qui, étant patient et sage et, surtout, affamé, avait jugé préférable de laisser Marilla exprimer sa colère sans interruption, ayant appris par expérience qu'elle achevait beaucoup plus rapidement ses tâches lorsqu'elle n'était pas retardée par des arguments intempestifs. Peut-être la juges-tu trop hâtivement, Marilla. Ne la considère pas comme indigne de confiance tant que tu n'es pas certaine qu'elle t'ait désobéi. Peut-être que tout cela peut s'expliquer. Après tout, Anne a toujours une explication à tout.

La nuit était déjà tombée et le souper était prêt, mais Anne n'était toujours pas rentrée. Marilla s'attendait à la voir revenir en toute hâte par le Sentier de l'Amour et traverser le pont de bois, désireuse de s'excuser et pleine de remords pour avoir négligé ses devoirs. Marilla, d'une mine sombre, lava et rangea la vaisselle. Puis, ayant besoin d'une bougie pour descendre à la cave, elle monta au pignon est pour prendre celle qui se trouvait habituellement sur la table d'Anne. En l'allumant, elle se retourna et aperçut Anne, allongée sur le lit, le visage enfoui dans les oreillers.

— Bonté divine ! s'exclama Marilla, stupéfaite. Anne, as-tu fais la sieste ?

— Non, répondit une voix étouffée.

— Anne, je ne comprends pas. Es-tu malade ? demanda Marilla, inquiète, en s'approchant du lit.

Anne se blottit plus profondément dans ses oreillers, comme si elle souhaitait se cacher à jamais des yeux des mortels.

— Non. Mais, Marilla, je vous en prie, allez-vous-en et ne me regardez pas. Oh, je suis au comble du désespoir ! Plus rien ne m'importe, pas même de savoir qui sera en tête de classe, qui écrira la meilleure composition ou qui chantera dans la chorale de l'école du dimanche. Ces petites choses n'ont plus aucune importance maintenant, car je suppose que je ne pourrai plus jamais aller nulle part. Ma carrière est terminée. S'il vous plaît, Marilla, allez-vous-en, je vous en conjure.

— A-t-on jamais entendu pareille bêtise ? demanda Marilla, perplexe. Anne Shirley, enfin, que t'arrive-t-il ? Qu'as-tu fait ? Lève-toi immédiatement, et dis-moi ce qui se passe. C'est un ordre. Alors, qu'il y a-t-il de si grave ?

Anne glissa au sol dans une obéissance désespérée.

— Regardez mes cheveux, Marilla, murmura-t-elle.

Marilla leva sa bougie, et examina attentivement les cheveux d'Anne, qui descendaient en lourdes masses le long de son dos : ils avaient une apparence des plus étranges.

— Anne Shirley, qu'as-tu fait à tes cheveux ? Oh, mais je dois rêver : ils sont verts !

Et en effet, ils étaient bien verts, si l'on pouvait les qualifier ainsi, avec une teinte étrange, terne et bronzée, marbrée par endroits de mèches rouges d'origine, ce qui rendait l'effet encore plus affreux. Jamais de sa vie Marilla n'avait vu quelque chose d'aussi grotesque que les cheveux d'Anne à cet instant.

— Oui, ils sont verts, gémit Anne. Je pensais que rien ne pouvait être pire que des cheveux roux. Mais maintenant, je sais que c'est dix fois pire d'avoir les cheveux verts. Oh, Marilla, vous ne pouvez pas imaginer à quel point je suis désespérée.

— Je ne sais pas comment tu t'es retrouvée dans cette situation, mais je compte bien le découvrir, dit Marilla. Descends immédiatement à la cuisine, il fait trop froid ici, et dis-moi exactement ce que tu as fait. Je m'attendais à ce que tu te mettes encore dans de beaux draps. Tu n'avais pas fait de bêtises depuis plus de deux mois, et j'étais certaine qu'une autre était imminente. Alors, qu'as-tu fait à tes cheveux ? Je t'écoute !

— Je les ai teints.

— Teints ! Tu as teint tes cheveux ! Anne Shirley, ignorais-tu que se teindre les cheveux est une chose parfaitement répréhensible ?

— Non, je le savais, admit Anne. Mais, j'ai pensé que c'était acceptable si cela me permettait de me débarrasser de mes cheveux roux. J'ai pesé le pour et le contre, Marilla. Et puis, j'avais l'intention de me tenir à carreaux par la suite, pour compenser le fait d'avoir désobéi.

— Eh bien, dit Marilla avec sarcasme, à ta place, j'aurais au moins pris la peine de les teindre d'une couleur décente. Je ne comprends pas pourquoi tu as choisi du vert.

— Mais, je ne voulais pas les teindre en vert ! Marilla, protesta Anne avec découragement. Je n'aurais jamais désobéi si c'était pour les teindre en vert. Il m'avait assuré que cela rendrait mes cheveux d'un magnifique noir de jais. Comment aurais-je pu douter de sa parole, Marilla ? Je sais ce que ça fait d'avoir sa parole mise en doute. D'ailleurs, Mme Allan dit que nous ne devrions jamais soupçonner quelqu'un de mensonge sans preuves concrètes. Maintenant, j'en ai la preuve : cette affreuse teinture verte sur ma tête ! J'espère que cela servira au moins de leçon pour les autres. Mais, sur le moment, je croyais fermement à chaque mot qu'il disait.

— Qui disait quoi ? Mais enfin, Anne, de qui parles-tu ?

— Le colporteur qui est passé cet après-midi ; c'est lui qui m'a vendu cette teinture.

— Anne Shirley, combien de fois t'ai-je dit de ne jamais laisser entrer un de ces Italiens dans la maison ! Je ne crois pas qu'il faille les encourager à revenir.

— Oh, je ne l'ai pas laissé entrer dans la maison. Je me suis souvenu de ce que vous m'avez dit, Marilla. Je suis sortie, j'ai soigneusement fermé la porte derrière moi, et j'ai regardé ses marchandises sur le seuil de la porte. En plus, ce n'était pas un Italien, mais un Juif allemand. Il avait une grande boîte pleine de choses très intéressantes, et il m'a dit qu'il travaillait dur pour gagner assez d'argent pour faire venir sa femme et ses enfants d'Allemagne. Oh, il en parlait avec tant d'émotion, Marilla ! Son discours m'a beaucoup ému. Et puis, j'ai pensé qu'il n'y avait rien de mal à lui acheter quelque chose, et qu'au contraire, cela rendrait grandement service à sa famille. Puis, tout à coup, j'ai aperçu la bouteille de teinture pour cheveux. Quand il a vu que j'étais intéressée, il m'a assuré que cette teinture rendrait n'importe quels cheveux d'un beau noir de jais, et que la couleur ne partirait pas au rinçage. En un instant, je me suis imaginée avec de magnifiques cheveux noirs de jais, et cela m'a immédiatement convaincue ! Cependant, la bouteille coûtait soixante-quinze sous, et il ne me restait que cinquante sous de mon argent de poche. Je pense que le colporteur avait un cœur très généreux, car il m'a dit que, puisque c'était moi, il me la vendrait pour cinquante sous, ce qui revenait presque à me la donner. Alors, je l'ai achetée et, dès qu'il est parti, je suis montée ici, et j'ai appliqué la teinture avec une vieille brosse à cheveux, comme indiqué sur le flacon. J'ai utilisé toute la bouteille, et oh, Marilla, quand j'ai vu la couleur épouvantable que cela avait donnée à mes cheveux, j'ai regretté d'avoir été si imprudente ! Et depuis ce moment, je ne cesse de le regretter.

— Eh bien, j'espère que ton repentir sera utile, fit sévèrement Marilla. Que cela te serve de leçon ! Tu vois bien où la vanité mène Anne. Je ne sais même pas par où commencer ; je suppose que la première chose à faire est de bien laver tes cheveux et de voir si cela peut arranger les choses.

Anne eut beau laver ses cheveux et les frotter vigoureusement avec du savon et de l'eau, cela ne fit aucune différence, comme si elle avait tenté de faire disparaître leur roux originel. Le colporteur avait certainement dit la vérité en affirmant que la teinture ne partirait pas au lavage, bien que sa sincérité puisse être mise en doute à d'autres égards.

— Oh, Marilla, que vais-je faire ? demanda Anne en larmes. Je ne pourrai jamais surmonter cette humiliation ! Tout le monde a fini par oublier mes autres bêtises : l'histoire du gâteau au liniment, le jour où j'ai enivré Diana par erreur, et même la fois où je me suis emportée contre Mme Lynde. Tout cela était bien pardonnable, mais cette fois, je suis certaine que tout le monde à Avonlea s'en souviendra ! Et puis, quelle image cela donne-t-il de moi ? Une petite fille pas respectable ! Oh, Marilla, cette citation disait vrai : « Quelle toile embrouillée nous tissons, lorsque dans nos mensonges nous nous enfonçons. » C'est de la poésie, mais je trouve cette citation si juste. Et oh, comme Josie Pye va rire ! Marilla, je ne peux pas affronter son regard. Oh, Je suis la fille la plus malheureuse de l'Île-du-Prince-Édouard !

Le malheur d'Anne perdura toute la semaine. Durant ce temps, elle ne sortit pas et se lava les cheveux chaque jour. Seule Diana était au courant, mais elle avait promis solennellement de ne jamais en parler, et il est permis de croire qu'elle tint sa parole. À la fin de la semaine, Marilla, lassée de tout ce tumulte, déclara avec fermeté :

— Cela ne sert à rien, Anne. Cette teinture est tenace. Une chose est sûre : elle n'est pas près de partir. Il faut couper tes cheveux ; il n'y a pas d'autre solution. Tu ne peux pas sortir ainsi.

Les lèvres d'Anne tremblèrent, mais elle comprit l'amère vérité des propos de Marilla. Avec un soupir lugubre, elle alla chercher les ciseaux.

— S'il vous plaît, Marilla, coupez-les sans attendre, qu'on en finisse. Oh, j'ai l'impression que mon cœur est brisé à jamais ! C'est une affliction si peu romantique. Les jeunes filles dans les livres perdent leurs cheveux à cause d'une fièvre ou les vendent pour la bonne cause, et je suis sûre que perdre mes cheveux de cette manière me dérangerait beaucoup moins. Mais, il n'y a rien de réconfortant à se faire couper les cheveux parce qu'on les a teints d'une couleur affreuse, n'est-ce pas ? Je risque de pleurer quand vous les couperez, j'espère que cela ne vous empêchera pas de continuer ; il le faut. Oh, quelle tragédie !

Et effectivement, Anne pleura tout du long. Mais plus tard, lorsqu'elle monta à l'étage pour se regarder dans le miroir, elle fut prise d'un tel désespoir qu'elle n'arrivait même pas à parler. Marilla avait accompli son travail avec rigueur : elle avait coupé les cheveux de l'enfant aussi court que possible. Le résultat n'était guère flatteur, pour le dire avec la plus grande délicatesse. Dès qu'elle aperçut son reflet, Anne tourna aussitôt le miroir vers le mur.

— Oh, Marilla, je ne me regarderai plus jamais dans le miroir jusqu'à ce que mes cheveux aient repoussés ! s'exclama-t-elle avec passion.

Puis, soudainement, elle redressa le miroir.

— Non, vous savez quoi, Marilla ? Finalement, je me regarderai dans le miroir aussi souvent que possible ; ce sera ma punition pour avoir été si imprudente. Oui, je me regarderai chaque fois que j'entrerai dans ma chambre, et je verrai à quel point je suis laide. Et puis, je n'essaierai pas de m'imaginer autrement, non. Je savais que j'avais du mal à faire preuve de modestie pour bien des choses, mais je ne savais pas que mes cheveux, eux aussi, me rendaient vaniteuse. J'avais beau détester leur couleur, ils étaient si longs, si épais, si bouclés. Et dire que l'on m'a complimentée sur mon nez ! Oh, je ne serais pas étonnée qu'il lui arrive quelque chose à lui aussi.

Le lundi suivant, la nouvelle coupe d'Anne fit sensation à l'école, mais à son grand soulagement, personne n'en devina la véritable raison. Pas même Josie Pye, qui ne manqua cependant pas de faire remarquer à Anne qu'elle ressemblait à un véritable épouvantail.

— Je n'ai rien dit lorsque Josie m'a fait cette remarque, confia Anne ce soir-là à Marilla, qui était allongée sur le canapé après l'une de ses migraines, car j'ai pensé que cela faisait partie de ma punition et qu'il me fallait l'endurer. Mais c'était très vilain de sa part de dire une telle chose, et j'avais envie de répondre, mais je me suis abstenue. Je lui ai simplement lancé un regard méprisant, puis je lui ai pardonnée. On se sent très vertueux quand on pardonne aux gens, n'est-ce pas ? Je compte désormais consacrer toute mon énergie à être bonne, et je ne tenterai plus jamais d'être belle. Après tout, il vaut mieux être bon dans la vie. Je le sais bien, mais parfois il est si difficile de croire une chose, même quand on sait que c'est la vérité. Je veux vraiment être bonne, comme vous, Marilla, comme Mme Allan et Mlle Stacy, et par-dessus tout, je veux vous rendre fières. Diana dit que lorsque mes cheveux commenceront à repousser, je devrais attacher un ruban de velours noir autour de ma tête avec un nœud sur le côté. Elle pense que ce sera très seyant. Je dirais : « J'arrive, laisse-moi enfiler mon bandeau ! », et ce sera très romantique, ne pensez-vous pas ? Mais est-ce que je parle trop, Marilla ? Est-ce que cela vous fait mal à la tête ?

— Non, ne t'en fais pas, ma migraine s'est calmée. Oh, mais j'ai tant souffert cet après-midi ; ces migraines sont de pire en pire. À ce rythme, je vais devoir consulter un médecin. Quant à ton bavardage, je ne sais même plus si cela me dérange, je crois que je m'y suis habituée.

CHAPITRE XXVIII. La pauvre dame au teint de porcelaine

— C'est toi qui dois jouer Elaine, Anne, cela ne fait aucun doute, dit Diana. Personnellement, je n'aurais jamais le courage de me laisser flotter jusque là-bas.

— Moi non plus ! ajouta Ruby Gillis, toute frissonnante. Cela ne me dérange pas quand nous sommes deux ou trois dans la barque, et que nous pouvons nous asseoir ; c'est même plutôt amusant. Mais, m'allonger et faire semblant d'être morte, ah non, ça je ne pourrais jamais. J'aurais bien trop peur !

— Il est certain que ce serait romantique, concéda Jane Andrews, mais je sais que je ne pourrais pas rester immobile dans la barque. Je me redresserais à chaque instant pour vérifier où je suis, et si je ne dérive pas trop loin. Et tu sais bien, Anne, que cela gâcherait l'effet.

— Mais, c'est tellement absurde d'imaginer une Elaine rousse, se lamenta Anne. Certes, je n'ai aucune crainte à l'idée de me laisser emporter par le courant, et j'adorerais jouer Elaine, mais cela reste absurde. C'est à Ruby que devrait revenir le rôle, après tout, son teint pâle et ses magnifiques cheveux longs et dorés font d'elle la parfaite Elaine. Et puis, vous savez, comme moi, qu'Elaine possède « une chevelure d'or qui envahit ses épaules en lourdes vagues », pas d'affreux cheveux roux. Quant à mon visage, n'en parlons pas ! On la surnommait Élaine la Blanche en raison de son teint de porcelaine. Une rouquine dans mon genre, au visage constellé de taches de rousseurs, ça n'aurait rien de convaincant.

— Ton teint est tout aussi clair que celui de Ruby, affirma Diana avec conviction, et tes cheveux sont bien plus foncés qu'ils ne l'étaient avant que tu ne les coupes.

— Oh, vraiment ? s'exclama Anne, que cette remarque fit rougir de plaisir. Parfois, je le pense moi-même, mais je n'ai jamais osé demander à quiconque, de peur qu'on me dise que ce n'était pas le cas. Crois-tu qu'on puisse maintenant les qualifier de châtains, Diana ?

— Oui, et je trouve cela vraiment joli, répondit-elle en regardant avec admiration les courtes boucles soyeuses qui se regroupaient sur la tête d'Anne, maintenues en place par un ruban et un nœud de velours noir très coquet.

Elles se tenaient sur la berge de l'étang, en contrebas de la Butte aux vergers, où un petit bout de terre, bordé de bouleaux, s'avançait depuis la rive, avec tout au bout, une petite plateforme en bois construite sur l'eau pour la commodité des pêcheurs et des chasseurs de canards.

Ruby et Jane passèrent tous leur après-midi d'été là-bas avec Diana, et de temps à autre, Anne se joignait à elles pour jouer. Cet été-là, Anne et Diana passèrent la majeure partie de leur temps à s'amuser près de l'étang ; En effet, n'était plus qu'un souvenir lointain depuis le printemps dernier, lorsque M. Bell avait impitoyablement abattu le petit cercle d'arbres dans son pâturage arrière. Anne s'était assise parmi les souches et avait pleuré, non sans une certaine sensibilité romantique ; mais elle fut rapidement consolée, car, après tout, comme elle et Diana le disaient, de grandes filles de treize ans, presque quatorze, étaient trop âgées pour de tels divertissements enfantins que les cabanes de jeu. Et puis, il y avait des activités bien plus fascinantes à découvrir autour de l'étang. Il était merveilleux de pêcher la truite depuis le pont, et les deux filles apprirent à ramer dans la petite barque à fond plat que M. Barry gardait pour la chasse aux canards.

Un jour, Anne eut l'idée de mettre en scène « La Dame de Shalott [12] », poème qu'elle avait étudié en classe, et qui figurait au programme du cours d'anglais des écoles de toute l'Île-du-Prince-Édouard. Elle l'avait analysé, décortiqué et disséqué, si bien que même elle s'étonna d'arriver encore à lui trouver du sens. Malgré tout, Elaine, Lancelot, Guenièvre et le roi Arthur devinrent des personnages très réels pour elles, au point qu'elle regrettait presque de ne pas être née, elle-même, à Camelot. Ces jours-là, disait-elle, étaient bien plus romantiques que le présent.

Le plan d'Anne fut approuvé avec enthousiasme par les autres jeunes filles qui, quelques jours plus tard, firent une heureuse découverte. Il leur suffisait de pousser la barque depuis l'embarcadère, et de se laisser porter par le courant, pour s'échouer sur un autre petit bout de terre, en contrebas, qui s'avançait dans une anse du lac. Non seulement, il était fort amusant de se laisser flotter ainsi, mais mieux encore, elles réalisèrent qu'il s'agissait là de la solution parfaite pour leur petite mise en scène.

— Bon, comme vous voudrez : je jouerai Elaine, dit Anne, cédant à contrecœur, car bien qu'elle aurait été ravie de jouer le personnage principal, son sens artistique exigeait une adéquation parfaite pour le rôle, et elle sentait que ses propres limitations rendaient cela impossible. Ruby jouera le roi Arthur, Jane incarnera Guenièvre, et Diana sera Lancelot. Mais avant cela, vous devrez être les frères et le père. Et puis, nous n'aurons pas de serviteur muet, car il n'y a pas assez de place pour deux dans la barque lorsqu'une personne est allongée, tant pis. Oh, et n'oublions pas qu'il nous faudra recouvrir la barque avec du brocart foncé. Le vieux châle noir de ta mère sera parfait, Diana.

Peu de temps après, Diana revint avec le châle, et Anne se mit à l'œuvre : elle l'étala sur la barque, puis s'allongea au fond, les yeux fermés, les mains croisées sur la poitrine.

— Oh, elle a vraiment l'air morte, murmura nerveusement Ruby Gillis, en observant le petit visage immobile et pâle d'Anne, sous les ombres vacillantes des bouleaux. J'en ai la chair de poule, les filles ! Pensez-vous que ce soit vraiment bien de faire cela ? Et puis, Mme Lynde dit que les mises en scène du genre sont parfaitement répréhensibles.

— Ruby, tu ne devrais pas parler de Mme Lynde, dit Anne sévèrement. Cela gâche l'effet, car cette scène se déroule des centaines d'années avant sa naissance. Jane, occupe-toi de cela. Il est absurde qu'Elaine parle alors qu'elle est censée être morte.

Jane se montra à la hauteur de la situation. À défaut de pouvoir recouvrir le corps d'Anne d'un drap d'or, les petites filles se servirent d'un vieux châle de crêpe japonais jaune, qui fit parfaitement l'affaire. De la même manière, les fleurs de lys blanches ne poussant pas à cette saison, elles avaient dû se contenter d'une grande iris bleue, qu'elles glissèrent dans la main d'Anne.

— Ça y est, je pense qu'elle est prête, fit Jane. Maintenant, nous devons déposer un baiser sur son front, à tour de rôle. Quand ce sera à toi, Diana, il te faudra dire : « Ma sœur, adieu pour toujours ». Quant à toi Ruby, tu devras dire : « Adieu, douce sœur ». Et, tâchez d'être aussi triste que possible, toutes les deux. Anne, par pitié, souris un peu ! Tu sais bien ce que dit le poème : « Elaine était allongée, un sourire sur son visage ». Voilà, c'est mieux comme ça. Bon, et maintenant, poussez la barque !

Sur ces mots, les fillettes s'exécutèrent, raclant brutalement au passage un vieux pieu qui émergeait légèrement du sol. Diana, Jane et Ruby attendirent juste assez longtemps pour observer la barque être emportée par le courant, et se diriger vers le pont avant de détaler à travers les bois, de traverser la route et d'atteindre le petit bout de terre en contrebas où, les trois fillettes devaient se tenir prêtes à accueillir cette belle au teint de porcelaine.

Pendant quelques minutes, Anne, dérivant lentement, savourait pleinement l'aspect romantique de la situation. Malheureusement, la suite le fut beaucoup moins : la barque commença à prendre l'eau. En quelques secondes seulement, Anne se releva, ramassa le drap d'or – ou plutôt le châle jaune –, ainsi que le brocart foncé, et contempla avec stupéfaction la grande fissure au fond de la barque par laquelle l'eau s'engouffrait en trombe. Et soudain, elle comprit : le vieux pieu qui émergeait du sol, depuis l'embarcadère avait arraché l'étoupe de la barque. Anne savait qu'elle se trouvait là dans une situation périlleuse, et qu'à ce rythme, la barque se remplirait, et coulerait bien avant d'avoir atteint le petit bout de terre en contrebas. « Où sont les rames ? » pensa-t-elle. Cependant, la réponse ne lui apporta guère de soulagement, car les jeunes filles les avaient abandonnées à l'embarcadère.

Dans la panique, Anne poussa un petit cri étouffé que personne n'entendit. Elle blêmit, mais ne perdit pas son sang-froid, pour autant : elle savait qu'il lui restait une dernière chance.

— J'étais absolument terrifiée ! confia-t-elle à Mme Allan le lendemain. Ce moment m'a semblé durer une éternité, tandis que la barque dérivait vers le pont, et que l'eau s'engouffrait de plus en plus. J'ai prié avec la plus grande ferveur, mais je n'ai pas fermé les yeux, car je savais que la seule façon pour Dieu de me sauver était de laisser la barque flotter assez près d'un des piliers du pont pour que je puisse m'y agripper. Mais oui, vous savez, ces vieux troncs d'arbres tout noueux et hérissés de branches mortes qui servent de piliers pour le pont. J'ai pensé que c'était un moment approprié pour prier, même si je devais aussi faire ma part en restant vigilante ; j'en étais pleinement consciente. Je répétais simplement : « Cher Dieu, faites que la barque se rapproche d'un pilier, et je m'occuperai du reste. » Dans de telles circonstances, on ne pense guère à formuler une prière élégante. Mais la mienne a été exaucée, car la barque a fini par heurter un pilier. Aussitôt, j'ai jeté les deux châles par-dessus mon épaule et me suis hissée sur une grosse souche qui, miraculeusement, se trouvait là. Imaginez dans quelle mauvaise posture je me trouvais, Mme Allan ! J'étais agrippée à ce vieux pilier glissant, incapable de monter ou de descendre. C'était une situation fort peu romantique, mais je n'y pensais pas à ce moment-là. On ne pense guère à la romance lorsqu'on vient d'échapper à la noyade. J'ai immédiatement prononcé une prière de gratitude, puis j'ai concentré toute mon attention à m'agripper fermement, car je savais que je devrais probablement compter sur une aide humaine pour regagner la terre ferme.

Une fois Anne extirpée de la barque, celle-ci avait continué à dériver sous le pont et avait rapidement coulé au milieu du lac. Ruby, Jane et Diana, qui l'attendaient déjà sur le petit bout de terre en contrebas, la virent disparaître sous leurs yeux et furent convaincues qu'Anne avait coulé avec elle. Pendant un instant, elles restèrent figées, blanches comme des draps, pétrifiées par l'horreur de la tragédie ; puis, criant de toutes leurs forces, elles s'élancèrent dans une course frénétique à travers les bois, sans s'arrêter en traversant la route principale pour regarder en direction du pont. Anne, s'accrochant désespérément à son précaire perchoir, vit leurs silhouettes s'éloigner, et entendit leurs cris. L'aide arriverait bientôt, mais en attendant, sa position était des plus inconfortables.

Les minutes s'écoulèrent, chacune semblant une heure pour cette malheureuse dame au teint de porcelaine. Pourquoi personne ne venait-il ? Où étaient passées les filles ? Et si elles s'étaient toutes évanouies ? Et si personne ne venait jamais ? Et si l'épuisement la gagnait, l'empêchant de s'accrocher plus longtemps ? Anne regarda les profondeurs vertes et traîtresses sous elle, frissonnant à la vue des ombres vibrantes et visqueuses, semblables à des reptiles. Son imagination commença à lui suggérer toutes sortes de possibilités macabres.

Alors qu'elle pensait ne plus pouvoir supporter la douleur dans ses bras et ses poignets, elle aperçut une silhouette s'approcher du pont. Elle

reconnut la barque d'Harmon Andrews et, à sa grande surprise, vit à bord...
Gilbert Blythe !

Gilbert leva les yeux et, à sa grande surprise, aperçut un petit visage pâle et méprisant, avec de grands yeux gris à la fois effrayés et dédaigneux, qui le regardait fixement.

— Anne Shirley ! Comment diable es-tu arrivée là ? s'exclama-t-il.

Sans attendre de réponse, il s'approcha du pilier et tendit la main. Anne n'avait pas d'autre choix : s'accrochant à la main de Gilbert Blythe, elle descendit précipitamment dans la barque de M. Andrews. Trempée et furieuse, elle s'assit à l'arrière, les bras chargés de son châle dégoulinant et de son crêpe mouillé. Il était assurément très difficile de conserver sa dignité dans de telles circonstances !

— Que s'est-il passé, Anne ? demanda Gilbert en reprenant les rames.

— Ruby, Jane, Diana et moi recréions une scène de « La Dame de Shalott », expliqua Anne froidement, sans même regarder son sauveur. Je devais dériver jusqu'à Camelot dans un grand bateau plat, mais dans notre cas, c'était plutôt une barque. Celle-ci a commencé à prendre l'eau, alors je suis montée sur ce pilier. Les filles sont parties chercher de l'aide. Peu importe, aurais-tu l'amabilité de me ramener à l'embarcadère ?

Sur ces mots, Gilbert s'exécuta, et dès qu'ils furent arrivés, Anne, dédaignant toute assistance, sauta agilement sur la rive.

— Je vous remercie, dit-elle d'un ton condescendant avant de lui tourner le dos.

Mais, Gilbert avait déjà quitté la barque, et lui saisit le bras pour tenter de la retenir.

— Anne, dit-il précipitamment, écoute-moi. Ne pouvons-nous pas être amis ? Je regrette vraiment de m'être moqué de tes cheveux. Je ne voulais pas te vexer, c'était simplement une plaisanterie. Et puis, c'était il y a si longtemps. Et puis, je trouve tes cheveux vraiment magnifiques désormais. Je t'en prie, soyons amis.

Un instant, malgré sa fierté blessée, elle trouva quelque chose de très réconfortant dans les yeux noisette de Gilbert, où se mêlaient timidité et amitié sincère. Son cœur eut un petit battement rapide et curieux. Mais, l'amertume de son ancienne rancune raffermit rapidement sa détermination vacillante. Cette scène d'il y a deux ans lui revint en mémoire avec une vivacité telle qu'on aurait dit qu'elle s'était déroulée la veille. Gilbert l'avait appelée « poil de carotte », et l'avait humiliée devant toute l'école. Son ressentiment, bien que dérisoire aux yeux des adultes et du monde entier, n'avait apparemment été ni atténué ni adouci par le temps. Elle le détestait toujours autant, et elle ne lui pardonnerait jamais !

— Non, dit-elle froidement, je ne serai jamais amie avec toi, Gilbert Blythe. Je me moque de tes excuses.

— Très bien ! répliqua Gilbert en sautant dans la barque, rouge de colère. Je ne te demanderai plus jamais d'être mon amie, Anne Shirley. Et, de toute manière, je me moque que tu me pardonnes !

Il s'éloigna à grands coups de rame, plein de défi, tandis qu'Anne remontait le petit sentier escarpé bordé de fougères sous les érables. Elle marchait la tête haute, mais soudain, une étrange sensation de regret l'envahit. Elle aurait presque souhaité avoir répondu différemment à Gilbert. Certes, il l'avait terriblement insultée, mais tout de même... En fin de compte, Anne pensait qu'il serait apaisant de s'asseoir et de pleurer un bon coup. Après tout, ses nerfs étaient à vif après la peur qu'elle avait ressentie en s'accrochant désespérément à ce pilier.

À mi-chemin du sentier, elle rencontra Jane et Diana qui revenaient en courant vers l'étang, presque frénétiques. Elles n'avaient trouvé personne à la Butte aux vergers, car M. et Mme Barry étaient absents. Ruby Gillis, prise d'une crise d'hystérie, avait été laissée sur place pour se remettre du mieux possible, tandis que Jane et Diana traversaient à toute allure la Forêt Hantée et le ruisseau pour se rendre aux Pignons Verts. Là non plus, elles n'avaient trouvé personne, car Marilla était partie à Carmody et Matthew faisait les foins dans le champ de derrière.

— Oh, Anne, haleta Diana, s'effondrant presque dans ses bras et pleurant de soulagement et de joie. Nous pensions que tu t'étais noyée, et nous nous sentions comme des meurtrières de t'avoir fait jouer Elaine. Ruby est en pleine crise d'hystérie. Oh, Anne, comment t'en es-tu sortie ?

— Je me suis agrippée à l'un des piliers du ponton, expliqua Anne avec lassitude, et Gilbert Blythe est arrivé dans la barque de M. Andrews, et m'a ramenée sur la terre ferme.

— Oh, Anne, quel soulagement !

— Comme c'est romantique ! s'exclama Jane, retrouvant enfin assez de souffle pour parler. J'espère que tu cesseras de lui en vouloir après cela.

— Bien sûr que non, répliqua Anne retrouvant soudainement son ancienne agressivité. Et d'ailleurs, je ne veux plus jamais entendre le mot « romantique » de ma vie. Oh, je suis vraiment de vous avoir fait si peur, les filles ; tout est ma faute. Je suis une enfant malchanceuse, voilà tout. Tout ce que je fais finit par me mettre, moi ou mes plus chères amies, dans le pétrin. Nous avons perdu la barque de ton père, Diana, et j'ai le pressentiment que nous ne serons plus autorisées à naviguer sur l'étang.

Le pressentiment d'Anne se révéla plus fiable que jamais. La nouvelle des événements de cet après-midi-là provoqua une grande consternation dans les foyers des Barry et des Cuthbert.

— Feras-tu jamais preuve du bon sens, Anne ? gémit Marilla.

— Oui, Marilla, je vous le promets, répondit Anne avec optimisme. Elle s'était retirée dans son pignon pour pleurer un bon coup, et était revenue aussi pimpante que jamais, après avoir apaisé ses nerfs.

— Vous savez quoi, Marilla ? Je pense que mes perspectives de devenir raisonnable sont plus prometteuses que jamais.

— Je ne vois pas comment cela serait possible, répondit Marilla.

— Eh bien, expliqua Anne, j'ai appris une leçon fort précieuse aujourd'hui. Depuis mon arrivée aux Pignons Verts, je n'ai cessé de commettre des erreurs, et chacune d'elles m'a aidée à corriger certains de mes grands défauts. L'affaire de la broche d'améthystes m'a dissuadée de me mêler des affaires qui ne me concernent pas. L'épisode de la Forêt hantée m'a appris à ne pas laisser mon imagination me dominer. L'incident du gâteau au liniment m'a enseigné l'importance de la vigilance en cuisine. Teindre mes cheveux m'a guérie de la vanité ; je ne pense presque plus à mes cheveux et à mon nez maintenant, ou du moins très rarement. Et, l'erreur d'aujourd'hui va me guérir de mon excès de romantisme. J'en suis venue à la conclusion qu'il est inutile d'essayer d'être romantique à Avonlea. C'était probablement facile à Camelot, il y a des centaines d'années, mais le romantisme n'est plus apprécié de nos jours. Je suis convaincue que vous verrez bientôt une grande amélioration chez moi à cet égard, Marilla.

— Je l'espère bien, répondit Marilla avec scepticisme.

Mais Matthew, qui était resté assis silencieusement dans son coin, posa une main sur l'épaule d'Anne lorsque Marilla fut sortie.

— Ne renonce pas complètement à ton romantisme, Anne, murmura-t-il timidement. Un peu de romantisme est une bonne chose. Enfin, pas trop, bien sûr, mais garde-en un peu, Anne, gardes-en un peu.

CHAPITRE XXIX. Des souvenirs gravés à jamais

Anne ramenait les vaches à l'étable en empruntant le Sentier de l'amour. C'était une soirée de septembre, et toutes les trouées et clairières dans les bois étaient imprégnées de la lumière rubis du coucher du soleil. Ici et là, le sentier en était baigné, mais dans l'ensemble, il était déjà largement ombragé sous les érables, et sous les sapins, le crépuscule pourpre s'insinuait déjà, semblable à un vin léger. Les vents soufflaient dans leurs cimes, et Anne était certaine qu'il n'existait pas de musique plus douce sur terre que celle du vent dans les sapins au crépuscule.

Les vaches descendaient paisiblement le sentier, tandis qu'Anne les suivait, rêveuse, récitant à haute voix les vers de la bataille dans Marmion. Ce poème faisait partie des lectures de leur cours d'anglais l'hiver précédent, et Mlle Stacy avait insisté pour qu'ils l'apprennent par cœur. Anne était emportée par l'élan fougueux de ces vers, rappelant des formations de bataille, et par les images saisissantes qui se heurtaient comme des lances. Lorsqu'elle arriva aux vers : « Les lanciers obstinés tenaient toujours bon leur sombre bois impénétrable », elle s'arrêta, extatique, pour fermer les yeux et mieux se figurer membre de ce cercle héroïque. Lorsqu'elle ouvrit de nouveau les yeux, elle aperçut Diana franchir la barrière menant au champ des Barry, arborant une expression si solennelle qu'Anne devina immédiatement qu'elle avait des nouvelles à annoncer. Bien qu'elle brûlât de savoir ce qui se passait, elle s'efforça de dissimuler sa curiosité impatiente.

— Ne trouves-tu pas que cette soirée ressemble à un rêve pourpre, Diana ? Oh, comme je suis heureuse d'être en vie dans des moments comme celui-ci ! Le matin, je suis toujours convaincue qu'il s'agit du moment le plus magnifique de la journée ; cependant, lorsque le soir tombe, je trouve cet instant encore plus enchanteur.

— C'est une soirée exquise, c'est vrai, répondit Diana. Mais, Anne, j'ai des nouvelles à t'annoncer. Non, tu sais quoi ? Je vais te les faire deviner. Disons que, eh bien, tu as le droit à trois essais.

— Eh bien, voyons voir. Oh, je sais ! Charlotte Gillis va finalement se marier à l'église, et Mme Allan souhaite que nous la décorions, c'est bien ça ? s'écria Anne.

— Malheureusement, non. Le fiancé de Charlotte n'est pas d'accord, car personne ne s'est encore marié à l'église, et il pense que cela ressemblerait trop à des funérailles. C'est vraiment dommage, car cela aurait été si amusant. Bon, essaye encore.

— La mère de Jane va l'autoriser à organiser une fête pour son anniversaire ?

Diana fit non de la tête, ses yeux noirs pétillants de malice.

— Eh bien, dans ce cas, je ne sais pas trop, dit Anne, désespérée. Oh, si ! Moody Spurgeon MacPherson t'a raccompagnée hier soir après la prière, n'est-ce pas ?

— Certainement pas, s'exclama Diana avec indignation. Je ne me vanterais sûrement pas de cela s'il l'avait fait. Quel odieux personnage ! Je savais bien que tu ne devinerais pas. Bon, eh bien voilà : Maman a reçu une lettre de tante Joséphine aujourd'hui, et devine quoi ? Elle veut que toi et moi allions en ville mardi prochain et séjournions chez elle pour assister à la cérémonie de remise de prix !

— Oh, Diana, murmura Anne en s'appuyant contre un érable pour ne pas vaciller, tu es sérieuse ? Oh, mais je crains que Marilla ne me permette pas d'y aller. Elle dira sûrement qu'elle ne veut pas encourager mes escapades frivoles ; c'est ce qu'elle a dit la semaine dernière lorsque Jane m'a invitée à les accompagner, elle et sa famille, dans leur charrette à deux sièges pour le spectacle à l'hôtel White Sands. Je voulais y aller, mais Marilla a dit qu'il valait mieux que je reste à la maison pour étudier mes leçons, et que Jane ferait bien d'en faire autant. J'étais profondément déçue, Diana. J'étais si désespérée que je n'ai pas dit mes prières en me couchant. Mais, je me suis repentie et me suis levée au milieu de la nuit pour les dire.

— J'ai une idée, dit Diana, je demanderai à ma mère de parler à Marilla. Elle sera peut-être plus encline à te laisser partir ; et si elle accepte, nous nous amuserons comme des folles ! Je n'ai jamais assisté à une cérémonie de remise de prix, et c'est si frustrant d'entendre les autres filles se vanter d'y être allées, elles. Jane et Ruby y ont déjà participé deux fois, et elles y retournent encore cette année.

— Je ne sais pas, je ne préfère pas y penser tant que je ne serai pas certaine de pouvoir y aller, déclara Anne résolument. Autrement, je risquerais juste d'être déçue, et ce serait bien trop difficile à supporter. En revanche, si je peux y aller, il est possible que mon nouveau manteau soit prêt à ce moment-là. Marilla estime que je n'ai pas vraiment besoin d'un manteau neuf, elle disait que mon ancien ferait encore très bien l'affaire pour un autre hiver, et que je devrais me contenter de la nouvelle robe qu'elle m'a confectionnée. Elle est vraiment très jolie ; bleu marine et taillée de manière très élégante. Marilla confectionne toujours mes robes avec beaucoup de style maintenant, car elle dit qu'elle ne veut pas que Matthew aille chez Mme Lynde pour les faire faire. J'en suis tellement ravie. C'est tellement plus facile d'être sage quand on est bien habillée, enfin, je trouve. Même si cela ne fait pas une grande différence pour les personnes naturellement bonnes, enfin, je suppose. Quoi qu'il en soit, c'est Matthew qui a insisté pour que j'aie un nouveau manteau, pas moi. En réaction, Marilla a acheté un magnifique tissu de popeline bleue, et c'est une couturière professionnelle de Carmody qui s'occupe de le confectionner pour moi. Il devrait être prêt samedi soir. J'essaye de ne pas m'imaginer marchant dans l'allée de l'église dimanche avec mon nouvel ensemble et mon bonnet neuf, car je crains que ce ne soit pas convenable d'imaginer de telles choses, mais c'est plus fort que moi. Oh, comme mon nouveau bonnet est élégant ! C'est Matthew qui me l'a achetée le jour où nous étions à Carmody. C'est une de ces petits bonnets en velours bleu qui sont très à la mode, avec un cordon et des glands dorés. D'ailleurs, ton nouveau chapeau est fort élégant, Diana, tu le portes magnifiquement bien. Quand je t'ai vue entrer avec à l'église, dimanche dernier, mon cœur s'est gonflé de fierté en pensant que tu étais ma plus chère amie. Penses-tu qu'il soit mal de penser autant à nos vêtements ? Marilla dit que c'est très vilain. Mais, je n'y peux rien, je ne peux pas m'en empêcher.

Marilla consentit à laisser Anne se rendre en ville, et il fut convenu que M. Barry emmènerait les jeunes filles le mardi suivant. Charlottetown était située à environ cinquante kilomètres d'Avonlea, et comme M. Barry souhaitait faire l'aller-retour dans la journée, il était nécessaire de partir très tôt. Pour Anne, l'excitation était telle qu'elle se réveilla bien avant l'aube ce mardi matin. Un regard par la fenêtre lui confirma que la journée serait belle, car le ciel à l'est, derrière les sapins de la Forêt hantée, était tout argenté et sans nuages. À travers l'ouverture des arbres, une lumière brillait dans le pignon ouest de la Butte aux vergers, signe que Diana était également levée.

Anne était déjà habillée lorsque Matthew alluma le feu, et prépara le petit-déjeuner, mais elle était bien trop excitée pour manger. Après le petit-déjeuner, elle enfila son nouveau bonnet et sa veste neuve, puis traversa rapidement le ruisseau, et se faufila à travers les sapins jusqu'à la maison des Barry. Là-bas, M. Barry et Diana l'attendaient, et ils partirent peu après.

Le trajet fut long, mais Anne et Diana en savourèrent chaque instant. Toutes deux, trouvaient parfaitement exquis de rouler sur les routes humides sous la lumière rouge du matin qui se répandait sur les champs de récolte moissonnés. L'air était frais et vif, et de petites brumes bleu fumée serpentaient à travers les vallées et se dissipaient des collines. Par moments, la route traversait des bois où les érables commençaient à afficher leurs teintes écarlates ; d'autres fois, elle franchissait des rivières sur des ponts qui faisaient frissonner Anne, à la fois d'effroi et de délice. Parfois, elle longeait un rivage en passant devant un petit groupe de cabanes de pêche grises et délabrées ; à d'autres moments, elle montait vers des collines offrant une vue panoramique sur des terres vallonnées ou un ciel bleu brumeux. Où qu'elle mène, il y avait toujours des sujets intéressants à discuter le long de cette route. Il était presque midi lorsqu'elles atteignirent la ville, et trouvèrent leur chemin jusqu'à Beechwood. C'était une vieille demeure élégante, en retrait de la rue, nichée dans un écrin d'ormes verts et de hêtres ramifiés.

Mlle Barry les accueillit à la porte, une lueur malicieuse brillant dans ses yeux noirs perçants.

— Te voilà enfin, ma petite Anne ! dit-elle. Miséricorde, mon enfant, comme tu as grandi ! Tu es plus grande que moi, je le jure. Et, tu es bien plus jolie qu'autrefois. Mais je suppose que tu le sais déjà sans qu'on te le dise.

— En vérité, je ne le savais pas, répondit Anne avec éclat. Je sais que je suis moins couverte de taches de rousseur qu'autrefois, et j'en suis très reconnaissante, mais je n'avais vraiment pas osé espérer qu'il y ait d'autres améliorations. Je suis ravie que vous le pensiez, Mlle Barry.

La maison de la vieille tante Barry était aménagée avec une 'grande magnificence', comme Anne le raconta plus tard à Marilla. Les deux petites filles de la campagne se sentaient quelque peu intimidées par l'opulence du salon où Mlle Barry les laissa, le temps d'aller préparer le dîner.

— On se croirait dans un palais, murmura Diana. Je n'étais jamais venue chez tante Joséphine auparavant, et je n'imaginais pas que ce soit si somptueux. J'aimerais que Julia Bell puisse voir cela, elle qui se vante tant du salon de sa mère.

— Regarde ça, Diana, un tapis en velours ! soupira Anne avec délice. Oh, il y a même des rideaux en soie ! J'ai souvent rêvé de telles choses, Diana. Mais tu sais, je ne crois pas que je me sente très à l'aise avec tout cela, finalement. Il y a tant d'objets dans cette pièce, tous si splendides, qu'il n'y a plus de place pour l'imagination. C'est une consolation, quand on est pauvre, de pouvoir imaginer tant de choses plus belles que la réalité.

Leur séjour en ville fut un souvenir marquant pour Anne et Diana, qu'elles évoquèrent pendant des années. Du début à la fin, ce fut une succession de plaisirs. Le mercredi, Mlle Barry les emmena à la cérémonie de remise de prix, où elles passèrent la journée.

— C'était splendide, raconta Anne à Marilla, plus tard. Je n'aurais jamais imaginé quelque chose d'aussi fascinant. Je ne saurais dire quelle section m'a le plus captivée. Je crois que j'ai particulièrement aimé les chevaux, les fleurs et les ouvrages de fantaisie. Josie Pye a remporté le premier prix pour sa dentelle tricotée. J'étais vraiment ravie pour elle. Et, j'étais contente de ressentir cette joie, car cela montre que je m'améliore, n'est-ce pas, Marilla ? Après tout, si je peux me réjouir du succès de Josie, alors je peux alors me réjouir de n'importe quoi. M. Harmon Andrews a décroché le deuxième prix avec ses pommes Gravenstein, tandis que M. Bell, de son côté, a remporté le premier prix grâce à son cochon. Diana trouvait cela ridicule qu'un surintendant d'école du dimanche reçoive un prix pour un cochon, mais je ne vois pas pourquoi. Qu'en pensez-vous,

Marilla ? Elle disait qu'elle y penserait toujours désormais lorsqu'il priera si solennellement. Clara Louise MacPherson a remporté un prix pour sa peinture, et Mme Lynde, quant à elle, a décroché le premier prix pour son beurre et son fromage faits maison. Ainsi, Avonlea était fort bien représentée, n'est-ce pas ? J'étais si heureuse d'apercevoir Mme Lynde, ce jour-là. Je dois dire que je n'avais jamais vraiment réalisé combien je l'appréciais jusqu'à ce que je voie son visage familier parmi tous ces étrangers. Il y avait des milliers de personnes, Marilla, cela vous fait vraiment vous sentir terriblement insignifiant. Plus tard, Mlle Barry nous a emmenées à la tribune pour assister aux courses de chevaux. Bien entendu, Mme Lynde a refusé de nous accompagner ; elle disait que les courses de chevaux étaient une abomination et, en tant que membre de l'Église, elle estimait qu'il était de son devoir de donner l'exemple en s'abstenant d'y assister. Mais, il y avait tellement de monde que je ne crois pas que qui que ce soit ait remarqué son absence. Néanmoins, je pense qu'il serait préférable pour moi de ne pas fréquenter trop souvent ce type de courses, car je m'y laisse trop facilement emporter. Diana était tellement excitée qu'elle m'a proposé de parier dix sous sur la victoire du cheval rouge, car nous n'étions pas d'accord sur son sort. Pour ma part, j'étais convaincue qu'il allait perdre, mais j'ai tout de même refusé de parier, car je voulais tout raconter à Mme Allan et je savais que ce ne serait pas approprié de lui en parler. Il est toujours mal de faire quelque chose que l'on ne peut pas raconter à la femme du pasteur ; avoir la femme du pasteur pour amie, c'est comme avoir une conscience supplémentaire. D'ailleurs, j'étais très heureuse de ne pas avoir parié, car le cheval rouge a effectivement gagné, et j'aurais perdu mes dix sous. Vous voyez, Marilla, la vertu est toujours récompensée. Quoi d'autre ? Ah oui, nous avons vu un homme dans une montgolfière. Oh, j'adorerais m'élever dans les airs de la sorte, Marilla, ce serait si exaltant ! Et puis, nous avons aussi croisé cet homme qui prétendait pouvoir lire notre avenir. Pour dix sous, un petit oiseau choisissait votre destinée pour vous, ou plutôt, il sélectionnait un petit papier sur lequel votre destin était supposément inscrit. Mlle Barry nous a donné dix sous chacune, à Diana et à moi, pour que nous puissions découvrir notre fortune. En ce qui me concerne, le petit oiseau a prédit que j'épouserais un homme à la peau foncée, très riche, et que je partirais vivre au-delà des mers. J'ai observé attentivement tous les hommes à la peau foncée que j'ai vus, par la suite, mais aucun ne m'a vraiment plu, et de toute façon, je suppose qu'il est encore trop tôt pour chercher. Oh, ce fut une journée inoubliable, Marilla ! J'étais tellement épuisée que, paradoxalement, je n'ai pas réussi à fermer l'œil de la nuit. Mlle Barry nous a installées dans la chambre d'amis, comme promis. C'était une chambre si élégante, Marilla, vous auriez dû voir ça ! Mais, je dois avouer que d'une certaine manière, dormir dans une chambre d'amis n'était pas aussi excitant que ce que j'imaginais. Je crois que je grandis, Marilla, je commence à m'en rendre compte. Les choses que je désirais ardemment dans mon enfance ne me semblent plus aussi merveilleuses désormais.

Le jeudi, les jeunes filles firent une promenade en calèche dans le parc, et le soir, Mlle Barry les emmena à un récital à l'Académie de musique, où une célèbre prima donna devait chanter. Anne trouva cette soirée parfaitement délicieuse.

— Oh, Marilla, c'était indescriptible. J'étais si excitée que pas le moindre son ne sortait de ma bouche ; cela vous donne une idée d'à quel point c'était grandiose ! Je suis restée assise en silence tout du long, complètement ravie. Mme Selitsky était absolument magnifique, vêtue de satin blanc, et de diamants. Mais, lorsqu'elle a commencé à chanter, je ne pensais plus à rien d'autre. Oh, je ne saurais vous décrire ce que j'ai ressenti à ce moment-là ! Tout à coup, il m'a semblé que je n'aurais plus jamais de difficulté à être brave et bonne. Je me sentais comme lorsque je contemple les étoiles : j'étais si émue. Les larmes me sont montées aux yeux, et... Oh non, Marilla, c'étaient des larmes de bonheur, bien sûr ! J'étais tellement attristée lorsque le récital s'est terminé. J'ai dit à Mlle Barry que je ne voyais pas comment je ne pourrais jamais revenir à la vie ordinaire après cela. Elle m'a répondu que si nous allions au restaurant en face pour prendre une glace, cela pourrait m'aider. Cela m'a semblé si prosaïque de sa part ; mais, à ma grande surprise, elle avait raison. La glace était exquise, Marilla, et c'était si agréable de se retrouver au restaurant à onze heures du soir pour savourer un délicieux dessert. Diana m'a dit qu'elle se sentait faite pour la vie en ville, puis Mlle Barry m'a demandé ce que j'en pensais, mais j'ai répondu que je devrais y réfléchir très sérieusement avant de pouvoir lui donner mon avis. Alors, j'y ai réfléchi après être allée me coucher. Après tout, c'est le meilleur moment pour analyser les choses. Et, j'en suis arrivée à la conclusion, Marilla, que je n'étais pas faite pour la vie citadine, et je pense que c'est très bien ainsi. De temps en temps, c'est agréable de savourer une glace dans des restaurants illuminés à onze heures du soir ; mais, à cette heure-ci en général, je préfère être endormie dans ma chambre du pignon est, sachant, même en dormant, que les étoiles brillent dehors et que le vent murmure dans les sapins au-delà du ruisseau. J'ai partagé cette réflexion avec Mlle Barry au petit-déjeuner, le lendemain matin et elle a ri. Mlle Barry rie souvent de tout ce que je disais, même lorsque je parle sérieusement. Je ne crois pas que cela m'ait plu, Marilla, car je n'essayais pas d'être amusante. Mais, je ne lui en tiens pas rigueur, car après tout, c'est une dame des plus hospitalières, et elle nous a traitées royalement pendant notre séjour.

Le vendredi, jour du départ, M. Barry vint chercher les filles.

— Eh bien, j'espère que vous vous êtes bien amusées, dit Mlle Barry en leur disant au revoir.

— En effet, nous avons passé un excellent moment, répondit Diana.

— Et toi, ma petite Anne ? demanda sagement la vieille tante.

— J'ai savouré chaque minute, répondit-elle, en jetant impulsivement ses bras autour du cou de la vieille dame, et en embrassant sa joue ridée.

Diana n'aurait jamais osé faire une telle chose et se sentit plutôt consternée par la spontanéité d'Anne. Mais Mlle Barry, elle, était ravie, et elle resta sur sa véranda à regarder la charrette disparaître au loin. Puis, elle rentra dans sa grande maison avec un soupir. La demeure semblait bien vide, privée de ces jeunes vies pleines de fraîcheur. À vrai dire, Mlle Barry était une vieille dame plutôt égoïste, et ne s'était jamais beaucoup souciée de quiconque à part elle-même. Elle n'appréciait les gens que dans la mesure où ils lui étaient utiles ou la divertissaient. Anne l'avait amusée et, par conséquent, jouissait des bonnes grâces de la vieille dame. Cependant, Mlle Barry se surprenait à penser moins aux discours pittoresques d'Anne qu'à son enthousiasme vif, ses émotions transparentes, ses petites manières attachantes, et la douceur de ses yeux et de ses lèvres.

« Je pensais que Marilla Cuthbert était une vieille folle lorsqu'on m'a dit qu'elle avait adopté une orpheline, se dit-elle, mais finalement, je suppose qu'elle n'a pas fait une si grande erreur. Si j'avais un enfant comme Anne à la maison en permanence, je serais une femme meilleure et plus heureuse. »

Anne et Diana trouvèrent le trajet de retour aussi agréable qu'à l'aller, et même plus encore, car la perspective de retrouver leur foyer ajoutait à leur plaisir. Le soleil se couchait lorsqu'elles traversèrent White Sands et prirent la route du rivage. Plus loin, les collines d'Avonlea se dessinaient sombrement contre le ciel safran. Derrière elles, la lune se levait sur la mer, la rendant radieuse et transfigurée par sa lumière. Chaque petite crique le long de la route sinueuse était un enchantement de vaguelettes dansantes. Les vagues se brisaient doucement sur les rochers en contrebas, et l'air frais et vivifiant portait la senteur salée de la mer.

— Oh, qu'il est bon d'être en vie et de rentrer chez soi, soupira Anne.

Lorsqu'elle traversa le pont de bois au-dessus du ruisseau, la lumière de la cuisine des Pignons Verts lui adressa un chaleureux salut de bienvenue, et à travers la porte brillait le feu de l'âtre, diffusant sa chaude lueur rougeâtre à travers la fraîche nuit d'automne. Anne monta gaiement la colline, et entra dans la cuisine, où un souper chaud l'attendait sur la table.

— Te voilà de retour ? dit Marilla en repliant son tricot.

— Oui, et oh, que c'est bon d'être de retour, répondit Anne joyeusement. Tout m'a tellement manqué ! J'en embrasserais même l'horloge ! Oh, Marilla, est-ce un poulet rôti sur la table ? Ne me dis pas que tu l'as préparé pour moi !

— Si, rien que pour toi, répondit Marilla. Je pensais que tu aurais faim après un tel trajet, et que tu aurais besoin de quelque chose de vraiment appétissant à te mettre sous la dent. Bon, dépêche-toi à présent, nous dînerons dès que Matthew sera rentré. Je dois dire que je suis contente de te revoir. Je me suis sentie terriblement seule ici sans toi, et ces quatre jours m'ont semblé interminables.

Après le dîner, Anne s'assit devant le feu entre Matthew et Marilla, et leur raconta son séjour en détail.

— J'ai passé un moment merveilleux, conclut-elle joyeusement, et je sens que cela marque une étape importante dans ma vie. Mais le meilleur de tout, c'était de rentrer à la maison.

CHAPITRE XXX. La classe préparatoire de Mlle Stacy

Marilla déposa son tricot sur ses genoux, et s'enfonça dans son fauteuil. Ses yeux étaient fatigués, et elle songea vaguement qu'elle devrait penser à faire changer ses lunettes lors de sa prochaine visite en ville, car ses yeux se fatiguaient fréquemment ces derniers temps.

La nuit était presque tombée, le crépuscule de novembre enveloppait les Pignons Verts d'une douce obscurité, et la seule lumière dans la cuisine provenait des flammes rougeoyantes du poêle.

Anne, assise en tailleur sur le tapis devant l'âtre, contemplait cette lueur joyeuse où le soleil de cent étés se distillait à partir des bûches d'érable. Elle avait cessé de lire, son livre s'étant discrètement échappé de ses mains pour tomber au sol, et maintenant elle rêvassait, les lèvres légèrement ouvertes en un demi-sourire. En quelques instants seulement, elle s'imagina des châteaux scintillants en Espagne se dessiner dans les brumes, et vit les arcs-en-ciel de son imagination vive apparaître sous ses yeux. Tant de merveilleuses et captivantes aventures se déroulaient dans son esprit, se terminant toujours triomphalement, l'épargnant des situations embarrassantes de la vraie vie.

Marilla la regardait avec une tendresse qui n'aurait jamais osé se révéler en pleine lumière, mais qui se sentait à l'aise dans le doux mélange de la lueur du feu et de l'ombre. Marilla ne parvenait jamais à exprimer son amour par des mots ou des regards. Cependant, elle avait appris à aimer cette jeune fille mince aux yeux gris d'une affection d'autant plus profonde et forte qu'elle était discrète. Cet excès d'amour l'inquiétait : n'allait-il pas la rendre trop indulgente, voire désespérément faible ? Était-il juste de ressentir une telle tendresse inébranlable pour un autre être humain, comme celle qu'elle éprouvait pour Anne ? Peut-être, en réaction inconsciente, adoptait-elle une attitude plus stricte et critique envers la petite, comme si la jeune fille lui avait été moins chère.

Il est certain qu'Anne, elle-même, n'avait aucune idée de l'amour que Marilla lui portait. Parfois, elle pensait avec mélancolie que Marilla était très difficile à satisfaire, et manifestement dépourvue de sympathie et de compréhension. Mais, elle réprimait toujours cette pensée avec reproche, se rappelant ce qu'elle devait à sa bienfaitrice.

— Anne, dit brusquement Marilla, Mlle Stacy est venue, cet après-midi, pendant que tu étais dehors avec Diana.

Anne, soudain tirée de ses rêveries, sursauta et laissa échapper un profond soupir.

— Vraiment ? Oh, je suis tellement déçue de ne pas avoir été là. Pourquoi ne m'avez-vous pas appelée, Marilla ? Diana et moi jouions simplement dans le Bois hanté. La forêt est splendide en ce moment, vous savez. Tous les petits éléments de la forêt, comme les fougères, les feuilles satinées et les baies, se sont endormis, comme si quelqu'un les avait délicatement enveloppés sous une couverture de feuilles jusqu'au printemps. J'imagine que c'est l'œuvre d'une petite fée grise, vêtue d'un châle aux couleurs de l'arc-en-ciel, venue sur la pointe des pieds lors de la dernière nuit de clair de lune pour accomplir cette tâche. Diana, cependant, ne dirait pas grand-chose à ce sujet : elle n'a jamais oublié la réprimande de sa mère à propos des fantômes qu'elle imaginait dans le Bois hanté. Cela a eu un effet très néfaste sur son imagination, je dirais même que ça l'a complètement anéantie. Vous savez quoi d'autre est anéanti ? La vie de Myrtle Bell, d'après Mme Lynde. J'ai demandé à Ruby Gillis pourquoi, et elle m'a dit qu'elle pensait que c'était parce que son prétendant l'avait abandonnée. Elle ne pense qu'aux garçons, cette Ruby, et plus elle vieillit, plus cela empire. Les jeunes hommes ont bien sûr leur place et leur importance dans le monde, mais ce n'est pas une raison pour les mentionner constamment et les intégrer à toutes les conversations, ne pensez-vous pas ? Diana et moi songeons sérieusement à nous promettre de ne jamais nous marier, mais de devenir de charmantes vieilles filles et de vivre ensemble pour toujours. Diana hésite encore, car elle se demande s'il ne serait pas plus noble d'épouser un jeune homme rebelle, audacieux et dissipé, puis de la ramener à la raison. Diana et moi discutons beaucoup de sujets sérieux maintenant, vous savez. Nous avons l'impression d'être beaucoup plus mûres qu'auparavant, et qu'il ne convient plus de parler de sujets enfantins. C'est une chose si solennelle d'avoir presque quatorze ans, Marilla. D'ailleurs, mercredi dernier, Mlle Stacy nous a réunies, toutes les filles de notre âge, au bord du ruisseau et nous a fait un petit discours à ce propos. Elle nous a expliqué que nous devions faire très attention aux habitudes que nous formions et aux idéaux que nous adoptions durant notre adolescence, car, à vingt ans, notre caractère serait déjà forgé, et les fondations de notre vie future seraient établies. Elle a ajouté que si ces fondations étaient instables, nous ne pourrions jamais bâtir quoi que ce soit de vraiment solide dessus, et Diana et moi avons longuement réfléchi à cette question en rentrant de l'école. Nous nous sommes senties extrêmement sérieuses, Marilla. Nous avons décidé d'être très attentives à nos comportements, de développer des habitudes respectables, d'apprendre autant que possible et de faire preuve de bon sens, afin qu'à vingt ans, nos caractères soient pleinement développés. C'est absolument effrayant de penser à avoir vingt ans, Marilla. Cela semble si terriblement vieux et mature. Mais pourquoi Mlle Stacy est-elle venue cet après-midi ?

— C'est ce que je m'efforce de te dire, Anne, si tu me permets enfin de m'exprimer. Elle est venue pour s'entretenir un peu à ton sujet.

— Ah bon, qu'avait-elle à dire à mon sujet ? demanda Anne, d'abord effrayée, puis rougissante. Mais c'est bien sûr ! Je voulais vous en parler, Marilla, mais pour être honnête, cela m'est complètement sorti de la tête : Mlle Stacy m'a surpris en train de lire *Ben-Hur* [13] à l'école, hier après-midi, alors que j'aurais dû être en train d'étudier mon manuel d'histoire. C'est Jane Andrews qui me l'avait prêté. Je l'ai commencé à l'heure déjeuner, et je venais tout juste d'arriver au chapitre de la course de chars lorsque la cloche a sonné. J'étais tellement impatiente de savoir comment cela se terminerait, – bien que je fusse certaine que Ben Hur devait gagner, car ce ne serait pas juste autrement –, alors j'ai ouvert mon manuel d'histoire sur mon pupitre, et j'ai caché le livre entre le bureau et mon genou. Je feignais d'étudier l'histoire canadienne, alors qu'en réalité, j'étais absorbée par ma lecture, si bien que je n'ai même pas remarqué Mlle Stacy descendre l'allée. Soudain, j'ai levé les yeux et elle était là, me fixant avec un regard réprobateur. Je ne peux vous dire à quel point je me suis sentie honteuse, Marilla, surtout en entendant Josie Pye ricaner. Mlle Stacy m'a confisqué mon livre, mais elle n'a rien dit sur le moment ; elle a attendu la récréation pour me parler. Elle m'a dit que j'avais très mal agi pour deux raisons : d'abord, je gaspillais le temps que j'aurais dû consacrer à mes études ; ensuite, je trompais mon enseignante en faisant semblant de lire mon manuel d'histoire. Je n'avais jamais réalisé jusqu'à ce moment-là, Marilla, que ce que je faisais était répréhensible ; j'étais bouleversée. J'ai pleuré amèrement, et demandé pardon à Mlle Stacy, en promettant de ne plus jamais refaire une telle chose. J'ai même proposé de me punir en ne lisant pas *Ben Hur* pendant une semaine entière, même si ça signifiait ne pas savoir comment se terminait la course de chars. Mais, Mlle Stacy a dit qu'elle n'allait pas exiger cela et m'a pardonnée généreusement. C'est pourquoi je trouve que ce n'était pas très gentil de sa part de venir vous en parler après coup.

— Mlle Stacy ne m'a jamais mentionné une telle chose, Anne ; c'est seulement ta conscience qui te tourmente. Et puis, tu n'as pas à apporter des romans à l'école ; tu lis déjà trop à la maison. Quand j'étais jeune fille, je n'étais même pas autorisée à jeter un coup d'œil à un roman.

— Oh, Marilla, comment pouvez-vous dire que *Ben Hur* un roman ? C'est un ouvrage imprégné de concepts religieux ! protesta Anne. Bien sûr, c'est un peu trop excitant pour être une lecture appropriée pour le dimanche, alors je ne le lis que les jours de semaine. Et d'ailleurs, je ne lis plus aucun livre sans l'approbation de Mlle Stacy ou Mme Allan, pour m'assurer qu'il est approprié pour une jeune fille de treize ans – bientôt quatorze. Mlle Stacy m'a fait promettre de m'y tenir, car un jour, elle m'a trouvée en train de lire un livre intitulé *Le mystère obscur du manoir hanté* ; c'était un livre que Ruby Gillis m'avait prêté et, oh, Marilla, c'était tellement fascinant et effrayant. Ce livre m'a glacé le sang, dans le bon sens ; mais Mlle Stacy a dit que c'était une lecture très sotte et malsaine, et elle m'a demandé de ne plus lire ce genre de livres. Je n'avais aucun mal à faire cette promesse, mais c'était une véritable torture de devoir rendre le livre sans en connaître la fin. Malgré cela, mon affection pour Mlle Stacy a tenu bon, et j'ai rendu le livre à Ruby sans le terminer. C'est vraiment merveilleux, Marilla, ce que l'on peut accomplir lorsque l'on est véritablement désireux de plaire à quelqu'un, ne trouvez-vous pas ?

— Eh bien, je suppose que je vais allumer la lampe et me mettre au travail, fit-elle. Je vois bien que tu ne veux pas entendre ce que Mlle Stacy avait à dire. Tu es plus intéressée par le son de ta propre voix que par tout autre chose.

— Oh non, au contraire, je veux savoir ! s'écria Anne, contrite. Je ne dirai plus un mot, pas un seul, je vous le promets. Je sais que je parle trop, mais j'essaie vraiment de me corriger. Même si je parle encore beaucoup, vous seriez surprise de savoir combien de choses je me retiens de dire. Si vous saviez cela, vous verriez à quel point je fournis des efforts. S'il vous plaît, Marilla, racontez-moi !

— Eh bien, Mlle Stacy souhaite organiser une classe pour ses élèves avancés qui envisagent de passer l'examen d'entrée à Queen's Academy. Elle prévoit de leur donner des leçons supplémentaires pendant une heure après l'école. Elle est venue demander à Matthew et à moi si nous serions d'accord pour que tu rejoignes cette classe. Qu'en penses-tu, Anne ? Serais-tu intéressée par l'idée d'intégrer la Queen's Academy et d'obtenir ton diplôme pour devenir enseignante ?

— Oh, Marilla ! Anne se redressa sur ses genoux et joignit les mains. C'est le rêve de ma vie, du moins, depuis ces six derniers mois, depuis que Ruby et Jane ont commencé à parler de se préparer pour l'examen d'entrée. Mais je n'en ai rien dit, car je pensais que ce serait parfaitement inutile. J'adorerais être enseignante. Mais, cela ne sera-t-il pas terriblement coûteux ? M. Andrews dit que cela lui a coûté cent cinquante dollars pour que Prissy y parvienne, et Prissy n'était pas mauvaise en géométrie, elle au moins.

— Je pense que tu n'as pas à t'inquiéter de ce côté-là. Lorsque Matthew et moi avons décidé de t'élever, nous avons résolu de faire de notre mieux pour toi, et de t'offrir une bonne éducation. Je crois fermement qu'une jeune fille doit être capable de gagner sa vie, même si elle n'a jamais à le faire. Tu seras toujours la bienvenue ici, tant que Matthew et moi serons là, mais personne ne sait ce que l'avenir réserve dans ce monde incertain, et il vaut mieux être préparé. En somme, nous te donnons notre bénédiction, Anne : tu peux rejoindre la classe de Mlle Stacy pour préparer l'examen d'entrée à la Queen's Academy, si tu le souhaites.

— Oh, Marilla, merci, merci ! s'exclama Anne en se jetant dans les bras de sa bienfaitrice, et en levant les yeux vers elle avec ferveur. Je vous suis extrêmement reconnaissante, à toi et à Matthew. Je vais étudier aussi dur que possible et faire de mon mieux pour vous rendre fiers. Je préfère vous prévenir : il ne faudra pas attendre grand-chose de moi en géométrie, mais je pense pouvoir me débrouiller dans tout le reste si je travaille assidûment.

— Je suppose que tu t'en sortiras très bien. Mlle Stacy dit que tu es très intelligente et appliquée.

Pour rien au monde, Marilla n'aurait révélé à Anne exactement ce que Mlle Stacy avait dit à son sujet ; cela aurait bien trop flatté sa vanité.

— Il n'est pas nécessaire de te tuer à la tâche avec tes livres, Anne. Après tout, il n'y a pas d'urgence : tu ne seras pas prête à passer l'examen d'entrée avant un an et demi. Cependant, il est bon de commencer le plus tôt possible pour consolider des bases solides, selon Mlle Stacy.

— Je m'impliquerai encore plus dans mes études à partir de maintenant, dit Anne, d'un ton jovial, car j'ai désormais un but dans la vie : devenir institutrice. M. Allan dit que chacun devrait avoir un but dans la vie, et le poursuivre fidèlement. Mais, il dit aussi que nous devons d'abord nous assurer que ce but est digne. Je pense qu'il est digne de vouloir devenir enseignante comme Mlle Stacy, n'est-ce pas, Marilla ? Moi, je trouve que c'est une profession très noble.

La classe préparatoire pour Queen's fut organisée en temps voulu. Parmi les inscrits : Gilbert Blythe, Anne Shirley, Ruby Gillis, Jane Andrews, Josie Pye, Charlie Sloane et Moody Spurgeon MacPherson. Diana Barry, quant à elle, ne participa pas, car ses parents n'avaient pas l'intention de l'envoyer à Queen's. Cela semblait être une véritable calamité pour Anne : jamais, depuis la nuit où Minnie May avait eu le croup, elle et Diana n'avaient été séparées en quoi que ce soit.

Le premier soir où le petit groupe s'attarda après la fin de la classe, Anne observa Diana partir avec les autres, puis rentrer seule à pied par le Chemin des Bouleaux Blancs et la Vallée des Violettes. Anne eut toutes les peines du monde à rester assise, et à s'empêcher de courir impulsivement après son amie ; une boule lui monta à la gorge, et elle se cacha précipitamment derrière les pages de sa grammaire latine pour dissimuler les larmes dans ses yeux. Pour rien au monde, Anne n'aurait voulu que Gilbert Blythe ou Josie Pye voient ces larmes.

— Oh, Marilla, dit-elle tristement ce soir-là, j'ai vraiment ressenti l'amertume de la mort, comme l'a dit M. Allan dans son sermon dimanche dernier, lorsque j'ai vu Diana sortir seule. J'ai pensé combien cela aurait été merveilleux si, elle aussi, étudiait pour cet examen d'entrée. Mais, le monde demeure imparfait, comme le dit si souvent Mme Lynde. Et puis, d'ailleurs, Mme Lynde se montre rarement réconfortante, mais il ne fait aucun doute qu'elle dit souvent des vérités. Quoi qu'il en soit, ces petits cours supplémentaires demeurent, malgré tout, fort intéressants. Jane et Ruby étudient simplement pour pouvoir enseigner ; cela ne m'étonne pas d'elles : c'est à la hauteur de leurs ambitions. Ruby prétend qu'elle n'enseignera que pendant deux ans, car elle a l'intention de se marier. Quant à Jane, elle affirme qu'elle consacrera toute sa vie à l'enseignement et ne se mariera jamais, car au moins elle aura un salaire, alors qu'un mari ne donne rien et grogne lorsqu'on lui demande de l'argent pour le foyer. Je suppose qu'elle se base sur sa propre expérience : Mme Lynde dit que son père est un véritable vieux grincheux, radin comme un pou. Josie Pye, quant à elle, dit qu'elle veut fréquenter l'université, simplement pour l'amour de l'éducation, car elle n'aura pas besoin de gagner sa vie. Bien sûr, elle pense que c'est différent pour les orphelins vivant de la charité, car eux doivent se débrouiller. Moody Spurgeon veut devenir pasteur. Mme Lynde dit qu'il ne pouvait rien être d'autre avec un nom pareil. J'espère que ce n'est pas vilain de ma part, Marilla, mais l'idée que Moody Spurgeon devienne pasteur me fait rire ; il a un visage si drôle avec ses grosses joues rondes, ses petits yeux bleus, et ses oreilles qui dépassent comme des volets. Mais peut-être aura-t-il l'air plus intellectuel en grandissant. Et enfin, Charlie Sloane prétend qu'il va entrer en politique, et devenir membre du Parlement, mais Mme Lynde dit qu'il n'y réussira jamais, car les Sloane sont des gens honnêtes, et seules les fripouilles réussissent en politique de nos jours.

— Et, Gilbert Blythe ? Que veut-il faire plus tard ? demanda Marilla, voyant qu'Anne ouvrait son livre de Jules César.

— Je ne sais pas, et honnêtement, je doute qu'il ait une quelconque ambition, dit Anne, avec dédain.

La rivalité entre Gilbert et Anne était, désormais, plus évidente que jamais. Auparavant, il s'agissait d'une rivalité plutôt unilatérale, mais désormais il ne faisait plus aucun doute que Gilbert était aussi déterminé qu'Anne à être le premier de la classe. De plus, celui-ci s'avérait être un adversaire redoutable. Tous les élèves de la classe reconnaissaient tacitement leur supériorité et n'osaient même pas songer à les concurrencer.

Depuis ce jour au bord de l'étang où Anne avait refusé de lui pardonner, Gilbert avait cessé de prêter attention à son existence, hormis leur rivalité en classe. Il conversait et plaisantait avec les autres filles, échangeait des livres et des casse-têtes avec elles, discutait des leçons et des projets, et rentrait parfois avec l'une ou l'autre après la réunion de prière ou le Club de débat. Il ignorait complètement Anne qui découvrit, à son tour, qu'il était fort désagréable d'être snobée de la sorte. C'est en vain qu'elle se persuadait, avec un geste de la tête, qu'elle n'y attachait aucune importance. Au fond de son petit cœur capricieux, elle savait que cela l'ennuyait et que, si l'occasion se représentait, elle réagirait autrement. Soudain, à sa grande surprise, elle réalisa que la vieille rancune qu'elle éprouvait pour lui s'était envolée, justement au moment où elle avait le plus besoin de son soutien. Elle tenta en vain de se rappeler chaque incident et chaque émotion de cette journée mémorable, essayant de retrouver l'ancienne colère qui la réconfortait autrefois. Ce jour-là, près de l'étang, sa colère s'était laissé emporter par le courant. Sans qu'elle ne s'en aperçoive, Anne réalisa qu'elle avait pardonné et oublié. Mais hélas, c'était déjà trop tard.

Ni Gilbert, ni personne, pas même Diana, ne devaient jamais deviner à quel point elle regrettait et souhaitait ne pas avoir été si fière et désagréable ! Elle décida d'enfouir ses sentiments au plus profond d'elle-même, et on peut dire qu'elle y réussit si bien que Gilbert, qui n'était peut-être pas aussi indifférent qu'il le laissait paraître, ne put se consoler en croyant qu'Anne partageait son ressentiment. Son seul maigre réconfort fut de constater que Charlie Sloane, lui aussi, était impitoyablement ignoré par Anne, sans raison apparente.

En dehors de cela, tout le monde passa un hiver agréable, rythmé par les études, et une multitude d'activités diverses. Pour Anne, les jours s'égrènent comme des perles dorées sur le collier de la vie. Elle était heureuse, enthousiaste et captivée ; il y avait des leçons à apprendre, des honneurs à remporter, des livres merveilleux à lire, de nouveaux chants à répéter pour la chorale de l'école du dimanche, et de joyeux après-midis passés au presbytère avec Mme Allan. Puis, presque sans qu'Anne s'en aperçoive, le printemps revint à Avonlea, et les parterres se couvrirent à nouveau de fleurs.

Les études devinrent alors légèrement lassantes ; les élèves de la classe préparatoire, restés à l'école tandis que les autres se dispersaient dans les chemins verdoyants, les bois feuillus et les sentiers des prés, regardaient avec nostalgie par les fenêtres, et découvraient que les verbes latins et les exercices de français avaient, d'une certaine manière, perdu l'attrait et la saveur qu'ils avaient durant les mois d'hiver. Même Anne et Gilbert se laissaient aller et devenaient indifférents. Mlle Stacy et ses élèves ressentirent un grand soulagement à la fin du trimestre, anticipant avec joie les longues et idylliques journées de vacances qui les attendaient !

— Vous avez été brillants cette année, les félicita Mlle Stacy le dernier soir, et vous méritez de merveilleuses vacances. Profitez pleinement du plein air, et faites le plein de santé, de vitalité et d'ambition pour l'année prochaine. Comme vous le savez, l'année prochaine sera cruciale : c'est la dernière avant l'examen d'entrée.

— Est-ce que vous reviendrez l'année prochaine, Mlle Stacy ? demanda Josie Pye.

Josie Pye n'avait jamais de scrupules à poser des questions, et cette fois-ci, la classe lui en fut reconnaissante. Cette question brûlait les lèvres de tous, mais personne n'osait la poser, car des rumeurs alarmantes circulaient depuis quelque temps à l'école : Mlle Stacy ne reviendrait pas l'année suivante. Apparemment, elle avait reçu une offre de poste dans l'école primaire de sa région natale, et comptait l'accepter. À cet instant, toute la classe préparatoire resta suspendue aux lèvres de leur enseignante.

— Eh bien, je pense que oui, répondit Mlle Stacy. J'avais envisagé de prendre un autre poste, mais j'ai décidé de rester à Avonlea. Pour tout vous dire, je me suis tellement attachée à mes élèves ici que j'ai réalisé que je ne pouvais pas les quitter. Donc, je resterai et je vous accompagnerai jusqu'au bout.

— Hourra ! s'écria Moody Spurgeon, lui qui n'avait jamais laissé éclater ses émotions de cette manière auparavant. Il rougit de gêne chaque fois qu'il y repensa durant toute une semaine.

— Oh, je suis tellement contente ! fit Anne, les yeux pétillants. Mademoiselle Stacy, cela aurait été affreux si vous nous aviez quitté de la sorte. Je ne crois pas que j'aurais eu le courage de continuer mes études sans vous.

Ce soir-là, en rentrant chez elle, Anne rangea tous ses manuels scolaires dans une vieille malle au grenier, la verrouilla, et jeta la clé dans le coffre à couvertures.

— Je n'ouvrirai pas le moindre manuel scolaire de toutes les vacances, déclara-t-elle à Marilla. J'ai étudié aussi intensément que possible tout au long du trimestre, et j'ai tellement travaillé la géométrie que je connais chaque proposition du premier livre par cœur, même lorsque les lettres sont interverties. Je suis épuisée par toutes ces choses rationnelles et j'ai envie de laisser libre cours à mon imagination cet été. Oh, ne vous en faites pas, Marilla, je resterai raisonnable. Je souhaite juste profiter d'un été plein de joie et de plaisir, car ce pourrait bien être mon dernier été avant de rentrer dans la vie adulte. Mme Lynde dit que si je continue à grandir, je devrais porter des jupes plus longues. Elle dit qu'on ne remarque plus que mes yeux et mes jambes. Dès que je porterai des jupes plus longues, je sentirai que je dois me comporter avec plus de dignité pour être à la hauteur de ma nouvelle apparence. Il ne sera même plus possible de croire aux fées à ce moment-là, j'en ai bien peur ; c'est pourquoi je vais y croire de tout mon cœur cet été. Je pense que nous allons passer des vacances très joyeuses, mes amies et moi. Ruby Gillis va bientôt organiser une fête pour son anniversaire, il y aura le pique-nique de l'école du dimanche, et puis, le spectacle des missionnaires le mois prochain. Aussi, M. Barry a dit qu'un soir, il nous emmènerait Diana et moi à l'hôtel White Sands pour y dîner. Là-bas, on dîne le soir, n'est-ce pas parfaitement élégant ? Jane Andrews y est allée une fois l'été dernier, et elle raconte que c'était un spectacle éblouissant de voir les lumières électriques, les fleurs et toutes les dames vêtues de si belles robes. Jane nous a raconté que c'était la première fois qu'elle expérimentait la vie mondaine de la sorte, et qu'elle garderait toujours un souvenir impérissable de ce moment.

Le lendemain après-midi, Mme Lynde se rendit aux Pignons Verts pour comprendre pourquoi Marilla n'avait pas assisté à la réunion de l'association caritative de la paroisse ce jeudi. Quand Marilla manquait cette réunion, tout le monde savait qu'il se passait quelque chose d'inhabituel.

— Matthew a eu une mauvaise crise cardiaque jeudi, expliqua Marilla, et je ne me sentais pas de le laisser seul. Oh, oui, il va mieux maintenant, mais il a ces crises plus fréquemment qu'avant, ce qui m'inquiète. Le médecin dit qu'il doit éviter toute excitation. Cela n'est pas difficile pour Matthew, il n'est pas du genre à être très excitée, mais il ne doit pas non plus faire de travaux trop lourds. Autant dire à Matthew de ne pas respirer que de ne pas travailler. Rentrez Rachel, posez donc vos affaires. Que diriez-vous d'une tasse de thé ?

— Eh bien, puisque vous insistez, Marilla, je pourrais tout aussi bien rester, répondit Mme Lynde, qui n'avait nullement l'intention de faire autrement.

Les deux femmes s'installèrent confortablement dans le salon pendant qu'Anne s'occupait du thé à la cuisine, et préparait des biscuits natures sur lesquels Mme Lynde ne trouva rien à redire.

— Je dois admettre qu'Anne est devenue une jeune fille vraiment remarquable, concéda Mme Lynde, tandis que Marilla la raccompagnait jusqu'au bout du chemin sous le crépuscule. Elle doit être d'une grande aide à la maison.

— C'est vrai, répondit Marilla, on peut maintenant lui faire tout à fait confiance. Je craignais qu'elle ne surmonte jamais son étourderie, et la voilà maintenant, plus responsable que jamais. Je n'hésiterai plus à lui faire confiance pour quoi que ce soit désormais.

— Je n'aurais jamais imaginé qu'elle deviendrait une jeune fille aussi bien élevée quand je suis venue la rencontrer pour la première fois, il y a trois ans. dit Mme Lynde. Mon Dieu, me souviendrai-je jamais de sa crise de colère ! En rentrant chez moi ce soir-là, j'ai dit à Thomas : « Retiens bien cela, Thomas, Marilla Cuthbert regrettera un jour la décision qu'elle a prise ! » Mais, je me suis trompée, et j'en suis vraiment heureuse. Je ne suis pas de ces personnes, Marilla, qui ne peuvent jamais admettre leurs erreurs. Non, ce n'a jamais été mon genre, Dieu merci. J'ai commis une erreur en jugeant Anne, mais ce n'était pas étonnant, car il n'y a jamais eu dans ce monde un enfant plus étrange et imprévisible qu'elle, c'est certain. Il était impossible de la comprendre en utilisant les règles qui fonctionnaient avec les autres enfants. C'est tout simplement merveilleux de voir à quel point elle s'est améliorée en trois ans, surtout physiquement. Elle est devenue vraiment jolie, même si ce style pâle aux grands yeux ne m'attire pas particulièrement. Je préfère plus de vivacité et de couleur, comme chez Diana Barry ou Ruby Gillis, qui a des traits vraiment éclatants. Mais d'une manière ou d'une autre, quand Anne est avec elles, bien qu'elle ne soit pas aussi belle, elle les fait paraître banales et excessives, un peu comme ces lys blancs de juin blancs, qu'elle appelle des narcisses, à côté des grandes pivoines rouges, vous voyez, Marilla ?

CHAPITRE XXXI. Là où le ruisseau embrasse la rivière

Anne passa un été plein de joie et de plaisir, comme elle l'avait tant souhaité. Elle et Diana vivaient presque constamment en plein air, se délectant de tous les plaisirs qu'offraient le Sentier de l'amour, la Source des nymphes, l'Étang aux saules, et l'Île Victoria, et Marilla n'opposait plus aucune objection à ces escapades.

En effet, le médecin de Spencervale, qui était venu en urgence auprès de Minnie May la nuit où elle avait failli mourir du croup, avait rencontré Anne chez un de ses patients au début des vacances. Après l'avoir bien observée, il hocha la tête, fit une légère grimace, et envoya un message à Marilla Cuthbert le message suivant : « Veillez à ce que cette jeune fille rousse profite le plus possible du grand air tout l'été, et ne la laissez pas lire de livres jusqu'à ce qu'elle ait retrouvé sa vigueur. »

Ce message terrifia Marilla. Elle se dit que, si elle n'obéissait pas à la lettre, Anne risquait de mourir de la tuberculose. Ainsi, Anne put passer le plus bel été de sa vie, flânant en toute liberté. Elle en profita pleinement, se promenant partout, pagayant sur le lac, cueillant des mûres, et surtout, rêvant sans retenue. Lorsque septembre arriva, elle avait retrouvé la lueur dans ses yeux vifs et brillants, et sa démarche pleine d'entrain aurait suffi à rassurer le médecin de Spencervale ; son cœur était à nouveau débordant d'ambition et de vitalité.

— Je me sens de nouveau prête à étudier avec ardeur, déclara-t-elle en descendant ses livres du grenier. Oh, vous, mes vieux amis fidèles, je suis heureuse de vous revoir ! Oui, même toi, petit manuel de géométrie. J'ai passé un été absolument merveilleux, Marilla, et maintenant je me réjouis comme un athlète qui se prépare à courir un marathon, comme l'a dit M. Allan dimanche dernier. Ne trouvez-vous pas les sermons de M. Allan absolument magnifiques, Marilla ? Selon Mme Lynde, il progresse chaque jour davantage. Un de ces jours, une église de la ville viendra sûrement nous l'arracher, et nous devrons encore choisir et former un nouveau jeune pasteur inexpérimenté. Mais, je ne vois pas l'utilité de se créer des soucis à l'avance, n'est-ce pas, Marilla ? Je pense qu'il vaudrait mieux profiter de la présence de M. Allan tant qu'il est avec nous. Si j'étais un homme, je crois que je deviendrais pasteur, moi aussi. Ils peuvent exercer une telle influence positive, si leur théologie est solide ; et cela doit être exaltant de prêcher des sermons magnifiques et de toucher le cœur de ses auditeurs. Pourquoi les femmes ne peuvent-elles pas être pasteur, Marilla ? J'ai posé la question à Mme Lynde, mais elle s'est fâchée, disant que ce serait scandaleux. Elle a mentionné qu'il y avait probablement des femmes pasteurs aux États-Unis, qu'elle en était même certaine, mais heureusement, nous n'en étions pas encore là au Canada, et elle espérait sincèrement que cela ne changerait jamais, mais j'avoue ne pas comprendre pourquoi. Personnellement, je pense que les femmes feraient d'excellents pasteurs. Lorsqu'il s'agit d'organiser une réunion sociale, un thé d'église ou toute autre activité pour lever des fonds, ce sont les femmes qui doivent s'en charger et faire tout le travail. Je suis certaine que Mme Lynde est tout aussi capable de prier que M. Bell, et qu'avec un peu d'entraînement, elle pourrait tout aussi bien prêcher que lui.

— Oui, je le crois aussi, répondit Marilla sèchement. Elle fait déjà beaucoup de prêches officieux. De toute façon, je ne crois pas qu'il soit possible de mal agir à Avonlea sans que Rachel ne s'en aperçoive.

— Marilla, dit Anne dans un élan de confiance, je voudrais vous confier quelque chose. En fait, j'ai besoin de votre avis. Il y a cette chose qui me tourmente particulièrement les dimanches après-midi, lorsque je prends le temps d'y réfléchir : je voudrais être capable de bien me comporter en toutes circonstances. Quand je suis avec vous, ou en compagnie de Mme Allan ou de Mlle Stacy, ce désir devient encore plus fort. Tout ce que je souhaite, c'est agir de manière à vous plaire et obtenir votre approbation. Mais la plupart du temps, quand je suis avec Mme Lynde, je me sens désespérément mauvaise, et j'ai envie de faire exactement ce qu'elle me dit de ne pas faire. Je ressens une tentation irrésistible de le faire. À votre avis, pourquoi est-ce que je ressens cela, Marilla ? Pensez-vous que c'est parce que je suis vraiment mauvaise et irrécupérable ?

Marilla parut hésitante un instant, puis éclata de rire.

— Si c'est le cas, je suppose que je le suis aussi, Anne, car Rachel a souvent cet effet sur moi. Parfois, je pense qu'elle aurait une plus grande influence bénéfique, comme tu le dis toi-même, si elle n'agaçait pas constamment les gens pour qu'ils agissent correctement. Il aurait fallu instituer un commandement spécial pour empêcher les autres de vous importuner ainsi. Mais bon, je ne devrais pas parler ainsi. Rachel est une bonne chrétienne, et elle a de bonnes intentions. Il n'y a pas d'âme plus gentille à Avonlea, et elle ne rechigne jamais à sa part de travail.

— Je suis très contente que vous ressentiez la même chose, dit Anne avec détermination. C'est tellement encourageant. Je ne m'en inquiéterai plus autant désormais. Mais je suppose qu'il y aura toujours d'autres choses pour me tourmenter. Elles surgissent sans cesse, ces pensées qui vous obsèdent, vous savez ; on résout une question et une autre se présente aussitôt après. Il y a tellement de choses à examiner, et à décider lorsqu'on commence à grandir. Cela m'occupe constamment l'esprit de réfléchir à ces questions, et d'arriver à déterminer ce qui est juste. Grandir est une chose sérieuse, n'est-ce pas, Marilla ? Après tout, avec un tel entourage, je devrais pouvoir devenir une adulte raisonnable. Matthew, Mme Allan, Mlle Stacy, et vous avez une si bonne influence sur moi. Si je n'y parviens pas, ce sera sûrement ma faute. Je ressens une grande responsabilité face à cela, car, eh bien, je n'ai qu'une seule chance. Si je ne deviens pas quelqu'un de bien, je ne pourrai pas revenir en arrière et recommencer. Devinez quoi, Marilla ? J'ai pris cinq centimètres cet été ! M. Gillis m'a mesurée à la fête de Ruby. Je suis si heureuse que mes nouvelles robes soient un peu plus longues désormais. À ce propos, cette robe vert foncé est magnifique ! Et, vous avez même pris la peine d'y ajouter des petits volants. Oh, Marilla, merci ! Bien sûr, je sais que ce n'était pas vraiment nécessaire, mais les volants sont tellement à la mode cet automne ; Josie Pye en a sur toutes ses robes. Je suis certaine que je pourrai mieux étudier maintenant que je possède une si jolie robe. Ils me procureront une telle satisfaction que cela m'aidera, croyez-moi.

— C'est important de se sentir bien, admit Marilla.

Mlle Stacy revint à l'école d'Avonlea, et retrouva tous ses élèves impatients de se remettre au travail. La classe préparatoire, en particulier, se montrait plus déterminée que jamais à relever le défi, car à la fin de l'année scolaire les attendait une épreuve redoutée : l'examen d'entrée à la Queen's Academy. La simple pensée de cette épreuve leur donnait des sueurs froides et leur nouait la gorge, aussi bien aux filles qu'aux garçons. Et s'ils échouent ? Durant l'hiver qui suivit, Anne ne cessa d'être hantée par cette terrible éventualité. Cette pensée la tourmentait constamment, y compris le dimanche après-midi, au point qu'elle ne pouvait plus se concentrer sur autre chose, même pas sur les grandes questions morales ou théologiques. Lorsqu'elle faisait de mauvais rêves, elle se voyait misérablement fixant les listes de réussite des examens d'entrée, où le nom de Gilbert Blythe trônait en haut tandis que le sien n'y figurait pas du tout.

Cependant, cet hiver fut joyeux, occupé, heureux, et s'écoula relativement rapidement. Les travaux scolaires étaient aussi intéressants qu'avant, et la rivalité entre les classes tout aussi captivante. De nouveaux horizons de pensée, de sentiments et d'ambition, ainsi que des domaines inexplorés et fascinants de connaissances, semblaient s'ouvrir devant les yeux avides d'Anne. « Derrière chaque colline, les Alpes se dévoilent, sans fin », se répétait-elle en étudiant. Tout cela était largement dû à la guidance tactique, soigneuse et ouverte d'esprit de Mlle Stacy. Elle incitait sa classe à penser, explorer et découvrir par eux-mêmes et encourageait à s'écarter des sentiers battus, ce qui déplaisait fortement à Mme Lynde et aux administrateurs de l'école, qui voyaient toutes ces innovations avec une certaine méfiance.

En plus de ses études, Anne put enfin mener une vie sociale plus animée. Marilla, convaincue par les recommandations du médecin de Spencervale, ne s'opposait plus à ce qu'elle sorte de temps en temps. Le Club de débat, en plein essor, organisa plusieurs spectacles, dont certains prirent des airs de soirées mondaines ; il y eut aussi des courses en traîneau et de nombreuses balades en patins sur les lacs gelés.

Entre-temps, Anne grandissait, poussant si rapidement que Marilla fut un jour étonnée de constater, en se tenant à côté d'elle, que la jeune fille était plus grande qu'elle.

— Eh bien, Anne, comme tu as grandi ! dit-elle, presque incrédule, laissant échapper un soupir étonné.

Marilla ressentit un étrange regret en voyant combien cette enfant avait grandi. Celle qu'elle avait appris à aimer semblait avoir disparu, laissant place à une grande jeune fille de quinze ans, aux yeux sérieux et réfléchis, au visage serein et à la démarche assurée. Elle aimait cette jeune fille autant qu'elle avait aimé l'enfant qu'elle était autrefois, mais au fond d'elle-même, elle ressentait un étrange et douloureux sentiment de perte. Ce soir-là, lorsque Anne partit pour la réunion de prière avec Diana, Marilla resta seule dans le crépuscule hivernal et se laissa aller à pleurer. Matthew entra avec une lanterne, la surprenant en larmes, et la regarda avec une telle consternation que Marilla ne pût s'empêcher de rire à travers ses sanglots.

— Je pensais à Anne, expliqua-t-elle. C'est une vraie jeune fille désormais, et l'hiver prochain, elle sera probablement loin de nous. Elle me manquera terriblement.

— Elle pourra revenir souvent à la maison, la consola Matthew, pour qui Anne était et restera toujours la petite fille enthousiaste qu'il avait ramenée de Bright River ce soir de juin, quatre ans auparavant. La ligne de chemin de fer sera construite jusqu'à Carmody d'ici là.

— Ce ne sera pas la même chose que de l'avoir ici tout le temps, soupira Marilla tristement, déterminée à savourer son chagrin sans consolation. Ah, les hommes ! Incapables de comprendre ces choses-là !

Il y avait d'autres changements chez Anne, tout aussi réels que les changements physiques. Par exemple, elle était devenue beaucoup plus silencieuse. Peut-être pensait-elle davantage et rêvait-elle autant qu'avant, mais elle en parlait certainement moins. Marilla le remarqua, et ne put s'empêcher de lui en parler.

— Tu ne bavardes plus autant qu'avant, Anne, et tu n'utilises plus autant de grands mots. Que t'arrives-t-il ?

Anne rougit et laissa échapper un léger rire, laissant tomber son livre et regardant rêveusement par la fenêtre, où de gros bourgeons rouges éclataient sur la vigne vierge, attirés par le soleil printanier.

— Je ne sais pas, je n'ai plus autant envie de parler, dit-elle en tapotant pensivement son menton avec son index. Il est plus agréable de penser à de belles idées et de les garder dans son cœur, comme des trésors. Je n'aime pas qu'on se moque de mes pensées ou qu'on les questionne. Et, d'une certaine manière, je n'ai plus envie d'utiliser de grands mots. C'est presque dommage, n'est-ce pas, maintenant que je suis enfin assez grande pour les dire si je le voulais. C'est amusant d'être presque adulte à certains égards, mais ce n'est pas le genre de plaisir auquel je m'attendais, Marilla. Il y a tellement à apprendre, à faire et à penser qu'il n'y a pas de temps pour les grands mots. De plus, Mlle Stacy dit que les mots courts sont meilleurs et plus expressifs. Elle nous fait écrire tous nos essais aussi simplement que possible. Au début, c'était difficile. J'avais l'habitude d'utiliser tous les grands mots raffinés qui me venaient à l'esprit, et je peux vous dire qu'ils étaient nombreux. Mais, maintenant, je m'y suis habituée et je vois que c'est bien mieux ainsi.

— Qu'est-il advenu de ton club d'écriture ? Je n'en ai pas entendu parler depuis longtemps.

— Nous l'avons dissous, car nous n'avions plus le temps pour cela, et de toute façon, je pense que nous nous en étions lassés. Toutes ces histoires d'amour, de meurtres, de fugues et ces intrigues policières étaient absurdes. Mlle Stacy nous demande parfois d'écrire des histoires pendant les cours de composition, mais elle insiste pour que nous nous limitions à ce qui se passe réellement à Avonlea. Elle critique nos travaux très sévèrement, et nous encourage à faire de même. Je n'avais jamais réalisé à quel point mes compositions étaient imparfaites jusqu'à ce que je les examine de plus près. J'ai alors ressenti une telle honte que j'ai voulu abandonner, mais Mlle Stacy m'a expliqué que pour apprendre à bien écrire, il faut d'abord apprendre à être critique envers soi-même. C'est ce que j'essaye de faire désormais.

— Il ne te reste plus que deux mois avant l'examen d'entrée, dit Marilla. Penses-tu que tu réussiras ?

Anne frissonna.

— Je ne sais pas. Parfois, je pense que tout ira bien, et puis j'ai terriblement peur. Nous avons étudié dur et Mlle Stacy nous a bien préparés, mais cela ne garantit pas notre réussite. Nous avons tous un point faible. Pour moi, c'est la géométrie ; pour Jane, le latin ; pour Ruby et Charlie, l'algèbre ; et pour Josie, l'arithmétique. Moody Spurgeon, lui, est persuadé d'échouer à l'épreuve d'histoire britannique. Mlle Stacy va nous faire passer un examen blanc en juin, aussi difficile que celui de Queen's, et elle le corrigera tout aussi strictement, pour que nous sachions à quoi nous attendre. J'aimerais que tout soit déjà terminé, Marilla. Cela me hante. Parfois, je me réveille en pleine nuit en me demandant ce qui se passera si jamais j'échoue.

— Eh bien, tu retourneras à l'école l'année prochaine et tu retenteras ta chance, répondit Marilla calmement.

— Oh, je ne crois pas que j'en aurais le courage. Ce serait une telle honte d'échouer, surtout si Gil… enfin, je veux dire, si les autres réussissent. Et, je suis si nerveuse en période d'examens que je risque de tout gâcher. Si seulement j'avais le calme de Jane Andrews ! Rien ne semble jamais la troubler.

Anne poussa un profond soupir et détourna les yeux du printemps enchanteur, de la tentation de cette journée ensoleillée, de la douce brise, et des pousses vertes émergeant du jardin, pour se concentrer avec détermination sur son manuel. Certes, il y aurait d'autres printemps, mais si elle ne réussissait pas l'examen d'entrée, elle était convaincue qu'elle ne s'en remettrait jamais assez pour les apprécier.

CHAPITRE XXXII. L'annonce des résultats

Les derniers jours de juin marquèrent la fin du trimestre ainsi que le mandat de Mlle Stacy à l'école d'Avonlea. Anne et Diana rentrèrent ce soir-là, profondément attristées. Leurs yeux rouges et leurs mouchoirs humides témoignaient clairement que les mots d'adieu de Mlle Stacy avaient été tout aussi émouvants que ceux de M. Phillips trois ans auparavant dans des circonstances similaires. Diana regarda en arrière vers l'école, depuis le bas de la colline des épinettes, et poussa un profond soupir.

— On dirait que c'est la fin de tout, n'est-ce pas ? dit-elle tristement.

— Ce ne devrait pas être si difficile pour toi, répondit Anne en cherchant désespérément un endroit sec sur son mouchoir. Tu reviendras l'hiver prochain, alors que moi, je ne pense pas revoir cette chère vieille école de sitôt, enfin, si je réussis l'examen d'entrée, bien sûr.

— Mais, ça ne sera plus du tout pareil sans toi, ni Mlle Stacy, ni Jane, ni probablement Ruby. Je devrai m'asseoir toute seule, car je ne pourrais pas supporter de partager mon pupitre avec quelqu'un d'autre. Oh, nous avons passé des moments si joyeux, n'est-ce pas, Anne ? C'est affreux de penser que tout cela est terminé.

Deux grosses larmes roulèrent sur les joues de Diana.

— Diana, ne pleure pas, sinon je n'arriverai pas à m'arrêter non plus, dit Anne, suppliante. Dès que j'essuie mes larmes, je te vois pleurer, et mes larmes recommencent à couler. Comme le dit Mme Lynde : « si tu ne peux pas être joyeux, sois aussi joyeux que possible ». Après tout, je parie que je serai de retour l'année prochaine. Parfois, j'ai la conviction que je n'y arriverai pas. En ce moment, c'est ce que je ressens, et ce qui m'inquiète le plus, c'est que cette sensation revient de plus en plus souvent.

— Mais tu as brillamment réussi l'examen blanc de Mlle Stacy !

— C'est vrai, mais cet examen-là ne me rendait pas nerveuse. Quand je pense au véritable concours d'entrée, tu ne peux pas imaginer quelle horrible sensation froide et floue m'envahit le cœur. Et puis, je suis la treizième candidate, et selon Josie Pye, c'est un nombre malchanceux. Je ne suis pas superstitieuse et je sais que cela ne change rien. Mais malgré tout, j'aurais préféré ne pas être la treizième.

— Oh, Anne, j'aimerais tellement pouvoir y aller avec toi ! s'exclama Diana. Ne passerions-nous pas des moments merveilleux ensemble ? Mais, j'imagine que tu passeras tes soirées à étudier.

— Non, Mlle Stacy nous a fait promettre de ne pas ouvrir un livre du tout. Elle dit que cela ne ferait que nous fatiguer et nous embrouiller, et que nous devons aller nous promener, ne pas penser aux examens et nous coucher tôt. C'est un bon conseil, mais je m'attends à ce qu'il soit difficile à suivre ; les bons conseils le sont souvent, enfin, je trouve. Prissy Andrews m'a dit qu'elle veillait jusqu'à minuit chaque nuit de la semaine de ses examens d'entrée, révisant sans relâche ; et j'avais décidé de veiller au moins aussi tard qu'elle. C'était tellement aimable de la part de ta tante Joséphine de m'inviter à séjourner à Beechwood pendant mon séjour en ville.

— Tu m'écriras là-bas, n'est-ce pas ?

— Je t'écrirai mardi soir pour te raconter comment s'est passée la première journée, promit Anne.

— Tu peux compter sur moi pour être au bureau de poste, ce mercredi, jura Diana.

Le lundi suivant, Anne partit pour la ville, et le mercredi, comme convenu, Diana se rendit au bureau de poste et y trouva une lettre de son amie.

Ma chère Diana,

Nous sommes mardi soir, et j'écris ceci dans la bibliothèque de Beechwood. La nuit dernière, je me sentais terriblement seule dans ma chambre ; j'aurais tellement souhaité que tu sois avec moi. Je n'ai pas pu réviser car j'avais promis à Mlle Stacy de ne pas le faire, mais il m'a été aussi difficile de ne pas ouvrir mon manuel d'histoire que de ne pas lire un roman avant d'avoir fini mes leçons.

Ce matin, Mlle Stacy est venue me chercher, et nous sommes allées à l'Académie, en passant prendre Jane, Ruby et Josie. Ruby m'a demandé de toucher ses mains : elles étaient froides comme de la glace ! Josie a remarqué que j'avais l'air épuisée et m'a dit qu'elle pensait que je ne pourrais pas tenir le coup, même si je réussissais l'examen. Selon elle, le programme pour devenir institutrice serait bien trop difficile pour moi. Il y a encore des moments où je n'arrive pas à vraiment apprécier Josie.

Lorsque nous sommes arrivées à l'Académie, il y avait des dizaines d'étudiants venus de toute l'île. La première personne que nous avons vu ce jour-là était Moody Spurgeon. Il était assis sur les marches de l'entrée, et se parlait tout seul. Jane lui a demandé ce qu'il faisait, et il a répondu qu'il répétait ses tables de multiplication pour calmer ses nerfs. Il nous a suppliées de ne plus l'interrompre, car s'il arrêtait ne serait-ce qu'un instant, il perdait tout ce qu'il avait appris. Répéter ses tables sans cesse l'aidait à garder ses connaissances intactes ; plutôt drôle, ne trouves-tu pas ?

Lorsque nous avons été assignées à nos salles, Mlle Stacy a dû nous quitter. Jane et moi nous sommes assises ensemble. Elle avait l'air si calme, comme je l'enviais ! Une chose est sûre, Jane n'avait pas besoin de réciter ses tables de multiplication pour rester calme, elle au moins. Je me demandais si j'avais l'air aussi nerveuse que je me sentais, et s'ils pouvaient entendre mon cœur battre à travers toute la salle. Ensuite, un homme est entré, et a commencé à distribuer les feuilles pour l'examen d'anglais. C'est à ce moment-là que mes mains sont devenues glacées et que ma tête a commencé à tourner. Oh, Diana, si tu savais comme je me sentais mal ! C'était comme il y a quatre ans, quand j'ai demandé à Marilla si je pouvais rester aux Pignons Verts. Puis, tout est redevenu clair dans ma tête et mon cœur a recommencé à battre (j'ai oublié de le mentionner, mais il s'était arrêté un instant), car je me rendais compte que je pouvais réussir cet examen.

À midi, nous sommes rentrés déjeuner, puis il était l'heure d'y retourner pour l'examen d'histoire l'après-midi. Je dois dire que l'épreuve était assez difficile, je me suis terriblement embrouillée dans les dates. Cependant, je pense m'en être assez bien sortie, aujourd'hui. Mais, demain a lieu l'examen géométrie, et rien que d'en parler, j'ai envie de replonger dans mon manuel pour réviser intensivement, malgré l'interdiction de Mlle Stacy. Si je pensais que la table de multiplication pouvait m'aider, je la réciterais sans arrêt jusqu'à demain matin.

Ce soir, je suis descendue voir les autres filles. En chemin, j'ai rencontré Moody Spurgeon qui flânait dehors, visiblement perturbé, car il est persuadé *d'avoir échoué en histoire. Il ne faisait que répéter combien il est une déception pour ses parents, et il a dit qu'il rentrerait chez lui par le train du matin, car après tout, il était peut-être plus aisé pour lui de devenir charpentier plutôt que pasteur. Je l'ai réconforté et persuadé de rester jusqu'à la fin des épreuves, car ce serait injuste envers Mlle Stacy s'il abandonnait si tôt. Parfois, j'aurais souhaité être un garçon, mais quand je vois Moody Spurgeon, je suis toujours heureuse d'être une fille, et je me réjouis surtout de ne pas être sa sœur.*

Quand je suis arrivée à la pension où elles séjournaient, Ruby était en pleine crise d'hystérie : elle venait de s'apercevoir qu'elle avait fait une terrible faute dans son épreuve d'anglais. Une fois remise, nous sommes allées en ville prendre une glace. Oh, comme j'aurais souhaité que tu sois là !

Je n'ai qu'une hâte, c'est que cet examen de géométrie soit passé. Mais bon, comme dirait Mme Lynde, le soleil continuera de se lever et de se coucher, que je réussisse ou non en géométrie. C'est vrai, mais pas particulièrement réconfortant. Je pense que je préférerais qu'il ne continue pas à se lever si jamais j'échoue.

Avec toute mon affection,
Ton amie de toujours, Anne

L'épreuve de géométrie, ainsi que tous les autres, étaient enfin terminées, et Anne rentra chez elle le vendredi soir, plutôt fatiguée mais avec un air de triomphe modeste. Diana l'attendait justement aux Pignons Verts à son arrivée, et elles se retrouvèrent comme si elles avaient été séparées pendant des années.

— Ma chère, c'est absolument merveilleux de te revoir. Il me semble qu'une éternité s'est écoulée depuis ton départ en ville. Oh, Anne, comment cela s'est-il passé ?

— Assez bien, je dirais que je m'en suis sortie dans toutes les matières, sauf en géométrie. Je ne sais pas si j'ai réussi ou non, mais j'ai un terrible pressentiment d'échec. Oh, comme c'est bon d'être de retour aux Pignons Verts ! Il n'y a pas d'endroit plus délicieux et plus charmant qu'ici !

— Et les autres, comment s'en sont-ils sortis ?

— Les filles disent qu'elles sont sûres d'avoir échoué, mais je pense qu'elles exagèrent. Selon Josie, l'épreuve de géométrie était si facile qu'un enfant de dix ans aurait pu la faire ! Moody est toujours persuadé d'avoir raté son épreuve d'histoire, et Charlie dit qu'il a échoué en algèbre. Mais en réalité, nous n'en savons rien, et nous ne le saurons pas avant la publication des résultats. Ce ne sera pas avant quinze jours. Imagines-tu vivre quinze jours dans une telle incertitude ? J'aimerais pouvoir m'endormir, et ne me réveiller que lorsque tout sera fini.

Diana savait qu'il serait inutile de demander comment Gilbert Blythe s'en était sorti, alors elle se contenta de dire :

— Oh, tu réussiras sans problème, ne t'en fais pas pour cela.

— Je préférerais échouer complètement plutôt que de ne pas être bien placée sur la liste, répliqua vivement Anne, ce qui signifiait, et Diana le savait bien, que le succès serait incomplet et amer si elle ne parvenait pas à surpasser Gilbert.

En réalité, c'était toute l'ambition d'Anne : elle avait mobilisé toutes ses forces pendant les examens pour surpasser son rival, qui, de son côté, en faisait autant. Ils s'étaient croisés une dizaine de fois dans la rue sans s'accorder le moindre signe de reconnaissance. À chaque rencontre, Anne redressait un peu plus la tête, regrettait de plus en plus de ne pas l'avoir pardonné quand il était encore temps, et s'engageait avec encore plus de détermination à le surpasser aux examens. Elle savait que toute la jeunesse d'Avonlea se demandait lequel des deux sortirait premier ; elle était même au courant que Jimmy Glover et Ned Wright avaient parié sur la question et que Josie Pye avait affirmé sans l'ombre d'un doute que Gilbert serait le premier. L'idée de l'humiliation qu'elle ressentirait en cas d'échec lui était insupportable.

Cependant, elle avait une autre motivation, plus noble, pour vouloir bien réussir. Elle voulait être la meilleure pour rendre fiers ceux qui l'avaient adoptée quatre ans plus tôt, surtout Matthew, qui était certain qu'elle surpasserait tous les élèves de l'île. Anne savait qu'espérer une telle performance serait insensé, même dans ses rêves les plus fous. Pourtant, elle espérait ardemment figurer au moins parmi les dix premiers, afin de voir les yeux bienveillants de Matthew briller de fierté devant son succès. Elle se disait que ce serait une juste reconnaissance pour toute la persévérance dont elle avait fait preuve, pour les innombrables heures passées à maîtriser les équations austères et les conjugaisons fastidieuses.

Deux semaines s'écoulèrent, et ce fut Anne qui se mit à fréquenter régulièrement le bureau de poste, accompagnée de Jane, Ruby et Josie. Elles étaient dans un état d'anxiété palpable, parcourant fébrilement les journaux de Charlottetown. Leurs mains tremblaient et une nausée familière, semblable à celle ressentie pendant la semaine des examens, pesait sur leurs estomacs. Charlie et Gilbert, de leur côté, faisaient de même, tandis que Moody Spurgeon préférait rester à l'écart.

— Je n'ai pas le courage d'y aller et de lire un journal de sang-froid, confia-t-il à Anne. Je vais simplement attendre que quelqu'un vienne m'annoncer si j'ai réussi ou non.

Après trois semaines sans que la liste des admis ne soit publiée, Anne commença à sentir qu'elle ne pourrait plus supporter cette tension bien longtemps. Elle avait perdu l'appétit et ne s'intéressait plus à la vie d'Avonlea. Mme Lynde se demandait ce qu'on pouvait espérer de mieux d'un surintendant de l'éducation, fervent soutien du parti conservateur. Matthew, remarquant la pâleur d'Anne, son désintérêt général, et sa démarche traînante chaque après-midi jusqu'au bureau de poste, commençait à se demander sérieusement s'il ne devrait pas voter démocrate aux prochaines élections.

Mais un soir, la nouvelle arriva. Anne était assise près de la fenêtre ouverte, oubliant un instant les tourments des examens et ses soucis quotidiens. Elle était envoûtée par la beauté du crépuscule estival, embaumée par le parfum des fleurs du jardin en contrebas et bercée par le murmure des peupliers. Le ciel à l'est, au-dessus des sapins, était teinté d'un rose délicat, reflet venu de l'ouest. Anne, rêveuse, se demandait si l'esprit des couleurs pouvait ressembler à cela. C'est alors qu'elle aperçut Diana dévaler les sapins en courant, traverser le pont de rondins et grimper la pente, un journal flottant à la main.

Anne se leva d'un bond, comprenant immédiatement ce que contenait ce document. La liste des admis venait d'être publiée ! Sa tête tournait et son cœur battait si fort qu'il lui faisait mal. Elle ne pouvait faire un pas. Il lui sembla qu'une éternité s'était écoulée avant que Diana ne surgisse dans le couloir, et n'entre précipitamment dans la pièce sans même frapper, tant son excitation était grande.

— Anne, tu as réussi ! s'exclama-t-elle. Tu es première ! Enfin, toi et Gilbert êtes arrivés ex æquo, mais ton nom figure en tête de liste. Oh, comme je suis si fière de toi !

Diana jeta le document sur la table, et s'effondra sur le lit d'Anne, complètement essoufflée, et incapable de prononcer un mot de plus. Anne alluma la lampe, mais non sans renverser la boîte d'allumettes et en gaspiller une demi-douzaine tant ses mains tremblaient. Une fois la lampe allumée, elle saisit le journal avec empressement. Oui, c'était vrai, elle avait réussi. Son nom figurait tout en haut de la liste des deux cents lauréats ! Ce moment compensait à lui seul toutes les épreuves de la vie !

— Tu as vraiment brillé, Anne, souffla Diana, enfin capable de reprendre son souffle et de s'asseoir. Anne, les yeux brillants de joie, restait silencieuse, incapable de prononcer un mot. Mon père vient tout juste de rentrer de Bright River, où il était en visite, et par chance, il a pu se procurer le journal qui n'arrivera à la poste que demain. Dès que j'ai vu que la liste des admis figurait dessus, j'ai couru jusqu'ici comme une folle. Vous avez tous réussi, tout votre groupe, même Moody Spurgeon, bien qu'il doive repasser une épreuve d'histoire pour valider. Jane et Ruby s'en sont bien sorties, elles sont dans la moyenne, tout comme Charlie. Josie a tout juste réussi avec trois points d'avance, mais tu verras qu'elle se comportera comme si elle avait été en tête. Miss Stacy sera ravie, n'est-ce pas ? Oh, Anne, que ressent-on en voyant son nom en tête d'une telle liste ? À ta place, je serais folle de joie ! Je ne le suis déjà presque rien que de voir ton nom, mais toi, tu es aussi calme et sereine qu'une soirée de printemps.

— Oh, je suis complètement stupéfaite, dit Anne. J'aimerais dire tellement de choses, mais les mots me manquent. Je n'ai jamais osé rêver de ça. Enfin, si, une fois, je l'ai fait ! Une seule fois, je me suis permis de penser : « Et si j'étais première ? » en tremblant, tu sais, parce que cela me semblait tellement irréaliste et présomptueux de croire que je pourrais être la meilleure de l'île. Excuse-moi un instant, Diana. Je dois courir immédiatement au champ pour l'annoncer à Matthew. Ensuite, nous irons partager la bonne nouvelle avec les autres.

Sur ces mots, elles se précipitèrent vers le champ, en contrebas de la grange, où Matthew ramassait du foin, et, par chance, Mme Lynde se trouvait là, elle aussi, discutant avec Marilla près de la clôture de l'allée.

— Oh, Matthew, s'exclama Anne, j'ai réussi, et je suis en tête, enfin, parmi les premiers ! Je ne suis pas vaniteuse, juste incroyablement reconnaissante !

— Eh bien, Anne, ne te l'avais-je pas dit ? répondit Matthew, parcourant la liste des admis d'un air satisfait. Je savais que tu n'aurais aucun mal à tous les surpasser.

— Tu t'en es très bien sortie, je dois dire, Anne, fit Marilla à l'annonce de ces résultats.

En prononçant ces mots, elle essaya de dissimuler son immense fierté sous le regard critique de Mme Lynde, qui, à sa grande surprise, répondit chaleureusement :

— Elle a vraiment bien réussi, et loin de moi l'idée de le nier. Anne, tu fais honneur à tes amis, et nous sommes tous fiers de toi.

Ce soir-là, Anne, qui avait achevé cette délicieuse soirée par une conversation sérieuse avec Mme Allan au presbytère, s'agenouilla doucement près de sa fenêtre ouverte, baignée d'un grand éclat de clair de lune, et murmura une prière de gratitude et d'espoir qui venait directement de son cœur. Elle exprimait sa reconnaissance pour le passé et formulait une humble requête pour l'avenir. Lorsqu'elle s'endormit sur son oreiller blanc, ses rêves étaient aussi beaux, lumineux et purs que ceux qu'une jeune fille puisse désirer.

CHAPITRE XXXIII. Un spectacle à l'hôtel

— Tu devrais porter ta robe en organdi blanc, Anne, conseilla fermement Diana.

Elles étaient ensemble dans la chambre du pignon est, tandis que dehors, le crépuscule commençait à poindre, teinté de nuances délicates de jaune et de vert dans un ciel parfaitement dégagé. Une grande lune ronde, passant lentement de sa pâleur lustrée à un argent bruni, planait au-dessus du Bois hanté. L'air était imprégné de la douce brise estivale, avec des gazouillis d'oiseaux à peine réveillés, le murmure des vents capricieux, et des rires lointains. Mais dans la chambre d'Anne, les persiennes étaient baissées et la lampe allumée, car Anne s'occupait d'une tâche d'une grande importance : choisir sa plus belle tenue.

Le pignon est était très différent de ce qu'il avait été cette nuit-là, quatre ans auparavant, lorsque Anne avait ressenti une froideur inhospitalière jusque dans son âme en pénétrant dans cette pièce pour la première fois. Des changements s'y étaient insidieusement installés, Marilla les tolérant avec résignation, jusqu'à ce que ce soit devenu un nid aussi doux, et délicat que pouvait le désirer une jeune fille.

Le tapis de velours blanc avec des roses couleur carmin et les rideaux en soie rose des premières visions d'Anne ne s'étaient certes jamais matérialisés ; mais ses rêves avaient évolué avec elle, et il est peu probable qu'elle les regrettât. Le sol était recouvert d'une jolie natte, et les contours anguleux de la fenêtre étaient adoucis par des rideaux en mousseline vert tendre, ondulant sous la brise légère. Quant aux murs, ils n'étaient pas décorés de tapisseries en brocart doré et argenté, mais d'un délicat papier peint aux motifs de fleurs de pommier, avec quelques élégantes illustrations offertes par Mme Allan accrochées ici et là. La photo de Mlle Stacy occupait la place d'honneur ; Anne, toujours sentimentale, s'assurait de toujours garnir son support de fleurs fraîches. Ce soir-là, un doux parfum de lis blancs flottait dans la pièce comme un rêve délicat. Il n'y avait pas non plus de meubles en acajou, mais plutôt une bibliothèque peinte en blanc remplie de livres, un fauteuil à bascule en osier garnie d'un ravissant coussin, une coiffeuse ornée de mousseline noire, et un miroir doré provenant de la chambre d'amis, dont le cadre supérieur en arc était décoré de petits angelots roses et joufflus et de grappes mauves.

Anne se préparait pour assister au spectacle qui avait lieu à l'hôtel White Sands. Les invités avaient organisé cet événement au profit de l'hôpital de Charlottetown, et avaient sollicité tous les talents amateurs des environs. Bertha Sampson et Pearl Clay, de la chorale de l'église baptiste de White Sands, devaient chanter un duo, Milton Clark de Newbridge jouerait un solo de violon, Winnie Adella Blair de Carmody interpréterait une ballade écossaise, et Laura Spencer de Spencervale et Anne Shirley d'Avonlea devaient réciter des poèmes.

Cette soirée promettait d'être mémorable, et rien qu'à cette idée, elle frémissait d'excitation. Matthew rayonnait de fierté, et Marilla, bien qu'émue elle aussi, aurait préféré subir mille tourments plutôt que de l'avouer. Elle s'était donc contentée de dire qu'elle ne trouvait pas convenable qu'un groupe de jeunes gens et de jeunes filles s'amuse ainsi à l'hôtel sans la supervision d'un adulte responsable.

Anne et Diana devaient se rendre au concert avec Jane Andrews et son frère Billy dans leur charrette à deux sièges, suivis par plusieurs autres jeunes d'Avonlea. Une délégation de visiteurs était attendue de la ville, et à la fin du spectacle, un souper devait être offert aux artistes.

— Tu penses vraiment que l'organdi est le meilleur choix ? demanda Anne, anxieuse. Je ne le trouve pas aussi jolie que ma robe en mousseline bleue à fleurs, et elle est certainement moins à la mode.

— Mais, elle te va tellement mieux, répondit Diana. Elle est si élégante avec ses jolis volants ; tu la portes à merveille ! Et puis, la mousseline est bien trop rigide, elle te donne un air trop raide, alors que l'organdi semble fait pour toi.

Anne laissa échapper un soupir insatisfait, mais finit par suivre le conseil de son amie. En effet, Diana commençait à être réputée pour son goût remarquable en matière d'habillement, et ses conseils sur ces sujets étaient très recherchés. Elle était elle-même très jolie ce soir-là, vêtue d'une robe d'un ravissant rose églantine, une couleur qu'Anne ne pouvait jamais porter. Cependant, elle ne participait pas au spectacle, donc son apparence était de moindre importance. Tous ses efforts étaient consacrés à Anne, qu'elle tenait à habiller, coiffer et parer comme une véritable reine, pour représenter dignement Avonlea.

— Tire un peu plus sur ce volant... voilà. Maintenant, laisse-moi attacher ta ceinture. Super, enfile tes ballerines maintenant. Je vais tresser tes cheveux en deux épaisses nattes et les attacher à mi-hauteur avec de grands nœuds blancs. Comment ? Non, non, je préfère que ton front soit dégagé, laisse ta raie comme elle est. Aucune autre coiffure ne te va aussi bien, Anne. À ce propos, Mme Allan dit que tu ressembles à une madone coiffée ainsi. Bon, laisse-moi fixer cette petite rose blanche juste derrière ton oreille. Il n'y en avait qu'une seule sur mon rosier, et je l'ai gardée spécialement pour ce moment.

— Devrais-je porter mon collier de perles ? demanda Anne. Matthew me l'a ramené de la ville, la semaine dernière, et je sais qu'il aimerait me voir avec.

Diana plissa les lèvres, inclina la tête de manière critique, puis, après avoir secoué ses cheveux noirs, finit par se prononcer en faveur des perles. Celles-ci furent alors nouées autour du cou d'Anne, rehaussant parfaitement l'éclat de sa peau d'une blancheur éclatante.

— Il y a quelque chose de tellement élégant chez toi, Anne, dit Diana avec admiration, sans aucune jalousie. Ton port de tête est si distingué ! Je suppose que c'est ta silhouette qui fait ça. Moi, je suis juste rondelette. J'en ai toujours eu peur, et maintenant je sais que c'est vrai. Eh bien, je suppose que je vais devoir m'y résigner.

— Mais, tu as de si jolies fossettes, répondit Anne en souriant affectueusement. De magnifiques fossettes, comme de petites marques dans de la crème. Personnellement, j'ai renoncé à l'espoir d'en avoir un jour. Et puis, tant pis, après tout, tant de mes rêves se sont réalisés ; je n'ai vraiment pas de quoi me plaindre ! Bon, penses-tu penses que je suis prête ?

— Plus prête que jamais ! déclara Diana, juste au moment où la silhouette de Marilla apparaissait dans l'encadrement de la porte.

Avec sa silhouette décharnée, ses cheveux plus gris qu'autrefois et ses angles toujours aussi marqués, Marilla arborait désormais un visage empreint d'une douceur nouvelle.

— Venez voir votre petite artiste, Marilla. N'est-elle pas absolument ravissante ?

Marilla émit un son entre un reniflement et un grognement.

— Oui, elle est très présentable. J'aime bien cette coiffure. Mais, je m'attends à ce qu'elle abîme cette robe en chemin avec la poussière et la rosée, et elle semble bien trop légère pour ces nuits humides. L'organdi est le tissu le moins pratique au monde de toute façon, et je l'avais dit à Matthew quand il l'a acheté. Mais ça ne sert à rien de dire quoi que ce soit à Matthew de nos jours. Il fut un temps où il écoutait mes conseils, mais maintenant il achète des choses pour Anne sans se soucier, et les vendeurs de Carmody savent qu'ils peuvent lui refiler n'importe quoi. Il suffit qu'ils lui disent qu'une chose est jolie et à la mode, et Matthew sort son argent pour l'acheter. Fais attention à ce que ta jupe ne touche pas la roue, Anne, et mets ta veste chaude.

Puis, Marilla descendit l'escalier d'un pas assuré, fière de la beauté d'Anne, « resplendissante comme un rayon de lune », et regrettant de ne pas pouvoir assister au concert pour entendre sa fille réciter.

— Je me demande si l'air est trop humide pour ma robe, dit Anne, inquiète.

— Pas du tout, répondit Diana en relevant la persienne. La nuit est parfaite, il n'y aura pas de rosée. Regarde ce joli clair de lune.

— Je suis tellement contente que ma fenêtre donne à l'est, vers le lever du soleil, dit Anne en rejoignant Diana. C'est merveilleux de voir le matin se lever sur ces longues collines, et briller à travers les cimes effilées des sapins. Chaque matin est nouveau, comme si mon âme se baignait dans cette lumière matinale. Oh, Diana, j'aime tellement cette petite chambre ! Je me demande comment je vais pouvoir m'en séparer le mois prochain, quand je serai en ville.

— Ne parle pas de ton départ, Anne, je t'en prie, implora Diana. Je ne veux pas y penser, ça me rend si malheureuse, et je veux vraiment passer une bonne soirée. Bon, qu'est-ce que tu vas réciter, sinon ? Tu dois te sentir nerveuse, non ?

— Pas du tout. J'ai récité en public si souvent que ça ne me fait plus rien, désormais. J'ai décidé de réciter « Le serment de la jeune fille [14]

». C'est un poème si émouvant ! Laura Spencer va faire une récitation comique mais, moi, je préfère faire pleurer les gens plutôt que de les faire rire.

— Que vas-tu réciter si le public te rappelle sur scène ?

— Je ne vois pas pourquoi ils le feraient, railla Anne, qui nourrissait secrètement l'espoir d'être rappelée. Elle se voyait déjà en train de raconter à Matthew, le lendemain matin, combien cela l'avait émue. Oh, voilà Billy et Jane qui arrivent ; j'entends les roues de la charrette. Allons-y, Diana.

Billy Andrews insista pour qu'Anne prenne place sur le siège avant à ses côtés, ce qu'elle fit à contrecœur. Elle aurait bien préféré s'asseoir à l'arrière avec les filles, où elle aurait pu rire et bavarder à sa guise. Billy, quant à lui, n'était pas très enclin ni au rire ni au bavardage. C'était un grand jeune homme corpulent de vingt ans, au visage rond et inexpressif, et avec un pénible manque de talents conversationnels. Mais, il admirait immensément Anne et était gonflé de fierté à l'idée de conduire jusqu'à White Sands avec cette silhouette élancée et droite à ses côtés.

Anne, se retournant souvent vers ses amies tout en échangeant quelques mots polis avec Billy – qui souriait maladroitement et ricanait sans jamais trouver la réplique adéquate –, finit par apprécier le trajet. La soirée promettait d'être magique. C'était une nuit parfaite pour s'amuser. La route était pleine de carrioles, toutes en route vers l'hôtel, et des rires clairs comme de l'argent résonnaient tout le long. À leur arrivée à l'hôtel, celui-ci était illuminé de haut en bas. Elles furent accueillies par les dames du comité du spectacle, dont l'une emmena Anne vers la loge des artistes, remplie des membres d'un club symphonique de Charlottetown. Anne s'y sentit soudain timide, effrayée et un peu campagnarde. Sa robe, qui, dans le pignon est, lui semblait si délicate et jolie, paraissait maintenant simple et banale, terriblement simple et banale, pensait-elle, au milieu de toutes ces soies et dentelles qui scintillaient et bruissaient autour d'elle. Que valait son collier de perles comparées aux diamants de la grande et belle dame près d'elle ? Sa petite rosette fanée paraissait bien misérable au milieu des magnifiques fleurs de serre que les autres portaient ! Anne rangea son chapeau et sa veste, et se recroquevilla misérablement dans un coin. Elle aurait voulu être de retour dans la chambre blanche du pignon est.

Ce fut encore pire sur l'estrade de la grande salle de spectacle de l'hôtel, où elle se retrouva bientôt. Les lumières électriques l'éblouissaient, les parfums et le bourdonnement l'étourdissaient. Elle aurait souhaité être assise parmi le public avec Diana et Jane, qui semblaient passer un moment merveilleux au fond de la salle. Elle était coincée entre une dame corpulente en soie rose, et une grande fille au regard méprisant vêtue d'une robe en dentelle blanche. La dame corpulente tournait de temps en temps la tête pour dévisager Anne à travers ses lunettes, ce qui la rendait tellement mal à l'aise qu'elle avait l'impression qu'elle allait crier. Quant à la jeune fille en robe de dentelle blanche, elle ne cessa de bavarder toute la soirée, veillant à ce qu'Anne l'entende bien. Elle raillait les « rustiques » présents dans la salle, se moquait des « beautés venues de la campagne », et ricanait à l'avance à l'idée d'écouter les talents locaux annoncés dans le programme. Anne en développa une aversion profonde pour cette demoiselle en blanc.

À la grande consternation d'Anne, une récitatrice professionnelle se trouvait à l'hôtel ce soir-là et avait accepté de se produire. C'était une femme élancée aux yeux sombres, vêtue d'une magnifique robe grise scintillante comme des rayons de lune tissés, des bijoux autour du cou, encadrant ses beaux cheveux noirs. La manière dont elle modulait sa voix était exceptionnelle, son pouvoir évocateur sans égal ; le texte qu'elle avait choisi captivait complètement l'audience. Anne, mettant de côté son ego blessé et ses soucis, écouta avec des yeux brillants, remplie d'admiration. Cependant, une fois la performance achevée, elle se prit la tête entre les mains : comment aurait-elle le courage de monter sur scène et de réciter son texte après cela ? Impossible ! Avait-elle vraiment cru qu'elle pouvait déclamer devant une telle foule ? Elle ne souhaitait plus qu'une chose : rentrer immédiatement chez elles, aux Pignons Verts.

À ce moment particulièrement mal choisi, elle entendit son nom être appelé. Contre toute attente, Anne réussit à se lever et à avancer mécaniquement vers l'estrade. Elle avait la tête qui tournait et son visage était d'une pâleur extrême. Dans la salle, Diana et Jane, qui ne la quittaient pas des yeux, se tenaient la main avec inquiétude, partageant la nervosité de leur amie. En se levant, Anne ne remarqua même pas la réaction de surprise contenue de sa voisine en dentelle blanche ; de toute façon, elle n'aurait pas perçu l'admiration implicite derrière ce geste.

Anne était pétrifiée : elle avait le trac. Bien qu'elle ait souvent récité devant un public, elle n'avait jamais affronté une assemblée pareille, et simplement la regarder la pétrifiait. Tout semblait si étranger, si opulent, si intimidant : ces dames au premier rang en robes du soir, ces regards avides, cette atmosphère imprégnée de richesse et de culture... Rien à voir avec les simples bancs du Club de débat, dont elle se souvenait soudain avec nostalgie, entourée de voisins et d'amis au visage bienveillant et sans prétention. Elle pensait que ces gens seraient des critiques impitoyables. Peut-être, comme la jeune fille en dentelle blanche, s'attendaient-ils à s'amuser de ses efforts « rustiques ». Elle se sentait désespérément honteuse et misérable. Ses genoux tremblaient, son cœur battait la chamade, une horrible sensation de malaise l'envahissait ; elle ne pouvait prononcer un mot. Elle était prête à s'enfuir de la scène, malgré l'humiliation qu'une telle fuite lui vaudrait pour toujours.

Mais soudain, alors que ses yeux dilatés et effrayés parcouraient le public, elle aperçut Gilbert Blythe tout au fond de la salle, penché en avant avec un sourire sur le visage – un sourire qui lui parut à la fois triomphant et moqueur. En réalité, il n'en était rien. Le sympathique Gilbert souriait simplement parce qu'il passait une agréable soirée, mais aussi parce que la silhouette élancée d'Anne, avec son visage angélique sur un fond de palmiers, l'émerveillait. À côté de lui, Josie Pye, qu'il avait invitée au spectacle, arborait un air à la fois triomphant et provocant. Cependant, Anne ne remarqua pas Josie, et même si elle l'avait vue, cela ne l'aurait pas dérangée. Elle prit une grande inspiration, et redressa fièrement la tête, le courage et la détermination l'envahissant comme une décharge électrique. Elle ne faillirait pas devant Gilbert Blythe ; il ne pourrait jamais se moquer d'elle, jamais, jamais ! Sa peur et son anxiété s'envolèrent, et elle commença sa récitation, sa voix claire et douce atteignant les moindres recoins de la salle sans trembler ni faillir. Elle venait de retrouver toute sa confiance, et, poussée par le souvenir de ce moment d'impuissance totale, elle se surpassa comme jamais auparavant. À la fin de sa prestation, les applaudissements fusèrent chaleureusement. Anne, retournant à sa place, rougissante de timidité et de plaisir, sentit sa main vigoureusement serrée, et secouée par la dame corpulente en soie rose.

— Ma chère, vous avez été splendide, souffla-t-elle. J'ai pleuré comme une madeleine, vraiment. Oh, écoutez, le public vous rappelle ! Ils veulent absolument que vous reveniez !

— Oh, non, non, je ne peux pas y aller, répondit Anne, confusément. Mais, je ne peux pas me dégonfler, sinon Matthew sera déçu. Il était sûr qu'on allait me rappeler, je dois lui faire honneur !

— Alors, allez-y. Ne décevez pas ce Matthew, qui qu'il soit, dit la dame en rose en riant.

Souriante, rougissante, les yeux brillants, Anne retourna sur scène, et délivra une petite sélection amusante et originale qui conquit encore davantage son auditoire. Le reste de la soirée fut un véritable triomphe pour elle.

Lorsque le spectacle s'acheva, la dame corpulente en rose – elle était l'épouse d'un millionnaire américain – prit Anne sous son aile et la présenta aux autres. Tout le monde fut très aimable avec elle. La récitatrice professionnelle, Mme Evans, vint discuter avec elle, lui disant qu'elle avait une voix charmante, et qu'elle « interprétait » ses sélections de manière magnifique. Même la fille en dentelle blanche lui fit un petit compliment, bien que languissant. Elles prirent le souper dans la grande salle à manger magnifiquement décorée ; Diana et Jane furent également invitées à participer, puisqu'elles étaient venues avec Anne, mais Billy était introuvable, ayant pris la fuite par crainte d'être invité. Il était là, tenant les rênes de son attelage, quand les trois filles sortirent de l'hôtel à la fin de la soirée, pour se retrouver dans la tranquillité de la nuit éclairée seulement par la lune. Anne respira profondément et leva les yeux vers le ciel dégagé, au-dessus des sombres silhouettes des sapins.

Oh, quel bonheur de retrouver la pureté et le silence de la nuit ! Tout semblait si grand, si immobile et si merveilleux, avec le murmure de la mer en arrière-plan, et les falaises sombres au loin, comme des géants austères veillant sur ces côtes enchantées.

— N'était-ce pas une soirée absolument splendide ? soupira Jane, alors qu'elles s'éloignaient de l'hôtel. J'aimerais tellement être une riche Américaine, passer mes étés à l'hôtel, porter des bijoux et des robes décolletées, manger de la crème glacée, et de la salade de poulet tous les jours. Je suis certaine que ce serait bien plus amusant que d'enseigner. Anne, ta récitation était tout simplement superbe, même si au début j'ai cru que tu n'allais jamais commencer. Je pense même que tu t'en es mieux sortie que Mme Evans.

— Oh non, ne sois pas ridicule, Jane, répliqua aussitôt Anne. Tu sais bien que je ne pourrai jamais rivaliser avec Mme Evans, elle est une professionnelle, et moi, je ne suis qu'une simple élève avec un tout petit talent pour la récitation. Si les gens ont apprécié ma prestation, c'est tout ce qui compte pour moi.

— Anne, tu ne devineras jamais le compliment que j'ai entendu à ton sujet, dit Diana avec enthousiasme. Enfin, je pense que c'était un compliment, vu le ton employé. Il y avait un Américain assis derrière Jane et moi, un homme vraiment romantique, aux cheveux et aux yeux noirs comme du charbon. Selon Josie Pye, c'est un artiste célèbre – la cousine de sa mère, à Boston, a épousé un homme qui était à l'école avec lui. Eh bien, nous l'avons entendu dire ceci : « Qui est cette fille sur l'estrade avec ses magnifiques cheveux blond vénitien ? J'aimerais peindre son portrait. » Voilà, ce que j'ai entendu, Anne. Mais au fait, que signifient avoir des cheveux d'un blond vénitien ?

— Cela signifie simplement avoir des cheveux roux, je suppose, expliqua Anne, en laissant échapper un léger rire. Je crois que c'est un nom dérivé de de Titien, un célèbre artiste qui aimait peindre des femmes aux cheveux roux.

— As-tu vu tous les diamants que portaient ces dames ? soupira Jane. Ils étaient tellement éblouissants. Ne rêveriez-vous pas d'être riches, les filles ?

— Mais, nous sommes déjà riches, répondit Anne avec assurance. Nous avons seize ans, nous sommes heureuses comme des reines, et nous avons toutes de l'imagination, plus ou moins. Observez cette mer, les filles : ses lueurs argentées, ses recoins sombres, et tout ce qu'on peut y déceler, tant elle est immense et énigmatique. Même avec des fortunes et des parures étincelantes, nous ne pourrions pas davantage apprécier sa splendeur. Je suis persuadée que vous ne voudriez échanger votre existence pour rien au monde contre celle de ces femmes de la haute société. Voudriez-vous être cette fille en dentelle blanche avec cet air aigri en permanence, comme si elle était née en méprisant le monde ? Ou cette dame en rose, aussi gentille et agréable soit-elle, si corpulente et petite qu'elle n'a vraiment aucune allure ? Ou même Mme Evans, avec ce regard si triste dans les yeux ? Elle a dû être terriblement malheureuse à un moment pour avoir un regard pareil. Tu sais bien que tu ne voudrais pas être à sa place, Jane.

— Je ne sais pas trop, dit Jane, toujours peu convaincue. Je pense que les diamants peuvent tout de même apporter beaucoup de réconfort.

— Eh bien, moi, je ne veux être personne d'autre que moi-même, même si je dois vivre sans diamants toute ma vie, déclara Anne. Je suis parfaitement contente d'être Anne des Pignons Verts, avec mon banal collier de perles. Je sais que Matthew a mis plus de tendresse en m'offrant ces perles qu'il n'y en a dans tous les joyaux de cette dame en robe rose.

CHAPITRE XXXIV. Une nouvelle recrue à la Queen's Academy

Les trois semaines suivantes furent bien remplies, car Anne se préparait à partir pour Queen's. Il y avait beaucoup de couture à faire, et de nombreuses choses à discuter et à organiser. La garde-robe d'Anne était ample et jolie, car Matthew s'en était occupé, et Marilla, pour une fois, n'avait rien trouvé à redire à ce qu'il achetait ou proposait. Mieux encore, un soir, elle monta au pignon est, les bras chargés d'un délicat tissu vert pâle.

— Anne, voici de quoi te faire une jolie robe légère. Je suppose que tu n'en as pas vraiment besoin ; tu as déjà beaucoup de jolis corsages ; mais j'ai pensé que tu aimerais peut-être avoir quelque chose de vraiment élégant à porter si jamais tu étais invitée en soirée en ville, à une fête ou quelque chose comme ça. J'ai entendu dire que Jane, Ruby et Josie ont des « robes de soirée », comme elles les appellent, et je ne veux pas que tu sois en reste. J'ai demandé à Mme Allan de m'aider à la choisir en ville la semaine dernière, et nous demanderons à Emily Gillis de te la confectionner. Emily possède un sens du goût exceptionnel et une habileté inégalée pour effectuer les retouches nécessaires.

— Oh, Marilla, c'est vraiment magnifique, répondit Anne, d'un ton enthousiaste. Merci beaucoup. Je crois que vous ne devriez pas être si gentille avec moi, cela rend mon départ encore plus difficile chaque jour.

La robe verte fut confectionnée avec autant de plis, de volants et de fronces que le goût d'Emily le permettait. Un soir, Anne la mit pour le plaisir de Matthew et Marilla, et entreprit de réciter « Le serment de la jeune fille » dans la cuisine. Pendant que Marilla observait le visage rayonnant et les gestes gracieux de la jeune fille, elle repensa à la soirée où Anne était arrivée aux Pignons Verts. Elle se souvint vivement de l'enfant étrange et apeurée dans sa ridicule robe mi-laine grisâtre, le cœur brisé se reflétant dans ses yeux larmoyants. Ce souvenir fit monter les larmes aux yeux de Marilla.

— Oh, Marilla, ma récitation vous a ému aux larmes ! dit Anne joyeusement, se penchant pour déposer un baiser léger sur la joue de sa bienfaitrice. Je considère cela comme un véritable triomphe.

— Non, je ne pleurais pas à cause de cela, dit Marilla, qui aurait méprisé de se laisser aller à une telle faiblesse. Je ne pouvais simplement pas m'empêcher de penser à la petite fille que tu étais, Anne. Et j'aurais aimé que tu restes une petite fille, même avec tes manières si particulières. Maintenant, tu as grandi, tu vas partir ; et te voilà si grande, si élégante, et tellement... tellement différente, en un mot. Dans cette robe, on dirait que tu deviens soudain étrangère à Avonlea, et cette pensée me laisse soudain un sentiment de solitude.

— Marilla !

Anne s'assit sur les genoux de Marilla, qui portait sa traditionnelle robe en vichy, prit son visage ridé entre ses mains et regarda dans les yeux de la vieille femme avec une tendresse grave.

— Je n'ai pas vraiment changé, vous savez. La vraie moi, au fond, n'a pas changé. Peu importe où je vais ou combien je change extérieurement ; au fond de mon cœur, je resterai toujours votre petite Anne, qui vous aimera, toi, Matthew, et cette chère maison aux pignons verts, chaque jour davantage.

Anne posa sa joue fraîche et jeune contre celle, fanée, de Marilla, et tendit une main pour tapoter l'épaule de Matthew. Dans un moment comme celui-là, Marilla aurait souhaité pouvoir trouver les mots justes pour exprimer ses sentiments, comme Anne savait si bien le faire, mais sa nature réservée et la force de l'habitude l'en empêchaient. Tout ce qu'elle put faire, c'était serrer sa fille dans ses bras aussi fort que possible, regrettant amèrement son départ.

Matthew, les yeux légèrement embués, se leva et sortit. Sous les étoiles de la douce nuit d'été, il traversa la cour de manière agitée jusqu'à la barrière sous les peupliers.

— Eh bien, quoi qu'on en dise, je ne pense pas qu'elle ait été trop gâtée, murmura-t-il fièrement. Elle est devenue une jeune fille tout à fait raisonnable. Vois-tu, Marilla, je crois que mes interventions occasionnelles ne lui ont pas causé de tort, finalement. Elle est intelligente et jolie, et aimante aussi, ce qui est encore mieux. Elle a été une bénédiction pour nous, et jamais erreur ne fut plus chanceuse que celle commise par Mme Spencer — si c'était vraiment un hasard. Personnellement, je n'y crois pas. Selon moi, c'était un cadeau de la Providence, car le Tout-Puissant a vu que nous avions besoin d'elle.

Le jour arriva enfin où Anne dut partir en ville. Elle et Matthew prirent la route un beau matin de septembre, après avoir fait des adieux déchirants à Diana. Pour Marilla, la séparation fut moins larmoyante mais plus posée, du moins en apparence. Une fois Anne partie, Diana essuya ses larmes et alla pique-niquer à la plage de White Sands avec des cousins de Carmody, où elle réussit à s'amuser à peu près correctement. Pendant ce temps, Marilla s'acharna toute la journée sur diverses tâches ménagères inutiles, son cœur en proie à une douleur amère qui brûlait et mordait sans relâche, une douleur que les larmes ne pouvaient apaiser. Cependant, ce soir-là, lorsqu'elle se coucha, avec la pénible conscience que, dans la petite chambre du pignon, au bout du couloir, il n'y avait plus aucune présence vibrante et légère, elle se laissa aller à pleurer, le visage enfoui dans l'oreiller. Elle pleura la perte de sa fille en de gros sanglots incontrôlables. Une fois calmée, ce déferlement de passion lui sembla excessif, et elle passa la journée à songer à combien il était répréhensible de se laisser aller ainsi pour une simple créature humaine.

Anne et les autres élèves d'Avonlea arrivèrent en ville juste à temps pour se rendre à l'Académie. Le premier jour s'écoula très agréablement, dans un tourbillon d'excitation, à faire connaissance avec les nouveaux étudiants, à identifier les nouveaux professeurs et à se répartir en groupes dans les différentes classes. Anne avait décidé de suivre le programme de deuxième année, sur les conseils de Mlle Stacy, et bien sûr, Gilbert Blythe décida de faire de même. Ainsi, en réussissant, ils pourraient obtenir leur brevet d'enseignant de première catégorie en un an au lieu de deux, mais cela nécessitait évidemment de travailler plus intensément. Ruby, Josie, Charlie et Moody Spurgeon, qui ne se sentaient pas animés par une ambition particulière, se contentèrent parfaitement des cours de deuxième catégorie. Lorsqu'Anne se retrouva soudainement seule dans une vaste salle en compagnie de cinquante autres étudiants qu'elle ne connaissait pas, sauf un, elle se sentit quelque peu déconcertée. Celui qu'elle connaissait, un grand brun assis de l'autre côté de la salle, ne lui avait jamais vraiment donné l'occasion de l'apprécier, et ne pouvait donc lui offrir beaucoup de réconfort. Pourtant, elle ne pouvait nier être heureuse qu'ils soient tous les deux dans la même classe ; leur ancienne rivalité pourrait ainsi se poursuivre. Sans cette rivalité, Anne se serait sentie perdue.

— J'ai besoin de me sentir en compétition, pensa-t-elle. Gilbert semble vraiment déterminé. Je parie qu'il se prépare déjà à décrocher la médaille. Quelle mâchoire splendide il a ! Je ne l'avais jamais remarquée auparavant. Si seulement Jane et Ruby avaient également choisi de préparer le brevet de première catégorie ! Enfin, je suppose que je me sentirai moins décalée une fois que je connaîtrai mieux les autres. Je me demande lesquelles de ces filles deviendront mes amies, c'est très amusant d'y penser. Bien sûr, j'ai promis à Diana qu'aucune fille de Queen's, peu importe combien je l'apprécierais, ne serait jamais aussi chère à moi qu'elle ; mais j'ai encore quelques places disponibles dans mon cœur pour de nouvelles amies. J'aime bien l'air de cette fille aux yeux bruns et à la robe rouge ; son teint est éclatant. Et, il y a cette fille pâle et blonde qui regarde par la fenêtre. Elle a de magnifiques cheveux, et elle semble avoir un don pour la rêverie, elle aussi. J'aimerais vraiment bien les connaître toutes les deux, assez pour marcher bras dessus bras dessous avec elles et leur donner un surnom. Mais pour l'instant, nous sommes des étrangères les unes pour les autres, et elles n'ont probablement aucune envie de me connaître davantage. Oh, comme je me sens seule !

Anne se sentit encore plus isolée ce soir-là, lorsqu'à la tombée de la nuit, elle retourna à sa petite chambre de pensionnaire. Elle ne logerait pas avec les autres filles, qui avaient toutes des parents en ville pour s'occuper d'elles. La vieille tant Barry aurait aimé l'héberger, mais Beechwood était si loin de l'Académie que c'était impossible ; alors Mlle Barry avait trouvé une pension, assurant à Matthew et Marilla que c'était l'endroit idéal pour Anne.

— La dame qui tient cette pension est une femme de bonne famille, avait expliqué Mlle Barry. Son mari était officier britannique, et elle est très sélective quant aux pensionnaires qu'elle accepte. Anne ne rencontrera personne de désagréable sous son toit. La table est bonne, et la pension est située dans un quartier tranquille, proche de l'université.

Tout cela était certainement vrai – comme l'avenir le confirmerait–, mais cela n'apportait que peu de réconfort à Anne, seule pour la première fois, loin de chez elle. Elle regarda tristement sa petite chambre étroite, avec ses murs nus, ce papier peint terne, son petit lit en fer et sa bibliothèque vide. Une terrible sensation d'étouffement monta dans sa gorge à la pensée de sa propre chambre chez les Cuthbert. Là-bas, elle aurait pu se laisser emporter par ces paysages idylliques, observer les pois de senteur fleurir dans le jardin, profiter du clair de lune illuminant le verger, écouter le murmure du ruisseau en contrebas et voir les branches d'épicéas danser sous la brise nocturne, admirer l'immense ciel étoilé, et apercevoir la lumière de la fenêtre de Diana scintillant à travers les arbres. Ici, rien de tout cela n'existait ; Anne savait qu'au-delà de sa fenêtre, il n'y avait que la désolation d'une rue urbaine, avec son enchevêtrement de fils téléphoniques obscurcissant le ciel, et ses visages anonymes éclairés par des lumières artificielles, le bruit des pas étrangers, et des milliers de lueurs illuminant des visages inconnus. À cette seule pensée, elle sentit les larmes monter, et lutta contre cette envie.

— Je ne vais pas pleurer. C'est stupide et faible... voilà la troisième larme qui coule sur mon nez. Et, en voilà d'autres encore ! Je dois penser à quelque chose de drôle pour me changer les idées. Mais rien ici n'est amusant ; tout ce qui me fait sourire me rappelle Avonlea, et cela rend les choses encore plus tristes. Et, voilà une quatrième larme, suivie d'une cinquième... Je rentre vendredi prochain, mais cela semble si lointain ! Oh, je suis sûre que Matthew est déjà rentré à la maison à cette heure-ci, ou presque. Marilla, près de la barrière, doit l'attendre... Six larmes, sept, huit, ça ne vaut même plus la peine de les compter, maintenant c'est un véritable torrent. Je n'arrive pas à me consoler, et je ne veux pas me consoler ! Je préfère encore me laisser aller à cette tristesse accablante !

Le torrent de larmes qu'Anne redoutait aurait certainement éclaté, si, à cet instant précis, Josie Pye n'était pas apparue. Anne fut si ravie de voir un visage familier qu'elle en oublia son ancienne animosité envers Josie. Josie, malgré son caractère de chipie, était une partie essentielle du paysage d'Avonlea, et en cet instant, Anne avait simplement besoin de la présence d'une âme familière.

— Je suis tellement contente que tu sois venue, dit Anne sincèrement.

— Tu as pleuré, remarqua Josie avec une pitié exaspérante. Tu te sens dépaysée, je suppose. Après tout, certaines personnes manquent cruellement de maîtrise de soi. Pour ma part, je n'ai aucune intention de pleurer ; la ville est bien trop divertissante comparée à ce trou perdu qu'est Avonlea. Je me demande comment j'ai pu y survivre aussi longtemps. Enfin bon, tu ne devrais pas pleurer, Anne, ce n'est pas joli à voir. Et puis, tu auras l'air d'une tomate avec ton nez et tes yeux tout rougis. J'ai passé une journée absolument délicieuse à l'université aujourd'hui. Notre professeur de français est vraiment charmant, un vrai régal pour les yeux. Sa moustache me fait de l'effet, rien que d'y penser ! Aurais-tu quelque chose à grignoter, Anne ? Je suis affamée. Ah, je savais que Marilla t'aurait chargée de gâteaux. C'est pour ça que je suis passée. Sinon, je serais allée au parc écouter la fanfare avec Frank Stockley. Il loge au même endroit que moi ; c'est vraiment quelqu'un de sympathique, tu sais. D'ailleurs, il t'a remarquée ce matin en cours : il m'a demandé qui était la fille aux cheveux roux. Je lui ai dit que tu étais une orpheline adoptée par les Cuthbert et qu'on ne savait pas grand-chose de ton passé à part cela.

Anne se demandait si, après tout, la solitude et la tristesse n'étaient pas préférables à la compagnie de Josie Pye, quand Jane et Ruby firent leur apparition. Toutes deux portaient fièrement sur leur veste un ruban écarlate et violet, symbole de Queen's. Comme Josie ne parlait pas à Jane à ce moment-là, elle dut se faire relativement discrète.

— Eh bien, dit Jane avec un soupir, j'avais l'impression que cette journée n'en finirait jamais. Ce vieux professeur grincheux nous a donné une vingtaine de vers à apprendre pour demain. Mais je n'arrivais pas à me concentrer. Anne, est-ce que je vois des traces de larmes sur ton visage ? Tu as pleuré ? Avoue-le, ça me soulagerait : moi aussi, j'ai pleuré comme une madeleine quand Ruby est arrivée. Peu importe si je me sens ridicule, tant que je ne suis pas la seule ! Du gâteau ? Oh, juste un petit morceau, s'il te plaît ! Merci. Il est succulent, ça me rappelle le bon goût d'Avonlea.

Ruby, en voyant l'annuaire de Queen's sur la table, demanda à Anne si elle envisageait de concourir pour la médaille d'or. Anne, rougissante, avoua qu'elle y avait pensé.

— Oh, cela me rappelle quelque chose, intervint Josie. En fin de compte, Queen's va obtenir une des bourses Avery. C'est Frank Stockley qui me l'a dit ; son oncle siège au conseil des gouverneurs. L'annonce officielle sera faite à tous les étudiants demain.

À ces mots, le cœur d'Anne s'emballa, et soudain, ses horizons, guidés par son ambition, semblèrent s'élargir comme par magie. Avant cette révélation, son objectif ultime se limitait à obtenir le brevet d'institutrice de première catégorie, ce qui lui permettrait d'enseigner dans la province, et peut-être, avec un peu de chance, de remporter la médaille de fin d'année. Mais voilà que, en un instant, elle se voyait déjà titulaire d'une bourse Avery, suivant des cours de lettres à l'université de Redmond, et recevant son diplôme, vêtue de sa robe universitaire, et d'une toque de fin d'étude. Tout cela, avant même que les paroles de Josie n'aient fini de résonner. Il faut dire que la bourse Avery récompense l'excellence en anglais, un domaine où Anne se sentait particulièrement à l'aise.

Un riche industriel du Nouveau-Brunswick était décédé, et avait légué une partie de sa fortune dans l'objectif de financer un grand nombre de bourses à distribuer parmi les divers lycées et académies des provinces maritimes, selon leurs classements respectifs. On doutait beaucoup qu'une bourse soit attribuée à Queen's, mais la question fut finalement tranchée, et à la fin de l'année, le diplômé ayant obtenu la meilleure note en anglais et en littérature anglaise remporterait la bourse : deux cent cinquante dollars par an pendant quatre ans à l'université de Redmond. Pas étonnant qu'Anne se soit endormie ce soir-là, les joues enflammées d'excitation.

— Je ferai tout mon possible pour obtenir cette bourse, se promit-elle. Matthew serait tellement fier si je poursuivais une licence de lettres !

Pour Anne, les ambitions semblaient infinies, et c'était ce qui les rendait si passionnantes. À peine atteignait-elle un but qu'un autre se profilait à l'horizon, brillant encore plus intensément. « Cela rend la vie si intéressante », pensa-t-elle, ce soir-là.

CHAPITRE XXXV. Un hiver à l'université

Au fil des semaines, Anne se sentit de moins en moins dépaysée, grâce aux fins de semaine passées aux Pignons Verts. Profitant du beau temps, les étudiants d'Avonlea prenaient le train vers Carmody chaque vendredi soir, empruntant la nouvelle ligne secondaire. Diana et plusieurs autres jeunes gens d'Avonlea étaient généralement présents pour les accueillir, et ils marchaient tous ensemble vers Avonlea, formant une joyeuse bande. Anne trouvait que ces escapades du vendredi soir, à travers les collines automnales, dans l'air frais et doré, avec les lumières d'Avonlea scintillant au loin, étaient les meilleurs moments de toute la semaine.

Gilbert Blythe marchait souvent aux côtés de Ruby Gillis, portant son sac. Ruby était devenue une très jolie jeune femme ; elle n'avait aucun mal à se considérer comme une adulte, portant désormais des jupes aussi longues que sa mère le lui permettait, et relevait ses cheveux en ville, même si elle devait les laisser lâchés à la maison. Elle avait de grands yeux bleu vif, un teint éclatant, et une silhouette ronde et attrayante. Elle riait beaucoup, était joyeuse et de bonne humeur, et profitait franchement des plaisirs de la vie.

— Mais je ne pense pas qu'elle soit le genre de fille qui plaise à Gilbert, chuchota Jane à Anne.

Anne n'y croyait pas vraiment non plus, mais elle n'aurait rien dit, même pour obtenir la bourse Avery. Elle ne pouvait s'empêcher de penser qu'il serait très agréable d'avoir un ami comme Gilbert avec qui plaisanter, discuter et échanger des idées sur les livres, les études et les ambitions. Elle savait que Gilbert avait des ambitions, et Ruby Gillis ne semblait pas être la personne idéale pour ce genre de discussions.

Anne ne se laissait jamais aller à des rêveries sentimentales. Pour elles, les garçons, quand ils lui venaient à l'esprit, étaient simplement des compagnons de camaraderie. Si elle et Gilbert avaient été amis, elle ne se serait pas souciée du nombre d'autres amis qu'il avait ni avec qui il passait du temps. Elle était douée pour l'amitié ; elle avait beaucoup d'amies, mais pensait qu'une amitié masculine pourrait enrichir sa vision de la camaraderie et lui offrir de nouvelles perspectives. Anne n'aurait pas su mettre des mots précis sur ses pensées, mais elle se disait que si Gilbert l'avait accompagnée chez elle, à travers les champs givrés et les sentiers bordés de fougères, ils auraient pu avoir de longues et captivantes discussions sur le nouveau monde qui s'ouvrait devant eux, leurs rêves et leurs ambitions. Gilbert était un jeune homme très intelligent, capable de formuler des opinions claires, et aussi déterminé à réussir dans la vie qu'il était prêt à y consacrer les efforts nécessaires. Ruby Gillis disait à Jane Andrews qu'elle ne comprenait pas la moitié des choses que Gilbert Blythe disait ; il parlait exactement comme Anne Shirley quand elle était en pleine réflexion, et elle, de son côté, ne trouvait pas ça amusant de se soucier des livres, et de ce genre de choses quand on n'était pas obligé de le faire. Frank Stockley, en revanche, était beaucoup plus amusant et joyeux, mais il fallait bien admettre que Gilbert était bien plus séduisant, et la pauvre Ruby n'arrivait pas à décider lequel des deux elle préférait !

À l'université, Anne se constitua progressivement un petit cercle d'amis, des étudiants réfléchis, imaginatifs, et ambitieux comme elle. Elle devint rapidement proche de Stella Maynard, la fille « au teint éclatant », et de Priscilla Grant, la fille « qui semblait avoir un don pour la rêverie ». Elle découvrit que Priscilla, malgré son apparence fantomatique et son teint pâle, était pleine de malice et de plaisanteries, tandis que Stella, avec ses yeux noir vif, avait un cœur rempli de rêves nostalgiques et de fantaisies aussi éthérées et colorées que celles d'Anne.

Après les vacances de Noël, les étudiants d'Avonlea renoncèrent à rentrer chez eux les vendredis, et se consacrèrent pleinement à leurs études. À ce moment-là, tous les étudiants de Queen's avaient trouvé leur place et les différentes classes avaient pris des personnalités distinctes et bien établies. Au fil du temps, trois candidats émergèrent comme les principaux prétendants à la médaille : Gilbert Blythe, Anne Shirley et Lewis Wilson. Quant à la bourse Avery, l'issue restait incertaine, avec six candidats potentiels. Quant à la médaille de bronze en mathématiques, elle semblait déjà acquise par un jeune garçon grassouillet et amusant venu de la campagne, avec un front bosselé et un manteau rapiécé.

Ruby Gillis était la plus belle fille de sa promotion. Parmi les élèves de deuxième année, Stella Maynard était considérée comme la plus jolie, bien qu'une petite minorité critique préférât Anne Shirley. Ethel Marr était unanimement reconnue pour ses coiffures élégantes, et Jane Andrews, simple, travailleuse et consciencieuse, brillait dans le cours d'enseignement ménager. Même Josie Pye avait su se distinguer ; on disait d'elle qu'elle était la plus grosse langue de vipère de Queen's. Une chose est sûre : les anciens élèves de Mlle Stacy s'étaient brillamment illustrés dans leur nouvel environnement universitaire.

Anne travaillait dur, et avec constance. Sa rivalité avec Gilbert restait aussi intense qu'à l'école d'Avonlea, bien que cela échappât à la plupart de leurs camarades, mais désormais, toute amertume avait disparu. Anne ne souhaitait plus être première simplement pour vaincre Gilbert ; elle aspirait plutôt à la fierté d'une victoire bien méritée face à un adversaire digne. Cela vaudrait la peine de gagner, mais elle ne pensait plus que la vie serait insupportable si elle n'y parvenait pas.

Malgré les nombreuses heures de cours, les étudiants trouvaient des occasions de se divertir. Anne passait la plupart de son temps libre à Beechwood, où elle prenait souvent ses dîners du dimanche, et allait à l'église avec Mlle Barry. Elle admettait volontiers que les années la rattrapaient, mais ses yeux noirs n'avaient rien perdu de leur éclat, et sa langue gardait toute sa vivacité. Cependant, elle n'utilisait jamais son mordant contre Anne, qui restait sa favorite.

— Cette petite Anne s'améliore constamment, disait-elle. Je me lasse vite des autres filles de son âge ; elles sont toutes si uniformes et ennuyeuses. Anne, cependant, est comme un arc-en-ciel, chaque nuance étant la plus belle pourvu qu'elle dure. Je ne sais pas si elle est aussi amusante qu'elle l'était enfant, mais elle a un talent pour se faire apprécier, et j'apprécie ceux qui savent gagner mon affection. Ça m'évite l'effort de devoir me forcer à les aimer.

Et puis, presque à l'insu de tous, le printemps avait doucement pris ses quartiers. À Avonlea, les fleurs de mai, encore hésitantes, faisaient timidement leur apparition entre les derniers tas de neige persistants dans les champs en friche ; une légère teinte de verdure commençait à se répandre dans les bois et les vallons. Mais à Charlottetown, les étudiants de Queen's, sous pression, ne pensaient et ne parlaient que des examens.

— Il semble incroyable que le trimestre soit déjà presque terminé, dit Anne. L'automne dernier, tout cela semblait si lointain : un hiver interminable de cours et de révisions. Et maintenant, les examens arrivent la semaine prochaine. Parfois, j'ai l'impression que ces examens sont la chose la plus importante au monde, mais quand je vois les bourgeons éclore sur les marronniers et la brume bleutée se dissiper au bout de la rue, ils me semblent soudain moins cruciaux.

Jane, Ruby et Josie, qui étaient venues faire un tour, ne partageaient pas cet avis. Pour elles, les examens à venir étaient d'une importance capitale, et ni les bourgeons des marronniers ni les brumes de mai ne pouvaient les distraire. Anne, certaine de réussir, pouvait se permettre de relativiser, mais pour ces jeunes filles, dont l'avenir dépendait de leurs résultats, il n'y avait pas de place pour des réflexions philosophiques.

— J'ai perdu trois kilos ces deux dernières semaines, soupira Jane. On a beau me dire de ne pas stresser, je stresse quand même. D'une certaine façon, ça m'aide de stresser, on a l'impression de faire quelque chose. Ce serait terrible si je n'obtenais pas mon diplôme après avoir passé tout un hiver ici, et dépensé tout cet argent !

— Moi, je m'en fiche, répondit Josie Pye. Si je ne réussis pas cette année, je reviendrai l'année prochaine. Mon père peut se permettre de me renvoyer ici. D'ailleurs, Anne, Frank Stockley m'a dit que le professeur Tremaine pense que Gilbert Blythe va sûrement décrocher la médaille, et qu'Emily Clay est la favorite pour la bourse Avery.

— Peut-être que je m'en soucierai demain, Josie, répondit Anne en souriant. Mais pour l'instant, tant que les violettes éclatent de petites touches mauves autour des Pignons Verts et que les fougères se dressent sur le Sentier de l'Amour, peu m'importe de remporter la bourse Avery ou non. J'ai fait de mon mieux, et je commence à comprendre ce que signifie la « la satisfaction du devoir accompli ». C'est merveilleux de travailler dur et de réussir, mais même si l'on échoue, cela en vaut la peine. Allons, les filles, arrêtons de parler des examens ! Regardez ce coin de ciel vert pâle, comme une voûte au-dessus des toits, et imaginez la féerie des bois de bouleaux mauves qui entourent Avonlea.

— Que vas-tu porter pour la remise des diplômes, Jane ? demanda Ruby de manière pragmatique.

Jane et Josie répondirent en même temps, et la conversation s'anima autour des vêtements. Pendant ce temps, Anne, appuyée sur le rebord de la fenêtre, la joue contre ses mains, contemplait le ciel du coucher de soleil au-delà des toits et des clochers. Elle rêvait de son avenir avec un optimisme sans faille. L'avenir s'offrait à elle, chaque année promettant des opportunités, comme des roses à tisser dans une couronne éternelle.

CHAPITRE XXXVI. Un succès et un rêve

Le matin où les résultats finaux des examens devaient être affichés, Anne et Jane descendirent ensemble la rue jusqu'à l'université. Jane souriait, elle était heureuse, car les examens étaient finis, et elle était certaine de réussir haut la main. Nourrissant peu d'ambitions, elle bénéficiait de la tranquillité d'esprit qui en découle. Car en ce monde, tout a un prix ; et bien que les ambitions soient précieuses, elles ne se réalisent pas aisément et exigent leur part de labeur, de sacrifices, d'angoisses et de découragements. Anne, de son côté, était pâle et silencieuse ; dans dix minutes, elle saurait qui avait remporté la médaille, et qui avait obtenu la bourse Avery. Pour elle, tout se jouait dans ces dix minutes, après quoi, le temps semblait s'arrêter.

— Mais, tu obtiendras l'une ou l'autre, c'est certain, dit Jane, incapable de concevoir que les professeurs pour en décider autrement.

— Je n'ai aucun espoir pour la bourse, déclara Anne. Tout le monde dit qu'Emily Clay la remportera. De toute manière, je refuse d'aller consulter les résultats devant tout le monde ; je n'en ai pas le courage. Je vais me rendre directement au vestiaire des filles, et toi, tu devras lire les annonces et venir me les dire, Jane. Et je t'implore, au nom de notre amitié, de le faire aussi vite que possible. Si j'ai échoué, dis-le simplement, sans essayer de me ménager ; et surtout, ne me plains pas. Promets-le-moi, Jane.

Jane promit solennellement. Seulement, ce n'était pas vraiment nécessaire, car à peine arrivées, elles virent Gilbert Blythe, porté en triomphe par une foule de garçons dans le hall, qui scandaient : « Hourra pour Blythe, il a gagné la médaille ! ».

Pendant un instant, Anne ressentit une déchirante douleur de défaite et de déception. Elle avait échoué, face à Gilbert. Matthew serait tellement déçu, lui qui croyait fermement en ses chances.

Mais soudain, quelqu'un s'écria :

— Un triple hourra pour Mlle Shirley, qui a remporté la bourse Avery !

— Oh, Anne ! souffla Jane alors qu'elles se réfugiaient dans le vestiaire des filles au milieu des acclamations enthousiastes. Oh, Anne, je suis tellement fière de toi ! N'est-ce pas merveilleux ?

En un instant, les filles du vestiaire l'entourèrent, et Anne fut acclamée par tout ce petit groupe joyeux qui n'arrêtait pas de la féliciter. On lui tapa sur les épaules, on lui serra vigoureusement les mains. Elle fut poussée, tirée, embrassée, et au milieu de tout cela, elle parvint à murmurer à Jane :

— Oh, Matthew et Marilla vont être si ravis ! Il faut que je leur écrive immédiatement.

Les jours suivants, la cérémonie de remise des diplômes fut l'événement majeur. Elle se déroulait dans la grande salle de réunion du collège. Il y eut des discours, des lectures de travaux, des chants, et la remise officielle des diplômes, prix et médailles.

Matthew et Marilla étaient présents, captivés par une seule étudiante sur l'estrade : une grande jeune fille en robe vert pâle, les joues légèrement rosées et les yeux brillants. Elle lut le meilleur essai, et tout le monde chuchotait en la désignant du doigt, car elle avait remporté la bourse Avery.

— Alors, Marilla, tu ne regrettes pas de l'avoir gardée ? murmura Matthew, parlant pour la première fois depuis qu'il était entré dans la salle, après qu'Anne eut terminé son essai.

— Oui, je suis contente, mais ce n'est pas nouveau, répondit Marilla. Tu aimes bien en remettre une couche, n'est-ce pas, Matthew Cuthbert ?

Mlle Barry, assise derrière eux, se pencha en avant et donna un petit coup à Marilla avec son parasol.

— N'êtes-vous pas fière de cette petite Anne ? Moi, je le suis, dit-elle.

Ce soir-là, Anne rentra à Avonlea avec Matthew et Marilla. Elle n'était pas rentrée depuis avril, et elle sentait qu'elle ne pouvait attendre un jour de plus. Les pommiers étaient en fleurs et le monde était frais et jeune. À son retour, Diana l'attendait justement aux Pignons Verts pour l'accueillir. Une fois de retour dans sa chambre blanche, où Marilla avait placé un rosier en fleur sur le rebord de la fenêtre, Anne regarda autour d'elle et respira profondément de bonheur.

— Oh, Diana, c'est tellement bon d'être de retour ! C'est tellement agréable de voir ces sapins se détacher sur le ciel rose, ce verger blanc et cette bonne vieille Majesté des Neiges. N'est-ce pas délicieux, l'odeur de la menthe ? Et cette rose de thé est si belle ! C'est à la fois une chanson, un espoir et une prière réunis. Oh, c'est tellement bon de te revoir, Diana !

— Je pensais que tu m'avais remplacé par cette Stella Maynard, fit remarquer Diana avec reproche. C'est ce que m'a dit Josie. Selon elle, tu n'arrives même plus à te passer d'elle.

À ces mots, Anne rit, et bombarda Diana avec les lys de juin fanés de son bouquet.

— Stella Maynard est vraiment adorable, mais personne ne l'est autant que toi, Diana, dit-elle. Je t'aime plus que jamais, tu le sais. J'ai tellement de choses à te raconter ! Pour l'instant, j'éprouve une immense joie à juste m'asseoir ici, et à te regarder. Je suis épuisée, je crois, fatiguée de toujours devoir être studieuse et ambitieuse. Demain, j'ai décidé de passer au moins deux heures étendues dans l'herbe du verger, à ne penser à rien du tout.

— Tu as été brillante, Anne. Je suppose que tu ne vas plus enseigner maintenant que tu as remporté la bourse Avery.

— Non, en effet. Cet automne, je pars pour Redmond, au collège universitaire. N'est-ce pas fantastique ? Je serai de nouveau pleine d'énergie, de rêves et d'ambitions diverses après ces trois merveilleux mois de vacances. Jane et Ruby, elles, vont commencer à enseigner. N'est-ce pas incroyable que nous ayons tous réussi, même Moody Spurgeon et Josie Pye ?

— Le conseil scolaire de Newbridge a déjà proposé à Jane un poste d'enseignante, dit Diana. Gilbert Blythe va enseigner aussi. Il n'a pas le choix : son père ne peut plus l'envoyer à l'université l'an prochain, donc il doit travailler pour subvenir à ses besoins. Je pense qu'il va enseigner ici, si Mlle Ames décide de partir.

Anne ressentit une petite sensation de surprise et de désarroi. Elle ne savait pas cela ; elle avait imaginé que Gilbert aussi irait à Redmond. Que ferait-elle maintenant, sans leur ancienne rivalité ? Le travail, même dans un collège universitaire prestigieux, ne lui semblerait-il pas terne sans son adversaire de toujours ?

Le lendemain matin, au petit-déjeuner, Anne remarqua soudain que Matthew n'avait pas bonne mine. Il semblait bien plus gris qu'il ne l'était l'année précédente.

— Marilla, dit-elle hésitante après qu'il fut sorti, est-ce que Matthew va bien ?

— Non, pas vraiment, répondit Marilla, d'un ton inquiet. Il a eu de sérieux problèmes de cœur ce printemps, et il refuse de se ménager. Son état m'a beaucoup préoccupé ces derniers temps, mais il semble enfin aller un peu mieux. Nous avons engagé un homme à tout faire pour le soulager des tâches, et l'aider à se rétablir. Peut-être prendra-t-il davantage de temps pour se reposer maintenant que tu es à la maison. Tu lui remontes toujours le moral. Tu lui remontes toujours le moral.

Anne se pencha par-dessus la table, et prit le visage de Marilla entre ses mains.

— Vous non plus, Marilla, vous n'avez pas l'air en pleine forme. Vous semblez fatiguée. Je crains que vous ayez trop travaillé. Vous devez vous reposer maintenant que je suis rentrée. Aujourd'hui, je vais me promener et revisiter tous les endroits que j'aime, retrouver mes vieux rêves, et ensuite ce sera à votre tour de vous reposer pendant que je m'occuperai de tout.

Marilla sourit affectueusement à Anne.

— Ce n'est pas le travail, c'est ma tête. J'ai souvent mal derrière les yeux ces derniers temps. Le docteur Spencer veut absolument que je porte des lunettes, mais elles n'aident pas beaucoup. Un oculiste réputé doit venir sur l'île à la fin juin, et le docteur insiste pour que je le consulte. Je suppose que je n'ai pas le choix, car je ne peux plus lire ni coudre sans difficulté. Enfin, Anne, tu as vraiment fait du bon travail à Queen's. Obtenir ton brevet de première classe et décrocher la bourse Avery en un an, c'est impressionnant.

Mme Lynde peut bien dire que plus on a d'ambition, plus la chute est dure, et qu'une femme ne devrait pas faire d'études supérieures, je n'y crois pas une seconde. D'ailleurs, en parlant de Rachel, as-tu entendu quelque chose à propos de la banque Abbey, Anne ?

— J'ai entendu dire qu'elle était fragile, répondit Anne. Pourquoi ?

— C'est aussi l'avis de Mme Lynde. Elle est venue la semaine dernière et nous a dit que la banque était apparemment en difficulté. Cela inquiète beaucoup Matthew, car toutes nos économies, jusqu'au dernier centime, se trouvent là-bas. J'aurais préféré qu'il mette notre argent à la Banque d'épargne, mais le vieux M. Abbey était un grand ami de notre père et son banquier de toujours. Naturellement, Matthew a jugé qu'une banque dirigée par M. Abbey était tout aussi fiable qu'une autre.

— Je pense qu'il n'est plus que le chef nominal depuis de nombreuses années, dit Anne. C'est un homme très âgé ; ce sont ses neveux qui dirigent la banque désormais.

— Exactement, et dès que Rachel nous a raconté cela, j'ai insisté pour que Matthew retire tout notre argent ; il a dit qu'il y réfléchirait. Mais, hier encore, M. Russell lui a assuré qu'il n'y avait rien à craindre.

Anne passa une journée merveilleuse en pleine nature. Elle n'oublia jamais cette journée ; elle était si lumineuse, dorée et belle, sans la moindre ombre et remplie de fleurs. Anne passa quelques heures précieuses dans le verger ; elle se rendit à la Sources des nymphes, à l'Étang aux saules et à la Vallée des violettes ; elle fit un saut au presbytère, et eut une conversation des plus satisfaisantes avec Mme Allan ; et enfin, le soir, elle accompagna Matthew pour aller chercher les vaches, à travers le Sentier de l'Amour jusqu'au pâturage arrière. Les bois étaient magnifiés par le coucher du soleil, et sa chaude splendeur se déversait à travers les creux des collines à l'ouest. Matthew marchait lentement, la tête penchée ; Anne, grande et droite, adaptait son pas vif au sien.

— Vous avez suffisamment travaillé pour aujourd'hui, Matthew, dit-elle avec reproche. Pourquoi ne prendriez-vous pas un peu de repos ?

— Eh bien, je n'y arrive pas, répondit Matthew en ouvrant la porte de la cour pour laisser passer les vaches. C'est juste que je vieillis, Anne, et que j'oublie de le faire. Bah, de toute façon, j'ai toujours trimé comme un forçat, et je parie que je clamserai en pleine besogne.

— Si j'avais été un garçon, comme vous l'auriez souhaité, dit Anne avec regret, je pourrais vous aider, et cela vous soulagerait grandement. Parfois, j'aurais vraiment souhaité avoir été ce garçon, juste pour cela.

— Eh bien, moi, je préfère t'avoir toi plutôt qu'une douzaine de garçons, Anne, répondit Matthew en lui tapotant la main. N'oublie jamais que tu as plus de valeur que dix garçons réunis. Qui a remporté la bourse Avery ? Pas un garçon, mais toi, ma fille, dont je suis immensément fier.

Il lui adressa son sourire timide en entrant dans la cour. Anne emporta ce souvenir avec elle lorsqu'elle monta dans sa chambre ce soir-là, et resta longtemps à sa fenêtre ouverte, pensant au passé et rêvant de l'avenir. Dehors, Sa Majesté des Neiges ressemblait à une brume sous la lune ;

on entendait les grenouilles chanter dans le marais au pied de la Butte aux vergers. Anne se souvint toujours de la beauté argentée, paisible et parfumée de cette nuit. C'était la dernière nuit magnifique qu'elle connaîtrait avant que le malheur ne vienne la frapper. Aucune vie n'est jamais tout à fait la même après avoir ressenti ce glacial et sanctifiant toucher.

CHAPITRE XXXVII. La faucheuse ne regarde pas les dents

— Matthew ? Matthew, que se passe-t-il ? Matthew, es-tu malade ?

C'était Marilla qui parlait, chaque mot saccadé trahissant son inquiétude. Anne traversa le hall, les bras chargés de narcisses blancs. Elle ne le savait pas encore, mais cette journée marquerait la fin de son amour pour ces fleurs. Dans l'encadrement de la porte du porche, Matthew se tenait là, un journal à la main, le visage pâle et tiré. Anne laissa tomber ses fleurs, et se précipita vers la cuisine pour le rejoindre en même temps que Marilla. Elles arrivèrent trop tard, et avant qu'elles ne puissent l'atteindre, Matthew s'effondra sur le seuil.

— Il a perdu connaissance, haleta Marilla. Anne, cours chercher Martin. Vite ! Il est à la grange.

Martin, l'homme à tout faire, qui venait juste de rentrer de la poste, partit immédiatement chercher un médecin, s'arrêtant en chemin à la Butte aux vergers pour alerter M. et Mme Barry. Mme Lynde qui se trouvait là pour une course, les accompagna. Arrivés aux Pignons Verts, ils trouvèrent Anne et Marilla essayant désespérément de ranimer Matthew.

Mme Lynde les écarta doucement, prit son pouls, puis posa l'oreille sur son cœur. Elle regarda leurs visages anxieux avec tristesse, et des larmes remplirent ses yeux.

— Oh, Marilla, dit-elle gravement. Je ne pense pas que nous puissions faire quoi que ce soit pour lui.

— Madame Lynde, vous ne pensez pas... vous ne pouvez pas penser que Matthew est... fit doucement Anne.

Elle ne put prononcer le mot terrible ; elle devint pâle, et se sentit mal.

— Je crains bien que si, mon enfant. Regardez son visage. Quand vous aurez vu cette expression aussi souvent que moi, vous saurez ce qu'elle signifie.

Anne observa le visage immobile de Matthew, et comprit immédiatement que la mort avait laissé son empreinte.

Lorsque le médecin arriva, il confirma que Matthew était mort subitement et probablement sans douleur, victime d'un choc soudain. On découvrit la cause de ce choc en lisant le journal qu'il tenait en main, celui que Martin avait rapporté du bureau de poste ce matin-là : un article annonçait la faillite de la banque Abbey.

La nouvelle se répandit rapidement à travers Avonlea, et toute la journée, amis et voisins affluèrent aux Pignons Verts, chacun cherchant à offrir leur aide aux vivants et à rendre hommage au défunt. Pour la première fois, le timide et tranquille Matthew Cuthbert était le centre de l'attention : la mort, avec sa blancheur solennelle, l'avait soudainement élevé à un statut exceptionnel.

Lorsque la tranquillité du soir revint, un silence profond s'installa dans la vieille maison. Dans le salon, Matthew Cuthbert reposait dans son cercueil, ses longs cheveux gris encadrant son visage serein, sur lequel se dessinait un léger sourire bienveillant, comme s'il dormait, faisant de doux rêves. Autour de lui, il y avait des fleurs, de charmantes fleurs anciennes que sa mère avait plantées dans le jardin de la maison lors de ses jours de noces, et pour lesquelles Matthew avait toujours porté un amour secret et tacite. Anne les avait cueillies et apportées, les yeux brûlants de douleur mais sans larmes. C'était la dernière chose qu'elle pouvait faire pour lui.

Cette nuit-là, les Barry et Mme Lynde passèrent la nuit aux Pignons Verts. Diana, se rendant au pignon est, où Anne se tenait à sa fenêtre, l'appela doucement :

— Oh, ma pauvre Anne, voudrais-tu que je dorme avec toi ce soir ?

— Non merci, Diana, fit-elle en regardant son amie avec gravité. Je sais que tu vas me comprendre si je te dis que j'ai besoin d'être seule. Je n'ai pas peur. Depuis que c'est arrivé, je n'ai pas eu un moment de solitude, et je crois que j'en ai besoin. J'ai envie de silence et de calme pour comprendre. Je n'arrive pas à me convaincre que c'est réel. Par moments, j'ai l'impression que c'est impossible ; que Matthew ne peut pas être mort. D'autres fois, il me semble qu'il est parti depuis longtemps, et que je ressens cette douleur terrible depuis toujours.

Diana ne comprenait pas tout à fait. Le chagrin manifeste de Marilla, dépassant pour une fois les barrières de la réserve et de l'habitude, lui semblait plus facile à saisir que le deuil silencieux de son amie. Elle s'en alla néanmoins sans discuter, laissant Anne faire face seule à sa peine.

Anne espérait que les larmes viendraient dans la solitude. Il lui semblait terrible de ne pas pouvoir verser une larme pour Matthew, qu'elle avait tant aimé et qui avait été si bon pour elle, Matthew qui avait marché avec elle la veille au coucher du soleil, et qui reposait maintenant dans la pièce sombre en bas, avec cette paix effrayante marquée sur son front. Mais, aucune larme ne vint au début, même lorsqu'elle s'agenouilla à sa fenêtre dans l'obscurité et pria, regardant les étoiles au-delà des collines. Aucune larme, seulement la même douleur sourde et terrible qui continuait à la faire souffrir jusqu'à ce qu'elle s'endorme, épuisée par la douleur et l'excitation de la journée.

Dans la nuit, elle se réveilla, enveloppée par le calme et l'obscurité, et le souvenir de la journée l'envahit comme une vague de tristesse. Elle pouvait voir le visage de Matthew lui souriant, comme il l'avait fait lorsqu'ils s'étaient quittés à la porte la veille au soir. L'écho de ces dernières paroles résonnait dans sa tête : « Ma fille, dont je suis immensément fier ». Alors les larmes coulèrent, et Anne pleura abondamment. Marilla l'entendit et vint discrètement la consoler.

— Allons, allons, sèche tes larmes, ma pauvre chérie. Cela ne le ramènera pas, et puis, ce... ce n'est... ce n'est pas bien de pleurer ainsi, même si je comprends, moi aussi, j'ai pleuré toute la journée. Il a toujours été un frère si bon et si aimant avec moi. Mais, nous devons accepter que les desseins de Dieu soient mystérieux et incompréhensibles...

— Oh, laissez-moi pleurer, Marilla, je vous en prie, supplia Anne en sanglotant. Les larmes atténuent un peu cette douleur immense. Mais, restez un instant avec moi, et prenez-moi dans vos bras. Je n'ai pas voulu que Diana reste, même si elle est gentille ; ce n'est pas sa peine, elle ne pourrait pas comprendre ni apaiser mon cœur. C'est notre chagrin à nous deux. Oh, Marilla, qu'allons-nous faire sans Matthew ?

— Nous allons nous serrer les coudes, Anne, ne t'en fais pas. Je ne sais pas ce que je ferais sans toi, si tu n'étais jamais venue ici. Je sais que j'ai été sévère, peut-être trop dure, mais ne crois jamais que je t'aimais moins que Matthew. Je veux que tu le saches maintenant. J'ai toujours eu du mal à exprimer mes sentiments, mais en ce moment, c'est plus facile. Je t'aime comme ma propre fille ; depuis ton arrivée aux Pignons Verts, tu as été ma plus grande joie et mon réconfort.

Deux jours plus tard, ils portèrent Matthew Cuthbert au-delà du seuil de sa maison pour la dernière fois, loin des champs qu'il avait cultivés, des vergers qu'il avait aimés, et des arbres qu'il avait plantés ; et puis Avonlea retrouva sa tranquillité habituelle. Même aux Pignons Verts, les affaires reprirent leur cours habituel, le travail fut accompli et les devoirs remplis avec la même régularité qu'avant, mais chaque chose familière était désormais imprégnée d'une douleur lancinante liée à l'absence de cet être cher. Anne, pour qui le chagrin était une expérience nouvelle, trouvait déconcertant que la vie puisse continuer sans Matthew. Elle ressentait même une sorte de honte et de remords en découvrant que les levers de soleil sur les sapins et l'éclosion des bourgeons roses dans le jardin lui apportait toujours autant de joie, que les visites de Diana étaient toujours aussi plaisantes, et que sa jovialité continuait de la faire rire et de l'émouvoir. En bref, ce monde magnifique, fait de fleurs, d'amour et d'amitié, n'avait rien perdu de son pouvoir de toucher son cœur et d'enflammer son imagination. La vie continuait de l'appeler avec insistance.

— Il me semble que c'est une forme de déloyauté envers Matthew de trouver du plaisir dans ces choses maintenant qu'il est parti, dit-elle avec mélancolie à Mme Allan un soir alors qu'elles étaient ensemble dans le jardin du presbytère. Il me manque tellement, tout le temps, et pourtant, Madame Allan, le monde et la vie me semblent encore si beaux et passionnants. Aujourd'hui, Diana a dit quelque chose de drôle et je me suis mise à rire. Je pensais qu'après ce qui s'était passé, je ne pourrais plus jamais rire. Et il me semble d'une certaine manière que je ne devrais pas.

— De son vivant, Matthew aimait t'entendre rire, et savoir que tu trouvais du plaisir dans les choses agréables qui t'entourent, dit doucement Mme Allan. Simplement, il n'est plus là, mais te savoir heureuse lui ferait toujours aussi plaisir. Je suis persuadée qu'il est essentiel de laisser la nature suivre son cours pour nous aider à guérir. Mais, je comprends ce que tu ressens, Anne. Je pense que nous éprouvons tous la même chose. Nous ressentons de la colère à l'idée que quelque chose puisse nous plaire quand quelqu'un que nous aimons n'est plus là pour partager ce plaisir avec nous, et nous avons presque l'impression de trahir notre chagrin lorsque nous retrouvons notre intérêt pour la vie.

— Je suis allée au cimetière cet après-midi pour planter un rosier sur la tombe de Matthew, expliqua Anne, d'un ton rêveur. J'ai pris une bouture du petit rosier blanc écossais que sa mère avait apporté d'Europe il y a longtemps ; Matthew aimait particulièrement ces roses, petites mais si douces et parfumées malgré leurs épines. Ça m'a fait plaisir de planter cette bouture près de sa tombe, comme si je lui faisais une dernière faveur. J'espère qu'il y a des roses comme celles-ci au paradis. Peut-être même que les âmes de toutes ces roses blanches qu'il aimait tant l'ont accueilli. Mais il se fait tard, je dois rentrer. Marilla est seule, et la solitude lui pèse encore plus la nuit venue.

— Je crains bien qu'elle se sente encore plus seule lorsque tu partiras pour l'université, fit remarquer Mme Allan.

Anne ne répondit pas ; elle souhaita simplement une bonne soirée avant de prendre lentement le chemin de Green Gables. Marilla était assise sur les marches de la maison, et Anne vint la rejoindre. La porte était ouverte derrière elles, maintenue par un grand coquillage rose aux reflets de couchers de soleil marins dans ses convolutions lisses.

Anne cueillit quelques branches de chèvrefeuille jaune pâle, et les arrangea dans ses cheveux. Elle aimait le délicieux parfum, comme une bénédiction céleste, qui flottait au-dessus d'elle à chaque mouvement.

— Le Dr Spencer est passé pendant ton absence, annonça Marilla. Il dit que l'oculiste sera en ville demain, et il insiste pour que j'aille faire examiner mes yeux. Je pense qu'il vaut mieux y aller, et en finir une bonne fois pour toutes. J'espère qu'il pourra me trouver des lunettes adaptées. Ça ne te dérange pas de rester seule ici pendant mon absence, n'est-ce pas ? Martin m'accompagnera ; il y a du linge à repasser, du pain et un gâteau à faire.

— Non, ne vous en faites pas, Marilla. Diana viendra me tenir compagnie. Je m'occuperai du linge, du pain et du gâteau. Vous pouvez me faire confiance, je n'amidonnerai pas les mouchoirs et je ne mettrai pas de liniment dans le gâteau.

Marilla éclata de rire.

— Quelle petite diablesse tu étais ! Toujours à faire des bêtises ! Tu te retrouvais toujours dans des situations impossibles. À un moment, je me suis même demandé si tu n'étais pas possédée. Tu te souviens de la fois où tu as teint tes cheveux ?

— Bien sûr ! Comment pourrais-je oublier ? répondit Anne en souriant, tout en touchant la lourde tresse de cheveux gracieusement enroulée autour de sa tête. Je ris parfois toute seule en repensant à combien mes cheveux me rendaient malheureuse, mais je dois reconnaître que c'était une véritable source de problèmes pour moi. J'ai vraiment souffert à cause de mes cheveux et de mes taches de rousseur, vous savez. Les taches de rousseur ont disparu et maintenant, les gens disent gentiment que mes cheveux sont châtains, enfin, tous sauf Josie Pye. Hier, elle m'a dit que mes cheveux semblaient encore plus roux qu'avant, peut-être à cause de ma robe noire qui accentue leur couleur. Puis, elle m'a demandé si les roux finissent par accepter la couleur de leurs cheveux. Vous savez, Marilla, j'ai presque décidé d'arrêter d'essayer d'aimer Josie Pye. J'ai fourni des efforts considérables jusqu'à maintenant, mais il est vraiment impossible d'apprécier cette fille. Je crois qu'elle ne veut tout simplement pas être aimée.

— Elle porte bien son nom, c'est une vraie pie cette Josie Pye, fit sèchement Marilla. La méchanceté est dans ses gènes, c'est pour ça qu'elle ne peut s'empêcher d'être désagréable. Je pense que ce genre de personne doit bien avoir une utilité dans la société, mais honnêtement, je n'arrive pas à voir laquelle, tout comme je ne comprends pas l'utilité des chardons. Est-ce que Josie va enseigner ?

— Non, elle retourne à Queen's l'année prochaine, tout comme Moody Spurgeon et Charlie Sloane. Jane et Ruby, en revanche, vont enseigner. Jane a déjà obtenu un poste à Newbridge, et Ruby a trouvé un emploi quelque part dans l'ouest.

— Et Gilbert Blythe ? Lui aussi a prévu d'enseigner, n'est-ce pas ?

— Oui, répondit brièvement Anne.

— Il est vraiment beau garçon, fit remarquer Marilla, d'un ton distrait. Je l'ai aperçu à l'église, dimanche dernier ; il est devenu si grand et viril. Il est à la copie de son père, John Blythe. Lui aussi était un gentil garçon, plus jeune. Nous étions de très bons amis, lui et moi. Les gens disaient qu'il était mon prétendant.

Anne leva les yeux avec un vif intérêt.

— Oh, Marilla ! Qu'est-il arrivé ? Pourquoi ne...

— Nous nous sommes disputés. Quand il m'a demandé pardon, j'ai refusé. J'avais l'intention de lui pardonner plus tard, mais j'étais en colère et rancunière, je voulais le faire souffrir avant de lui pardonner. Il n'est jamais revenu. Les Blythe ont tous un fort caractère. Mais après, je me suis beaucoup reproché de ne pas avoir saisi l'occasion de lui pardonner.

— Ainsi, vous avez connu une part de romance dans votre vie, remarqua Anne avec douceur.

— Oui, on peut dire ça. Pourtant, en me regardant, on ne le devinerait pas, n'est-ce pas ? Il ne faut jamais se fier aux apparences. Tout le monde a oublié mon histoire avec John. Je l'avais même oubliée moi-même ! Cela m'est revenu tout à coup quand j'ai vu Gilbert dimanche dernier.

CHAPITRE XXXVIII. Un nouveau tournant

Le lendemain, Marilla se rendit en ville, et ne rentra pas avant le soir. Anne avait rejoint Diana à la Butte aux vergers, et à son retour, elle trouva Marilla dans la cuisine, assise à la table, la tête dans les mains. Il y avait dans son attitude une lassitude palpable qui fit frissonner la jeune fille : elle n'avait jamais vu Marilla aussi abattue.

— Que se passe-t-il, Marilla ? Êtes-vous fatiguée ?

— Oui... non, enfin, je ne sais pas trop, répondit-elle faiblement en levant les yeux vers Anne. Je dois être fatiguée, oui, mais ce n'est pas le problème.

— Avez-vous vu l'oculiste ? Qu'a-t-il dit ? demanda Anne, anxieuse.

— Oui, je l'ai consulté. Il a examiné mes yeux et m'a dit que si j'arrête complètement de lire, de coudre et de faire tout travail demandant un effort visuel, si j'évite de pleurer et si je porte les lunettes qu'il m'a prescrites, mes maux de tête pourraient disparaître. Sinon, si je ne suis pas ses recommandations, il m'a affirmé que je serai totalement aveugle dans six mois ! Aveugle, Anne, tu te rends compte ?

Anne, sous le choc, laissa échapper un petit cri de stupeur, puis resta silencieuse quelques instants. Elle se sentait incapable de trouver les mots justes. Finalement, elle prit son courage à deux mains et, la voix légèrement tremblante d'émotion, dit :

— Ne vous inquiétez pas, Marilla, ça ne se produira pas. Essayons de voir le côté positif : il y a de l'espoir ! Si vous faites bien attention, vous ne perdrez pas la vue. Et si ces lunettes peuvent apaiser vos maux de tête, ce sera déjà une excellente nouvelle !

— Je n'appelle pas ça un espoir, répliqua amèrement Marilla. Comment vais-je vivre sans pouvoir lire, coudre ou m'occuper ? Je préfère encore être aveugle, ou morte. Et pour ce qui est de pleurer, je ne peux pas m'en empêcher quand je me sens trop seule. Enfin, ça ne sert à rien d'en parler. J'aimerais juste une tasse de thé. Je suis complètement abattue. N'en parle à personne pour l'instant, s'il te plaît. Je ne pourrais pas supporter les questions des gens ni leur sympathie mal placée.

Après le dîner, Anne persuada Marilla d'aller se coucher. Peu après, Anne monta dans sa chambre, s'assit seule dans le noir près de la fenêtre et laissa libre cours à ses larmes, submergée par la tristesse. Elle se rappela combien les choses avaient changé depuis cette soirée où elle s'était assise ici en revenant chez elle, pleine de joyeux espoirs et d'un avenir prometteur. Depuis lors, Anne avait l'impression d'avoir vieilli de plusieurs années en peu de temps, mais avant de se coucher, un sourire éclaira son visage et elle ressentit une certaine paix intérieure. Elle avait fait face à ses devoirs avec courage, découvrant en eux une forme de réconfort, comme c'est souvent le cas lorsqu'on aborde les tâches avec détermination.

Un après-midi, quelques jours plus tard, Marilla rentra lentement de la cour avant où elle avait parlé à un visiteur, un homme qu'Anne connaissait de vue : un certain Sadler de Carmody. Anne, intriguée par l'air consterné de Marilla, se demanda ce qui avait bien pu se dire.

— Que voulait M. Sadler ?

Marilla s'assit près de la fenêtre, et regarda Anne, d'un air triste. Malgré l'interdiction de l'oculiste, ses yeux étaient emplis de larmes, et sa voix toute tremblante.

— Il a entendu dire que j'allais vendre les Pignons Verts, et il a l'intention de l'acheter...

— Marilla ! Vous avez vraiment mis les Pignons Verts à la vente ? s'écria Anne, horrifiée. Oh, ne me dites pas que vous y pensez réellement !

— Anne, je ne vois pas d'autre solution. J'ai longuement réfléchi. Si mes yeux étaient en bonne santé, je pourrais rester ici, gérer les choses, et m'occuper de tout avec l'aide d'un homme à tout faire. Mais dans mon état, je ne peux pas. Je risque de perdre complètement la vue et, de toute manière, je n'ai plus l'énergie nécessaire pour tout gérer. Je n'aurais jamais pensé que le jour viendrait où je devrais me résoudre à quitter cette maison. Mais les choses ne feraient qu'empirer, jusqu'au jour où plus personne ne voudra l'acheter. Toutes nos économies se trouvaient dans cette banque, et

Matthew m'a laissé quelques dettes de l'automne dernier. Mme Lynde me conseille de vendre la ferme et de loger ailleurs, probablement chez elle. La vente ne rapportera pas beaucoup, le domaine est petit et les bâtiments sont anciens. Mais cela devrait suffire pour vivre ; heureusement, tu as obtenu ta bourse, Anne. Cela m'attriste que tu n'aies pas de chez-toi pour passer tes vacances, mais je pense que tu t'y feras.

Sur ces mots, Marilla s'effondra, et éclata en sanglots.

— Marilla, vous ne pouvez pas faire ça ! s'exclama Anne, d'un ton résolu.

— Oh, Anne, j'aimerais tant ne pas y être obligée. Mais je n'ai pas le choix, tu le vois bien. Comment pourrais-je rester seule ici ? La solitude et les difficultés m'épuiseraient, et ma vue ne ferait qu'empirer.

— Non, vous ne serez pas seule, Marilla : je resterai ici avec vous. J'ai décidé que je n'irai pas à Redmond.

Marilla regarda Anne avec un visage bouleversé.

— Anne ! Que veux-tu dire par là ?

— Vous avez bien entendu : je vais renoncer à la bourse. J'ai pris cette décision la nuit après votre retour de la ville. Je vous dois tant, Marilla. Vous ne pensez tout de même pas que je vous aurais abandonné de la sorte. J'ai bien réfléchi et j'ai trouvé une solution simple : M. Barry a l'intention de louer la ferme l'année prochaine ; ainsi, vous n'aurez pas à vous en occuper. Moi, j'enseignerai. J'ai postulé en tant qu'enseignante à l'école d'Avonlea, même si je pense que Gilbert Blythe a déjà été choisi pour le poste. Sinon, M. Blair m'a confirmé hier soir que je peux enseigner à l'école de Carmody. Bien sûr, ce ne sera pas aussi agréable et pratique que d'enseigner ici, mais je pourrai rester à la maison, et me rendre à Carmody en charrette, au moins pendant l'été. En hiver, je ne rentrerai à la maison que les vendredis. Nous garderons seulement un cheval pour cela. Vous voyez, Marilla, j'ai tout planifié. Je vous lirai des histoires, et je serai là pour vous aider à garder le moral. Vous ne serez plus jamais malheureuse ni ennuyée, je vous le promets. Oh, comme nous allons être heureuses ici, toutes les deux !

Marilla écoutait en silence, se sentant comme dans un rêve.

— Oh, Anne, ce serait merveilleux si tu pouvais rester ici. Mais je ne peux pas te laisser te sacrifier ainsi pour moi. Ce serait terrible.

— Balivernes ! fit Anne, en laissant échapper un grand rire joyeux. Ce n'est pas un sacrifice. Rien ne pourrait être pire que de perdre les Pignons Verts. Si cela devait se produire, je crois que je ne m'en remettrais jamais complètement. Nous devons garder notre chère vieille maison. Ma décision est prise, Marilla. Je n'irai pas à Redmond, et à la place, je resterai ici, à vos côtés, pour enseigner. Ne vous en faites pas pour moi, Marilla.

— Mais, qu'en est-il de tes ambitions, Anne...

— Je suis toujours aussi ambitieuse, j'ai simplement changé d'objectif. Je serai une bonne enseignante, et je vous empêcherai de perdre la vue. De plus, j'ai l'intention d'étudier ici à la maison, et de suivre un petit cursus universitaire par moi-même. Oh, j'ai des dizaines de projets en tête, Marilla ! J'y ai réfléchi toute la semaine, vous savez. Je vais donner le meilleur de moi-même ici, et je crois que la vie me rendra la pareille. Quand j'ai quitté Queen's, mon avenir me semblait s'étendre devant moi comme une route bien droite. J'avais imaginé que la route serait visible sur une grande distance. À présent, je comprends qu'il y a un virage. Je me demande à quoi ressemblera le chemin après ce tournant. Quel monde fascinant s'y dévoilera, quelle végétation luxuriante, quelles ombres mystérieuses, quels nouveaux panoramas, quelles collines, quelles vallées, quels changements de paysage nous attendent au-delà ?

— Je crois que je ne devrais pas te laisser renoncer, dit Marilla, en pensant toujours à la bourse.

— Marilla, ma décision est prise ; rien ne pourra me détourner de mon objectif. J'ai seize ans et demi, et je suis « têtue comme une mule », comme l'a un jour dit Mme Lynde, répondit Anne en riant. Oh, Marilla, cessez de vous inquiéter pour moi. Je n'aime pas que l'on me prenne en pitié, surtout quand il n'y a vraiment aucune raison de le faire, comme maintenant. Rien que l'idée de rester ici, aux Pignons Verts, me réchauffe le cœur. Personne ne pourrait aimer cette demeure autant que nous, c'est pour cela qu'il nous la garder.

— Oh, ma chère fille ! céda Marilla. J'ai l'impression que tu m'as redonné la vie. Je devrais insister pour que tu ailles à l'université, mais je n'en ai pas la force, et je n'essaierai pas. Je te le revaudrai, Anne.

Lorsque la nouvelle se répandit à Avonlea qu'Anne Shirley avait renoncé à l'idée d'aller à l'université, et qu'elle comptait rester à Avonlea pour enseigner, cela suscita beaucoup de réaction. La plupart, ignorant l'état de Marilla, pensèrent qu'Anne commettait une erreur. Mais, Mme Allan ne partageait pas cet avis. Elle exprima son opinion à Anne avec des paroles si élogieuses qu'elles firent monter des larmes de fierté aux yeux de la jeune fille. Mme Lynde non plus ne désapprouva pas la décision d'Anne. Elle vint un soir, et trouva Anne et Marilla assises à la porte d'entrée dans la douce et parfumée soirée d'été. Elles aimaient s'asseoir là quand le crépuscule tombait, que les papillons de nuit blancs volaient dans le jardin, et que l'odeur de menthe remplissait l'air humide.

Mme Lynde s'installa sur le banc en pierre, près de la porte, derrière lequel poussait une rangée de grandes roses trémières aux reflets jaunes et écarlates, avec un long soupir de fatigue et de soulagement.

— Je dois dire que je suis contente de m'asseoir ; j'ai été debout toute la journée, et mes deux pieds peinent à supporter mes quatre-vingt-dix kilos. Vous avez de la chance de ne pas être corpulente, Marilla. J'espère que vous en êtes consciente. D'ailleurs, Anne, j'ai entendu dire que tu avais renoncé à l'université. Cela m'a vraiment réjouie. Tu as déjà assez de connaissances pour une femme. Je suis fermement opposée à l'idée que les filles aillent à l'université avec les garçons pour apprendre des choses inutiles comme le latin et le grec.

— Mais, Mme Lynde, j'ai toujours l'intention d'apprendre le grec et le latin, répondit Anne avec malice. Je vais suivre mes cours de lettres ici, aux Pignons Verts, et je vais étudier tout ce que j'aurais appris à l'université.

Mme Lynde, horrifiée, leva les mains au ciel.

— Anne Shirley, c'est de la folie !

— Pas du tout ! Au contraire, cela va m'encourager encore davantage. Et puis, je n'ai nullement l'intention de m'épuiser à la tâche. Comme dirait la femme de Josiah Allen, je resterai « rai-son-na-ble ». Mais, j'aurai beaucoup de temps libre durant les longues soirées d'hiver, et je n'ai aucune vocation pour les travaux d'aiguille. J'ai l'intention d'enseigner à Carmody, vous savez.

— Voilà une excellente nouvelle que tu m'annonces là, ma chère. Mais j'en ai une encore meilleure pour toi : tu vas pouvoir enseigner ici même à Avonlea, car les administrateurs ont décidé de te confier l'école."

— Madame Lynde ! s'écria Anne, surprise, en se levant d'un bond. Mais, je pensais qu'ils l'avaient promise à Gilbert Blythe !

— En effet. Mais, dès que Gilbert a su que tu avais postulé, il est allé leur rendre visite. Tu sais bien que le conseil a tenu une réunion hier soir. Eh bien, Gilbert s'est présenté, et leur a dit qu'il retirait sa candidature, et leur a suggéré d'accepter la tienne. Il a dit qu'il irait enseigner à White Sands, à la place. Évidemment, il a fait cela uniquement pour te faire plaisir, sachant combien il était important pour toi de rester avec Marilla. Je dois dire que c'était vraiment gentil et attentionné de sa part. Cela représente même un certain sacrifice, car il devra payer sa pension à White Sands, et tout le monde sait qu'il doit économiser pour financer ses études universitaires. Donc, finalement, les administrateurs ont décidé de choisir ta candidature. J'étais bouleversée lorsque Thomas m'a annoncé la nouvelle en rentrant à la maison.

— Je ne pense pas que je devrais accepter, murmura Anne. Je veux dire... je ne pense pas... je ne pense pas que je devrais laisser Gilbert faire un tel sacrifice pour moi.

— Je suppose que tu ne peux plus l'en empêcher maintenant ; il a signé des papiers avec les administrateurs de White Sands. Donc, même si tu refusais, ça ne lui servirait à rien. Et puis, je ne vois pas pourquoi tu refuserais une telle opportunité. Tu t'en sortiras à merveille, et puis, tu n'auras pas à enseigner à une des sœurs Pye. Josie était la dernière de la famille, et c'est vraiment une bonne nouvelle qu'il n'y en ait pas d'autres. Cela fait vingt ans qu'il y a toujours eu un Pye à l'école d'Avonlea, et j'ai toujours pensé que leur présence servait à rappeler aux enseignants combien la vie peut être éprouvante. Bonté divine ! Que signifient tous ces signaux lumineux provenant de la lucarne des Barry ?

— Diana me fait signe de venir, expliqua Anne en rigolant. Vous savez, nous avons gardé cette vieille habitude. Si vous voulez bien m'excuser, Madame Lynde, je dois m'en aller la rejoindre.

Sur ces mots, Anne, aussi rapide qu'une biche, dévala la pente couverte de trèfle et disparut dans les ombres des sapins du Bois hanté. Mme Lynde la suivit du regard avec indulgence.

— Elle a encore beaucoup de traits enfantins en elle.

— Certes, mais elle montre surtout des qualités de femme dans bien des aspects, répliqua Marilla, retrouvant brièvement son ton tranchant d'autrefois.

Cependant, ce n'était plus ce qui la caractérisait le mieux. Comme l'expliqua Mme Lynde à Thomas ce soir-là : « Le caractère de Marilla Cuthbert a bien changé. Elle est devenue molle comme de la guimauve. »

Anne se rendit au petit cimetière d'Avonlea le soir suivant pour déposer des fleurs fraîches sur la tombe de Matthew, et arroser le rosier écossais. Elle s'y attarda jusqu'au crépuscule, appréciant la paix et le calme de ce lieu, avec ses peupliers dont le bruissement ressemblait à un murmure amical, et ses herbes chuchotantes poussant librement parmi les tombes. Lorsqu'elle quitta finalement le cimetière, et descendit la longue colline qui menait au Lac aux eaux scintillantes, le soleil était couché et tout Avonlea s'étendait devant elle dans une lumière crépusculaire semblable à un rêve, comme « un refuge de paix ancienne ». Il y avait une fraîcheur dans l'air, comme une légère brise portant avec elle le parfum des champs de trèfle. Les lumières des maisons brillaient, ici et là, entre les arbres des fermes. Au loin, la mer, brumeuse et violette, murmurait sans cesse. L'ouest était un mélange glorieux de teintes douces, et l'étang les reflétait toutes en nuances encore plus délicates. La beauté de tout cela émut profondément le cœur d'Anne, et elle ouvrit avec gratitude les portes de son âme pour l'accueillir.

— Chère vieille Terre, murmura-t-elle, tu es vraiment belle, et je suis heureuse d'être en vie.

À mi-chemin de la colline, un grand jeune homme sortit en sifflotant de la propriété des Blythe. C'était Gilbert, et il s'arrêta net lorsqu'il aperçut Anne. Il la salua poliment en soulevant son chapeau, mais il aurait continué son chemin sans un mot si Anne ne l'avait pas interpellé en lui tendant la main.

— Gilbert, dit-elle, les joues rouges, je veux te remercier d'avoir renoncé à l'école d'Avonlea pour moi. C'était très gentil de ta part, et je veux que tu saches que cela me touche énormément.

Gilbert ne se fit pas prier, et attrapa la petite main frêle d'Anne avec enthousiasme.

— Ce n'est rien, Anne ; j'étais simplement heureux de pouvoir te rendre ce service. Allons-nous être amis après cela ? M'as-tu vraiment pardonné ma vieille faute ?

Anne se mit à rire et essaya, en vain, de dégager sa main.

— En réalité, je t'ai pardonné le jour où tu es venue à ma rescousse avec ta barque. Enfin, je ne l'ai réalisé que bien plus tard. Quelle tête de mule j'étais ! Je dois avouer que je me suis senti coupable, et puis autant te dire toute la vérité, j'ai ressenti un profond regret de ne pas t'avoir pardonné ce jour-là.

— Je ne t'en veux pas, Anne. Nous serons les meilleurs amis du monde à partir d'aujourd'hui, répondit Gilbert, extatique. Nous sommes faits pour être de bons amis, toi et moi. Et, je crois que tu as assez contrarié le destin comme ça. Je sais que nous pouvons nous entraider de bien des manières. Tu vas continuer tes études, n'est-ce pas ? C'est génial, moi aussi ! Allez, viens, je vais te raccompagner.

Marilla scruta Anne avec curiosité lorsqu'elle entra dans la cuisine.

— Qui t'accompagnait dans l'allée, Anne ?

— Gilbert Blythe, répondit Anne, gênée de se sentir rougir. Nous nous sommes croisés sur la colline des Barry.

— Je ne pensais pas que toi et Gilbert Blythe étiez assez proches pour passer une demi-heure à discuter sur le pas de la porte, dit Marilla avec un sourire en coin.

— Eh bien, jusqu'à récemment, nous n'étions pas vraiment amis. On pourrait dire que nous étions plutôt de bons ennemis. Mais nous avons décidé de faire la paix et de devenir amis. Avons-nous réellement passé une demi-heure là-bas ? Cela m'a semblé ne durer que quelques minutes. Mais, il faut dire, Marilla, que nous avons cinq ans de conversations perdues à rattraper.

Ce soir-là, Anne passa de longues heures à sa fenêtre, envahie par un profond sentiment de satisfaction. Une douce brise murmurait à travers les cerisiers, et le parfum de la menthe flottait jusqu'à sa fenêtre. Des étoiles brillaient au-dessus des silhouettes sombres des sapins dans le vallon, et à travers une ouverture entre les arbres, on pouvait apercevoir la lumière de la chambre de Diana scintiller au loin.

Depuis son retour de Queen's, l'horizon d'Anne semblait s'être rétréci, mais même si le chemin qu'elle avait choisi était désormais plus étroit, il serait sans aucun doute bordé de fleurs. Elle embrasserait les plaisirs d'un travail honnête, d'aspirations nobles et d'amitiés profondes. Rien ne pourrait jamais lui ôter son imagination ardente et ses rêves éclatants, qui faisaient partie intégrante de sa nature. Et, au-delà de la route, un tournant se dessinait, éveillant en elle l'impatience de découvrir ce que l'avenir lui réservait.

« Dieu est dans son ciel, tout va bien dans le monde [15] », murmura doucement Anne.

BIOGRAPHIE

Lucy Maud Montgomery, écrivaine acclamée pour la série de livres qui retrace l'histoire de la petite Anne Shirley – *Anne... la maison aux pignons verts* étant le premier de la saga –, convie les lecteurs à explorer les paysages pittoresques de l'Île-du-Prince-Édouard, au Canada, où elle a passé une grande partie de sa vie, et bâti son héritage littéraire.

Née le 30 novembre 1874 à Clifton (l'actuel New London), sur l'Île-du-Prince-Édouard, ses premières années furent marquées, à la fois, par la beauté de son environnement, mais aussi par la tragédie de la perte. Sa mère, Clara Woolner Macneill Montgomery, succombe de la tuberculose alors que Montgomery n'est âgé que de vingt-et-un mois, laissant ses grands-parents maternels, Alexander et Lucy Macneill, l'élever. Malgré cette tragédie, elle grandit émerveillée par la beauté des environs, et notamment, par le splendide et pittoresque village de Cavendish.

Dès son plus jeune âge, Montgomery démontre un talent remarquable pour l'écriture ; elle écrit fréquemment des poèmes et autres nouvelles pour le plus grand plaisir de ses proches. Puisant dans ses observations du monde qui l'entoure, elle captive son entourage par sa vive imagination et ses idées perspicaces.

Dès ses premiers jets, elle écrit des nouvelles dont l'histoire prend place dans les paysages de son enfance, qui devinrent plus tard le décor de la plupart de ses récits enchanteurs. C'est dans cet environnement propice à l'inspiration que son amour pour la littérature débute, trouvant réconfort et inspiration dans la beauté naturelle des collines verdoyantes, des forêts luxuriantes, et des rives scintillantes de l'Île-du-Prince-Édouard. Ces premiers écrits poseront les bases de ce qui allait devenir, plus tard, une importante part de la littérature canadienne.

En grandissant, sa passion pour l'écriture demeure, malgré les difficultés financières et les contraintes sociales auxquelles elle est confrontée en tant que femme, de la fin du XIXe siècle au début du XXe siècle. Déterminée à poursuivre ses ambitions littéraires, Montgomery entreprend un voyage semé d'obstacles et de revers, mais nourri d'une détermination inébranlable à partager ses histoires avec le monde. En 1908, cette détermination et ce talent l'amènent enfin à publier son premier roman, *Anne... la maison aux pignons verts*, introduisant aux lecteurs la charmante protagoniste, Anne Shirley, une orpheline espiègle dont les aventures captiveront les cœurs du monde entier. Situé dans le cadre idyllique de l'Île-du-Prince-Édouard, le roman dépeint avec maîtrise les épreuves et les triomphes d'Anne, posant ainsi les bases d'une franchise littéraire chérie qui fera de son autrice une romancière incontournable, et redéfinira le paysage de la littérature jeunesse.

Le succès de ce premier volume ouvre la voie à toute une série, parmi lesquels *Anne d'Avonlea* (1909), *Anne quitte son* île (1915) et *Anne dans sa maison de rêve* (1917). Chaque volet plonge plus profondément dans la vie d'Anne et explore les thèmes de l'amour, de la perte et du passage de la jeunesse.

Outre sa carrière littéraire, la vie personnelle de Montgomery est marquée par son propre lot de difficultés. Elle lutte contre des épisodes dépressifs tout au long de sa vie, cherchant souvent refuge dans l'écriture. Sa vie amoureuse est également mouvementée, notamment sa relation avec Ewan Macdonald, qui est marquée par des épisodes difficiles.

Au cours des dernières années de sa vie, sa santé décline, et elle fait face à des difficultés financières, peinant à subvenir à ses besoins avec ses revenus d'écrivaine. Malgré les tourments de sa vie personnelle, sa passion littéraire demeura intacte, lui offrant réconfort et résilience face à l'adversité.

Elle décède le 24 avril 1942, sans jamais cesser d'écrire, laissant derrière elle un riche héritage littéraire qui continue d'inspirer les lecteurs du monde entier. Ses récits demeurent des classiques intemporels, chéris pour leurs personnages attachants, leurs descriptions évocatrices et les thèmes universels d'espoir, de résilience et du pouvoir de l'imagination.

À travers ses mots, elle invite les lecteurs à embarquer pour un voyage unique, où les paysages de l'Île-du-Prince-Édouard prennent vie grâce à la magie de sa narration. Montgomery a su imprégner ses récits de chaleur, d'esprit et de sagesse, ce qui lui a valu l'affection de nombreuses générations de lecteurs et lui a assuré une place parmi les auteurs les plus appréciés du Canada.

[1] Traduction du titre original du poème « *The Battle of Hohenlinden* » de Thomas Campbell.

[2] Traduction du titre original du poème « *Edinburgh after Flodden* » de William Edmonstoune.

[3] Traduction du titre original du poème « *Bingen of the Rhine* » de Caroline Elizabeth Norton.

[4] Traduction du titre original du poème « *The Downfall of Poland* » de Thomas Campbell.

[5] Traduction du titre du poème original « *The Dog at His Master's Grave* » de Robert Henry Johnson.

[6] Traduction du titre de la chanson originale « *Nelly in the Hazel Dell* ».

[7] Traduction du titre original du poème *Curfew Must Not Ring Tonight* de Rose Hartwick Thorpe.

[8] Traduction du titre original de la comptine « *Far above the Gentle Daisies* » de George Cooper.

[9] Traduction du titre original de la comptine « *My Home on the Hill* ».

[10] Traduction du titre du périodique britannique *Family Herald*.

[11] Traduction du titre original du poème « *Mary, Queen of Scots* ».

[12] Traduction du titre original du poème « *The Lady of Shalott* » de Alfred Tennyson.

[13] Traduction du titre original du roman *Ben-Hur : A Tale of the Christ* de Lewis Wallace.

[14] Traduction du titre original du poème « *The Maiden's Vow* » de Carolina Oliphant.

[15] Extrait de la pièce dramatique *Pippa Passes* de Robert Browning : « *God's in his heaven, all's right with the world* ».